김일성사회주의청년동맹과
조선민주녀성동맹

서울대학교 통일학 연구총서 10

김일성사회주의청년동맹과 조선민주녀성동맹

사회변동과 체제유지의 기제

이온죽 이인정

서울대학교출판문화원

머리말

북한사회를 있는 그대로 제대로 파악하는 일은 아마 북한에 사는 사람들조차도 그리 쉽지 않을 것이다. 국내외적으로 모두 폐쇄적이어서 주민들 간의 정보공유 자체가 한정되어 있는 데다 공개하는 정보마저 인위적인 특성, 즉 의도적으로 조작하는 이중적 성향이 너무도 강하기 때문이다. 따라서 북한사회를 연구하는 데는 그만큼 제약이 많은 것도 당연하다. 하지만 주어진 여건에서 최선의 방법을 강구하여 자료를 수집하고 되도록 객관적으로 분석하려는 노력은 포기할 수 없는 일이다. 이번에 출간하게 된 본서도 그러한 연구의 결과이다.

특히 북한사회의 조직원리를 이해하려는 사회과학적인 연구가 그리 흔치 않은 상황에서 저자들은 북한의 여성 및 청년층을 조직하는 두 가지 사회단체를 연구의 대상으로 삼았다. 시기적으로 약간의 정도의 차이는 있을 수 있으나 북한사회조직의 핵심은 아무래도 노동당이다. 그러나 노동당은 성격상 국가를 운영하는 정치적 기능을 수행하는 조직체이므로 사회를 조직하는 기구로 간주하는 데는 한계가 있다. 북한이라는 아주 특이한 사회에서 형성한 독특한 정치체제를 지탱하려면 정당만으로는 감당할 수가 없기 때문에 사회전체를 통제 조정하기 위한 조직구조도 필요해질 수밖에 없다. 우리는 이 점에 착안하여 사회단체의 분석에 착수한 것이다.

그 중에서도 여성과 청년단체는 핵심적인 중요성을 지닌다. 북한에는 우선 연령에 따라 소년, 청년 단체가 있고, 직능에 따른 노동자 농민조직체가 있으며, 거기에 여성은 특히 전업주부를 중심으로 별도로 조직하고 있다. 이들 여러 단체 가운데서도 특별히 여성단체는 미래사회를 이끌어갈 어린이들을 양육하고 남성을 보조하는 위치에 있는 여성들이므로 저들의 사회화 영향력이 지대하다고 볼 수 있다. 한편, 청년세대는 현재의 체제를 장차 물려받아 유지해야 하는 집단이기 때문에 무시할 수 없는 인구층이다. 더구나 변화를 시도하거나 변동이 일어나는 상황에서는 여성과 청년이 가장 민감하게 반응하기도 하고 변화를 주도할 수 있는 사람들에 해당한다. 그런 의미에서 우리는 이 두 집단의 연구가 북한사회의 조직원리 뿐 아니라 변동을 파악하는 데 가장 중요한 연구대상이라는 전제 위에 분석을 시도하였다. 이와 같은 북한사회의 핵심적인 단체의 조직원리와 운영에 관한 연구는 단순히 현재 북한의 사회적 특성을 파악하는 데만 유효한 것이 아니라 장차 통일을 이루어가는 과정에서나 통일 이후의 사회문화적 통합을 시도하는 데서도 유용한 참고자료를 제공한다는 점에서도 의미 있는 연구가 될 수 있다.

이 연구는 서울대학교 통일평화연구소의 통일학기초연구과제로 수행한 것이므로 이 자리를 빌어 대학 당국과 통일평화연구소, 그리고 연구소장 박명규 교수께 감사의 뜻을 먼저 전한다. 또한 연구성과물을 통일학총서로 출판하기로 한 방침에 따라 서울대학교 출판문화원에서 간행업무를 맡아 이처럼 보기 좋은 책으로 세상에 내어 놓게 해주었으므로, 출판문화원장 김성곤 교수를 비롯하여 형난옥 운영본부장, 김현호 편집장, 교정을 맡아 준 김유겸 군 등 관계자 여러분께 심심한 사의를 표한다. 그리고 탈북자 인터뷰 등 여러 면으로 도운 차승주 박사와 황보창연 군, 김정미 양의 열성을 다한 노고에 크게 힘입었음을 이 자리를 빌어 밝혀둔다. 여러 가지로 제약이 많은 연구를 수행해야 했던 점을 생각하면 아쉬움이 많지만, 이런 종류의 주제를 다룬 저서가 희귀한 점을 감안하여 연구자들이나 관심 있는 독자들에게 조금이나마 유익한 정보를 제공하기를 희망할 따름이다.

2010년 초가을,
공동 저자를 대표하여 이온죽

서울대학교 통일학 연구총서를 내면서

냉전체제가 와해되고 남북교류가 증대하면서 21세기 한반도의 창조적 미래구상이 절실히 요청되고 있다. 우리의 희망과는 달리 남북관계는 여전히 불안정하고 국제정세 또한 유동적이지만, 상호적대적인 분단체제는 더 이상 유지되기 어려운 상황임이 분명하다. 민주화와 경제발전을 성공적으로 이룩한 우리 사회의 역량을 바탕으로 통일한국의 미래를 기획하고 추진하는 일이 핵심적인 시대적 과제로 부각되고 있다.

어떤 형태의 통일이 바람직할 것인가에 대해 완전한 합의를 얻기는 쉽지 않다. 통일이 이루어질 시기를 예측하기도 어려우며, 통일과정이 반드시 점진적이거나 평화적일 것이란 보장도 없다. 우리가 원치 않는 방식으로 통일 문제에 맞부딪치게 될 가능성도 얼마든지 있다. 그럼에도 불구하고, 아니 그렇기 때문에, 통일에 대한 연구는 더욱 총체적인 시야에서 체계적으로 이루어져야 한다. 실제로 통일과정에 돌입했을 때 그 전 과정을 적절히 관리할 역량이 갖추어지지 못하면 오히려 심각한 갈등과 후유증을 겪을 우려가 크기 때문이다.

통일논의가 구체화되고 정책적 실현가능성이 높아지면 높아질수록 그에 적합한 전문성과 책임성을 갖추기 위해 노심초사해야 하는 것이 한국 지식인의 책무일 것이다. 반세기 이상 남북한 주민들이 경험해 온 상이한 제도와 관행을 적절히 통합하고 전쟁의 상처와 오랜 대립에서 비롯되는 적대감과 이질성을 극복하기 위해서는 고도의 전문성과 기획력이 무엇보다도 필요하다. 한반도 통일을 바람직한 동북아 지역질서와 연계시키고 보다 나은 공동체를 구현하는 일도 지식인들의 높은 식견과 섬세한 대응역량이 없이는 불가능하다.

서울대학교는 2003년부터 통일학 연구 지원사업을 시작하였고,

우리 사회의 지적 대응능력을 키우는 데 진력하고 있다. 서울대학교의 통일연구사업은 북한에 대한 지역연구 차원을 넘어서 통일과정 전반에서 고려되어야 할 쟁점들을 학제적으로 분석하는 데 목적을 둔다. 따라서 정치, 경제, 사회, 역사, 문화, 환경의 영역은 물론이고 농학과 의학, 과학기술과 예술 및 체육에 이르기까지 광범위한 영역을 포괄한다. 이 일을 총괄하는 서울대학교 통일연구소는 국내외의 연구기관 및 연구자들과 교류하면서 종합학문으로서의 통일학을 정립하고자 애쓰고 있다.

서울대학교 통일학 연구총서는 이러한 학문적 노력의 결실이다. 이 총서가 우리 시대 최대의 과제인 분단극복과 통일한국을 향한 역사적 장정에 긴요한 지적 자산이 되기를 기대한다. 또한 소모적인 이념 논란을 지양하고 창조적인 대안과 정책적 지혜를 탐색하는 이성적 도구로 활용되기를 바란다. 끝으로 통일연구의 시대사적 중요성을 인식하고 서울대학교 통일연구사업의 제도적 바탕을 마련해 주신 정운찬 전 총장님과 변함없이 이 연구사업을 지원, 격려해 주시는 이장무 전 총장님, 오연천 총장님께 깊은 감사를 표한다.

2006년 8월

서울대학교 통일연구소 출판위원회

목차

Ⅰ. **서론** … 1

1. 연구의 의의와 목적 … 1
2. 기존 연구의 개관 … 8
3. 접근 방법 … 15
4. 체제 유지와 변동에 관한 이론적 고찰 … 21
    1) 체계 이론 … 21
    2) 사회 변동론 … 28

Ⅱ. **사회주의 국가의 사회단체** … 32

1. 주요 사회주의 국가의 사회단체: 특성과 변화 … 32
    1) 구(舊)소련의 사례 … 33
    2) 중국의 사례 … 38
2. 북한의 주요 사회단체: 현황과 기능 개관 … 46
    1) 김일성사회주의청년동맹 … 52
    2) 조선민주녀성동맹 … 53
    3) 조선직업총동맹 … 54
    4) 조선농업근로자동맹 … 55
3. 체제 전환기 북한 사회단체의 특성과 변화 … 57
    1) 김일성사회주의청년동맹 … 59

2) 조선민주녀성동맹 … 60
3) 조선직업총동맹 … 62
4) 조선농업근로자동맹 … 63

Ⅲ. 김일성사회주의청년동맹 … 65
1. 형성 배경과 역사적 전개 … 65
1) 민주청년동맹 … 66
2) 사회주의로동청년동맹 … 69
3) 김일성사회주의청년동맹 … 72
2. 조직과 운영 … 75
1) 조직 체계 … 75
2) 조직 운영 … 78
3. 기능적 특성 … 81
1) 사상교양단체의 기능 … 84
2) 당의 후비대 기능 … 87
3) 경제 건설을 위한 동원 … 91
4. 일차 자료에 드러난 북한 청소년의 생활 세계 … 93
1) 정치 · 사상적 측면 … 93
2) 경제적 측면 … 124
3) 사회적 측면 … 131
4) 문화적 측면 … 142

Ⅳ. 조선민주녀성동맹 … 154
1. 형성 과정과 역사적 전개 … 154
2. 조직과 운영 … 162
1) 조직 체계 … 162
2) 조직 운영 … 165
3. 역할로 본 특성 … 169
4. 일차 자료에 드러난 북한 여성의 생활 세계 … 180
1) 정치·사상적 측면 … 180
2) 경제적 측면 … 197
3) 사회적 측면 … 201
4) 문화적 측면 … 224

Ⅴ. 북한 사회 변동의 특징과 전망: 청소년과 여성을 중심으로 … 242
1. 청소년 세대의 변화 … 242
1) 정치·사상적 이완과 무규범적 성향 … 242
2) 개인의 흥미와 개성 중시 … 245
3) 물질적 관심의 증대 … 247
4) 직업관의 이기주의화 … 250
5) 일탈 행동의 증가 … 251
6) 결혼 풍습에서의 허례허식 … 253

7) 비사회주의적인 생활양식의 증가 … 254
2. 청년동맹의 기능과 향후 전망 … 256
1) 정치적 측면 … 259
2) 경제적 측면 … 263
3) 사회적 측면 … 266
4) 문화적 측면 … 272
3. 여성들의 변화 … 276
1) 정치·사상적 이완과 조직 이탈 … 276
2) 개인의 흥미와 개성 중시 … 281
3) 경제난과 자력갱생의 강조 … 282
4) 좋은일하기운동의 강조 … 284
5) 공산주의적 미풍 … 286
6) 일탈 행동의 증가와 도덕의 강조 … 288
7) 결혼, 가족, 자녀 교육 … 292
4. 여맹의 기능과 향후 전망 … 296
1) 사상교양적 측면 … 297
2) 방법론적 측면 … 301
3) 사회·경제적 측면 … 307
4) 사회·문화적 측면 … 310

Ⅵ. 북한 사회의 변화 가능성과 정책적 시사점 … 313
1. 청년동맹과 여맹 변화의 함의 … 313

1) 조직 체계 … 313

2) 체제 유지 기능 … 314

3) 사상교양 기능 … 317

4) 경제 건설 기능 … 320

2. 통일 과정에 있어서 외곽단체의 역할 … 321

3. 통일 이후 교육 및 복지 정책에 대한 시사점 … 338

Ⅶ. 결론 … 356

참고문헌 … 372

내용 색인 … 382

인명 색인 … 386

Ⅰ. 서론

1. 연구의 의의와 목적

북한은 1994년 김일성 사망 이후 홍수를 비롯한 자연재해가 겹치면서 식량난 등의 심각한 경제 사회적 위기에 봉착하였다. 이에 일부에서는 북한의 붕괴가 임박한 양 서둘러 진단하기도 하였으나 예상과는 달리 대내외적 악조건 속에서도 현재까지 체제를 지탱하고 있다. 오히려 북한 당국은 인민들의 고달픈 삶을 선군 정치로 다스리면서 미사일과 핵실험을 대외관계의 무기로 삼고 국제적 고립을 더욱 심화시키고 있다. 전 국민의 10%가 아사했을 것으로 추정되기도 하는 '고난의 행군'[1] 시기를 지나면서도 북한의 인민들은 김정일을 위해 기꺼이 '총폭탄'이 되겠다고 다짐하기도 하였다. 이처럼 거의 불가사의하다고 할 만한 현상을 두고 북한 정권의 생존방식과 북한의 체제 유지 기제에 대한 다양한 관심을 갖게 되는 것은 당연하다고 하겠다.

북한의 체제가 대내외의 어려운 환경 속에서도 유지되고 있는

---

1 고난의 행군이란 원래 1930년대 100여 일 동안 항일투쟁 과정에서 고초를 겪으며 혁명투쟁에 나선 때의 행군을 일컫는 데 기원이 있지만, 근자에는 1990년대의 자연재해 등으로 식량난이 지속되면서 배급제도도 중단하고 영양실조, 질병과 아사를 겪게 되자 과거 고난의 행군 시대를 상기하여 난관을 극복하기 위한 정치선동을 할 때 다시 쓰기 시작한 개념이다. 공식적으로 초기의 것은 '사회주의 고난의 행군'이었고 이를 1990년대에도 채택하였다가 도중에는 '사회주의 강행군'으로 개명한 운동이다. 「로동신문」 1998. 1. 8.

요인은 무엇일까? 앞으로 북한의 체제가 변화할 가능성과 전망은 어떠한가? 북한을 연구하는 학계는 물론 북한에 대해 관심 있는 사람이면 누구나 한 번쯤은 제기할 수 있는 질문이다. 이에 대해서는 여러 가지 시나리오의 제시가 가능하겠지만 북한 사회의 폐쇄성과 일차 자료의 천편일률적이고 무비판적인 성격 등으로 인하여 명료한 대답을 구하기는 쉽지 않다. 지금까지의 북한 체제에 관한 연구는 주로 조선로동당의 기능과 역할, 수령과 사상에 초점을 맞추는 경향이 지배적이었다. 물론 북한의 체제 수준에서 중심적이고 대표적인 집단과 조직체는 조선로동당과 조선인민군이다. 하지만 일반 대중과 당 사이에는 실질적으로 주민을 통제하고, 지속적인 사상교양의 역할까지 하고 있는 여러 외곽단체들이 있다. 결국 이들 단체가 사실상 당과 대중을 연결하는 기제로서 막대한 영향력을 갖도록 체제가 작동한다고 볼 수 있으며, 나아가 일반 주민의 생활 세계에서는 이 같은 외곽단체들이 더욱 실질적인 통제와 사회화의 역할을 담당한다고 할 수 있다.

대부분의 사회주의 국가에서는 당과 인민 사이에서 소위 '인전대'(引傳帶: transmission-belt) 역할을 하는 당의 외곽단체가 존재하며, 사회 통제 및 체제 유지의 측면에서 중요한 기능을 해 왔다. 조선로동당과 광범한 대중을 이어주는 연결벨트 역할을 하는 이러한 단체들을 북한에서는 근로단체라고 부르며, 당의 믿음직한 방조자, 후비대로 규정하고 있다. 김일성사회주의청년동맹, 조선직업총동맹, 조선농업근로자동맹, 조선민주녀성동맹의 4대 근로단체들이 수행하는 가장 중요한 임무는 조선로동당의 사상과 정책을 대중에게 전달하고 주입시키는 사상교양이다. 북한은 체제 유지에 필요한 사회 통제·유지 기제에 있어서나 사회화 방법과 과정에서 그 어떤 사회주의 국가보다도 철저하고 조직적인 것이 특징이다. 따라서 북한의 근로단체들은 그 특성에 맞게 사업할 수 있도록 직업, 연령, 성, 계층에 따라 원칙적으로 만 14세 이상인 당 밖의 모든 군중을 포괄하도록 구성하고 있다.

이러한 근로단체들은 오늘날 북한 사회에서 어느 때보다 중요한 의미를 가진다고 볼 수 있다. 왜냐하면 이 조직체들이 동요하면 북한 사회의 통제 기반이 아래로부터 위험해지기 때문이다. 이와 같이 북한의 외곽단체가 북한 사회의 유지 기제로서 또한 북한 체제의 작동 및 변화와 관련해서 중요한 의미를 지니고 있음에도 불구하고, 지금까지 이 분야의 연구는 상당히 미흡한 편이다. 이러한 단체들에 관한 연구는 대부분이 주로 정치적 측면의 기능과 역할에 초점을 두어 왔거나, 아니면 비교정치학적 접근으로 중국과 소련, 기타 지역의 구 사회주의 국가와 비교하는 일에 주안점이 있었다고 할 수 있다. 그러므로 이제부터의 연구는 단순히 표피적인 기능과 역할의 고찰이라든지 혹은 다른 사회와의 평면적인 비교 연구에 그칠 것이 아니라, 한층 더 심도 있는 분석에 의하여 실질적인 기능과 영향력을 파악하는 접근을 할 필요가 있다고 하겠다. 아울러 북한 사회도 그 사이 여러모로 변화를 경험하고 있을 터이므로 이러한 외곽단체의 변화는 물론 그러한 조직체의 변화가 일반 주민의 수준에서 일어나는 변화와 어떤 관련이 있는지를 주목하는 것도 중요하다.

따라서 본 연구는 이와 같이 당과 대중을 연결하는 조선로동당 외곽단체의 기능과 역할을 공식적인 수준 외에, 특히 그들이 북한 주민에게 미치는 실질적인 영향력을 파악하는 차원에서 검토하려고 한다. 이러한 분석 과정에서 우리는 이들 단체 자체의 위상과 변화 양상을 포착할 뿐 아니라, 그러한 조직체를 기제로 삼는 북한 체제의 통제 방식과 조선로동당의 사회통제력, 그리고 주민 교화 내지 정치사회화의 성격과 의미를 고찰해 보겠다. 나아가 궁극적으로 이러한 단체들이 북한 주민의 삶 속에서 실질적으로 어떻게 기능하고 영향을 주는지, 그리하여 북한 사회의 유지에 어떻게 작용하는지에 대한 깊이 있는 관찰을 하고자 한다. 이를 통하여 북한 사회의 내재적 작동 원리에 대한 이해를 넓히고 통일 과정의 비용을 줄일 수 있는 방안에 대한 모색까지도 기대할 수 있을 것으로 본다.

또한 시간적 차원에서 종단적(longitudinal) 시각으로 볼 때, 향후 북한의 체제 자체가 변하는 과정은 물론 통일이 이루어지는 도정과 통일 이후에 이르기까지의 시간에 걸쳐 북한 주민을 안정시키고 그들의 재사회화를 돕기 위해서도 이들 외곽단체의 역할과 기능을 예의 검토・분석할 필요가 있다. 독일 통일의 예에서 볼 수 있듯이 정치적・경제적 통일이 이루어졌다 하더라도 문화적・사회적・심리적 측면의 통합 과정에서 심각한 후유증이 예상된다. 특히 남북한의 경우에는 체제와 이념의 차이뿐만 아니라 경제력의 격차도 독일에 비해 훨씬 크고, 사회적 폐쇄성에 있어서도 북한은 동독에 비할 바가 아니다. 그러므로 통일의 부작용을 최소화하기 위해서는 현재 북한 사회의 지속과 변화에 지대한 영향을 미치는 기제에 주목하고 그러한 기제의 활용 가능성에 대한 검토가 필요하다.

본 연구에서는 북한의 여러 종류의 단체 중에서 특별히 청소년과 여성을 관할하는 김일성사회주의청년동맹(이하 청년동맹)과 조선민주녀성동맹(이하 여맹)을 집중적으로 고찰하고자 한다. 최근 탈북 새터민들의 인구학적 구성을 보면 청소년과 여성의 비율이 급증하고 있다. 특별히 청소년과 여성은 사회변동에 매우 민감한 동시에, 한 사회의 미래를 책임지는 집단이라 볼 수 있다. 사실상 1990년대 이후의 경제 사정 악화로 인하여 북한 사회는 기존의 가치관과 질서에 있어서 다양한 변화가 이미 감지되고 있다. 북한 사회는 현재 '아래에서부터 위로(bottom-up)'의 변화 요구와 '위에서부터 아래로(top-down)'의 체제 유지 요구 사이에서 긴장이 고조하고 있다는 관측도 가능할 것이다. 여기에 외부로부터의 개방 압력, 내부로부터의 개방에 대한 두려움 등이 상충하면서 앞날에 대한 예측이 쉽지 않은 상황임이 틀림없다. 이러한 갈등의 조짐은 탈북자의 증가, 경제 개선 조치, 핵 위협 및 미사일 발사 등에서 간접적으로 드러난다고 볼 수도 있다.

굳이 거시적인 수준의 사회 변동을 언급하지 않더라도 북한 사회에 불고 있는 변화의 바람은 미래에 북한 사회가 지금과는 다른 형태가 될 것이라는 조심스러운 전망을 할 수 있게 한다. 그럼에도 불구하고 남한에서는 북한의 변화와 통일에 대비하는 장기적인 전망의 연구들이 부족한 것이 사실이다. 통일을 대비하는 관점에서 혹은 북한의 변화를 전망하는 위치에서 우리는 그동안 상대방의 표면적인 움직임에 대응하기에 급급해 왔다. 또한 행간을 읽음으로써 사회의 이면을 정확히 꿰뚫어 보고자 하는 여유나 훈련이 부족했기 때문에, 문헌을 있는 그대로 해석하거나 심층적인 분석이 미흡했던 면이 없지 않았다. 즉 연구 대상의 단위를 국가, 당, 단체에 초점을 둔 나머지 사회를 구성하는 개인들에 대해서는 비교적 소홀했다는 것이다. 이것이 단기적인 예측이나 현상 분석에는 유리한 점이 있었지만 장기적인 전망과 통일이나 북한의 변화에 대응하는 입장에서는 한계가 있었다고 하겠다.

이미 지적한대로 북한의 각종 사회단체들은 당과 대중을 연결하는 인전대로서 당을 위한 후원 기능, 주민 동원 통제 기능 외에도 유사시에는 군사조직의 기능까지 수행한다. 하지만 1990년대 이후의 경제난과 사회 혼란으로 인하여 조직체 중심의 생활과 가치관이 흔들리는 것으로 관측되고 있다. 이처럼 조직 생활이 흔들린다는 것은 북한 주민의 정신을 지배하던 이데올로기 역시 약화되는 것을 의미할 수도 있다. 따라서 북한의 사회단체들이 지니는 체제 유지의 기존 역할에 대한 검토를 토대로 앞으로의 변화를 예상하고, 더 나아가 이러한 사회단체들을 활용하는 방법을 모색한다는 측면에서 이 연구는 지금까지의 연구들이 미처 다루지 못한 의미 있는 주제를 탐구하려고 하는 것이다.

남북한의 통일 과정이나 통일 이후의 사회 통합이 순조롭게 이루어지기 위해서는 우선 현재 북한 주민들의 가치관을 파악하고, 현존 북한 사회 체계의 성격을 적절하게 이용하여 재사회화에 대한 거부감을 최소화하는 것이 중요하다. 북한 사회가 지금까지 지속되는 원동력은 우선 1) 당과 군 중심의 억압적인 감시 체제와 2) 기본적인 생존을 위한 수단을 통제하는 배급제와 같은 제도적인 측면에서 찾을 수 있다. 또한 사회 문화적으로는 반복적인 회상기 학습 같은 방법으로 심어진 외세에 대한 피해의식과 열등감, 외세에 대한 두려움과 공포감에서 오는 일종의 반작용 형성(reaction formation)으로서 집단주의적 공동체 의식에 의존하기도 하였다. 따라서 본 연구는 우선 북한 주민들을 실제로 통제하고 사회를 유지하게 만드는 주요 기제를 파악하는 것이 연구의 가장 핵심적인 주안점이 될 것이다.

이런 취지에서 본 연구가 추구하는 연구의 목적은 다음과 같다.

1) 북한의 대표적 사회단체인 청년동맹과 여맹의 조직과 활동을 검토함으로써 북한 사회가 유지될 수 있는 사회적 기제의 성격을 파악하고자 한다.

2) 아울러 이들 단체에 소속하여 살아가는 개인들의 모습을 살펴봄으로써 북한 사회의 변화를 전망하고자 한다. 특히 청소년과 여성을 대상으로 하는 것은 이들이 사회의 변화에 민감한 집단으로서 사회 성원을 재생산하고 미래를 이끌어 간다는 점에서 중요하기 때문이다.

3) 나아가 여성과 청소년에 관한 연구를 통해서 미래 통일 사회를 전망하고 교육과 복지정책에 관한 시사점을 탐색하고자 한다.

한마디로 요약하면, 본 연구가 목표하는 바는 거시적인 관점에서는 사회의 조직과 그 기제를 활용한 체제의 계속성을 파악하는 동시에, 미시적인 생활 세계의 차원에서는 개인의 삶을 통한 변화의 가능성을 전망하려는 것이다. 이를 바탕으로 다가올 통일과정에서 발생할 수 있는 부작용을 줄이는 데 기여할 수 있는 정책적 방안을 제시하는 기초 자료를 마련하는 것도 이 연구가 시도하려는 바이다.

2. 기존 연구의 개관

그와 같은 목적을 달성하기 위한 연구의 주 내용과 범위 및 연구 방법・자료의 성격을 해설하기에 앞서 지금까지 이 주제와 관련하여 수행한 연구들 중에서 대표적인 주요 사례를 선별적으로 개관하기로 한다. 이러한 검토에 의해서 아직 다루지 못한 내용이나 분야에 대해서는 본 연구에서 고찰하고 분석할 수 있는지를 판단할 수 있을 것이며, 나아가 중복되는 내용에 대해서는 새로운 시각으로 접근할 수 있는지, 혹은 보완이나 수정이 필요한지를 파악하고자 하는 것이다.

현재 북한의 근로단체를 다룬 연구 중에서 대표적인 것은 세종연구소에서 1998년과 2004년에 발간한 두 권의 연구총서이다. 먼저 1998년에 나온 『북한의 근로단체 연구』[2]는 김일성사회주의청년동맹, 조선직업총동맹, 조선농업근로자동맹, 조선민주녀성

---

2 이종석 편, 『북한의 근로단체 연구』, 성남, 세종연구소, 1988.

동맹의 발전 과정, 조직, 활동 등을 체계적으로 정리하고 있다. 그리고 2004년에 출판된 『조선로동당의 외곽단체』[3]에서는 더 나아가 조선사회민주당, 조선천도교청우당, 조선문학예술총동맹, 대외경제기구 등의 당 외곽단체들을 폭넓게 다루고 있다. 하지만 두 연구 모두 정치적 측면에서 사상교양의 기능에 대한 분석에 주력하고 있기 때문에, 당과 구별되는 외곽단체들만이 지닌 조직적, 기능적 특성과 그에 대한 검토를 통하여 북한의 사회상을 묘사하는 것까지는 나아가지 못하였다.

다음, 북한 여성에 관한 연구는 적어도 수량적으로는 상당수에 이르지만 대체로 일반적인 영역에 대한 검토에 머물렀고, 근자에는 여성 탈북자의 숫자가 급증하면서 이들의 적응에 대한 연구가 비교적 활발해졌다. 최근 북한의 여성에 관한 연구 중에서 대표적인 것으로는 2003년에 나온 박현선의 『현대 북한사회와 가족』[4]과 통일연구원에서 2004년에 출간한 임순희의 『식량난과 북한여성의 역할 및 의식변화』[5]가 있다. 두 연구의 공통점은 북한 사회의 체제 지속성의 원인을 여성을 중심으로 하는 가족에서 찾고자 했다는 점이다. 연구 방법 면에 있어서는 탈북자 인터뷰에 크게 의존한 것이어서 내용에 대한 객관적 검증을 요하는 면이 있음을 지적하지 않을 수 없다. 향후로는 현상을 기술하거나 문제점을 밝히는 것을 넘어 통일의 과정에 도움을 줄 수 있는 보다 전략적인 연구도

---

3 정성장 외, 『조선로동당의 외곽단체』, 서울, 한울아카데미, 2004.

4 박현선, 『현대 북한사회와 가족』, 서울, 한울아카데미, 2003.

5 임순희, 『식량난과 북한여성의 역할 및 의식변화』, 서울, 통일연구원, 2004.

필요하다 하겠다.

최근에는 증가하는 새터민들의 증언과 면담을 중심으로 수행한 연구들이 다양한 분야를 다루기 시작하였다. 이교덕 등의 『새터민의 증언으로 본 북한의 변화』[6] 같은 사례들은 교육과 사회일반에 대한 연구의 대표적 보기이다. 한편 임순희는 『북한 새세대의 가치관 변화와 전망』[7]에서 특히 북한의 소설을 자료로 삼아 식량난 이후 새세대의 인생관, 가정관, 여성관의 변화를 기술하고, 그 변화를 가져온 요인을 대내적 식량난과 대외적 외래 사조의 유입에 근거하여 분석하였다. 이 글은 최근까지의 방대한 소설 자료를 집중적으로 분석하면서 새롭고 흥미로운 시사점들을 제공한다는 점에서 의의가 있다. 물론 북한의 문학이 사회주의적 사실주의(realism)를 표방하고 있기는 하지만, 소설은 아무래도 허구(fiction)를 다루는 문학 작품인데다 북한에서 발행하는 공식적 자료라는 점에서 북한 새세대들의 실제적인 가치관의 변화를 직접 다루기보다는 간접적으로만 보여준다는 한계를 넘기는 어렵다.

이교덕, 임순희 등의 『새터민의 증언으로 본 북한의 변화』는 1996년부터 2007년까지의 새터민 다수의 증언을 바탕으로, 공식적인 문헌으로 확인 가능한 제도의 변화에 집중했던 기존의 연구들과는 달리 주민들의 의식과 일상적 문화 속의 비공식적인 제도의 형성과 변화를 추적하고자 시도했다는 점에서 의미가 있다. 이 연구에서는 주로 통치 이데올로기와 권력 구조의 변화, 경제 제도

6 이교덕 외, 『새터민의 증언으로 본 북한의 변화』, 서울, 통일연구원, 2007.

7 임순희, 『북한 새세대의 가치관 변화와 전망』, 서울, 통일연구원, 2006.

와 조직의 변화, 북한 주민 생활과 의식의 변화, 교육 정책과 교육 현실의 변화라는 네 주제에 대한 자료를 새터민의 증언에서 수집하여 체계적으로 정리하였다. 다만 북한 이탈을 감행한 새터민을 대상으로 북한 내의 변화를 추정한 연구라는 점에서 이탈을 하지 않고 현재 북한 내에 거주하고 있는 주민들의 현실적인 가치 변화를 이해하는 데에는 역시 간접적이고 제한적일 수밖에 없다는 점과, 피면접자의 특성상 대표성, 타당성, 신뢰성에서 방법론적인 한계를 지적하지 않을 수 없다. 또한 북한 교육에 있어서 공교육의 약화와 수재교육, 교육 비리 등의 흥미로운 주제를 다루었으나, 향후의 남북한 통일과 관련한 시사점을 줄 수 있는 분석을 시도한 것은 별로 발견할 수 없다는 아쉬움이 있어 후속 연구가 요청된다.

북한 청소년에 관해서도 역시 최근으로 오면 대부분 탈북자의 적응과 관련된 연구가 다수를 차지한다. 그리고 청소년에 관한 연구는 주로 북한의 교육제도를 다루면서 언급하는 경우가 많은데, 대표적인 보기로는 1999년에 나온 한만길 편 『북한에서는 어떻게 교육할까』[8]가 있다. 이는 북한에서 교육받은 경험을 기록한 수기를 수집 정리한 것인데, 청소년을 본격적으로 다루지는 않았지만 학교 생활과 학습 활동의 맥락에서 이루어지는 청소년들의 생활이 잘 드러나 있는 편이다. 다만 탈북자의 수기를 엮은 책이라는 점에서 그에 대한 분석이 부족하다. 그리고 청소년 연구에서도 현재 북한 내에서 거주하는 청소년들에 대한 직접적 연구가 필요하고 그에 대한 관심도 높은 데 비해서 이런 연구가 부족한 점은 아쉽다.

8 한만길 편, 『북한에서는 어떻게 교육할까』, 서울, 우리교육, 1999.

이처럼 기존의 북한 청소년에 관한 연구들은 북한 청소년의 정치사회화에 관한 것이거나 탈북 청소년의 적응 문제와 관련된 것들이 대부분이다. 따라서 앞으로는 북한 청소년의 정치사회화는 물론이고, 그들의 문화와 정서를 고찰하여 북한 사회의 미래를 전망하는 방향의 연구가 필요하다고 하겠다.

북한 사회·문화에 관한 전반적인 연구도 현지 관찰과 답사가 어려운 점과 아직 현실적 정책 차원의 수요가 그리 크지 않다는 이유 때문에 정치, 외교, 경제 분야 연구에 비해서 미비한 것이 사실이다. 다만 최근에 탈북자가 증가하면서 나온 증언과 수기 같은 것에서 기아 문제나 인권 문제 등 북한 사회의 문제점들에 관한 연구가 등장하기 시작하였다. 예를 들어, 근자에 발표된 대표적인 연구들로는 1999년에 통일연구소가 출간한 서재진의 『북한의 사회심리연구』[9]나 2006년에 세종연구소에서 나온 『북한의 사회문화』[10], 2004년과 2006년에 경남대학교 극동문제연구소에서 발행한 『북한 도시의 형성과 발전』[11], 『북한 도시의 위기와 변화』[12] 등이 있다.

서재진의 『북한의 사회심리 연구』는 북한 사회의 심리적 병리현상과 북한 주민의 방어기제를 다룬 것으로서, 『북한 주민들의 가치의식 변화: 소련 및 동구와의 비교연구』, 『북한주민의 인성연구』, 『또 하나의 북한사회』 등 오랫동안 지속적으로 연구해 온 북

---

9 서재진, 『북한의 사회심리 연구』, 서울, 통일연구원, 1999.

10 김동한 외, 『북한의 사회문화』, 서울, 한울아카데미, 2006.

11 최완규 편, 『북한 도시의 형성과 발전』, 서울, 한울아카데미, 2004.

12 최완규 편, 『북한 도시의 위기와 변화』, 서울, 한울아카데미, 2006.

한 주민들의 내면적인 연구들을 발전시킨 사례라 할 수 있다. 이들은 흥미로운 주제를 다루었다는 장점이 있으나 역시 자료 분석 자체보다는 이론적 해설에 치중한 면이 있다. 또한 북한 주민 일반에 대한 분석을 넘어, 각 계층별로 이루어지는 역동적인 상호 작용에 대한 분석이라든지 혹은 이를 바탕으로 한 전망과 시사점의 제시 같은 것이 더 있었으면 하는 아쉬움이 있다. 앞으로는 북한 사회 일반의 심리적인 현상을 기술하는 데 그칠 것이 아니라, 여성 또는 청소년 등 집단별로 이루어지는 상호작용을 관찰함으로써 체제 유지와 변화를 전망하는 작업이 필요하다고 본다.

『북한의 사회문화』는 법과 규범의식, 개방의식, 교육, 여성, 가족 등 다방면의 현상을 대상으로 여러 연구자들이 폭넓게 접근하고 있는 책이다. 이는 북한 체제의 지속성과 변화에 초점을 두고 사회 문화를 바라본다는 점에서 본 연구에서 시도하는 바와도 공통점이 있다. 하지만 이 연구는 북한 사회의 문화의 특수성을 바라보기보다는 남한의 관점에서 북한을 해석하는 편의(bias)를 극복하지 못한 듯하다. 북한 사회의 기본 단위는 개인이 아닌 단체이기 때문에 변화와 지속성을 이야기하려면 사회단체와 개인의 연관성을 논할 필요가 있는데 그 부분이 빠진 아쉬움이 있다.

『북한 도시의 형성과 발전』 및 『북한 도시의 위기와 변화』는 청진, 신의주, 혜산 출신의 탈북자 증언을 바탕으로 도시 공간에서 주민들의 삶과 문화, 정치적 활동이 어떠한 변화를 겪었는지 보여주고 있다. 이 연구는 장기적인 관점에서 한 가지 주제를 가지고 북한 사회를 심층적으로 파고들었다는 점에서 중요하다. 다만 단순히 북한 사회의 현상을 기술하는 것에 그치고 있다는 점을 지적할 수 있겠다. 앞으로는 단순히 탈북자 인터뷰에만 의존하여 북한의 실상을 파악할 것이 아니라 신문, 잡지, 영화, 소설 등의 내용 분석 같은 일차 자료에 대한 분석 등을 곁들여서 좀 더 입체적인 접근과 통일의 과정에서 정책적 함의를 줄 수 있는 전략적 연구를 하는 것이 바람직하리라고 본다.

북한과 같이 거의 완전히 외부와 단절하고 고립된 사회는 그 특성상 관심 있는 연구 분야에 관한 일차 자료를 입수하기 어렵고 자료의 양도 부족한데다, 이와 같은 특수성이 강한 사회의 연구를 위해 표준틀로 삼을만한 연구방법이 나와있지 않다. 따라서 표면적이고 형식적인 수준에서 주제를 다루거나 현상의 해석에만 주목한 나머지 분석이 매우 취약한 연구가 많은 것이 사실이다. 이로 인해 북한의 현실이 왜곡되어 전달되기도 하며, 연구자들이 정작 북한 주민들이 바라는 변화에는 무관심한 경우도 많고, 유사한 연구들을 되풀이 수행하기도 하는 등의 폐단이 있다. 이제부터는 장기적인 안목을 가지고 북한 사회를 바라봄으로써 정책적 시사점을 제공하고, 내용이나 방법 면에서도 북한 사회 연구를 위한 이론 내지 분석틀을 제공할 수 있으면 하는 바람이 있다.

이상과 같이 북한의 교육과 사회 및 생활 세계와 관련된 연구에 관한 한 자료 입수에 있어서 근본적인 한계, 공식적인 일차 자료 분석에 의거한 현실성의 부족 문제, 새터민 증언에 의거한 자료의 주관성의 문제, 상호 작용과 관련된 미시적 연구의 부족 등 다양한 한계들이 존재한다. 따라서 본 연구는 이러한 한계점을 염두에 두고 다양한 북한의 일차 자료와 새터민 증언의 유기적인 결합에 의하여 상기한 문제점들을 보완하고자 한다. 이를 바탕으로 북한의 청년조직과 여성조직의 특성을 이해하고 생활 세계 속에서 드러나는 여성과 청년들의 역동적인 변화 특성을 살펴보고자 한다. 나아가 통일 과정과 통일 이후의 내적인 통합을 이루는 데 있어서 요청되는 중점 사항을 파악하고 그와 관련된 교육적·정책적 시사점을 찾고자 한다.

3. 접근 방법

북한 연구에서 항상 가장 심각한 장애 요소는 신빙성 있는 자료의 빈곤이다. 특히 실제 북한 사람을 대상으로 참여 관찰이나 현지 조사 연구를 실시할 기회가 없는 상황에서 미시적인 사회관계를 연구하는 것은 매우 어려운 일이 아닐 수 없다. 이에 따라 본 연구에서는 1983년부터 2007년까지의 신문 자료와 잡지 기사를 대상으로 내용 분석을 시도하였다. 아울러 당 기관지 「로동신문」과 청년동맹의 기관지인 「청년전위」[13], 여맹의 기관지인 『조선녀성』

---

13 「청년전위」는 원래 1946년 11월 1일 북한의 청년 조직인 '북조선 민주청년동맹' 창립과 함께 발간하기 시작한 「민주청년」이라는 명칭으로 시작된 일간지이다. 이는 1964년 동 연맹의 명칭이 '조선사회주의로동청년동맹'으로 바뀌자 그 이름도 「로동청년」으로 개칭되었으며, 1996년 1월 이 동맹이 다시 '김일성사회주의청년동맹'으로 바뀜에 따라 1월 19일 「청년전위」로 명칭이 바뀌어 발간되고 있다. 본 글에서는 현재 사용되고 있는 「청년전위」로 통칭할 것이되, 1996년 이전의 자료를 특정적으로 지칭할 때는 「로동청년」으로

의 기사들을 분석하여 북한의 청년과 여성들의 삶의 세계를 이해하려는 접근을 취하였다.

먼저 내용 분석의 대상으로 삼은 자료는 다음과 같다.

1) 당 기관지 「로동신문」에 대해서는 1988년에서 2002년까지의 신년사, 청년동맹과 여맹의 창립일, 그리고 청년절이나 국제부녀절 등 주요 행사일, 기념일의 사설을 주 대상으로 살펴보았다.

2) 다음으로 「청년전위」는 1998년을 마지막으로 그 이후의 자료가 국내에 입수되지 않는다는 자료의 한계로 인하여, 5년 단위로 1983, 1988, 1993, 1998년의 네 해 동안의 기사 전체를 분석대상으로 삼아야 했다.

3) 마지막으로 『조선녀성』은 청년동맹 기관지와 비교할 수 있도록 유사한 시기를 선정하여 1993, 1998, 2003년에 수록된 전체 기사 자료와 최종 조사가 이루어진 2007년 5월까지의 자료 전수(全數)를 대상으로 분석하였다.

내용 분석의 대상으로 삼은 자료의 기간을 5년으로 선정한 것은 자료의 입수 가능성 뿐 아니라, 이러한 분석 기준이 북한 사회의 대내외적 변동을 반영하는 데에 의미가 있다고 생각되기 때문이다. 일차 자료의 연도 선정 기준과 관련된 주요 사건들은 다음과 같다.

1) 1983년의 자료들은 북한 사회 내에서 주체사상의 위상이 확고해지고 김정일의 후계 구도가 공식적으로 지명되던 시기를 배

부르고자 한다.

경으로 한다. 1980년 10월의 조선로동당 제6차대회에서 김정일이 공식적인 후계자로 지명되며, 1982년 3월에는 「주체사상에 대하여」가 김정일에 의해 제시되었다. 1983년에는 '팀스피리트 83'과 관련하여 북한 내에 준전시상태가 선포되고, 미얀마 아웅산 암살 폭파 사건 등으로 인한 위기가 고조되었던 시기이기도 하다. 또한 1983년 6월 여맹 5차대회에서 이루어진 규약 개정은 여맹의 위상을 급격히 약화시키는 요인이 되기도 했다.

2) 1988년은 동구 공산주의 국가의 붕괴, 통독 등의 사건이 발생하기 직전 시점으로서, 대외적인 환경 불안 요소가 비교적 적었던 해이다. 또한 1989년의 평양 축전을 앞두고 있는 시점으로서 비교적 개방적이고 희망적인 사회 분위기가 지배적이었던 때이기도 하다. 따라서 대외적인 환경이 비교적 안정적이며 대내적인 사회 불안 요소도 비교적 적었던 시기이지만, 1970년대 이후 누적되어 온 북한식 경제 발전의 한계가 드러나기 시작하는 시기이기도 하다.

3) 1988년에서 1993년 사이에는 구소련 및 동유럽 공산주의 국가의 붕괴라는 급격한 국내외적 환경 변화가 존재했으며, 변화의 내용도 정치, 경제, 사회, 문화 등 다양한 측면에서 발견되고 있다. 정치적으로는 조선로동당 제6기 19차전원회의에서 김정일 군 최고사령관 추대가 이루어지고 사회주의헌법의 대폭 개정이 이루어졌다. 경제적으로는 1980년대 말부터 누적되어 온 경제 침체가 표면화되어 배급제가 붕괴하기 시작한다. 문화적으로는 평양 축전 이후 개방의 후유증이 발견되는 시기이기도 하다.

4) 1993년과 1998년 사이에는 북핵 문제로 인한 대외적 고립과 김일성의 사망, 그리고 1990년대 중반의 '사회주의 고난의 행군' 등 큰 변동 요인이 존재한다. 이 시기는 경제적 어려움을 극복하기 위해 시도한 남한, 중국, 서방 국가 등과의 교류로 인한 후유증과 대외 원조에 대한 반대급부로서 사상·문화적 혼란의 위협이 존재하는 시기라 할 수 있다. 그러면서도 1998년의 자료들에서는 식량난에 기인한 1990년대의 체제 위기가 조금씩 극복되면서 '강성대국'을 표방하는 김정일 체제로의 이행이 드러난다.

5) 1998년 이후 2003년까지는 '사회주의 고난의 행군' 종료를 공식적으로 선언한 후, 사회주의 '강행군'에 박차를 가하는 시기이다. 또한 2000년의 남북 정상회담이 개최되는 등 과거에 비해 상대적으로 정치적 안정을 보였던 시기이기도 하다. 나아가 2002년 7월 '경제관리 개선조치'에 이어, 신의주특별행정구, 금강산관광지구, 개성공업지구 등이 설치되기도 했던 시기이다.

6) 2003년 이후는 2000년대 이후 지속적으로 증대된 남북교류 및 외부로부터 유입된 정보들의 축적이 이루어진 시기이다. 경제 관리 개선 조치 이후 급격히 불거지고 있는 물가의 상승 등의 경제적 문제, 구성원들이 지니는 가치관의 혼란이 사회 문제 및 가족 문제 등으로 일차 자료를 통해 드러날 수 있는 시기이기도 하다.

이상과 같은 기준으로 본 연구에서는 1983년 이후 2007년까지의 북한의 일차 자료들을 분석하고자 했다. 그런데 북한의 신문이나 잡지 같은 인쇄 매체와 TV 등의 대중 매체들은 원칙적으로

당성, 이데올로기성, 교양성을 띤 내용만을 보도하도록 허용하기 때문에 부정적인 사례나 사회 문제를 지적하는 예는 많지 않다.[14] 그럼에도 불구하고 주민들에 대한 계도 차원에서 이루어지는 교양 기사 중에는 간혹 청년이나 여성들에게서 일어나는 부정적인 성격의 사례가 등장한다.

본 연구는 이러한 일차 자료들을 통해 청년과 여성의 변화를 추정하려 하였고 나아가 당국의 통제로부터 이완이 일어나는 양태를 포착하고자 하였다. 북한의 신문은 해마다 같은 날짜에는 이전 해의 기사들과 거의 유사한 내용들을 싣는 수가 많으나, 이런 경우에도 내용 분석을 통해 살펴보면 점진적이나마 시기별 변화의 특성을 발견할 수 있다. 그 뿐 아니라 본 연구에서는 미풍양속의 사례라든지 혹은 긍정적인 교양을 위한 기사 등에서도 행간(行間)을 읽는 해석적 방법으로 북한 사회와 주민의 삶의 세계에 대한 간접적인 이해를 시도하였다.

한편 본 연구는 문헌 자료만을 분석 대상으로 삼지 않고 추가로 다음과 같은 자료를 분석에 이용하는 접근을 시도하였다.

1) 현재 남한에 있는 탈북자들을 대상으로 실시한 심층면접 자료와 그들의 수기

---

14 김일성은 "북한 신문에 펠레통(feuilleton: 프랑스어로 풍자 혹은 비판적이거나 부정적인 기사)을 쓰는 것도 그만두었다. … 우리는 사람들의 결함만을 들춰내는 이러한 교양방법을 교조주의의 쓰레기통에 집어던졌다. 우리 신문은 펠레통을 쓰는 것이 아니라 모범적인 사실, 감동적인 아름다운 이야기에 대하여만 쓰고 있으며, 그것으로 사람을 교양하고 있다"고 밝히고 있다. 『김일성저작집』 2, 평양, 조선로동당출판사, 1968, p.581.

2) 소설과 영화 등 허구적인 작품

본 글에서는 이러한 다양한 자료를 널리 활용하여 시대적 변화와 인간관계 유형의 분석 등을 시도하였다. 본 연구책임자는 일찍이 『북한사회연구』[15]와 『북한 사회의 체제와 생활』[16]등의 저서에서 북한 소설에 대한 내용 분석으로 사회상의 특징을 포착하고 변화를 추적하는 접근법을 개척한 바가 있다. 그러나 신문, 잡지, 영화, 소설 등의 문서만을 분석해서는 학문적으로 의미 있는 결론을 도출하기에 한계가 있을 수밖에 없다. 이러한 한계를 보완하고자 본 연구에서는 시대별, 지역별, 성별, 청년동맹과 여맹의 맹원으로 활동한 경험이 있는 북한이탈주민에 대한 심층면접을 병행하였다.

탈북자의 인터뷰 대상 표집은 기존의 2004년에 수행한 연구[17]의 탈북자 면접 명단을 이용한 누적적 표집법(Snowball sampling)을 채택하였다. 다만 지역별, 연령별, 탈북 시기별 특성이 다르기 때문에 대표성을 보장하기 위해서 탈북자 단체나 연관된 기관과 협의하여 예산이 허락하는 범위에서 여성과 청소년을 대상으로 최대한 많은 인원을 심층 면접을 하고자 하였다. 최근에 탈북자의 숫자가 증가하면서 그 중에는 북한에서 엘리트 출신이었거나 남한에 와서 석사 학위 이상을 취득한 북한 연구자들이 생겨나고 있다. 따라서 본 연구에서는 이들과의 면담을 통해 연구 내용을 수시로 확

15 이온죽, 『북한사회연구』, 서울, 서울대학교출판사, 1988.

16 이온죽, 『북한사회의 체제와 생활』, 서울, 법문사, 1993.

17 이온죽, 『통일과정 및 통일 후에 있어서 북한주민의 적응과 통합에 효율적인 교육방법의 모색, 북한 사상교양 교육방법의 특성 연구』, 2004년도 서울대학교 통일학연구사업, 2005.

인하고 보충하기도 하였다.

4. 체제 유지와 변동에 관한 이론적 고찰

1) 체계 이론

북한사회의 특수성에 비추어 사회 체제의 유지와 사회 변동에 관한 일반이론의 적용 가능성에 대해서는 의견의 차이가 있을 수 있다. 그리고 북한 사회 연구를 위해서 사회학적 이론 전부를 원용하는 데도 문제가 있다. 결국 유관하다고 보이는 몇 가지 주요 이론에 대한 간략한 고찰이면 족할 것이다. 특히 사회 변동에 관한 이론은 매우 다양하므로 여기에서는 특별히 체제 유지와 변화라는 측면에 국한시켜 검토하려고 한다.

체제 혹은 체계(system)라면 아무래도 일반 체계 이론(general systems theory)을 생각하게 되는데, 체계란 내부적으로는 '상관관계와 상호의존성을 띠는 부분요소로 구성되는 전체'를 가리키는 조직체이고, 대외적으로는 주변환경과도 상호작용하는 조직단위를 말한다. 이러한 체계의 일반적인 속성은 다음과 같이 요약할 수 있다.[18]

1) 부분 요소들만이 상호 연관되고 의존하는 것이 아니라 전

체도 부분 요소들과 상호 의존적인 관계를 갖는다.

2) 한 구성 부분이나 부분간의 관계에 변화가 생기면 다른 부분과 전체도 영향을 받아 변화가 일어난다.

3) 모든 체계는 일정한 수준의 균형 내지 평형상태(equilibrium) 혹은 질서(order)를 지키려는 성향이 있다.

4) 외부의 변수나 내부의 요인에 의한 변화로 인하여 균형과 질서에 교란이 일어나면 체계가 정상적으로 작동하는 데 필요한 에너지 부족 현상인 엔트로피(entropy)가 발생하고 이에 평형상태를 회복하려는 노력(변화)이 따른다.

5) 이러한 균형 회복을 지향한 변화는 체계가 지닌 자원 혹은 에너지와 정보의 환류(feedback)작용으로 조정을 받게 된다.

6) 이처럼 균형이나 질서를 유지하고 변화로 생긴 교란에 대처하여 일정한 범위의 변이(variation) 속에서 평형 상태를 회복함으로써 체계의 붕괴를 막고 대폭적인 변화를 방지하는 과정을 항상성(homeostasis)이라 한다.

이는 다분히 생물유기체나 기계와 같은 열역학적인 체계이론의 일반적 관점이지만 이를 사회체계에 도입한 대표적인 예가 사회학의 기능론적 체계이론이다. 사회체계도 이를 구성하는 체제 내부의 부분요소들 간의 상호작용과 기능적 분화의 정도 및 외적인 환경의 유동성 여부에 따라 안정적으로 유지하기도 하고 변화를 겪기도 한다. 체계는 항상 항상성의 과정 속에 유동적인 양태로

---

18 Walter Buckley, *Sociology and Modern Systems Theory*. Englewood Cliffs, NJ, Prentice-Hall, 1967.

존재한다. 내부와 대외관계에서 평형 상태를 유지하면 안정이라고 하고 이 균형이 깨지면 변화라고 하는데, 대개 변화는 체계의 구조기능적 분화의 모습으로 나타난다. 안정을 유지하려면 내부적으로는 통합의 정도가 커야 하고 외부 환경으로부터 오는 변화의 압력이 덜해야 한다. 이때 가장 중요한 변수가 자원과 정보이다. 특히 이 두 가지가 외부에서 유입하는 정도에 따라 환경의 영향력이 달라지는데, 일반적으로 외부와 차단하고 문을 닫아버리는 폐쇄적인(closed) 체계는 자원과 정보가 부족하여 에너지 결핍으로 체계붕괴의 위험에 직면할 개연성이 커진다.

그런데 북한의 예를 보면 이와 같은 일반 체계 이론으로 설명하는 데는 한계가 있을 수 있는 특성이 있다. 이를 보완하기 위해서는 파슨즈(Talcott Parsons)의 기능론적 체계 이론을 참고하는 것이 도움이 된다. 파슨즈에 의하면 하나의 체계가 생존을 유지하려면 네 가지 기능적 필수요건(functional imperatives)을 충족해야 하는데, 사회체계에는 이들을 주로 담당하는 부분체계(하위체계, subsystems)가 있다. 그 네 가지 기능은 적응(Adaptation), 목표 달성(Goal Attainment), 통합(Integration) 그리고 잠재유형 유지 및 긴장관리(Latent Pattern Maintenance and Tension Management)이다. 이를 줄여서 흔히 AGIL모형이라고도 한다.[19]

---

19 Talcott Parsons, *The Social System*. Glencoe, IL, Free Press, 1951; Richard Munch, "Parsonian Theory Today: In Search of a New Synthesis," pp.115-155 in Anthony Giddens and Jonathan Turner (eds.) *Social Theory Today*. Stanford, CA, Stanford University Press, 1987. 이를 북한 체제 분석에 원용한 보기는 이온죽, 앞의 책, 『북한

1) 적응 기능은 주로 외부 환경과 관련하여 자원과 가치와 에너지의 생산과 분배기능을 수행하며, 외부에 대해서도 다른 체계와의 관계, 환경 변화에 대한 대응 등을 다룬다. 한 국가사회의 체계에서는 주로 자원을 생산 유통하는 경제부문이 감당하는 기능에 해당하지만 대외관계에서는 정치부문도 중요한 역할을 보탠다.

2) 목표 달성 기능은 정부를 중심으로 국가사회의 주요 목표를 설정하고 이를 달성하기 위한 자원의 동원과 배당 등을 위한 집합적 결정 행위를 책임진다. 이는 주로 정치 부문의 기능으로서 여기에는 권력이 개입한다.

3) 통합 기능은 체계를 구성하는 부분 요소들 사이의 내부적 조정에 의하여 결속을 다지고 일탈을 관리하여 사회가 붕괴하는 것을 방지한다. 이 기능은 광범위한 사회적 공동체(종교, 교육 포함)와 사회통제(법률)제도의 부분 체계가 수행한다. 이 부문의 부분 체계는 구성원들 상호간의 애착과 공동체에 대한 헌신, 공동체적 질서의 유지 등으로 결속과 유대를 공고히 하는 데 기여한다.

4) 모든 체계는 가능한대로 그 안에 잠재한 문화적 유형을 크게 교란시키지 않고 긴장을 관리함으로써 균형 상태를 유지하려 한다. 각 사회가 규정한 규칙으로 구성한 상징들을 활용하는 사회적 담론의 형식으로 행해지는 이 기능은 주로 사회화를 담당하는 부분 체계(가족, 교육, 종교, 문화영역)가 감당한다.

이 네 가지 부분 체계는 모두 전체 체계의 유지존속과 발전을 위해 불가결한 기능을 수행하지만 그들 간의 상대적 비중에서는

사회의 체제와 생활』, 제2장 참조.

그 영향력의 관점에서 서로 차이가 날 수 있으며, 그 중 어떤 부분 체계의 상대적 우위가 더 큰지에 따라서 체계의 성격을 규명할 수 있다. 일단 북한은 목표 달성과 통합기능에서 국가(또는 국가 운영을 실질적으로 담당하는 조선로동당)의 힘이 과도하게 강해서 문화적 차원의 잠재유형 유지와 긴장관리가 거의 완벽하게 그러한 기능에 예속될 뿐 아니라 경제 부분의 적응 기능도 국가가 좌지우지하는 형국이 된다. 이 말은 북한 체제가 강제성, 속박, 강력한 사회화 등의 수단으로 유지된다는 것을 암시하고, 대외적으로 폐쇄되어 고립을 자초함으로써 경제적 생존과 정상적 대외관계에 어려움이 발생할 소지가 커진다는 것을 시사한다.

국가의 기능이 비대칭적으로 강력한 사회에 대한 분석에서는 자연히 정치 체계의 작동 원리에 대한 이론을 원용하는 것도 필요하다. 이 점에서는 이스튼(David Easton)의 모형이 유용하다. 이는 주로 목표 달성의 기능을 주관하는 정치 체계가 제대로 작용하는지를 판단하는 하나의 개념으로서 체계 역량(system capability)을 채택하여 분석을 한다.[20]

정치 체계가 국내외의 환경에 적응하면서 자체 유지와 발전 및 목표 달성을 기하려면 내외의 끊임없는 요구(demand)와 지지(support)를 받는 반면에 지지를 주는 주체들의 요구를 충족시키기 위해 정치·정책적 결정을 하고 자원을 동원·제공해주어야 한다. 이처럼 환경이 제공하는 지지와 요구를 투입(input)이라 하고

---

20 David Easton, *A Systems Analysis of Political Life*, Chicago, University of Chicago Press, 1965(이용필 역, 『정치생활의 체계분석』, 서울, 법문사, 1988); 및 이온죽, 위의 책, 제2장.

체계가 그에 대응하여 제공하는 결과를 산출(output)이라 한다. 그런데 체계의 속성은 한 번 산출하면 그것으로 끝나는 것이 아니라 그 결과에 대한 환경 주체의 만족 여부와 평가에 따라 다시 요구와 지지를 투입하는 환류(feedback) 작용이 일어난다.

투입의 주체는 대개 국제적 여건 속의 여러 행위자들, 국내 정치집단, 시민사회 부문의 이익집단 그리고 일반 국민이며, 산출의 차원은 체제 통합을 비롯하여 안전, 규제, 분배, 추출, 상징, 혁신, 관용, 반응 등으로 다양하다. 특히 산출의 내용을 간략하게 살펴보면 다음과 같다.

① 통합역량은 주로 정치 체계가 제시하는 가치 지향에 동조하게 하는 능력

② 규제역량은 규칙을 만들어 집행하고 일탈을 통제하는 능력

③ 상징역량은 문화적 상징으로 국민을 설득하여 지지를 획득하고 체제를 유지하는 능력

④ 안보역량은 안정적인 정치 체제를 견지하여 국민의 안전을 도모하는 능력

⑤ 분배역량은 자원들을 고루 배분하는 복지정책 등으로 표출하는 능력

⑥ 추출(抽出)역량은 자원을 효율적으로 이용하는 능력

⑦ 혁신역량은 난국 타개나 기타 요구에 대응하는 자체 개혁과 제도 쇄신 능력

⑧ 관용역량은 반대나 비판에 유연하게 대응하는 능력

⑨ 반응역량은 국민의 요구에 민감하게 반응하고 효과적으로

대응하는 능력

이상의 역량 중에서 ①, ②, ③은 체계 자체가 발생시키는 능력으로 자체 유지를 위해 발휘해야 하는 데 비해, 나머지는 체제외적 환경의 요구에 대응하는 능력에 해당한다. 특히 정치 체계는 외부적 환경의 지지를 확고히 받을 때 더 신장되지만 자체의 정당성(정통성, legitimacy)에 크게 의존한다. 여기에는 도덕성, 카리스마적 권위, 이데올로기적 호소력, 공통가치의 추구, 이해관심의 교환, 자원과 권력의 배분, 강압에 의한 복종 등 다양한 요인들이 작용할 수 있다. 또한 국민의 정치적 효능(efficacy), 체계의 효율성(efficiency) 그리고 공정성(equity) 과 같은 변수도 개입하여 매우 복합적인 환류과정 속에서 체계가 작동하고 유지 존속하게 된다.

북한의 정치 체계는 통합, 규제, 상징의 측면에서는 안정적이지만 안보, 분배, 추출, 혁신, 관용, 반응 등에서는 역량이 매우 부족하다. 결국 북한 체제는 국민 중심의 요구에 대한 대응과 효능에서 엔트로피 상태가 지속됨에도 불구하고 강제에 의한 통제와 이데올로기적 상징조작으로 지탱한다고 해도 과언이 아니다. 그러므로 이를 설명하는 데는 그러한 통제와 상징조작의 기제에 대한 분석이 매우 중요해지는 것이다.

특히 북한 체제의 유지 문제는 궁극적으로 정치 체계의 문제가 되므로 여기에 핵심이 되는 권력의 안정성을 집중적으로 다루는 간단한 모형 한 가지를 더 소개한다. 듀크(James Duke)는 권력의 효과적인 활용과 유지에 적정한 조건으로 크게 네 가지를 들고 있다.[21]

첫째는 제도적 조건으로, ① 공유하는 가치의 동질성, ② 열망의 성취, ③ 사회적 세력들의 단합, ④ 저조한 사회 변동을 들 수 있다.

둘째, 착취를 당한다는 느낌이 그리 강하지 않아서 갈등을 일으키는 데 대한 관심이 별로 없다.

셋째, 정당성을 확보하고 있다.

넷째, 고도로 안정적이고 효율적인 권력의 행사가 가능하다.

이러한 기준에 의해서 북한의 정치 체계를 분석해보면 상징조작에 의한 정당성 확보와 동질적 공유가치, 사회세력의 단합, 갈등의 억제에 의하여 안정적이고 효율적인 권력의 행사와 유지가 가능한 체제라고 볼 수 있다. 따라서 이러한 모형에 의한 분석에서도 여전히 통제와 상징조작의 기제가 핵심적인 요소로 부상하는 것을 알 수 있다. 본 연구의 초점을 주요 사회단체 혹은 근로단체에 두는 주요 이유도 여기에 있다.

2) 사회 변동론

그러면 이제 사회 변동의 문제를 살펴볼 차례이다. 사회 변동에 관한 이론은 훨씬 더 다양하고 복잡하지만 여기서는 사회 변동의 원천 내지 요인에 관한 주요 이론들을 개략적으로 집약하는 데 한정시키려 한다. 북한 사회의 변동은 일반 이론으로 설명하기에

---

21 James Duke, *Conflict and Power in Social Life*. Provo, UT, Brigham Young University Press, 1976. 이 모형에 의한 북한 사회 분석의 예는 이온죽, 앞의 책, 『북한사회연구』, 1988, 제3장 참조.

는 매우 특이한 요소를 많이 함축하기 때문이다. 북한 체제는 대외적 폐쇄성이 특징인데다 사회 내부의 통제가 강하기 때문에 일반적인 변동론으로 접근하기에는 상당한 어려움이 있다.[22]

사회는 본원적으로 스스로 변하는 체계이다. 이를 두고 내재적 변동(immanent change)이라 한다. 사회화 과정은 문화 유형을 100% 전승하는 듯하지만 실제로는 세대가 바뀌면서 과거 세대의 문화를 그대로 답습하지 않고 자연스럽게 변화를 초래한다. 특히 젊은 세대의 특색은 새로운 것을 선호하는 성향이 강하므로 변화를 추구할 소지가 크다. 북한이 아무리 통제가 강한 사회라 해도 젊은 세대에 의한 변화 추구 성향을 완벽하게 억제하기는 어렵다는 것이 일반 이론에 의한 해석이다. 따라서 북한 사회는 체제 유지를 위해 청소년의 교양학습에 의한 이데올로기 교육, 즉 세뇌 작업에 그만큼 공을 들이는 것이다. 또한 내재적 변동이 사회화 과정 자체에서 일어나기 때문에 이를 차단하기 위해서는 초기 사회화를 담당하는 여성, 특히 어머니 세대를 제대로 통제하고 세뇌하는 것이 필요하므로 여성단체의 중요성 역시 이런 점에서 간파할 수 있다.

내재적 변동이 아니라면 변화의 원천은 어디서 오는가? 이 질문에 대해서는 내부적, 내생적 혹은 자생적(internal, endogenous, indigenous) 요인과 외생적, 외부적(exogenous, external) 요인으로 나누어 살펴볼 수 있다.

---

22 사회변동에 관한 저서는 무수하지만 이를 다 소개하기 어렵고 그럴 필요도 없으므로 참고삼아 한 권을 소개한다. 김경동, 『현대의 사회학』, 서울, 박영사, 2008, 제11장 참조.

먼저 외생적 요인은 다음과 같이 정리할 수 있다.

① 생태환경적 재난이나 충격

② 다른 문화와 접촉에 의한 문화전파(diffusion)와 문화접변(acculturation)

③ 전쟁과 같은 대외적 갈등

한편 내생적 요인은 다음과 같이 정리할 수 있다.

① 인구변동

② 기술적, 경제적 요인

③ 정치적 선택과 결정

④ 문화적 요인으로서, 종교, 가치관, 의식, 신념, 이데올로기 등

⑤ 자원과 희소가치를 둘러싼 사회적 갈등에 의한 구조적 변동

더불어 북한의 변화를 설명하는 데는 외부의 요인이 크게 작용할 수 없도록 체제 자체가 극도의 폐쇄정책을 펴 왔다는 사실에 주목할 필요가 있다. 북한은 '자본주의의 세균'이 들어오지 못하도록 '모기장'을 철저히 쳐야 한다는 식으로 외부의 이질적 문화의 유입을 통제해왔다. 따라서 광복 후 소련과 중공 및 중동부 유럽권의 영향을 제외하면 서방 세계와는 거의 완벽하게 접촉을 차단해 왔다고 할 수 있다. 그러므로 문화접변이라는 관점에서는 극히 한정된 변화만을 추정할 수 있는 반면, 자연재해와 전쟁이 크게 작용했음을 알 수 있다. 이 두 가지는 모두 대외적인 위기나 위협이 강해지면 내부적 결속과 통합을 강화하는 경향이 있다는 갈등론적 관점에서 설명하면 이해가 쉽다.[23] 북한은 이런 의미에서 대외적 요

인의 영향을 최소화하는 방향으로 체제 유지를 도모해왔다고 할 수 있다. 또한 오히려 대외적 위협을 강조함으로써 대내적 결속을 다지는 전략을 활용했다고 보는 것이 적절하다.

사회 변동의 내부적 요인 중에 인구 현상은 성장 속도, 출산율 변동, 기대수명과 고령화, 노동력 변화 등이 경제에 영향을 미칠 수 있다. 또한 폐쇄정책으로 인한 기술개발의 부진으로 인해 경제를 재건하는 데 한계가 있다는 사실이 중요하다. 그러나 북한과 같이 전체주의적인 성격이 강한 사회에서는 정치권력의 작용이 결정적으로 중요하다. 즉 거의 모든 주요 사안들을 정치적 선택에 의해 결정하는 이른바 '정치적 선택성의 원리'(the Principle of Political Selectivity)로써 많은 것을 설명할 수 있다.[24] 문화적 요인의 작용도 정치적으로 이데올로기화함으로써 얼마든지 대중 조작을 위한 수단으로 이용할 수 있으며, 사회적 갈등도 엄격한 감시와 통제로 억제할 수 있으므로 표면적인 문제가 되기는 어렵다.

이처럼 내부적인 변동의 요인도 북한의 설명에서는 비교적 단순화할 수 있는 요소가 있다는 점을 감안하면 주로 정치적인 통제와 교화가 큰 비중을 차지한다는 사실에 주목하게 된다. 여기에 우리가 분석하고자 하는 주요 사회단체의 역할이 중요해지는 이유가 있기도 하다.

---

23 Lewis A. Coser, *The Functions of Social Conflict*, NY, Free Press of Glencoe, 1956.

24 정치적 선택성의 원리에 관해서는 김경동, 『한국사회변동론』, 서울, 나남, 1993 참조.

Ⅱ. 사회주의 국가의 사회단체

1. 주요 사회주의 국가의 사회단체: 특성과 변화

북한 사회의 체제 유지 기제로서 청년동맹과 여맹을 비롯한 주요 근로단체의 특성과 변화를 이해하기 위해서는 우선 여타 사회주의 국가의 사회단체들과 개략적으로나마 비교해 볼 필요가 있다. 북한 사회가 구 사회주의권 국가들의 영향으로 성립, 존속해 왔다는 사실은 여기서 굳이 강조할 필요가 없다. 그럼에도 불구하고 북한은 모방을 했으면서도 독자적인 사회 구성과 변화를 겪었다는 점에서 비교 연구 그 자체로서도 의미가 있다. 일반적으로 사회주의 국가에 존재하는 조직체는 공산당과 근로단체 등의 사회단체로 구분할 수 있다. 근로단체로는 노동자, 농민, 청년, 여성 조직체가 있으며, 그 외에 각종 친선 단체와 기자동맹, 문학동맹 등의 전문가 단체가 존재한다. 이 중 특별히 본 연구와 관련이 깊은 중국과 구소련의 여성 및 청년단체의 특성과 그 변화를 살펴봄으로써, 북한 근로단체들의 특성과 향후 변화 가능성을 전망해 보고자 한다. 이들에 대한 검토 과정에는 필요에 따라 북한에 대한 언급도 포함할 것이다.

1) 구(舊)소련의 사례

러시아 혁명 이래, 사회주의 체제 하의 근로단체들은 공산당의 외곽 조직으로서 공산당의 대중 지도에 핵심적인 고리 역할을 해왔다. 레닌에 따르면 무산계급이 분산되어 있거나 농민들과 같이 비무산계급이 주요한 근로 대중으로 남아있는 상황에서 이러한 단체들은 전위대(공산당)와 대중을 연결짓는 고리가 된다. 레닌은 사회주의 혁명의 성공 후 공산주의 사회의 건설에 있어서 특별히 공산주의청년동맹(이하 공청)의 역할을 매우 중요시했다. 공청의 첫 번째 과업은 학습이며 둘째는 경제적 과업으로서, 청년들은 결국 모든 부문에 도움을 제공하는 '돌격대'가 되어야 한다는 것이다.

한편 스탈린에 따르면 프롤레타리아 독재체제는 '인전대'(transmission belt)와 '향도 세력'(directing force)으로 구성되는데, 여기서 '인전대'라는 대중 조직 없이는 프롤레타리아 독재를 실현할 수 없다고 보았다. 그러한 인전대의 범주에는 노동조합과 협동조합, 청년동맹 등이 포함되며, 이들에 있어서 당이 '향도적 역량'을 발휘해야 하는 것으로 파악하였다.

공산주의 국가에서 대중단체의 주요 기능은 궁극적으로 당의 사상이나 의도를 각 근로단체의 활동 영역과 상응하는 사회의 표적 부문(target sectors)들에 전달하는 것이다. 이러한 단체들의 과업은 사회주의 체제의 유지와 발전에 필요하다고 간주되는 기능들로서, 시민의 생활에 대한 정치사회화, 동원화, 공산당의 의지를 조직 구성원에게 전달하는 일을 수행하는 것이다. 사회주의 혁명과 혁명 이후의 건설에 있어서 가장 중요한 것은 당의 영도적 역할이지만, 근로단체를 포함한 외곽단체의 도움 없이 공산당 단독으로는 성공적이기 어렵다는 것이다.

대부분의 사회주의 국가들에서는 청년 단체를 중시하는 것이 일반적인 특징이다. 젊은 노동자와 농민 등의 청년을 대상으로 하는 이러한 조직체들은 당과 연결되어 젊은 세대를 사회주의의 정신으로 교육하는 임무를 지닌다. 또한 모든 행정 분야에서 다른 모든 대중 조직체에 젊은 예비군을 제공하는 역할도 수행한다. 따라서 청년 단체들은 프롤레타리아 독재의 공고화 후에 프롤레타리아트가 수행하는 문화・교육 사업이 확대되는 시기에 있어서 특별히 중요한 위상을 지니게 된다.

구(舊)소련의 청년단체는 '콤소몰(Komsomol)'이라 칭하는 조직체로서, 공식 명칭은 '소연방 레닌주의 공산주의 청년동맹'이다. 콤소몰은 1918년 10월에 창설한 '전러시아공화국 노동자・농민 청년동맹'을 모태로 발전해 온 소련 공산당의 예비군적인 청년 조직체다. 가입대상은 14세부터 28세에 이르는 청년들로, 가입 연령에 해당하는 구소련의 청년들 중 약 50%에 달하는 인원을 포함하였다.[25]

콤소몰은 당의 보조 기관의 위상을 띠면서 청년들에 대한 사상교육 활동을 주로 담당하고, 그 밖에 도덕 교육, 직업 훈련, 여가 활동, 학업 지도 등의 다양한 의무 수행을 위임받아 활동했다.[26]

---

25 천정웅, 앞의 글, pp.63-64.

26 김동규, 『사회주의교육학』, 주류, 1988, pp.141-142.

콤소몰의 주요 과업과 목표는 젊은이들로 하여금 마르크스-레닌주의 사상과 가치관에 물들게 하고 혁명투쟁의 영웅적인 전통을 본받는 것이다. 또한 사심을 떠난 모범적인 노동자가 되게 하고 집단 농장원에 지원하며 공익에 봉사하는 지식인이 되거나 조국의 국방에 헌신하는 젊은이가 되도록 유도하고 교육하며 감화시키는 것이다.[27] 구소련 공산당은 이 조직의 주요 목적을 청년 집단에 대한 통제, 공산주의 정신과 가치관의 고취, 공산당원의 양성에 두었다.

구소련에서 콤소몰이 수행했던 기능은 크게 1) 교육적 기능과 2) 경제 개발 활동 및 3) 정치 사회적 역할의 세 가지로 정리해 볼 수 있다. 첫째, 교육적 기능은 콤소몰 성립의 기본 목적의 하나로 공산주의 세계관, 노동을 지향하는 의식적 태도, 도덕적 원천과 애국심 고양, 세계 노동자와의 국제적 단결을 도모하는 것이다. 둘째, 경제 개발 활동은 주요 개발 사업을 체계적으로 지원하는 형식으로 이루어지며, 할당량 초과 달성과 최고도의 질적 작업을 좌우명으로 하는 특별 작업대를 파견하기도 한다. 콤소몰이 주로 동원된 사업은 기술 및 장비가 부족한 상태에서 대규모 인력을 필요로 하는 사업으로, 구체적으로는 건설 공사, 토목 공사, 토지 개간, 벌목, 공업 및 농업 인력 보충 등이다. 콤소몰에 의해 완성된 대표적인 건설 사업으로는 1980년대 중반에 완공한 바이칼-아무르 철도를 들 수 있다. 셋째, 정치 사회적 기능은 당의 전위대 역할이다. 구체적으로는 주로 새로운 인간 형성을 목적으로 하는 공산

27 Joseph, I. Zajda, 김동규 역, 『소련의 학교교육』, 주류, 1985, p.177.

주의 도덕 교육을 돕는 것과 문맹퇴치운동 참여, 노동 생산성 제고 및 기술 보급 촉구 등의 활동과 관련이 있다.[28]

콤소몰 단원들은 규칙 준수와 업무에 대한 무거운 책임을 지게 되는데 이러한 활동과 헌신은 정치·사회적인 특권으로 이어지게 된다. 예컨대 1973년에는 소련공산당의 신규 당원 중 64%가 콤소몰 출신이었다고 알려진다.[29] 이처럼 구소련 사회에서 콤소몰은 기존의 엘리트 집단이 아닌 노동자나 농민의 자녀들에게는 사회적 신분상승을 시도할 수 있는 주요한 수단이 되기도 하였다.

이후 1985년에 고르바초프에 의한 개혁·개방이 시작되자 구소련 사회는 급격한 사회 변화를 겪게 되었다. 1991년 구소비에트연방이 해체되기 전까지 콤소몰은 청소년들의 탈선행위를 단속하기 위해서 특수 분대를 조직하기도 하였다. 그러나 구소련의 개혁·개방 이후 청년들은 점차 현존 체제로부터 소외를 느끼는 가운데 반체제적이고 반공적 성향이 강해졌으며 자본주의적 가치관을 지향하는 경향을 보였다. 이로 인해 콤소몰 기능의 무력함이 점차 심각해지면서 심지어 콤소몰 회원들이 길거리의 불량배들로부터 협박을 받는 일까지 발생하였다.[30] 결국 콤소몰은 1991년 과격 보수파의 쿠데타 실패로 공산당의 활동이 불법화되면서 해체의 종말을 보게 되었다.

한편 공산주의 사회의 여성단체의 결성은 전체 계급 투쟁에 종

---

28 천정웅, 앞의 글, pp.64-66.

29 김동규, 앞의 책, pp.142-149.

30 김동규, 앞의 책, pp.148-151.

속된 형태로 이루어졌다. 즉 여성단체의 조직 자체가 여성들의 인권과 관련한 의식 변화로 인한 여성 계급의 해방을 위하여 결성되기 시작한 것이 아니라 시대적 또는 정치적 상황 변화에 따라 진행되었다는 것이다. 소련의 예를 보면 1919년에 공산당 중앙위원회 서기국에 설치했던 여성국을 1930년에 폐지한 뒤 소련공산당 선전선동부 산하에 여성분과로 축소하였다. 이후 1930년대에 이루어진 코민테른의 노선 변화에 따라 정치적 측면에서 세력 규합에 도움이 되는 한에서 여성단체 조직에 다시금 관심을 돌리게 되었다. 또한 1950년대 말 흐루시초프 이후 인민 동원을 한층 더 용이하게 하기 위한 차원에서 다양한 사회 조직체들을 활용하게 되었는데 이 과정에서 여성 소비에트가 조직 확장되었다.

소련 소비에트의 활동은 가정 내의 여성들의 노동력을 활용하고 정치적인 의식 고양을 위한다는 취지에서 진행된 것으로 보인다. 여성 소비에트의 주요 활동은 경제 활동, 정치 활동, 사회・문화 활동으로 나뉘는데, 생산 현장에 여성을 동원하고 다양한 정치적인 계몽과 사회문화적인 계몽을 진행하기 위한 것이었다. 특별히 경제 활동을 위한 여성 소비에트의 활동이 두드러지며, 이를 독려하기 위한 강의 및 연수를 진행하거나, 여성 '돌격대' 참여를 촉구하기도 하였다. 이 과정에서 노동의 기계화 및 탁아소와 휴식 시설 등의 마련이 이루어지게 되었는데 이는 부분적으로 여성의 인권 향상에 기여한 것으로 보인다.

정치 활동에서도 여성 소비에트는 주로 공산주의 이론 및 실천에 관련된 교육을 진행하는 데에 여성들을 정치적으로 동원하는 일에 초점을 두었다. 구체적으로는 투표와 선거 관련 모임에 참여하도록 촉구하거나 원조 및 기금 사업 등 국가 정책에 참여하도록 독려하는 활동 등이 두드러졌다. 요컨대 소련의 여성 조직체는 공산주의 노선 아래 그 위상의 변화를 직접적으로 경험하면서 생성 전개되어 왔다. 또한 그 사업활동 역시 당과 국가의 정책을 수행하는 데 여성의 노동력과 자금을 동원하는 일에 국한되었다는 한계가 있다.

2) 중국의 사례

중국 역시 젊은 세대를 대상으로 한 청년 조직체를 적극 활용하였다는 점은 구소련과 유사한 특성을 보인다. 중국에서 청년을 대상으로 한 가장 큰 사회단체는 '공산주의청년단(共産主義青年團, 이하 공청단)'이다. 공청단은 형식상으로는 전국청년연합회 소속 단체로 되어 있으나 공산당의 직접적인 지시를 받는 청년 조직이다. 공청단의 가입 연령은 14세에서 28세까지로 구소련의 콤소몰과 유사하다. 창립 이후 공청단의 단원 수는 가입 대상에 해당하는 전체 청년들의 20%를 밑도는 수준을 유지해왔으며, 1996년 기준으로 전국적으로 6,600여만 명이 단원이었다.[31] 이는 구소련의 콤소몰이 청년들 중 50%에 해당하는 가입자를 지녔던 것에도 밑도는 수준이다. 이처럼 구소련의 콤소몰과 중국의 공청단은 모두 가

31 윤철경 외, 『미국·일본·중국·홍콩의 청소년 정책』, 한국청소년개발원, 2001, p.151.

입 연령에 해당하는 모든 청년들이 의무적으로 가입하는 단체가 아니라는 점에서 북한의 청년동맹과 차이를 보인다. 그럼에도 불구하고 공청단은 중국에서 청년들의 정치 사회화를 담당하는 가장 중요한 조직체의 위상을 지닌다.

공청단은 1920년 상해에서 '상해사회주의청년단(上海社會主義青年團)'으로 출발하였다. 이후 1922년에 중국공산당의 직접 지도 아래 제1차 '중국사회주의청년단' 전국대표회의가 열렸고, 이 대회를 계기로 청년단은 전국의 청년을 단결, 교육시킬 수 있는 통일된 조직체로 발전하였다. 오늘날의 중국공산주의청년단으로 명칭이 바뀌게 된 것은 1925년에 열린 중국사회주의청년단 제3차 전국대표대회에서였다.[32] 이후 1935년 중국공산당은 항일 민족 통일을 수행하기 위해 모든 항일 청년을 단결시킨다는 명분 아래 공청단을 '항일구국청년단(抗日救國青年團)'으로 전환시켰다. 그 후 1949년에 다시 명칭이 변경되어 '중국신민주주의청년단'이 만들어졌고, 1957년에 현재의 명칭인 중국공산주의청년단으로 바뀌었다.[33]

중국의 공청단은 구소련과 달리, 1966년부터 시작한 문화 혁명이라는 중국 내부의 변동 요인으로 인해 한차례 위상 약화를 경험하였다. 공청단은 문화대혁명 초기에 홍기(紅旗)[34]에 반대하는 입장을 취했는데, 이로 인해 공청단의 조직은 거의 와해되게 된

---

32 이문규, "중국 공산주의청년단의 정치사회화", 『중소연구』 45, 한양대학교 중소연구소, 1990, pp.153-155.

33 Price, R. F., 이종태 역, 『현대 중국의 교육』, 평민사, 1987, p.250.

34 1958년 6월부터 발행된 중국공산당 중앙위원회의 중앙이론기관지.

다. 모택동에 따르면 공청단이 마르크스-레닌주의와 모택동사상 노선을 거부하고 수정주의 노선을 추종하였다는 것[35]이 그 숙청의 이유이다. 이로 인하여 공청단의 기관지인 「중국청년」, 「중국청년보」의 간행이 정지되고 공청단의 활동 중지 및 주요 간부들에 대한 비판이 이어지기도 했다.[36] 이와 같이 변동을 경험한 뒤 공청단은 1970년대 이후 조직의 재건이 시작되어 1978년 10월에 공청단 10전대회[37]를 개최하였다.

중국 공청단의 활동 목표는 중국 공산당의 지도 아래 중국에 사회주의를 건설하고 장래에 공산주의 사회제도를 실현하는 데 있다.[38] 이는 구소련의 콤소몰이 마르크스-레닌주의 사상과 가치관에 물들고 혁명투쟁의 전통을 본받을 것을 강조한 것과 유사한 맥락을 지닌다. 또한 구소련의 콤소몰은 청년에 대한 교육적 기능과 경제 개발 활동, 정치 사회적 역할을 중시했는데, 이는 중국의 공청단에서도 마찬가지이다. 중국 공청단의 기본임무 또한 공산당의 기본 노선과 각종 방침 및 정책을 수립・집행하고 청년들로 하여금 마르크스주의와 현대 과학지식을 배우게 하며 청년들을 조직하여 국가의 생산력을 제고시키고 청년들의 이익을 수호하는 것이다. 반면 중국의 공청단에 비해 구소련의 콤소몰은 세계 노동자와 국제적 단결을 도모할 것을 중시하며 문맹

---

35 이문규, 앞의 글, p.182.

36 이문규, 앞의 글, p.155.

37 공청단 9全大會는 1964년 6월에 개최되었다.

38 천정웅, "사회주의권 청소년단체의 정치사회화", 『한국청소년연구』 제6호, 한국청소년연구원, 1991, p.59.

퇴치 사업과 더불어 대규모 건설공사 등에 청년 동원을 중시하였던 점이 구별된다.

중국 공청단의 주요 활동을 구체적으로 살펴보면 다음과 같다.

첫째, 전국의 공청단 사업을 지도하고 청년들의 사상 동태와 현황을 조사하여 정부가 청소년 정책과 법률을 제정하는 데 근거를 마련하는 것이다.

둘째, 청소년 지도의 이론과 실천을 연구하고 청년운동사 사료를 수집하여 청년 운동사를 연구・발행하고 있다.

셋째, 청년들의 구체적 이익을 보호하며 사회 각계 역량을 동원하여 청년들의 건전한 성장을 보장한다.

넷째, 사상교육과 조직을 강화하고 간부의 선발・관리・시험・연수 및 추천을 관장하고 있다.

다섯째, 중화전국청년연합회와 전국학생연합회 등 산하의 조직을 관장하며 전국 청소년의 국제 교류를 지도하여 각국 청소년 조직과의 우호관계 증진을 도모한다.

여섯째, 청년 관광 사업을 관장하여 세계 각국 청년들과 교류를 촉진시키고 청소년 신문・잡지 및 도서의 출판을 지도 육성한다.

일곱째, 전국소년선봉대를 운영하며 그 지도업무를 관장한다.[39]

특별히 공청단은 중국의 개혁・개방 시기에 청년들을 이상과 도덕, 문화와 규율을 지키는 새 일꾼으로 배양하는 것을 주요 목적으로 한다는 것이 특징적이다. 1982년 이후 중국이 등소평 체제

---

39 윤철경 외, 앞의 책, pp.151-152.

로 전환하면서 개혁·개방 정책을 실시하였는데, 이에 따라 중국의 공청단 역시 경제, 과학 기술, 전문 지식 등을 중시할 것이 요구되었다. 이 시기에 공청단의 청년들에 대한 지도 방침은 첫째, 청년은 4개 현대화 건설의 돌격대가 되어야 한다. 둘째, 청년은 학습에 분투하고 4개 현대화 건설에 필요한 인재가 되도록 노력해야 한다. 셋째, 청년들은 공산주의 품덕을 배양하여 사회 기풍을 개선하는 선봉이 되어야 한다. 넷째, 공청단은 청년 세대를 단결시키는 확고한 핵심이 되어야 한다는 점 등이다.[40]

앞서 살펴본 구소련의 콤소몰은 급격한 대내외적 사회 변동으로 인한 청년들의 혼란과 관련하여 분대 조직 등을 통한 교정적 역할에 그쳤던 측면이 있다. 반면 중국의 공청단은 사회 변동 시기에 있어서 청년 조직의 적극적이고 긍정적인 역할을 강조하고 활용하였다는 점이 특징적 차이라고 할 수 있다. 개혁·개방 시기에 있어서 공청단이 추구한 공작 방향의 변화를 살펴보면 첫째로 청년을 정확히 인식하여 지도할 것, 둘째로 개혁과 경제 건설에 반드시 봉사, 복종할 것, 셋째로 사회주의 실천과 4육신인(4育新人) 배양을 결합할 것, 넷째로 청년의 이익을 옹호하고 대표할 것, 다섯째로 실질적인 면에서 기층조직을 중요시할 것, 여섯째로 당의 정치 지도를 확고히 받아들인다는 것[41] 등이다.

중국은 문화 대혁명 이외에도 개혁·개방 이후 1989년 6월 4일 천안문 민주화 운동이라는 또 한 차례의 격변을 겪게 된다. 이

40 이문규, 앞의 글, p.184.

41 이문규, 앞의 글, pp.185-186.

에 당국은 청년들의 사상성 약화나 일탈 행동 등을 우려하면서 이를 방지하기 위하여 사상교육을 더욱 강조하는 경향을 보이기도 했다. 즉 개혁·개방 이후 중국 공청단은 청년들의 전문성과 사상성을 함께 강화시켜야 하는 상충적인 과제에 직면하게 되면서[42] 그에 대한 추가적인 역할을 부여받게 된다.[43] 이처럼 중국 공청단은 개혁 개방 이후 급변하고 있는 중국의 청년들이 사회 질서에 복종하고 국가 및 사회에 적극적인 공헌을 하게 하는 데 대한 책임을 지니고 있다는 점이 특징적이다.

한편 중국의 여성 정책과 조직 활동 역시 마르크스와 엥겔스의 이론에 기반하여 진행해왔다. 즉 초기에는 봉건적인 가족 제도의 타파에 집중한 뒤, 이후 여성들을 가정에서 끌어내고자 하는 다양한 역할에 초점을 두고 있다. 우선 1945년 이후의 중국의 내전 시기 동안에는 공산당 점령 구역 내의 여성 교육 및 생산 현장 동원에 집중했다. 또한 1949년 정권 수립 이후의 회복기에는 토지 개혁과 혼인법을 통해 전국적 범위의 여성 해방과 재산권 보장의 시도를 보였다.[44] 1953년 이후에는 소련식 여성해방론을 바탕으로 사회 참여를 촉구하였으나 경제적 기반의 부족으로 한계에 봉착하

42 윤철경 외, 앞의 책, pp.202-205.

43 윤철경 외, 앞의 책, pp.202-205.

44 "중화인민공화국은 여성을 노예의 신분으로 잡아두고 있는 봉건제도를 폐지한다. 여성은 정치, 경제, 문화, 교육 및 사회생활에서 남성과 동등한 권리를 향유한다"는 남녀평등권의 확립에 이어, 1950년 5월 1일 공포된 혼인법에서는 혼인의 자유, 일부일처제, 남녀동등권 등이 포함된다. Croll, E., *Feminism and Socialism in China*, London, Routledge, 1978, pp.223-224.

였다. 1958년 이후의 대약진 시기를 거치면서 우선 농촌 지역의 노동 참여 독려에 노력을 기울이는 가운데, '인민공사제도' 등에 의하여 가사 사회화와 교육적 기능을 추가하게 된다. 이러한 인민공사는 생산 단위를 넘어 정치, 군사, 교육적 역할을 강조하고 있으며, 여성들의 사회적 의식, 책임감 등을 고취하려 했다.[45] 그러나 1961년 이후 대약진 운동이 실패하면서 여성 정책은 전통적 입장으로 보수화되어 여성 노동영웅에 대한 강조보다는 근면과 절약으로 가정을 유지할 것을 장려하기도 하였다.

이처럼 중국의 정치 경제적 상황에 따라 부침을 거듭했던 중국의 여성 정책 및 여성 활동은 1964년 이후의 문화 대혁명기를 거치면서 당 노선의 집행을 위한 정치적 역할을 강조하게 된다. 즉 여성은 생산에 참가할 뿐 아니라 사회주의 국가 건설을 위한 혁명전사의 역할을 담당해야 하며 이 과정에서 다양한 정치적 과제들이 부가되었다. 이와 관련하여 모택동은 여성들이 혁명적 역할을 떠맡을 수 있도록 가부장권을 제거하고 남존여비, 남아선호 사상 등을 비판하는 운동을 전개하기도 하였다. 이후 1978년 등소평을 비롯한 실용주의자들의 개혁 개방 정책 실시는 또다시 '부녀회가론' 등의 보수적 정책으로 회귀하는 듯 했으나 전국부녀연합(婦聯)과 여성들의 논쟁을 불러일으키며 소멸한다. 개혁 개방 시기의 공산당 정부는 여성들에 대해 특별한 정책을 내세우지 않으면서 시장요소의 도입으로 인해 실업이나 취업에서 남성보다 더 큰 피해를 보기 쉬

45 김염자, "중국여성운동에 관한 연구 3", 『아세아연구』, 25(2), 고려대학교 아세아문제 연구소, 1982. pp.147-148.

운 여성들을 보호하는 식의 소극적인 여성 정책을 펼쳤다.

구소련과 비교하여 중국이 지니는 특징은 '근린조직체'의 존재를 들 수 있다. 이러한 근린집단은 여성의 완전 고용을 국가가 책임지기 어려운 상황에서 고용을 창출하기 위한 모임이라 할 수 있다. 근린조직은 주로 40대 중반 이상의 여성이나 70대까지의 중·노년층으로 구성되어 지역 생활을 관리하는 기능을 했다. 구체적으로는 정원과 가옥의 청결 정도 조사, 학습 그룹의 조직, 가족 분쟁의 해결, 지역 병원에 대한 감독, 학교 졸업 이후의 청년들에 대한 직업 알선, 지역안전순찰대의 조직, 그리고 몇 개의 중소기업체들을 운영하였다. 주로 여자들로 이루어졌던 근린작업집단들은 정부에 대해 기금, 원료, 기계, 토지 혹은 국영기업의 노동자들을 요청할 수 없다고 명시된 상태에서도 경제적 기능을 유지하도록 하는 역할을 하였다.[46] 이 외에도 중국의 지역별 여성조직체들은 전통적인 농업국가인 중국의 특징을 살려 농사 등의 사회 참여를 보조하기 위한 측면의 다양한 활동을 벌이기도 했다. 특별히 농촌 지역에서는 마을 행정부가 해당 지역의 부녀연합과 협력하는 가운데 농사철 중심으로 계절 탁아소를 운영하기도 했으며, 다양한 공공식당 및 바느질 등의 서비스 센터 등이 설립되었다고 알려진다.[47]

요컨대 중국의 여성 정책 및 조직 활동은 중국 내의 권력 투쟁이나 경제적 여건 등의 정치 경제적 상황에 직접적인 영향을 받아

---

46 Wolf, M., Revolution Postponed, *Women in Contemporary China*, Stanford, Stanford University Press, 1985, p.29.

47 「인민일보」 1959. 3. 8.

왔다. 즉 경제 발전 초기와 조정기에는 여성이 가정을 검소하게 잘 꾸려야 한다는 노선을 취한다. 반면 대약진 운동기와 문화 대혁명기의 모택동 캠페인 등에서는 "여성은 남성과 다른 점이 없고 만일 적합하게 자극만 된다면 남성과 똑같은 일을 수행할 수 있다"[48]고 주장한다. 그러나 모택동 시기에서조차도 성별 직종 분리의 특성이 존재하였으며, 가사 분담이 증가하였다고는 하지만 이혼이 어렵다는 등의 문제가 존재한다는 점에서 서구적 의미의 성별 평등이 실현되었다고 보기에는 어려운 측면이 존재한다. 등소평 이후 개혁 개방 시기에는 이전 시기에 비해 구체적인 여성 정책이나 조직 활동이 두드러지지 않는 편이며, 농촌의 인민공사가 해체되면서 가족 단위의 경제 생활과 가치관이 확산되게 된다.

2. 북한의 주요 사회단체: 현황과 기능 개관

북한은 소련과 중국 등 여타 사회주의 국가에 비하여 매우 조직적이고 체계적으로 사회단체를 활용하고 있다는 점이 특징이다. 또한 표면상으로는 '자원적'으로 조직하였다고 주장하지만 실제적으로는 자율이 아닌 의무 가입의 원칙에 바탕을 둔다. 결국 4대 근로단체를 포함한 북한 내의 사회단체들은 모든 사회 구성원

48 신은영, "중국의 개혁개방정책과 도시여성의 지위", 『한국여성학』 17권 1호, 2001 참조.

을 계층에 따라 의무적으로 조직하고 있으며 이들을 조선로동당의 장악 하에 두고 계층별로 다양한 정치경제적 책임을 부과하기 위한 것이다.

북한에서는 사회단체를 '사회의 일정한 성원들이 자기들의 이익을 옹호하기 위하여 자원적 원칙에서 조직한 단체' 혹은 '사회의 일정한 계급 및 계층들이 자기들의 공동 이익을 옹호하고 공동의 목적을 실현하기 위하여 조직한 단체'로 규정하고 있다. 이러한 정의에 따른다면 북한에 존재하는 사회단체들은 일정한 성원 및 계급과 계층의 이익을 옹호하고 실현하기 위한 단체이므로 자본주의 사회의 이익집단과 유사해 보인다. 그러나 실제로는 구성원들 간의 공유된 목표나 가치를 달성하기 위하여 상호 작용하는 자본주의 사회의 이익집단과는 상이한 성격을 지닌다.

북한의 사회주의헌법 제67조에는 "국가는 민주주의적 정당, 사회단체의 자유로운 활동 조건을 보장한다."고 규정하고 있으나 실제로 모든 정치 단체나 조직들은 조선로동당의 지도와 통제를 받고 있다.[49] 북한 조선로동당 규약 제9장 "당과 로동 대중의 조직"에서는 제56조부터 제58조에서 근로단체들의 성격을 규정하고 있는데[50] 이를 요약하면 다음과 같다.

---

49 정당으로는 조선로동당의 우당으로 1945년 11월 3일 창립된 '조선사회민주당'과 1946년 2월 8일에 창립된 '천도교청우당'이 있으나, 이들은 실제적인 정당조직을 갖추지 못하고 대남 비난성명 발표 시나 통일문제 등과 관련한 정당·사회단체 연석회의 개최 제의 시 등장하는 이름뿐인 정당이다.

50 제56조: 근로대중의 조직들은 광범한 근로대중의 정치조직이며 항일혁명투쟁의 영광스러운 전통을 계승하는 당의 외곽조직이다. 근로대중의 조직들은 광범한 대중의 사상교양조직이며, 당과 대중을 연결하는 인전대이며 당의 충

① 근로단체들은 조선로동당에 의해 조직된 당의 외곽단체이며 각계각층의 광범한 대중을 망라하는 정치 조직체이다.

② 근로단체들은 대중의 사상교양 조직체로서 당과 대중을 연결하는 인전대이며 당의 충실한 보조자이다.

③ 근로단체들은 당의 지도에 따라 자기 사업을 진행하며 당의 감독 통제를 받는다.

④ 근로단체들의 간부 임명권은 조선로동당에 있으며 근로단체의 간부들은 그 사업에 대하여 당 앞에 책임을 진다.

이처럼 북한의 사회단체들은 당의 노선과 정책을 대중에게 교양하여 당의 노선 및 정책의 관철을 위하여 조직・동원하는 당의 방조자, 후비대로서 사회주의 건설 과정에서 중추적인 역할을 담당하고 있다. 북한의 사회단체에는 당원이 아닌 북한 인민을 연령별, 직업별, 성별에 따라 의무적으로 조직하는 4개의 근로단체(김일성사회주의청년동맹, 조선직업총동맹, 조선농업근로자동맹, 조선민주녀

실한 보조자이다. 사회주의로동청년동맹-현 김일성사회주의청년동맹의 전신으로 96년 1월 개칭-은 우리의 혁명과업을 직접 계승하는 청년들의 혁명적 조직이며 당의 전투적 후비대이다. 근로대중의 조직들은 당의 지도하에 자기의 사업을 진행한다.

제57조: 근로대중의 조직들은 동맹원들 속에서 당의 유일사상체계를 튼튼히 세우며 동맹대렬을 강화하며 조직생활과 사상교양사업을 강화하고 혁명화를 통해 동맹원들을 당 두리에 결속시키며 3대 혁명 붉은기쟁취운동과 사회주의 경쟁운동을 전개하며 동맹원들을 혁명과 건설에 적극 동원한다.

제58조: 각급 당 조직들은 로동 대중의 간부 대렬을 강화하고 근로대중 조직의 모체를 통하여 대중과의 사업체계를 수립하며 근로대중의 특성에 맞게 사업방향과 방법을 정확히 제시하며 그들이 자발적으로 자기 임무를 수행하도록 감독하여야 한다. 『조선로동당 규약』, 평양, 조선로동당출판사, 1980. p.13.

성동맹)가 있으며, 이 외에 각기 고유한 사명과 특성을 가지고 활동하는 사회적 조직체가 존재한다. 예컨대 만 14세에서 30세까지의 청년들은 '김일성사회주의청년동맹'에 소속되며, 만 31세 이상의 연령층은 직업에 따라 노동자와 사무직 및 교원은 '조선직업총동맹'에, 농민들은 '조선농업근로자동맹'에 속하게 된다. 마지막으로 '조선민주녀성동맹'은 직장생활을 하지 않는 전업주부들을 가입 대상으로 삼고 있다. 이들 단체는 당의 지도하에 대중들에 대한 사상교양 사업을 수행하여 그들을 조직화·의식화함으로써 수령과 당의 노선 및 정책을 관철시키는 데 그 목적이 있다는 점에서 공통점을 가지고 있다.[51]

북한의 사회단체들 역시 다른 사회주의 국가들과 마찬가지로 당의 인전대이자 사상교육, 경제 개발이나 노동 동원의 다양한 기능들을 담당한다는 점에서 유사성을 지닌다. 반면 북한의 사회단체들이 지니는 특수성을 몇 가지 살펴보면 다음과 같다.

첫째로, 북한 내의 사회단체들, 특히 4대 근로단체들은 실제적으로 '의무 가입'에 바탕을 두고 있다는 점이다. 이러한 근로단

---

51 근로단체의 위상 또는 지위와 관련된 비유로는 복숭아 비유가 있다. 여기서 복숭아의 씨는 수령과 같고 굳은 껍질은 당과 같으며 살은 대중과 그들을 결속시킨 근로단체, 외곽단체라는 것이다. 즉 근로단체들이 강화되어야 대중을 당의 두리에 튼튼히 묶어세울 수 있고 당을 힘 있는 당으로 만들 수 있으며 당과 인민의 최고 수뇌인 수령을 견결히 옹위할 수 있다고 주장한다. 따라서 김정일은 "사회주의사회에서 인민대중의 리익의 가장 철저한 대표자는 로동계급의 당인것만큼 근로단체들은 어디까지나 당의 로선과 방침에 기초하여 활동하여야 한다"고 한다. 『조선녀성』 1993년 1호, p.24; 『위대한 수령 김일성 동지의 불멸의 혁명업적 10: 주체형의 혁명적 근로단체건설』, 평양, 조선로동당출판사, 1998, p.32.

체는 직업별 계층별 특징에 맞게 사업할 수 있도록 직업과 연령, 성별, 계층별에 따라 "유일적인 대중적 조직체"로 조직되며, 당의 외곽에서 모든 군중들을 포괄하여 사업한다.

둘째로, 일반적으로 사회주의 국가에서 사회단체는 노동자 조직체, 농민 조직체, 청년 조직체, 여성 조직체로 이루어지는 데 비해, 북한에서는 여기에 소년단까지 포함함으로써 결국 북한 내의 모든 인민들을 포괄하고 있다. 조선로동당원이라 할지라도 각 근로단체의 간부가 아니면 맹원이 될 수 없으며, 개별 구성원의 복수 가입을 금지하면서 체계적인 주민 통제를 시도하고 있다. 이러한 근로단체들은 조선로동당을 중심으로 '수령의 혁명사상'을 통해 대중을 계급적으로 각성시키고 혁명투쟁으로 불러일으키는 역할을 한다.

셋째로, 다른 사회주의 국가들에 비해 북한의 근로단체는 훨씬 강도 높은 조직적 규율과 당에 예속된 임무를 부여받고 있다. 조선로동당의 외곽단체로서 근로단체들의 지도부는 모두 조선로동당에서 파견한다. 또한 모든 사업은 당의 지도와 감독, 통제를 받도록 되어 있고 실무 지도는 당중앙위원회 근로단체 사업부에서 맡고 있다. 따라서 자본주의 국가의 사회단체와는 달리 동맹원들의 이익을 위한 독자적인 활동을 할 수 없고 오로지 당에서 지시하는 활동 방침과 지시에 무조건 복종해야 할 의무만 존재한다. 결국 북한의 근로단체란 비당원인 북한 주민들을 직업이나 연령, 성별에 따라 각종 단체에 강제 가입시켜 조선로동당원과 똑같이 조직생활을 시키기 위한 단체라 할 수 있다. 나아가 근로단체들은 김정일과 조선로동당에 무한히 충실하고 무조건 복종하도록 끊임없이 교양, 통제하는 성격의 단체라고 볼 수 있다. 이 외에도 북한의 근로단체는 사회주의 체제의 유지와 발전에 필요하다고 간주되는 다양한 역할을 수행하기도 한다.

한편 근로단체 이외에도 고유한 자기 사명과 특성을 가지고 활동하는 '조선문학예술총동맹'과 같은 사회문화단체, '조선아시아태평양평화위원회'와 같이 대외친선을 담당하고 외부와 민간 접촉을 담당하는 대외 활동 단체를 비롯하여 스포츠·학술·종교·경제 등 다양한 분야의 단체들이 있다. 하지만 이러한 단체들은 자율성을 가지고 집단의 이익을 옹호하고 실현하는 이익집단 본래의 기능을 수행하지 못한다. 따라서 이들 단체 역시 북한 인민의 계급성과 혁명성을 진작시켜 그들을 '당의 두리'에 둘러 세우고, 당의 과업 동원을 원활히 하는 역할을 수행하는 당의 정치적 임무와 특정한 필요에 의해 구성된 단체라고 규정될 수 있다.

이상의 단체들은 북한 인민의 조직적 단결을 실현할 수 있는 핵심적인 수단으로서 북한의 기층 사회를 통제하는 중요한 기구들이다. 이를 위하여 북한 당국은 단체별로 매주 학습과 생활총화를 반복하는 가운데 인민들을 조선로동당의 주위에 결집시키고 사상과 생활을 통제하고 있다. 여기서는 본문에서 연구대상으로 다루고 있는 김일성사회주의청년동맹과 조선민주녀성동맹을 비롯한 4대 근로단체를 중심으로 그 현황과 기능에 대하여 간단하게 살펴보고자 한다.

1) 김일성사회주의청년동맹

김일성사회주의청년동맹(청년동맹)이 수행하는 기능은 크게 ① 사상교양단체로서의 사업 ② 당의 후비대로서의 사업 ③ 경제건설에의 동원 ④ 당의 통일 및 대남 정책 지원으로 나누어 살펴볼 수 있다.[52]

우선 청년동맹은 사상교양단체로서 당과 수령에 대한 충실성교양, 혁명교양, 계급교양, 사회주의애국주의 교양, 공산주의 교양 등을 위하여 학습 및 생활총화를 정기적으로 실시하고 있다. 이 때 이루어지는 학습은 당 정책에 대한 설명과 함께 정책관철 강조, 혁명활동력사 교육, 당에 대한 충실성 강화를 위한 내용이 포함되며, 이는 모범 단위 방문, 숨은 영웅 따라 배우기, 영화 학습 등 다양한 형태로 이루어지고 있다. 청년들은 이러한 학습 및 생활총화에 의하여 정치 사상적 단련을 받게 되고, 이는 곧 당원이 되기 위한 정치사상적 준비로 이어짐으로써 청년동맹은 당의 후비대로서 역할하게 된다. 또한 청년동맹은 '사회주의건설의 주력군'으로서 특히 조선로동당의 대중투쟁인 '천리마작업반운동', '숨은영웅따라배우기운동', '3대혁명붉은기쟁취운동' 등에서 돌격대, 선봉대의 역할을 담당하며 사회주의 경제 건설에 동원되고 있다. 마지막으로 청년동맹은 통일 및 대남 정책 관철을 위해서 지속적으로 일정한 역할을 담당해왔다. 이는 전후복구시기의 '남반부 후비

---

52 정성장,"김일성사회주의청년동맹", 『조선로동당의 외곽단체』 한울, 2004, pp.55-67.

간부' 육성 정책에서부터 탈냉전시대의 남한 청년들과의 단결 강화 및 그들의 애국 투쟁에 대한 지지 성원에 이르기까지 지속적으로 이루어지고 있다.

2) 조선민주녀성동맹

조선민주녀성동맹(여맹) 역시 당의 외곽단체로서, 직장생활을 하지 않는 주부들 중 만 31세 이상의 당원이 아닌 여성을 가입 대상으로 한다. 초기에는 여성들이 다른 근로단체와 여맹에 중복 가입하는 것이 허용되었으나, 1983년 5차대회 이후에는 직장과 공장·기업소 혹은 협동농장에 소속한 여성을 제외하면서 이른바 '가두여성'(전업주부)과 요양 등으로 노동활동을 하지 못하는 여성[53]이 대상이 된다.

여맹이 수행하는 기능은 크게 ① 사상교양단체로서의 사업과 ② 조직 동원 사업으로 나누어 살펴볼 수 있다.[54] 여맹은 여타 다른 근로단체와 마찬가지로 사상교양단체로서 맹원들의 정치 의식과 문화 수준을 높이고 철저한 공산주의 어머니로 만들며 사회주의 건설에 근로 여성들을 조직 동원하는 기능을 수행한다. 이러한 사상교양사업은 독서사업, 강연회, 예술소조 활동, 구두, 직관, 모임 선동, 영화 관람 등의 방법으로 이루어지고 있다. 이는 대체로

---

53 김근식, "'북한식' 민간단체의 현황과 변화 전망", 『평화연구』 제11권 1호 2002/2003년 겨울, p.98.

54 정성장, 앞의 글, 2004, pp.224-236 참조.

여맹 초급단체와 인민반 단위로 이루어지며, 이와 함께 어머니학교도 사상교양의 중요한 부분을 담당하고 있다. 한편 여맹은 건설, 광산, 철도, 전기, 석탄 등 생산에 어려움을 겪는 현장 및 군대를 지원하기 위해 조직적으로 동원 사업을 벌인다. 그 지원 방식은 여성들의 집단 노력 및 구호품 등의 물자 지원, 그리고 선전대 활동을 통한 노동 선동 등으로 구성된다.

3) 조선직업총동맹

조선직업총동맹의 성립 배경으로는 1945년 11월 5일 서울에서 열린 전국노동자 대표자대회 이후 조선노동조합전국평의회(이하 전평)가 결성된 것을 들 수 있다. 이와 동시에 38선 이북 지역의 노동조합을 총괄하는 전평 북조선총국의 설치가 결정[55]되고, 1945년 10월 10일에는 평양의 '서북5도 책임자 및 열성자대회'에서 조공 북조선분국이 창설되면서 외곽단체들의 분리가 요청되었다.[56] 이후 11월 30일에는 북한 최초의 노동조합인 전평 북조선

---

55 이는 정권과 산업기관이 전적으로 인민적 소유로 전환된 이북 지역에서의 노동조합운동은 이남에서의 그것과 성격이 같지 아니하다는 판단에서였다고 한다. 따라서 북조선총국의 설치는 '노조운동의 분립이 아니고 조직의 합리적 배치'라고 주장한다. 안태정, "조선노동조합전국평의회 결성대회 연구", 『역사연구』 제9호, 2001, p.122.

56 이 대회에서 채택된 '정치노선과 조직 강화에 관한 결정서'에 의거하면, "북부조선당부는 대중적 당이 되기 위하야 노동조합, 농민단체, 청년단체, 학생단체 모든 소뿌루인테리 단체 등 광범위한 보조조직을 가져야 할 것"이라고 주장한다. 조수룡, "'북조선직업총동맹'의 성립과 활동(1945-1950)", 경남대학교 북한대학원 석사학위논문, 2005. 08, pp.21-22.

총국이 결성[57]되고 1946년 5월 25일에는 북조선직업총동맹(이하 직맹)으로 개편되었다. 직맹은 여타 조직에 가입하지 않은 30세 이상의 모든 노동자와 기술자, 그리고 사무원들이 해당되며, 향후 맹원 수가 차츰 증가하여 2003년까지 약 160만 명 규모로 추정되고 있다.[58]

김일성은 직맹의 임무를 크게 ① 산업의 복구와 증산 운동에의 참가 ② 노동 규율의 엄수와 생산 능률의 제고 ③ 노동자 권익 옹호와 노동 조건의 감독 ④ 노동자들에 대한 정치 문화 교양과 같은 당 정책 교양에 두었다.[59] 그러나 1956년 8월 종파사건 이후 노동자의 권익 보호를 강조하던 기존 직맹 간부들이 모두 숙청되고 1950년대 후반 이후의 공장과 기업소의 국영화와 1960년대 초의 '대안의 사업 체계'가 도입되면서 당의 외곽단체로서만 기능하게 되었다. 결국 직맹은 노동자의 권익보다는 사상·기술·문화의 3대 혁명을 실현하는 데에 집중하게 되면서 사상교양을 통한 사회주의 정권 유지와 생산과 건설 동원을 시도한다.

4) 조선농업근로자동맹

57 대회는 이를 실현하기 위하여 일부에서 전개되고 있던 생산돌격대운동을 대중적으로 확산하고 노동규율과 국가규율을 엄수하며 노동능률을 향상할 것을 강조하였다. 조수룡, 위의 글, 2005, p.24.

58 권오윤,"북한의 변화추진 가능세력으로서 직업총동맹의 검토",『대한정치학회보』13집 2호, 2005, p.18.

59 조수룡, 앞의 글, 2005, p.18.

북한에서는 1950년대 말 토지 개혁 및 농업 협동화와 관련하여 '조선농민동맹'을 해체한 이후 1964년 조선로동당 제4기 9차전원회의에서 '조선농업근로자동맹'(농근맹)으로 개편하였다.[60] 이후 1965년 창립대회에서 채택된 조선농업근로자동맹 규약을 통해 "우리나라 협동농민들과 국역 농목장 및 농촌 경리에 직접 복무하는 공장, 기업소, 기관, 직장 내 근로자, 기술자, 사무원들의 자원적 원칙에 기초한 혁명적 대중조직"으로서, "조선로동당의 령도 밑에 자기의 모든 활동을 조직 전개 하는 당의 믿음직한 방조자이며 당과 우리나라 농업 부문의 근로대중을 연결하는 인전대"[61]로 규정된다. 농근맹은 30세 이상의 농・축산 근로자들, 농업기관의 사무원등 기존 회원이었던 협동 농장원 뿐만 아니라 국영 목장과 농촌 경리에서 직접 복무하는 국가 기관・기업소(공장)의 노동자 및 사무원들을 포함하는 사회주의적 대중정치조직의 역할을 한다.

농근맹의 주요 역할은 다음과 같다.

첫째, 사회주의 농촌 건설을 촉진하고 완전한 승리를 보장하며 전국적 범위에서 반제・반봉건적 민주주의의 혁명 과업을 실현하는 것

둘째, 주체를 세우며 수정주의와 교조주의를 반대하고 마르크

---

60 농근맹의 전신인 북조선농민동맹은 시대적 특성을 반영하여 지주와 부농에 대한 반대투쟁 가운데 인민민주주의혁명에 기여하였다고 평가된다. 반면 농근맹은 사회주의 혁명의 발전을 위하여 농민들의 계급의식을 끌어올려 사상혁명・기술혁명・문화혁명을 추진하고자 한다는 점에서 변화된 기능을 살펴볼 수 있다.

61 "조선농업근로자동맹 규약", 「로동신문」 1965. 3. 27.

스-레닌주의의 순결성을 고수하기 위하여 투쟁하는 것

셋째, 농촌에서 사상 혁명과 기술 혁명 및 문화 혁명을 적극 추진하고 도시와 농촌간의 차이, 노동 계급과 농민간의 계급적 차이를 점차 없애기 위하여 투쟁한다는 것이다.

농근맹은 1965년 창립대회부터 1971년 14차 중앙위원회 전원회의까지 당의 지도하에 당의 지시대로 활동하는 가운데 당이 추진하는 천리마작업반운동과 사회주의경쟁운동에 있어서 주된 도구로서 활동하였다. 한편 1972년 농근맹 2차대회부터 18차 중앙위원회 전원회의까지 여타 외곽단체와 마찬가지로 김정일 후계준비와 관련하여 대를 이은 혁명 사업 계승과 사업의 완성을 중시하는 가운데 농업자원 형성을 위한 당의 도구로서 활동한다. 결국 농근맹 역시 농촌의 발전 및 식량 증산을 위한 노력과 농민들의 생활수준을 향상시키는 이익단체로서의 역할보다는 당의 정책적 목표의 변화에 따라 함께 변화하는 '방조자'로서의 성격이 강하다.

3. 체제 전환기 북한 사회단체의 특성과 변화

앞서 살펴본 바와 같이 구소련과 중국의 청년과 여성 관련 정책 및 조직 활동은 내부적인 정치・경제적 요인들에 따라 형성되고 전개되어 왔다. 사회주의 체제의 전환이 급격하게 이루어지거나 혹은 대내외적 혼란이 발생할 때는 이러한 사회단체들에도 크고 작은 기능의 변화와 위상의 변화를 드러내어 왔다. 북한의 사회단체들 역시 북한 내부적인 정치·경제적 상황의 변화와 대외적 환경의 변화에 따라 그 기능과 위상에 변화가 나타날 수 있다. 북한 사회는 대외적으로 1980년대 후반에서 1990년대 초반에 걸쳐 일어났던 동구권의 붕괴로 인하여 국제적 고립을 경험하게 되었다. 북한 자체적으로도 북핵 문제를 둘러싼 남북·북미 관계의 악화와 김일성 사망 이후 정치적 동요 등에 따른 혼란이 발생하였다. 내부적으로는 1995년 이후 연속된 자연 재해와 경제 계획의 실패 등으로 인하여 1998년에 이르기까지 '고난의 행군' 시기를 맞게 되었다.

상기한 다양한 배경 요인들로 인하여 북한 내부에서는 당에 의한 조직적 통제가 이완되는 모습이 나타나기도 하였다. 김일성에서 김정일로의 체제 전환기에 일어난 이러한 일련의 위기들을 극복하기 위한 움직임은 북한 내의 사회단체의 조직과 기능면에도 반영되게 된다. 앞에서 언급한대로 북한의 사회단체는 기본적으로 당과 대중을 연결하는 인전대이자 당의 외곽단체로서 규정되고 있기 때문에 북한의 사회단체의 변화상을 밝히는 것은 현재 북한 체제의 운영 방식 및 대중 통제 매커니즘의 변화를 파악하는 데 기여할 수 있을 것이다. 여기서는 대내외적 변동으로 인하여 4대 근로단체들이 나타내는 일반적인 변화의 방향들을 파악하고자 한다. 향후 다음 장에서는 문헌 자료와 북한의 일차 자료들을 바탕으로 청년동맹 및 여맹을 중심으로 그 구체적인 변화의 근거들을 살펴보도록 하겠다.

1) 김일성사회주의청년동맹

김일성 사후 북한 지도부는 1996년 1월 사로청 대표자회를 소집하여 사로청의 명칭을 김일성사회주의청년동맹(청년동맹)으로 변경하였다. 청년동맹으로 개칭한 후 청년동맹 기관지의 제호 또한 「로동청년」에서 「청년전위」로 변경하였다. 조직 체계도 기존의 위원장, 부위원장 직제에서 1비서와 비서 직제로 개편이 이루어졌다. 「로동신문」에 따르면 사로청을 청년동맹으로 바꾸는 것은 "김일성 동지를 우리 당과 혁명의 영원한 수령으로 높이 모시고 당의 령도 따라 주체혁명위업을 끝까지 완성하려는 온 나라 전체 사로청원들과 청년들의 한결 같은 의사이며 간절한 소망"[62]이라고 밝히고 있다.

명칭 변경과 조직 체계의 개편 등 외양으로는 다른 사회단체에 비해 많은 변화가 발견되지만 당의 외곽단체로서 수행하는 기능에 있어서 의미 있는 변화는 보이지 않는다. 다만 체제 위기 상황 속에서 북한은 청년들을 체제의 핵심적 지지 세력으로 만들기 위하여 조치를 취하고 있으며, 이러한 차원에서 '혁명의 주력군'으로 내세우고 있는 군대와 함께 청년을 '사회주의 건설의 주력군'으로 내세우고 있는 것이다. 이러한 변화 이후 청년동맹의 위상이 높아졌다는 자체적인 언급도 변화에 민감한 청년들의 사기를 진작시켜

---

62 「로동신문」 1996. 1. 20.

충성심을 유도하려는 것이라고 해석할 수 있다.[63]

나아가 북한의 근로단체는 사회주의 체제의 유지와 발전에 필요하다고 간주되는 다양한 역할을 수행하기도 한다. 예컨대 1998년 1월 중순에는 청년동맹 전원회의 소집을 시작으로 직맹, 농근맹, 여맹 등 근로단체들의 전원회의 개최 등이 이어진 바 있다. 여기서는 김정일에 대한 충실성 교양과 조선로동당의 당면 정책 관철을 위하여 산하 조직 및 맹원들의 적극적인 참여를 유도하였으며 이를 전국적으로 확산하고자 하였다. 1998년 한 해 동안 진행된 이들 단체들의 주요 선동집회는 청년동맹 집행위원회확대회의(98. 9. 22), 농근맹 중앙위원회전원회의(제7기 34차, 98. 12. 14), 직총 중앙위원회 전원회의(제7기 38차, 98. 12. 15), 여맹 중앙위원회 전원회의(제5기 29차)를 비롯해 평양시 청년학생 반미 성토대회(98. 12. 9), 군 총참모부 대변인 성명(98. 12. 12)을 지지하는 전국 청년 학생들의 성토대회 등이다.

2) 조선민주녀성동맹

1983년 여맹 5차대회는 여맹의 위상 축소라는 중요한 의미를 지닌다. 1970년대 초반까지 막강한 영향력을 행사하였던 당시 여맹위원장 김성애에 대한 김정일의 견제 차원에서, 여맹 5차대회에서는 개정 규약에 따라 맹원이 대폭 감소하고 여맹의 역할과 활동력도 축소되었다. 하지만 1990년대 이후 닥쳐온 경제적 위

63 정성장, 앞의 글, 2004, p.43.

기상황은 여맹이 일정 역할을 수행하도록 요구하였으며 이러한 차원에서 여맹의 활동 범위가 일부 확대되었다. 그러나 이 역시 주로 경제위기 극복을 위한 생산 지원 활동을 조직적으로 동원하는 차원에서 그치고 있다는 점에서 일정 부분 한계를 가지고 있다고 할 수 있다.

구성원의 변화를 보면 여맹 5차대회 이후에 맹원 수가 급격히 축소되었다가 1990년대 이후에 다시 증가하는 특징을 보인다. 여맹 5차대회 이후의 구성원은 대개 전업주부와 요양 등 노동 활동을 하지 못하는 여성으로 국한되어 있었으나, 기관지인 『조선녀성』 최근호에 나타난 표현들에 따르면 직장과 공장 기업소 혹은 협동농장에 소속된 여성도 포함되어 있음을 볼 수 있다. 이는 1990년대 이후 여맹이 활동 범위를 넓혀가는 과정에서 조직을 부분적으로 재정비했을 가능성과 관련이 있다.

여맹의 교양 내용에 있어서도 변화가 보이는데 1990년대 후반부터는 '전시정신' 등 군사 정신의 함양이 특히 강조되고 있다. 예컨대 과거에 치열했던 전시 상황을 회상하도록 교양하거나 군인 및 후방 가족들에 대한 애정을 강조하는 식이다. 이는 김정일이 당시 국가적 위기 속에서 체제를 유지하기 위한 수단으로 내세운 '선군정치'를 뒷받침하기 위한 것으로, 여맹이 군대를 원호하는 사업에 적극적으로 앞장설 것을 독려하기 위한 것으로 여겨진다.

기존에도 여맹은 가족 유지의 일차적인 과업을 여성들의 책임으로 부과하였는데 이러한 책임은 1990년대 후반 이후 더욱 확장되어 가는 것으로 보인다. 예컨대 기존에 강조하던 부모 공양과 남편 뒷바라지의 책임을 넘어서 여성들이 가족의 식생활 보장까지 책임질 것을 요구하고 있다는 것이다. 이를 위하여 여맹은 산나물 채취, 집짐승 기르기 등 구체적인 방안까지 제시하면서 당시 붕괴된 배급제 이후의 생계 방안을 지도하고 있다. 이는 배급제 붕괴 뒤 국가 대신에 여성이 가족들을 부양하는 방법을 여맹 차원에서 제시한 것으로 여맹 조직이 국가 공급 체계의 와해를 보완하는 역할을 수행하였다고 볼 수 있을 것이다.[64]

3) 조선직업총동맹

1990년대의 동구 사회주의 체제의 붕괴로 인하여 체제에 대한 위기감이 고조되고 있는 시점에서 직맹은 이전에 비하여 사상교양 사업에 더욱 초점을 맞추고 있다. 1992년 2월에 개최된 23차전원회의에서 직맹은 연구 토론회와 문답식 학습 강연, 그리고 명제 해설 모임 등 여러 가지 형식과 방법으로 사상교양 사업을 전개할 것을 강조하였다. 나아가 우리민족제일주의와 사회주의애국주의, 그리고 주체사상교양을 통해 '우리식 사회주의제도'를 추구해야 한다고 강조[65]하며, '우리식의 이념과 혁명방식'이 제일이라는 신념을 갖도록 유도하고 있다.

이러한 사상교양 사업은 특히 1990년대 후반에 이르러 더욱 강조되었다. 이 시기는 원자재와 전기 부족으로 공장이 제대로 가

---

64 정성장, 앞의 글, 2004, pp.233-234 참조.

65 정상돈, "조선직업총동맹", 『조선로동당의 외곽단체』, 한울, 2004, p.110.

동되지 못하면서 출근이 무의미해졌고 기본적인 식량 배급이 이루어지지 못함으로써 자체적인 생존 활동이 요청되던 때였다. 결국 식량을 구하기 위한 노동자들의 활동에 대하여 직장 및 생산 단위의 통제가 이완되고 국가의 통제력이 약화되었으며 구성원들에게 개인주의와 실리주의가 발견된다는 지적이 나왔을 때이다. 이를 위하여 직맹은 1999년 제2의 천리마대진군 선구자대회를 개최한 직후 북한 전역의 공장과 기업소에서 궐기대회를 개최하였다. 여기서 직맹은 '영웅따라배우기운동'을 확산하고 집단적 생산 문화를 강화하고자 하였다. 한편 2000년 이후 식량의 배급이 부분적으로 정상화되면서 그동안 이완되었던 여행증명서의 단속을 강화하고 직장 이탈자에 대한 식량 배급 중단 등 주민들의 이동에 대한 통제를 강화하는 식으로 사상교양 사업을 강화하였다.

이러한 체제 전환기에 있어 직맹의 조직 체계에서는 청년동맹과 같은 변화가 나타나지는 않았으며, 다만 기능을 수행하기 위한 구체적인 활동 부문에서 일부 변화가 보인다. 예컨대 경제적 위기 속에서 사상교양 사업과 증산 경쟁 사업을 지속적으로 진행하기 위한 노력을 기울이게 되었으며, 구체적으로는 궐기대회나 식량 배급의 부분적 정상화를 통한 주민들의 이동 통제 등을 시도하였다. 하지만 국가가 인민의 생활을 충분히 책임지지 못하는 상태에서 이러한 사상교양사업을 위한 노력이 효과를 발휘하기에는 어느 정도 한계가 있었을 것으로 생각된다.

4) 조선농업근로자동맹

1965년 조직된 '농업근로자동맹(농근맹)'은 1965년 이전의 조직이었던 '북조선농민련맹'에서부터 시작된 것으로, 농민들의 이익을 옹호, 당의 '방조자', 당과 농민을 이어주는 인전대 역할을 하는 농민 최고의 조직체라 할 수 있다. 1965년을 전후로 조직의 질적인 변화가 보이기는 했으나 상기한 바와 같은 역할에서 크게 벗어나지 않는다. 김정일 체제 이후 농근맹은 농민들의 이익 보호의 기능을 상실하고 오로지 당의 외곽단체의 역할 즉, 주민들을 대상으로 사상교양 사업에 충실한 모습만이 엿보인다.

특히 1990년대 후반 고난의 행군 시기에도 당의 사상교양 사업과 농민의 식량증산운동은 꾸준히 진행되었고 당에서 부과하는 농촌사업에 대한 다양한 정치적 선전을 지속하였다. 특히 남한과의 교류 활성화 이후 농업 부분에 많은 지원이 이루어지자 사상교양이 더욱 강조되기도 했다. 한편 7·1경제개선조치 이후에는 농장의 수입 증대와 관련한 실리 위주의 방식을 시도하는 등의 부분적인 변화를 보이기도 하였다.

Ⅲ. 김일성사회주의청년동맹

1. 형성 배경과 역사적 전개

김일성사회주의청년동맹(청년동맹)은 1946년 1월 17일 '북조선민주청년동맹'(민청)으로 창립되어, 1964년 5월 12일 '조선사회주의로동청년동맹'(사로청)으로, 그리고 1996년 1월 다시 현재의 명칭으로 개칭되어 오늘에 이르고 있다.[66] 이는 만 14세에서 30세에 이르는 북한의 비당원 청년들을 포괄하는 유일한 청년 단체로 약 500만 명의 청년들[67]이 가입되어 있는 북한 최대의 근로단체이자 사회단체이다.[68] 현재 북한 지도부는 청년동맹을 당, 군과 함께 체제유지를 위한 3대 보루의 하나로 중시하면서, 조선로동당 기관지 「로동신문」, 북한군 대변지 「조선인민군」, 청년동맹 기관지 「청년전위」의 명의로 공동사설을 발표하고 있다. 이러한 청년

66 정성임, "서장", 『조선로동당의 외곽단체』, 한울, 2004, p.15.

67 1993년 2월 26일에 이루어진 김정일의 담화에 따르면 "지금 우리 나라에는 청년들이 500만 명이나 됩니다."라고 밝히고 있으며, "300만 명의 소년단원들까지 합하면 800만 명이나 됩니다."라고 강조한다. 김정일, "청년들과의 사업에 힘을 넣을데 대하여"(조선로동당 중앙위원회 책임일군들과 한 담화) 『김정일선집』 제13권, 평양, 조선로동당출판사, 1998, p.341.

68 한편 같은 해인 1993년 3월의 사로청중앙위원회 제8기 제2차전원회의 관련 신문 기사에는 800만의 '청소년'이라는 표현이 등장하는데, 이는 청년들의 후비로서의 소년단원의 수를 합쳐 지칭한 것으로 보인다. "800만 청소년들을 친애하는 지도자동지의 두리에 일심단결시키고 당과 사회주의제도를 결사옹위하는 총폭탄이 되게 하자." 「로동청년」 1993. 3. 26.

동맹은 '당의 근로단체'로 출발하였으나 점차 당보다 수령에 더욱 충성하는 조직으로 변모해갔다. 청년동맹의 형성과 발전을 시기별로 간략히 살펴보면 다음과 같다.

1) 민주청년동맹

만주지역의 항일 빨치산운동을 정통성의 근거로 내세운 김일성은 광복 후 소련 군정 하에 소련군에 의하여 정권을 잡게 되었다. 그는 1945년 9월 19일 귀국한 이후 소련의 콤소몰과 같은 유일 청년 단체를 만들어 당의 후비대로 삼고자 하였으며, 이에 따라 민청준비위원회가 조직되었다. 북한에서 민청 결성 작업이 본격화된 것은 1945년 10월부터였으나 1945년 11월에는 공산당을 반대하는 신의주 학생사건이 발생하는 등 순탄치 못하였다. 이에 따라 기존의 공산주의청년동맹(공청), 기독교청년회, 백의청년동맹 등 다양한 좌우익 청년 단체들을 해산시키는 일이 매우 중요해졌다.[69] 김일성은 학생들에게 민청 통합을 촉구하는 가운데 1946

69 이와 관련된 내용을 참고하면 다음과 같다. "김정숙동지께서는 조국에 돌아오신 날부터 전우들과 함께 건당, 건국, 건군의 3대과업을 수행하기 위한 사업에 착수하시였다. … 이곳에서의 사회단체조직과 특히 청년단체조직에 대하여 알아보시였다. 군에는 공청이 조직되여 있었으나 공산주의를 신봉하는 철저한 무산계급청년들만을 받아들인다고 하면서 사업하다보니 자기 대렬을 별로 늘이지 못하고 있었다. 한편 해방청년동맹이 조직되여 많은 청년들을 결속하고 있었는데 그들은 적산물분배같은 일에 끼여들거나 흥미본위의 시국강연이나 하는 정도에 머물러 있었다. … 로동청년과 농민청년을 비롯한 광범한 청년들을 민주주의적청년단체에 묶어세워 새 조국 건설에 한결같이 떨쳐 나서게 할데 대한 위대한 수령님의 민청조직건설로선을 이야기해주시

년 1월에는 광범위한 청년들을 공산당 주변으로 규합한다는 명목하에 기존의 공청을 해산시켰다.

이후 1946년 1월 16일에는 평양에서 북조선민주청년단체대표자회를 열어 17일에 공산당과 청년 대중을 연결하는 '인전대'로서 '조선민주청년동맹 북조선위원회'를 결성하였고, 이 대표자회를 후에 민청 창립대회로 간주하게 되었다. 이러한 과정을 통해 북한에서 각계각층의 청년들을 모두 포용하는 민주청년동맹(민청)이 결성되었다. 김일성은 당시 민청의 과업으로 강력한 민족통일전선 결성을 위한 청년들의 사상 통일과 청년간부 양성을 제시하였고 북한 지도부는 초기부터 조직 확대 작업에 힘을 쏟았다.[70] 1947년 2월 북조선로동당(북로당) 중앙상무위원회는 로동당원의 사업을 지도하며 당의 영향을 강화할 목적으로 '당조'를 각급 인민위원회과 근로단체 및 기타 사회단체들에 설립할 것을 결정하였다. 이에 따라 민청 등 근로단체에 대한 북로당의 지도 체계가 수립되기 시작하였다고 볼 수 있다.

1948년에 개최된 북로당 제2차대회에서는 생산 운수 및 기타

면서 수령님께서 가르쳐 주신대로 공청을 광범한 청년들을 망라한 민주주의적청년단체로 개편하는 사업을 빨리 다그칠 데 대하여 말씀하시였다." 『조선녀성』 2003년 11호, p.29.

70 조직 확대 시도는 북한 지역 뿐 아니라 보다 광범위하게 진행되었는데, 북한 지도부는 1946년 4월 25일 좌파단일청년조직을 지향하는 '조선민주청년동맹'을 결성하여 남한 청년조직과의 연합을 시도하였다. 이는 미군정의 해산령 이후 약화되어 1949년 초에 파괴되었으나, 한국전쟁기간인 1951년 말에 남북조선 민청중앙 위원회 연합회의를 열어 조선로동당의 남북근로단체 통합이 결성됨으로써 부분적으로 조직 복구가 이루어지기도 했다.

부문에 당사업을 강화하기 위하여 당 조직을 구성하도록 한다는 당조 결정을 당 규약에 삽입하였다. 1956년 제3차대회에서 개정된 당 규약에는 '국가 정권기관, 사회단체 · 협동단체 등의 대회, 협의회, 선거기관에 당조를 조직한다'로 보다 명시적으로 규정되었다. 이러한 북로당의 당조 결성 결정에 따라 각급 민청단위에서는 민청을 지도하기 위해서 '당조'가 결성되었다. 이 당조는 1961년 9월에 열린 조선로동당 제4차대회에서 민청을 당의 직접 지도하에 두기로 결정할 때까지 존속하면서 당이 청년동맹을 지도, 통제하는 연결고리 역할을 하였다. 결국 당조는 당이 외곽의 사회 기구들을 통제하기 위해서 만든 것이라고 할 수 있다.

청년동맹의 과업과 관련하여 살펴보면 1948년 11월에 열린 민청 제3차대회에서 김일성은 민청의 기본 과업을 청년들을 사상적, 정치적으로 준비시키는 사업으로 규정하였다. 이는 청년들을 조국과 인민을 사랑하는 민주 사상으로 교양하며 과학적인 선진 이론으로 무장시킬 것을 의미한다고 천명하였다. 이후 민청은 이러한 사상교양단체로서의 역할을 분명히 하기 시작하였으며 나아가 경제 건설과 대중 계몽의 선봉대로서의 과업도 수행하게 되었다.

6.25전쟁이 끝난 후 북한 당국은 민청이 전후 복구 건설의 핵심 역할을 담당하도록 하면서 민청원들에게 탄광 · 광산 · 건재공업 · 임업 부문 등 가장 고되고 힘든 생산현장에 뛰어들 것을 요구하였다.[71] 한편 사회주의적 성격과 인전대적 성격을 강화시

71 이종석, 앞의 글, 1988, pp.31-35.

키는 데에도 주력하여 1955년 4월에 민청 단체들이 각계각층의 청년들을 더욱 광범하게 인입하며 그들 속에서 마르크스-레닌주의의 계급교양 사업을 강화하도록 요구하는 결정서를 채택하였다. 이후 1956년 11월에는 "남반부 출신 청년들과의 사업을 강화하여 앞으로 남반부에 나가서 사업할 간부들을 미리 준비"할 것을 지시하면서 남북한 자유왕래에 대비하여 민청에 남한 출신 간부들을 배치하여 '남반부 후비간부'로 키우는 방법을 강구하기도 하였다.

한편 1961년 9월 조선로동당 제4차대회는 다른 근로단체들과 달리 특별히 당과 민청과의 관계를 규정하는 조항을 당 규약에 독립된 상(7상)으로 명시하였다. 수정된 조선로동당 규약은 민청에 대한 당의 직접적인 지도를 명시하였으며 민청원이 후보 당원으로 입당하면 그가 민청 조직의 간부가 아닌 한 동맹에서 제명되는 식으로 당원과 민청을 겸임하지 못하게 하였다. 이 같은 조선로동당 제4차대회 규약은 이후 1970년 5월 조선로동당 제5차대회에서 당과 모든 근로단체와의 관계를 규정하는 방향으로 수정되었다.

2) 사회주의로동청년동맹

1964년 5월의 민청 제5차대회에서는 민주청년동맹이 사회주의로동청년동맹(사로청)으로 개칭되었다. 그 개편 배경으로서 당국은 북한 내에서 생산관계의 '사회주의적 개조'가 완성되어 개인 상공업자와 개인 농민들이 사회주의적 근로자가 되며 모든 청년들이 사회주의 노동 청년이 된 사실을 들고 있다. 김일성은 청년들에 대한 정치 사상교양을 사로청의 '가장 중심적인 과업'으로 내세우면서 가입 연령 역시 이전에 14세에서 28세였던 것을 14세에서 30세까지로 늘렸다.

이러한 변화는 '사회주의적 개조'의 완성에 따른 것이라기보다는 1967년에 일어난 정치사회적 격변과 보다 깊은 관련이 있다.[72] 우선 정치적 측면에서는 김일성의 유일혁명전통을 인정하지 않는 상당수 당 고위 간부에 대한 숙청과 유일사상체계의 확립을 위한 것이며, 사회적 측면에서는 개인숭배의 전면화를 위한 것으로 볼 수 있다. 결국 당내에서 갑산파와 사로청 중앙위원회 위원장이었던 홍순권 등의 간부들이 숙청되면서 조직 내에서도 김일성 개인 숭배와 유일사상체계 확립이 강조되었고 수령의 혁명사상 외에는 그 어떤 사상도 모르는 수령의 근위대, 결사대가 될 것이 요구되었다.

1971년 6월의 사로청 제6차대회는 5차대회의 결과를 사로청 활동에 반영시키는 사업과 관련된다. 이에 따라 당의 유일사상체계 확립과 수령에 대한 충성심 고양, 대를 이은 혁명과업의 수행이 강조되었다. 특별히 1971년에 이루어진 「청년들의 특성에 맞게 사

72 정성장에 따르면 북한에서 농업 협동화 운동과 개인 상공업의 사회주의적 개조가 공식적으로 완성된 시점은 1958년 8월로서, 1964의 사로청 개편 시기와는 상당한 기간의 차이가 존재한다. 즉 김일성을 중심으로 한 지도부가 1956년의 '8월 종파사건' 이후 과거에 연안파와 소련파, 국내파에 속했던 인사들을 당과 국가기관의 모든 수준에서 제거하는 데 주력하기 위해 그 이전 시기까지는 근로단체의 개편에 관심을 기울일 여력이 없었을 것이라는 것이다. 정성장, 앞의 글, 2004, p.41.

로청 사업을 더욱 적극화할데 대하여」라는 김일성의 연설 이후 사로청 간부들의 노령화 문제가 대두되면서 대대적인 교체가 진행되었다.[73] 교체의 공식적인 명분은 조직 활성화였으나 실제로는 당시 후계자 세습을 염두에 두고 사로청 장악을 용이하게 하기 위한 것과 관련되는 것으로 판단된다.[74] 이후 1981년 10월에 열린 사로청 제7차대회부터는 김정일이 전면적으로 지도에 나서면서 1980년대 이후 김정일에 대한 개인 숭배가 공개적으로 전개되었다. 이처럼 사로청 조직은 혁명의 계승자로서의 김정일 후계 체제 확립에 주요한 역할을 담당하였다.

한편 1993년 초의 사로청 제8차대회는 조선로동당대회와 독립적으로 개최되었는데 이는 사회주의권의 붕괴 과정에서 구 공산권 청년들이 반체제 세력화하게 되는 모습과 관련하여 당국이 위기의식을 느낀 것으로 볼 수 있다. 이에 따라 청년들의 체제이탈을 사전에 단속하기 위해서 사로청 대회가 열리고 사상교양이 극단적으로 강조되었다. 이어 진행된 사로청중앙위원회 제8기 제2차전원회

---

73 김일성은 1971년 2월 3일에 도, 시·군, 공장, 기업소, 대학 당 위원회 청년사업부장 및 사로청위원장 협의회에서 이러한 연설을 통해 사로청이 '영감동맹'과 같은 감이 있다고 지적한다. 이 연설에 따르면 사로청 간부들 중에는 38살 이상의 간부들이 적지 않으며 45살 되는 간부도 존재한다고 지적된다. 『김일성저작선집』 제6권, 평양, 조선로동당출판사, 1974, pp.1-6.

74 이종석에 따르면, 같은 논리라면 1980년대 중반 이후 시간이 흐르면서 사로청 간부들이 다시 노후화되는 현상이 발생하게 되는데, 이 시기에는 상황이 동일함에도 불구하고 세대교체 작업에 대한 관심이 부각되지 않는다. 이종석의 글에 따르면 1970년대의 사로청 간부의 세대교체 작업은 사실상 1942년생인 김정일의 사로청 장악을 용이하게 하는 것이 보다 중요한 목적이었다고 지적된다. 이종석, 앞의 글, 1998, pp.40-42.

의에서는 "비사회주의적인 현상을 반대하여 강한 투쟁을 벌리도록 하여야 한다"고 지적하면서 이를 '전사회적인 사업'으로 진행할 것을 강조하였다. 이어 전원회의는 뒤떨어진 청년들에 대한 장악과 교양 대책, 이를 뉘우치고 개진한 청년들의 소개, 선전 등에 집중하고 있다. 또한 꾸준한 공산주의도덕교양과 정연한 사로청 선전선동 체계, 대학생청년들에 대한 교양 및 사상교양 사업 일군들의 수준을 높일 것을 강조하였다.75

3) 김일성사회주의청년동맹

1996년 1월에는 사로청 대표자회가 개최되어 일부 조직을 개편하고 후계자 김정일에게 충성을 맹세하였다. 이 대표자회에서는 1994년 7월에 사망한 김일성의 이름을 따서 사로청 명칭을 김일성사회주의청년동맹으로 개칭하였다. 로동신문 사설에 따르면

---

75 사로청중앙위원회 제8기 제2차전원회의와 관련된 "800만 청소년들을 친애하는 지도자동지의 두리에 일심단결시키고 당과 사회주의제도를 결사옹위하는 총폭탄이 되게 하자."라는 제목의 1993년 「로동청년」 기사를 살펴보면 다음과 같다. "전원회의는 청년들이 우리 나라 사회주의제도를 옹호고수하고 빛내여 나가도록 하기 위하여서는 비사회주의적인 현상을 반대하여 강한 투쟁을 벌리도록 하여야 한다고 지적하였다. 전원회의는 뒤떨어진 청년들을 빠짐없이 장악하여 교양대책을 세우는 한편 지난 시기 뒤떨어진 생활을 하다가 뉘우치고 집단적으로 청년돌격대를 뭇고 탄광, 광산들에 진출하여 일을 잘하고 있는 청년들을 널리 소개선전하며 비도덕적인 행위를 없애기 위한 투쟁이 전사회적인 사업으로 진행되도록 할 데 대하여 지적하였다. 전원회의는 사로청조직들이 일부 청소년들 속에서 나타나는 비도덕적인 현상을 근본적으로 없애기 위해서는 공산주의도덕교양을 꾸준하게 벌려야 한다고 지적하였다." 「로동청년」 1993. 3. 26.

"청년동맹에 위대한 수령님의 존함을 높이 모신 것은 청년들에 대한 당의 최대의 믿음, 최고의 표창으로 되며 그것은 모든 청년들을 당과 수령에 대한 충실성을 제일생명으로 지닌 청년전위로 튼튼히 준비되게 하는 데서 획기적인 계기로 될 것"이라고 밝히고 있다. 여기서 청년동맹은 김일성이 밝힌 청년 운동에 관한 사상 이론과 청년 운동 발전에 쌓은 위대한 업적을 견결히 옹호 고수하고 빛내여 나가야 할 것으로 강조되었다.

앞에서도 언급했듯이 청년동맹의 조직 측면의 변화로는 기존의 위원장, 부위원장 직제를 중앙위원회와 도, 시・군 위원회의 경우 1비서 및 비서 직제로 개편하고 각급 초급 조직체들에는 비서와 부비서 직제를 두었다.[76] 이는 청년동맹 최고책임자의 권한을 상대적으로 축소시키는 한편, 동맹지도부의 집체 지도를 강화하는 효과를 지닐 것으로 평가된다.[77] 이러한 조직 개편은 변화에 민감한 청년들의 사기를 진작시켜 충성심을 유도하려는 것으로 보이는데, 탈북자들에 따르면 이러한 변화 이후 청년동맹의 위상이 더욱 높아졌다고 한다. 개칭 이후 동맹 중앙위원회 기관지의 제호도 「로동청년」에서 「청년전위」로 변경하였다.

한편 2002년 3월에는 제2차 대표자회를 개최하여 새 청년동맹 규약을 채택하였다. 「로동신문」 기사에 따르면 청년동맹은 조선로동당의 '정치적 후비대'로 "당의 선군혁명령도를 충성으로 받들고 혁명의 령도자를 앞장서 결사옹위하는 청년전위조직"이며

76 「로동신문」 1996. 1. 20.

77 정성장, 앞의 글, 2004, pp.44-45.

"사회주의강성대국 건설에서 선봉대, 돌격대적 역할을 수행하도록 하는 것을 청년동맹의 투쟁과업으로 제기"한다고 밝히고 있다.[78] 구체적으로는 "주체혁명위업의 계승자이며 공화국의 미래를 떠메고 나갈 새 세기 개척자들"인 선군시대 조선 청년들은 "최고사령관의 예비전투부대"로서 "조국보위와 강성대국건설"에 매진할 것을 강조한다.[79]

이후에도 김일성 사망일 또는 청년동맹 창립일에 즈음하여 제시되는 북한의 신문이나 잡지, 뉴스 발표 등에서도 청년동맹 조직을 동원하여 다양한 모임 행사를 벌이고 있다. 예컨대 청년동맹이 김정일의 영도를 받들고 선군정치, 강성대국 건설 등에 충성을 다할 것을 다짐하는 충성의 맹세 모임[80]을 김일성이나 김정일 생일

78 「로동신문」 2002. 3. 23.

79 관련 기사들을 살펴보면 다음과 같다. "청년들은 주체혁명위업의 계승자이며 공화국의 미래를 떠메고 나갈 새 세기 개척자들이다. 청년들은 반제반미성전에서 발휘한 선행세대들의 영웅적인 투쟁정신과 기풍을 훌륭히 계승해 나감으로써 최고사령관의 예비전투부대로서의 무거운 시대적사명을 다해야 한다. 애국의 열정으로 심장을 불태우며 조국보위와 강성대국건설의 중요전선들에서 선군시대 조선청년들의 본때를 남김없이 떨쳐야 한다." 『조선녀성』 2003 1호, pp.3-5; "청년동맹조직과 청년들은 공청창립 80돐을 맞으며 … 최고사령관의 예비전투부대, 별동대의 영예를 빛내여야 한다. … 새세대 청년들의 계급의식을 끊임없이 높여주어 그들이 이색적이며 불건전한 사상과 생활풍조를 철저히 배격하고 혁명적으로 살며 일하도록 하여야 한다." 『조선녀성』 2007 1호, p.8.

80 평양방송은 김일성 95회 생일을 닷새 앞두고 이루어진 청년전위 맹세 모임이 진행되었다고 소개하고 있다. 여기서 김경호 청년동맹 중앙위 1비서의 보고에 따르면 "모든 청년들은 수령님의 유훈을 높이 받들어 그 어떤 천지풍파가 몰아쳐 온다고 해도 오직 장군님(김정일)만을 굳게 믿고 따르며, 최고사령관의 예비 전투부대, 별동대로서의 위력을 온 세상에 높이 떨쳐 나가야 한다"고

즈음에 진행한다. 이들의 생일이나 청년동맹 관련 기념일에는 반미성토 모임[81] 등도 자주 발견되는데, 여기서도 역시 수령결사옹위 및 군사중시 기풍 등을 강조하지만 최근에는 과학 기술 및 경제 현대화 등의 언급도 강조되고 있다는 점이 특징적이다.

2. 조직과 운영

1) 조직 체계

주장했다. 「연합뉴스」 2007. 04. 10.

81 「민중의 소리」에 따르면, 북한은 2006년 1월 17일에 청년들에게 "반미계급의식을 가지고 조국수호에 앞장설 것을 촉구하고 첨단과학기술 개발과 경제현대화에서 선구자 역할을 해야 한다"고 촉구했다. 조선중앙방송에 따르면 조선로동당 중앙위원회는 이날 4.25문화회관에서 열린 김일성사회주의청년동맹(청년동맹) 창립 60주년 중앙보고대회에 보낸 축하문에서 "청년들은 혁명의 전 세대처럼 사회주의 제도와 조국을 빛내이기 위해 헌신적으로 투쟁해야 한다"고 강조했으며, "모든 청년들이 군사중시 기풍을 확고히 세우고 청춘시절을 군사복무의 값높은 영예로 빛내야 한다"고 요구했다. 또 "청년들은 원대한 포부와 신심을 가지고 혁명적 군인정신, 자력갱생의 혁명정신을 발휘해 현시기 사회주의 경제건설의 주공전선인 농업을 비롯한 인민경제의 모든 부문에서 일대 비약을 일으켜 나가야 한다"고 말했다. 축하문은 청년동맹에 대해 "당의 유일적 영도체계를 철저히 세우고 정치사상교양단체로서 임무에 맞게 청년들에 대한 사상교양사업과 조직생활 지도를 강화해야 한다"며 "동맹조직을 수령결사옹위의 전투력이 강한 혁명적 청년조직으로 만들어야 한다"고 주장했다. 이날 보고회에는 김영남 최고인민회의 상임위원장, 김일철 인민무력부장, 최태복, 김중린 당 중앙위 비서, 김경호 청년동맹 제1비서 등이 참석했다. 「민중의 소리」 2006. 1. 18.

청년동맹의 조직은 조선로동당을 비롯한 여타 조직과 마찬가지로 중앙집권제 원칙에 의해 조직되어 있다. 청년동맹은 행정 및 생산단위로 조직되는데 중앙 조직은 조선로동당 근로단체부의 지도를 받는 청년동맹중앙위원회가 있다. 그 산하 조직으로 (도)직할시위원회, 시(구역) · 군위원회와 각 단위별 위원회(공장, 기업소, 협동농장, 교육문화, 보건기관, 인민군대 및 기타단위), 그리고 그 산하에 초급단체가 구성되어 있다. 청년동맹 규약에 의하면 초급단체는 "동맹원 3명 이상이 있는 공장 기업소, 협동농장, 국가기관, 교육문화기관, 보건기관, 인민군대와 기타 보조 단위들에 조직한다."고 되어 있다. 청년동맹의 간부는 당에서 임명 또는 지명되며 그 사업은 당의 지시와 감독을 받는다.

규약 제1조 1항의 가맹 자격을 보면 "만 14세부터 만 30세까지 청년으로서 동맹의 강령과 규약을 승인하고 그것을 실천하기 위하여 투쟁하는 자"라고 규정되어 있다. 그러나 사실상 만 14세부터 만 30세까지의 당원을 제외한 남녀 청년들은 의무적으로 청년동맹에 가맹해야 한다. 그러나 여성의 경우 만 30세가 되지 않더라도 혼인을 하면 자동적으로 청년동맹 생활이 끝나게 된다. 만일 혼인한 여성들이 조선로동당에 입당하지 못할 경우 직맹이나 농근맹 또는 여맹에 자동적으로 편입된다. 남성의 경우 만 30세가 넘도록 조선로동당에 입당하지 못할 경우 자동적으로 직맹에 편입된다.

청년동맹의 최고 지도 기관은 1946년 민청 결성으로부터 지금까지 8차에 걸쳐 개최한 바 있는 '대회'로서 5년마다 개최되게 되어 있으나 규약대로 지켜지지 않고 있다. 대회 밑에는 조선로동당 중앙위원회 근로단체부의 지도를 받는 청년동맹 중앙위원회가 있으며 청년동맹 중앙위원회는 6개월에 1회 이상 전원회의를 소집한다. 전원회의에서는 집행위원회와 위원장・부위원장을 선거하며 조직위원회를 조직한다. 조직부 밑에는 전위 조직으로 해외교육지도국, 속도전청년돌격대지도국, 남조선청년조직지도국 등 3개의 지도국이 있다. 집행위원회는 다음번에 열리는 중앙위원회 전원회의 이전까지의 기간 동안 모든 사업을 조직 지도하며 한 달에 1회 이상 소집한다.

한편 도(직할시), 시(구역)・군 청년동맹의 최고 지도 기관은 해당 단위의 대표회의로 그 하부에는 중앙위원회가 있다. 김일성사회주의청년동맹으로의 개칭 이후 청년동맹중앙위원회와 도, 시・군 단위의 청년동맹에는 위원장에 해당하는 제1비서와 부위원장에 해당하는 비서들을 두고 있다. 제1비서 밑에는 약 7명에서 10명 정도의 비서가 조직부・선전부・대학생청년부・학생소년부・노동청년부・출판부・국제부를 담당하며 때로는 각 분야를 중복하여 담당하기도 한다. 현재 맹원 수는 500여만 명으로 추산되며 제1비서는 김경호이다.[82]

이상과 같은 청년동맹의 조직 체계를 간략히 제시하면 다음 〈그림 1〉과 같다.

---

82 중앙위원회 핵심간부의 변화를 살펴보면, 11년 이상 청년동맹 위원장을 역임해온 최룡해가 1998년 1월에 해임되고 리일환이 선출되었다. 리일환은 2001년 10월 전원회의에서 해임되고 김경호가 제1비서가 되었다.

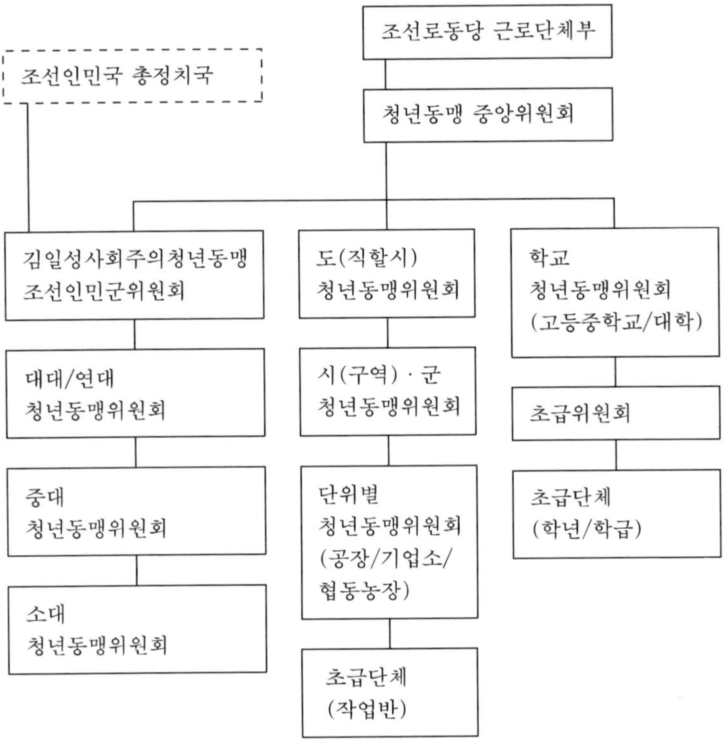

그림 1 김일성사회주의청년동맹 조직 체계
(출처: 청년동맹 규약 등 참조 새로 구성)

2) 조직 운영

청년동맹의 기층 조직인 초급단체는 청년동맹원들의 "정치생활의 거점"이자 동맹원들을 "당과 수령의 두리에 튼튼히 묶어 세우고 당의 로선과 정책관철에 조직동원하는 전투단위"의 역할을 한다. 초급단체는 동맹원 3명 이상 보통 35명까지의 모든 단위마다 있다. 동맹원이 보통 36명 이상 있는 단위에는 초급 청년동맹을 조직하며, 초급 청년동맹 아래에 두 개 이상의 초급단체가 조직되어 있을 경우 부문(부락) 청년동맹을 조직하고 초급과 부문 사이에 분초급 청년동맹을 조직한다.

청년동맹원의 조직적 기반은 학교와 군대에 집중되어 있으며 전체 청년동맹원에서 차지하는 비율도 학생과 군인이 다수이다. 학교 청년동맹은 2002년 이후 개칭된 중학교(구 고등중학교)에서부터 설치되어 4학년에 해당하는 만14세의 나이부터 가입한다. 중학교의 청년동맹 초급단체는 학급별로 한 개의 학급이 한 개의 초급단체가 된다. 중학교의 청년동맹위원회에는 학급 반장과 별개로 청년동맹 비서인 학생이 있고 그 밑에 2명 정도의 부비서들이 조직과 사상을 담당한다. 이들 밑에는 학급마다 한 명씩 대표로 참가하는 위원들이 있으며 큰 학교의 경우 당에서 동맹 책임 지도원을 파견하기도 한다. 대학 학부에는 초급위원회가 있고 각 학년과 학급별로 초급단체가 있으며 간부의 대부분은 당원이다. 대학 청년동맹위원회 비서는 학생이 아닌 교원들이며 나머지 간부는 학생들이 맡는다.

'김일성사회주의청년동맹 조선인민군위원회'는 도(직할시)청년동맹위원회와 같은 기능을 하는데, 인민군 내부의 청년동맹의 경우 조선인민군 총정치국의 지도를 받는다. 인민군 청년동맹의 기층 단위인 소대는 분조가 되며 중대는 초급단체가 되어 매주 생활총화와 학습 등을 진행한다. 대대나 연대에는 청년동맹위원회가 구성되며 사단이나 여단, 군단에는 청년동맹위원회 담당 부서가 별도로 설치되어 있다. 대대에는 청년동맹을 담당하는 상위(혹은 대위)급의 지도원(청년동맹위원회 비서)이 있다. 중대에서는 중대 사관장(선임하사관)들이 주로 동맹 초급단체 비서가 되어 중대단위로 매주 동맹 생활총화와 학습 등을 진행한다. 각 소대에는 부소대장들이 분조 책임자가 된다.

일반 직장에서는 직맹이 기본적인 근로단체이지만 30세 미만의 청년 노동자들은 청년동맹 조직에 가입하여 활동한다. 직장 내 대다수는 직맹원이거나 농근맹원이기 때문에 상대적으로 청년동맹 사업은 활발하기 어렵다. 일반적인 체계는 대학, 군대 등과 비슷하지만 청년동맹위원회 비서를 지도원이 아니라 일반 노동자가 맡는다는 점이 차이점이다. 공장의 부문청년동맹위원회는 비서 밑에 사상적 학습을 담당하는 사상담당부비서, 조직 관련 사업 및 생활총화 행사 준비를 맡는 조직담당부비서, 당사업의 선전 및 행사 진행 담당을 맡는 선전담당부비서, 불량청소년 교양 지도원, 내부 지도원이 있다. 비서는 '직관선전원'을 겸임하며 '불량청소년 교양 지도원'은 당이 요구하는 건전한 사상으로 무장했는가 여부를 기준으로 지도한다. 한편 '속도전 청년돌격대'는 청년동맹중앙위원회에 직속으로 편제되어 산업시설 및 주택건설 등에 투입된다. 이는 군대식 체계와 조직운영방식을 지니고 있을 뿐 아니라 유사시에는 정규군에 편입하여 공병대 등에 투입하도록 편성되어 있다는 특징을 지닌다.[83]

---

83 정성장, 앞의 글, 2004, pp.54-55.

3. 기능적 특성

조선사회주의로동청년 동맹 규약[84]에 따르면 사로청은 "위대한 수령 김일성동지께서 무어주시고 영광스러운 조선로동당이 령도하는 주체형의 혁명적 청년조직이며 우리나라 청년들의 공산주의적 대중단체"이며, "조선로동당의 정치적후비대이며 당과 수령을 앞장에서 옹호보위하는 당의 믿음직한 청년전위부대"이고, "당의 령도밑에 주체의 혁명위업을 대를 이어 계승완성하는 것을 자기의 사명"으로 삼는다. 또한 "위대한 수령 김일성동지의 혁명사상, 주체사상"을 유일한 지도적 지침으로 하여 "주체의 혁명전통, 조선청년운동의 전통을 직접 이어받고 있으며 그것을 견결히 옹호고수하고 영원히 빛내여나간다."고 한다.[85]

또한 동맹은 "조선로동당의 령도밑에 인민대중중심의 우리식 사회주의를 튼튼히 옹호고수하여 공화국북반부에서 사회주의의 완전한 승리를 이룩하여 전국적 범위에서 민족해방인민민주주의 혁명의 과업을 수행하며 온 사회를 주체사상화하고 공산주의사회

---

84 「로동청년」 1993. 2. 25.

85 2002년 3월에 북한은 청년동맹 대표자회를 개최해 1981년에 전면 개정되고 1996년에 부분적으로 개정된 규약을 다시 수정 보충하여 서문과 10개 장으로 구성된 새 청년동맹 규약을 채택했다. 변경된 규약의 전문을 입수하여야 정확한 분석이 가능할 수 있으나, 자료 입수의 어려움으로 인해 「로동신문」 등의 일차 자료 및 이를 연구한 이차 자료 등을 중심으로 간접적인 변화 사항만을 살펴볼 수 있다는 한계가 존재한다. 이와 관련해서는 정성장의 앞의 글 참조.

를 건설하기 위하여 투쟁"하며, "청년들을 주체혁명위업의 믿음직한 계승자로 키워 당과 수령의 두리에 일심단결시키며 그들을 당의 로선과 정책 관철에로 힘있게 조직동원하는 것을 기본임무"로 하고, "조선로동당의 령도를 제일생명으로 삼고 동맹 건설과 활동에서 당의 사상과 령도를 충실히 받들어나가는 것을 근본원칙으로 한다."고 그 성격을 밝힌다.

이를 위하여 '사람과의 사업, 청년들과의 사업'을 사로청 사업의 기본으로 삼아 "조선로동당의 계급로선과 군중로선을 철저히 관철하고, 위대한 수령님식 사업방법, 우리 당의 청년사업방법을 전면적으로 구현"하고 "사로청원들에 대한 정치사상교양과 조직생활지도를 기본으로 하면서 이에 당의 경제정책 관철을 위한 실천활동을 옳게 결합시키며 학생사업의 절반 이상의 힘을 돌리는 원칙에서 사업한다."고 밝힌다. 또한 "전체 청소년들을 당과 수령의 두리에 튼튼히 묶어세우며 동맹 안에 당의 령도밑에 하나와 같이 움직이는 강한 조직규률을 세우며 당의 로선과 정책을 끝까지 관철하는 혁명적 기풍을 세운다."고 그 역할을 밝힌다.

구체적으로는 "사상혁명, 기술혁명, 문화혁명을 힘있게 벌려 청소년들을 당과 수령에게 끝없이 충실한 주체혁명위업의 믿음직한 계승자로, 지덕체를 갖춘 전면적으로 발전된 공산주의적 혁명인재로 교양육성"하며, "인민경제의 주체화, 현대화, 과학화를 다그치고 사회주의제도를 더욱 공고히 하며 사회주의의 완전한 승리를 앞당기기 위한 투쟁에서 청년들의 선봉대, 돌격대적 역할을 높이며 조국의 부강발전과 사회주의건설에 이바지하는 여러 가지 혁신운동과 좋은일하기운동을 힘있게" 벌릴 것을 강조한다. 뿐만 아니라 "위대한 수령 김일성동지께서 제시하신 자주적 조국통일방침을 높이 받들고 북과 남, 해외의 모든 조선청년학생들의 단합된 힘으로 조국의 통일을 앞당기기 위하여 투쟁"하며, "자주, 평화, 친선의 리념에 기초하여 세계 진보적 청년학생들과의 친선과 단결을 강화하며 제국주의를 반대하고 온 세계의 자주화를 위하여 투쟁"할 것을 제시한다.

한편 2002년 이후의 변경된 새 청년동맹 규약에 따르면 총 9개 장으로 구성되어 있던 기존의 사로청 규약 사항에 1개 장이 추가되어 서문과 함께 10개 장으로 구성된다. 여기서는 "조선청년운동의 개척자이시며 령도자이신 경애하는 김일성 동지의 청년조직"이며, "수령님의 위업, 주체위업을 대를 이어 계승완성하는 것"을 강조한다. 이러한 혁명 위업의 계승 및 사상, 기술, 문화의 3대 혁명 노선을 관철하는 것을 강조하는 것은 기존의 규약과 같으나 청년들이 김정일의 영도를 받들어 최고 사령관의 예비 전투 부대로서 선군혁명령도와 사회주의 강성대국 건설에서 선봉대, 돌격대적 역할을 수행할 것을 강조하는 것이 특징적이다. 김일성 사망 이후 특히 최근에 들어서 나타나는 이러한 특징 변화는 비단 청년동맹 뿐 아니라 여타 근로단체들에게서도 동일하게 강조되는 사항이라 여겨진다.[86]

86 예컨대 여맹과 관련해서도 이러한 경향은 동일하게 나타난다. "각급 근로단체위원회들이 동맹의 특성에 맞게 사상교양사업, 대중정치사업을 여러가지 형식과 방법으로 활발히 벌려 동맹원들을 3대혁명붉은기쟁취운동에 적극 참가시키고 여기서 얻은 성과와 경험을 일반화하도록 하시였다. … 위대한 장

1) 사상교양단체의 기능

조선로동당의 외곽단체인 청년동맹은 당과 수령의 사상과 정책을 청년 대중에게 교양하는 사상교양단체이다. 사상교양의 목표는 "청년들이 수령에게 끝없이 충실하도록 하는 것"이다. 당의 인전대이자 후비대인 청년동맹은 혁명과 건설의 과업을 완수하기 위해 청년들을 "정치사상적으로 도덕적으로 튼튼히 준비시키기 위하여서는 그들을 당과 수령의 두리에 굳게 묶어세우고 조직을 통하여 끊임없이 단련시키며 혁명적으로 교양"해야 한다고 밝히고 있다.

북한 청년의 전형은 '당과 수령에 대한 끝없는 충실성, 조국과 인민에 대한 헌신적 복무정신, 혁명선배들과 동지들에 대한 고상한 도덕 의리심, 강한 조직과 규율성, 근면성과 순박성'을 지닌 인물로 묘사된다. 청년동맹의 주요 사업으로서의 사상교양 내용은 북한의 정치적 변화에 따라 초기의 마르크스-레닌주의에서 주체사상(김일성주의)으로 변화해온 특성을 지닌다.[87] 현재 청년들에게

군님께서는 근로단체조직들에서 이와 관련한 본보기단위를 꾸리고 그 경험을 일반화하는 사업을 실속있게 짜고드는 사업, 근로단체조직들이 사상, 기술, 문화의 3대혁명과업수행에서 자기 몫을 정확히 했는가를 정상적으로 총화하고 대책을 세우며 경험교환회, 강습 등을 널리 조직진행하도록 하시였다." 『조선녀성』 2007 5호, p.8.

87 민청 결성 이전인 1945년경에는 '공산주의 사상'을 구체적으로 드러내지 않고 '전진하는 계급의 세계관, 혁명적 지식' 등의 표현을 사용했다. 민청 결성 이후인 1946년부터는 '레닌'의 지적을 바탕으로 교육과 선전 사업을 강화할

실시하는 사상교양에는 당과 수령에 대한 충실성교양, 혁명교양, 계급교양, 사회주의애국주의교양, 공산주의도덕교양이 있다. 청년들은 김일성 주석과 김정일 국방위원장의 노작을 학습하고, 항일 유격대원들의 「회상기」 등을 읽고 배운다.

또한 청년동맹은 당의 사상교양과 함께 동맹원들에 대해 지덕체 교양을 실시하는 것을 임무로 하고 있다. 지덕체 교양은 첫째로는 학업을 전문으로 하는 학생들이 학교에서 배우는 학과 학습을 비롯하여 근로청년들이 일하면서 과학 기술 지식을 공부하는 것을 모두 포괄하는 의미에서 '학습'을 강조하는 것이다. 둘째로는 공산주의도덕교양을 통해 '혁명적 수령관'을 튼튼히 세워 충성을 다하게 하는 것이며, 마지막으로 체육 등도 강조한다.

청년동맹은 동맹원들을 단결시키고 통제하기 위해서 다양한 생활총화와 학습을 시도한다. 중학교의 경우 매주 토요일 1번씩 정규 수업 시간의 일환으로 1-2시간 청년동맹 회의를 개최한다. 대학에서는 매주 토요일마다 오전 수업 90분씩의 2강의를 끝낸 뒤 오후 시간을 생활총화, 강연회, 무도회 등 청년동맹의 활동으로 보내게 된다. 청년동맹 활동을 가장 엄격하고 치밀하게 전개하는 곳은 군대로서 작전 토요일[88]에 아침 정치강의 2시간 이후 노

것을 강조하는 형태로 주장되었으며, 인민민주주의공화국 수립 이후인 1948년 이후에는 '민주사상'과 '과학적 선진이론'의 표현을 사용하였다. 이후 1955년 12월에는 '사상사업에서의 주체'라는 표현이 등장하며, 김정일 후계 지명이 이루어진 1974년 이후에는 주체사상이 마르크스-레닌주의를 대체하게 된다. 정성장, 앞의 글, 2004. pp.56-58.

88 '작전요일'이란 북한이 전쟁 발발시를 대비해서 군이 한꺼번에 다 휴식을 취하지 않도록 사회에서 쓰는 요일과는 다른 요일을 군단마다 따로 정해준 것

작학습 등을 한다. 공장의 경우 주간조는 매일 오후 5시부터 6시까지, 야근조의 경우 오전 10시부터 11시까지 학습을 행하며 매주 토요일에 '청년학교'를 운영하여 집중학습과 생활총화를 한다. 청년동맹원들이 비록 형식적이나마 정기 학습 및 생활총화에 참가하는 배경에는 물리적 강제가 일정한 역할을 하는데 심한 경우 '로동단련대'에 보내 혹독한 노동을 받기도 한다.

새터민 C씨[89]에 따르면 이 같은 조직 생활 통제는 북한 청년들에게 매우 일상적인 것으로 "장애인과 비장애인의 일상이 부분적으로 다르지만 각자에게 익숙한 방식이 있는 것"처럼 북한 내에서의 청년들은 새세대 청년들조차도 조직 생활에 매우 익숙하다고 한다. C씨에 따르면 조직통제의 가장 대표적인 것은 사상 검토 작업으로서 그에 따른 처벌이 다양한 단계로 존재한다. 최하위 수준의 처벌은 20명에서 40명 사이의 가장 말단인 초급 단체 단위에서 한 개인을 세워 놓고 여럿이 공격적인 질문을 가하는 '공개비판'이다. 그 다음 단계는 공장이나 학교 사로청 위원회에서 수백 명의 공개비판이 이어지며, 그 상위 단계는 시·군 단위 사로청 위원회로 올라가지만 일탈의 정도가 아주 크거나 특별할 경우에는 바로 시·군 단위로 올라가기도 한다고 한다. 그 윗 단계는 청년동맹 단련대로서 이곳에서 단련의 기간도 결정하게 된다. 최상위 단계의 처벌은 중앙사로청위원회가 한다.

C씨에 따르면 이러한 단위들은 사법부는 아니지만 위원회 자

을 의미한다.

89 함북 회령 출신의 30대 여성 인테리로서 청진 제1사범대학을 졸업하고 고등중학교 교원 생활을 하였다.

체의 권위에 기초하여 그 처벌이 결정된다고 한다. 말단 단체라 하더라도 '스파이'를 심어 넣을 수 있는데, 이들은 인민보안성이나 보위부가 보낸 사람들로서 각 단위의 위원장들조차도 누가 스파이인지 모르는 경우가 많다고 한다. 이러한 '비공식적 감시자'들은 예컨대 언제 어디서 무엇을 했는지 기록하여 제시하는 식으로 기준을 설정해 두고 정확한 증거물과 증인을 내세워 비판한다. 특별히 '사상불안정'이나 '사상불온', '탈북요인이 있다'고 보이는 경우에는 이를 걸러내어 보위부가 데려다 '치료'하는 과정을 겪기도 한다. 결국 북한 청년들은 이러한 과정의 일상화를 통하여 역으로 그러한 감시를 회피하는 방법을 자연스럽게 터득하게 된다고 한다. 즉, 정치나 체세, 이념, 김부자, 제도 등에 관한 이야기는 '모르는 속'에서는 일체 말하지 않으며, 죽마고우나 가족 등 친밀한 관계에서는 이야기하지만 이 경우에도 '도청'장치를 신경 쓰게 된다고 한다. C씨에 따르면 이러한 조직 통제가 체제 안정에 장점을 발휘한다고 지적했다. 또한 학교에서의 교양 교육에 대해 '보완적으로 추가적인 기능'을 행한다고 전했다.

2) 당의 후비대 기능

북한에서 모든 근로단체들은 군중 속에서 '핵심'을 키워내어 당 대열을 끊임없이 보충하는 후비대로서의 역할을 담당한다. 중국 공산청년단의 경우 가입과 탈퇴는 해당 연령의 청년들의 자율적인 선택에 따르며 지원자 중 조직이 요구하는 조건을 구비한 자들을 선별해서 단원으로 받아들이고 있다. 반면 북한의 조선로동당은 당에 가입하기를 원하는 사람 모두를 당원으로 받아들이는 개방적 방식이 아니라 근로단체의 맹원 중에서 '우수한 선진분자'들을 골라 당원으로 충원하는 폐쇄적 방식을 채택한다. 여기서 '우수한 선진분자'란 "당과 수령에게 무한히 충실하며 정치사상적으로, 기술 실무적으로 준비된 유능한 간부후비"를 의미한다.

다른 근로단체와 마찬가지로 청년동맹 역시 당과 청년 대중을 연결하는 인전대와 핵심당원을 길러내는 후비대라는 이중의 성격을 지닌다. 이에 따라 당국은 "혁명의 대를 이어나갈 청년들의 전투적 조직으로서 당의 믿음직한 후비대, 방조자로서의 청년조직의 역할은 필연적으로 청년조직으로 하여금 청년들에 대한 사상교양과 조직 생활을 강화하기 위한 사업을 두선으로 틀어쥐고 힘 있게 벌여나갈 것"을 강조한다. 특별히 청년동맹은 청년조직이라는 특성으로 인해 예비 당원을 가장 많이 포괄하고 있는 후비대로서 당원 배출의 가장 직접적이고 광범위한 인재 양성소가 된다. 따라서 "당의 핵심인 간부들을 키워내는 간부양성기지이며 당 대열을 보충해주는 저수지"로서의 청년동맹은 여타의 근로단체들보다 강도 높은 조직 규율과 당성을 동맹원들에게 요구하고 있다.

이상과 같은 이유로 청년동맹은 결성 초기부터 간부 양성에 많은 관심을 기울여 왔다. 지도부는 해방 후 각 도, 시 · 군에 민청간부 육성을 목표로 당이 운영하는 노농정치학교와 도당 간부훈련반, 시군당 당원훈련소에 민청학원을 설치하였다. 1946년 11월 개설된 중앙청년간부학교는 한국 전쟁 중에 민청중앙학교로 개칭하고 1964년에는 민청이 사로청으로 개편되면서 사로청중앙학교로 바뀌었다. 그 뒤 사로청중앙학교는 사로청대학(1967년)을 거쳐 금성정치대학(1973년)으로 개편되어 현재에 이르고 있다. 청년동맹의 간부 양성을 목적으로 설치된 금성정치대학에 입학하려면 중학교를 졸업하고 약 3년간 군대나 공장, 농촌에서 동맹 생활을 해야 한다.

한편 북한에서는 소년단 생활, 청년동맹 생활, 당 생활이 밀접히 '련관된 하나의 정연한 체계'를 이루고 있다.[90] 1971년 이후로 김일성의 지시에 따라 소년단 때부터 조직생활정형을 기록한 '조직생활정형카드'가 만들어졌다. 이는 한 개인의 소년단 때부터의 조직 생활, 성적, 품행, 장점과 단점, 향후 교양 방향 등이 종합적으로 기록된다. 특별히 청년동맹 시절의 정형카드의 내용은 한 개인의 진로와 운명에 매우 중요한 영향을 미치게 된다. 또한 청년동맹은 동맹원들에게 조선로동당 입당 보증, 그들의 인민 군대 입대 및 상급학교 입학 추천 사업과 표창내신사업을 조직 진행함으로써 그들을 장악한다.

새터민 C씨에 따르면 1996년에 '사로청'에서 '청년동맹'으로 조직의 명칭을 바꾼 이후에도 1년간 청년동맹 관련 활동이 비교적

---

90 앞서 등장한 새터민 C씨의 증언에 따르면 '사로청규약' 암기를 토대로 잘 외우는 사람이 사로청에 빨리 들어가게 되며 그 외에는 나이, 학업, 소년단 간부의 유무가 가입 가능성을 결정한다. 이 과정에서 학생에 대해 영향력이 매우 큰 '사로청지도원'과 담임선생님의 협의를 통해 사로청을 추천하게 된다. C씨에 따르면 이 사로청 지도원은 한국의 '학생주임'과 비슷한 역할도 한다고 한다.

'잠잠'했다고 한다. 이는 김일성 사후 3주년까지 그 활동을 자제하기 위한 것으로 보이지만, 그럼에도 불구하고 언론상으로는 청년들에 대한 역할 기대를 높이고 '청년절' 등을 제정하는 등 북한 당국이 다양한 청년 행사를 시도하려고 노력했다고 전했다. C씨에 따르면 1997년 전후에 배급제의 와해가 지속되면서 이동이나 숙박 등에서 자진 신고의 원칙이 지켜지지 않는 등 다각도로 체제가 느슨해지자, 북한 당국이 청년동맹을 통한 새로운 결속 시도를 보인 것이라고 여겨진다고 밝혔다. C씨는 "여자뿐이라 살림만 해야 하고 '밥'이 중요하여 '충성심이 안 먹힌다'는 여맹이나 주로 '공장 기업소 로동자'로 구성된 직맹의 경우에는 '생산'이 무너진 관계로 결속이 '불가'했다"는 것이다. 이에 따라 청년동맹으로 그 '대안'을 삼는 것이 당면한 문제를 해결하는 데 있어서 가장 가능성이 높은 것이며, "사로청조직을 통해 사회적 분위기를 이끌고 내부결속을 시도하려 했다"고 밝히기도 했다.

이처럼 새터민 인터뷰 및 다양한 연구들에 따르면 1990년대의 극심한 경제난과 2002년 경제 개선 조치 이후 북한의 청년들 사이에서는 기존에 중시해 왔던 사회적 지위 상승보다 경제적 측면의 문제가 더욱 주요한 관심사로 부상한 것으로 보인다. 인터뷰들에 따르면 청년들이 "당원이 되는 것을 기피하고 조직생활이 형식화"되는 경향이 나타났으며, "조직생활을 잘하면 오히려 '바보'라고 손가락질"을 받기도 한다고 한다.

그럼에도 불구하고 현재 북한 사회 내에서 조선로동당의 후비대 역할을 담당할 수 있는 조직은 현실적으로 청년동맹 뿐이라고 볼 수 있다. '당원 기피 현상'이라고까지 지적되는 문제들이 증대되는 현실에서도 청년들 속에서 '핵심'을 키워내어 당 대열을 정비하고자 하는 북한 당국의 노력은 청년동맹 이외에는 그 대안을 찾기 힘들다. 김정일의 청년 중시 사상에 대한 언급이 더욱 강조되는 것도 같은 맥락에서 해석할 수 있다. 결국 북한 당국이 청년동맹 조직을 강조함으로써 당 조직을 확고히 정비하려는 시도는 향후로도 계속될 것으로 보여진다.

3) 경제 건설을 위한 동원

일찍이 레닌은 청년동맹의 기본 과업은 '배우는 것'이며 그 중에서도 가장 중요한 것은 '공산주의를 배우는 것'이라고 강조한 바 있다. 이에 따라 과거 동구 사회주의 국가들은 레닌 식의 청년동맹의 과업에 충실하게 활동하였다. 그런데 북한의 청년동맹은 '배우는 것'을 넘어서 '생산의 전위대, 돌격대'로서의 역할이 강조되어 왔다는 것이 특징적이다. 북한은 청년동맹을 통해 "인민경제의 주체화, 현대화, 과학화를 다그치고 사회주의제도를 더욱 공고히 하며 사회주의의 완전한 승리를 앞당기기 위한 투쟁에서 청년들의 선봉대, 돌격대적 역할을 높이며 조국의 부강발전과 사회주의건설에 이바지하는 여러 가지 혁신운동과 좋은일하기운동을 힘있게" 벌릴 것을 강조한다.

북한은 1946년 5월 보통강 개수 공사에 민청돌격대를 투입한 이래 한국 전쟁으로 폐허가 된 경제 복구를 위해 탄광 · 광산 · 건재

공장·임업 부문 등 가장 고되고 힘든 생산 현장에 뛰어들 것을 민청원들에게 요구하였다. 이에 따라 '민청돌격대운동'이 전개되어 탄광 갱내 작업의 경우 청년들의 비중이 정전 당시 7%에서 1956년 9월에는 60%이상으로 늘어나기도 했다. 이와 같이 청년동맹을 경제 건설에 적극적으로 동원하는 관행은 현재까지 이어지고 있는 것으로 보인다. 현재 북한에서 청년들은 군대와 함께 노력동원의 가장 핵심적인 위치를 점하고 있다. 김정일은 1998년 위원장 취임 이후 청년들을 '사회주의건설의 주력군'으로 내세우며 제2의 천리마대진군에서 돌격대, 선봉대의 역할을 할 것을 요구했다. 현재 청년동맹은 어려운 경제난을 이겨내기 위해 각종 경제 활동으로서 학교에서는 토끼 가죽 모으기와 파철 수집 등을, 건설 분야에서는 속도전 청년돌격대 등을 통해 작업 현장에 투입된다.

속도전 청년돌격대는 청년동맹 산하의 조직으로 김정일 국방위원장이 제기한 속도전 방침을 구현하기 위해 소집된 1974년 3월 사로청 중앙위원회 전원회의의 결정에 따라 1975년 조직되었다. 당시 당중앙으로 호칭되던 김정일 국방위원장은 평양-마동간 철도 건설을 사로청에 지시하면서 '속도전 청년돌격대'라는 명칭을 부여하였다. 속도전 청년돌격대는 사회주의 건설을 위해 '더 많이, 더 잘, 더 빨리 건설하자'는 구호아래 조직된 청년전위 집단으로서, 김정일 시대의 기념비적 건축물들이나 안변청년발전소 등을 비롯한 각종 산업 시설 건설, 도로 건설 등에서 주요한 역할을 하고 있는 것으로 자주 소개된다.[91]

---

91 관련 구절을 인용하면 다음과 같다. "인민군대에 군사적과업과 함께 가장 어

속도전 청년돌격대는 군대식 조직과 집단 노동의 실천적 결합으로서 상시적으로 5만에서 10만 명의 청년들이 당과 국가에서 부여한 건설 사업에 동원된다. 청년동맹 산하의 속도전 청년돌격대는 군대식으로 조직되어 있으며 산업건설처, 기술설비처, 군악대, 철길건설지휘부 등 중앙급 14개 여단과 지방급 11개 여단 등 모두 25개 여단을 두고 있다. 여단 아래에는 대대, 중대, 소대가 있으며 대원들은 전사에서 대좌까지 군인과 동일한 계급과 군복을 착용한다.

4. 일차 자료에 드러난 북한 청소년의 생활 세계

1) 정치 · 사상적 측면

가. '새세대' 청소년과 청년절

렵고 힘든 경제건설과제들을 맡겨 주시고 군대와 인민이 단합하여 난관을 박받아 뚫고 나가도록 이끌어 주시였다. 잊지 못할 이 력사의 나날에 인민군군인들속에서 혁명적군인정신이 창조되였다. … 안변청년발전소 건설에 떨쳐나선 군인건설자들은 '경애하는 최고사령관동지의 명령을 관철하기전에는 조국의 푸른 하늘을 보지 말자!', '당이 결심하면 우리는 한다'고 하면서 사생결단의 의지로 당과 수령의 명령을 관철해 갔고 그 과정에 혁명군대의 숭고한 사상정신적풍모를 남김없이 보여 주었다." 『조선녀성』 2003 3호, p.8.

청년동맹은 '각계각층의 광범한 청년들을 통일적으로 망라하고 있는 대중적 청년조직'으로서 "청년들을 주체위업의 완성을 위한 투쟁에로 불러일으키는 불멸의 기치"의 역할을 한다.[92] 이와 같은 역할에 따라 특별히 1990년대 이후에는 청년 세대의 혁명의식 약화를 우려하는 가운데 "주체의 사상적 영양소를 힘있게 뿜어주는 강위력한 사상진지"가 되어 청년들 속에 온갖 불건전한 잡사상의 사소한 요소도 들어오지 못하도록 철저히 막을 것을 강조하면서 청년동맹 조직을 통한 사상교양을 강화하고자 시도한다.

> **더욱이 오늘 제국주의자들이 혁명의 세대가 바뀌고 있는 것을 기화로 일부 계급적으로 각성되지 못한 새세대들속에 부르죠아사상문화적침투를 강화하여 그들을 저들의 반사회주의적책동에 리용하려고 악랄하게 책동하고 있는 사정과 관련된다. 이러한 조건에서 만약 새세대들속에서 계급교양을 조금이라도 약화시키면 그들이 썩어빠진 부르죠아 사상에 물젖어 안일해이한 생활을 추구하면서 사회주의위업의 전진을 저해하게 된다.**[93]

이러한 입장은 "혁명의 명맥은 새세대들에 의하여 이어지며 조국의 앞날은 그들에 의하여 결정됩니다. 당과 혁명의 장래운명은 새세대들이 혁명의 믿음직한 계승자로 튼튼히 준비되는가 준비되지 못하는가 하는 데 크게 달려 있습니다."[94], "청소년들속에서 계

92 「로동신문」 1991. 8. 29.

93 「로동청년」 1993. 8. 3.

급교양을 강화하는 것은 혁명의 대가 바뀌는 조건에서 특별히 중요한 문제로 나섭니다."[95]라는 김정일의 주장에서도 나타난다. 또한 '혁명의 1세대, 2세대 청년들이 조국을 광복하고 해방된 조국땅우에 인민대중중심의 가장 우월한 우리식 사회주의를 건설하는데서 위훈을 떨친 세대'인 것처럼 '혁명의 3세대, 4세대 청년들은 그것을 튼튼히 고수하고 빛내여나가는 세대'가 될 것을 강조한다.

> 청년들에 대한 교양문제가 로동계급의 혁명위업이 수행되는 전과정에 중요하게 나서지만, 특히 세대교체가 일어나 지난날 착취와 압박을 받아보지 못하고 혁명의 시련을 겪어보지 못한 혁명적 3세대, 4세대들이 사회주의사회의 주인으로 등장한 시기에 와서 더욱 날카로운 문제로 제기되게 된다. 그것은 사회주의제도에서 자라난 새세대들이 행복에 도취되어 혁명을 하려는 각오를 잊어버릴 수 있다는 사정과 관련된다. … 경애하는 장군님께서 마련해주신 청년 교양 체계와 기지는 우리 청년들 속에 온갖 불건전한 잡사상의 사소한 요소도 들어오지 못하도록 철저히 막아주며 청년대오 안에 주체의 사상적 영양소를 힘있게 뿜어주는 강위력한 사상진지이다.[96]

이와 같은 혁명의 계승자로서의 청년 세대에 대한 강조는 김정일의 언급 뿐 아니라 가요 등에서도 발견된다. 가요 '우리는 혁명의

94 「로동신문」 1992. 8. 26.

95 「로동청년」 1993. 8. 3.

96 「청년전위」 1998. 12. 13.

3,4세'에서는 "간고하고도 복잡한 혁명의 길을 빛나게 개척한 1세, 2세들"의 '혁명의 계승자'가 될 것을 강조한다. 이 가요에서는 "백두의 싸움길 헤쳐 온 혁명의 1세"로서의 청년 공산주의자들과 항일혁명 투사를, 그리고 "피어린 락동강 넘나든 혁명의 2세"로서 "생사를 판가리하는 가렬한 조국해방전쟁시기 영웅적 조선인민군 군인들"을 모범으로 제시하고 있다.[97]

이러한 경향은 가요 '당신이 없으면 조국도 없다' 해설 기사에서도 나타난다. 기사에 따르면 "1920년대에 청년공산주의자들이 위대한 수령 김일성동지를 태양으로 민족이 령도자로 높이 우러러 모시고 충성의 맹세를 소리높이 웨쳤다면, 오늘 1990년대에는 항일혁명의 피줄기를 이어받은 3세대, 4세대 청년들이 친애하는 김정일동지를 또 한분의 탁월한 영도자로 높이 받들고 충성의 만세를 높이 부른다."라면서 청년들이 혁명의 세대 교체와 더불어 '대를 이어' 모시게 된 혁명의 영도자에 대한 충성을 다할 것을 강조하기도 한다.[98]

이상과 같이 '간고한 시기를 경험해보지 못한' 새세대 청년들에 대한 혁명교양의 중시는 '청년절'의 제정으로도 이어진다.[99]

---

97 '우리는 혁명의 계승자 - 가요 우리는 혁명의 3, 4세에 대하여'라는 기사에서 나타난 혁명의 1세대와 2세대들은 "간고하고도 복잡한 혁명의 길을 빛나게 개척한 1세, 2세들 … 백두의 싸움길 헤쳐 온 혁명의 1세 … 청년공산주의자들 … 항일혁명투사 … 피어린 락동강 넘나든 혁명의 2세 … 생사를 판가리하는 가렬한 조국해방전쟁시기 영웅적 조선인민군 군인들"을 지칭한다. 「로동청년」 1993. 10. 5.

98 「로동청년」 1993. 2. 28.

99 '첫 청년절을 성대히 기념'했다는 제목의 「로동신문」 1991. 8. 29. 기사에서

1990년 5월 "청년들이 당의 령도를 높이 받들고 혁명과 건설의 어렵고 힘든 초소에서 계속 위훈을 세우도록 하자면 교양사업을 잘하는 것과 함께 청년들을 적극 내세워 주고 고무해 주어야 한다고 하시면서 청년절을 제정"해 줄 것에 대한 김일성의 교시에 따라 1991년 8월 28일에 첫 청년절이 진행되었다.

김정일에 따르면 "청년절은 경애하는 수령 김일성동지께서 청년운동에 쌓아올리신 위대한 업적을 고수하고 빛내이며 당의 령도 밑에 청년운동을 새로운 높은 단계에로 발전시켜 나갈 우리 청년들의 신념과 의지를 과시하는 혁명적인 명절"[100]이라고 주장된다. 다음에 제시된 내용은 '청년절이 제정된 사연'을 소개하고 있는 「로동신문」의 기사이다.

주체 79(1990)년 5월 어느 날 … 청년들이 당의 령도를 높이 받들고 혁명과 건설의 어렵고 힘든 초소에서 계속 위훈을 세우도록 하자면 교양사업을 잘하는 것과 함께 청년들을 적극 내세워 주고 고무해 주어야 한다고 하시면서 청년절을 제정해 줄 데 대하여 말씀하시였다. … 위대한 수령님께서 청년운동을 지도하여 주시는 과정에 있었던 의의 있는 날들 중

는 "당과 정부 간부들과 함께 축구, 배구, 롱구, 바줄당기기, 공안고달리기, 장기 등 체육오락경기에 신바람난 청년들로 운동장들이 들썩"했다고 지적하며, 같은 날의 '뜻깊은 첫 청년절에 즈음하여'라는 제목의 기사에서는 "첫 청년절을 경축하는 전국청년대표들의 련환모임이 28일 만경대유희장에서 진행되었다."면서, "청년대표들과 시내 청년학생들은 문어형회전반, 배그네, 대관람차, 공중렬차, 공중회전관성렬차 등 유희오락시설들을 타며 즐거운 시간을 보냈다."고 소개하고 있다.

100 「청년전위」 1997. 8. 28.

에서 선택하면 될 것이라고 하시면서 … 1991년 1월 … 수령님께서 조선공산주의청년동맹을 조직하신 날을 청년절로 하는 것이 좋겠다고 말씀하시였다. … 참으로 청년절은 우리 청년들을 혁명의 주력군으로 굳게 믿으시는 경애하는 장군님의 발기와 세심한 보살피심에 의하여 제정된 청년들의 혁명적 명절이다.[101]

그러나 이러한 청년절 역시 수령과 당을 위한 충성심을 고취하기 위해 활용된다. 1991년 8월 26일에 김정일이 '첫 청년절을 맞는 전국의 청년들과 사로청일군들에게 보낸 서한'에 따르면 "청년들은 당과 수령에게 끝없이 충실한 청년전위가 되자"고 강조한다. 혁명 전통으로 튼튼히 무장하는 것은 혁명의 시련을 겪어 보지 못한 새세대 청년들에게 있어서 특별히 중요한 문제가 된다는 것이다.

구체적인 예를 들자면 "노래를 불러도 우리 수령, 우리 당, 민족적 정서가 넘치는 우리의 노래를 부르며", 생활도 우리 인민의 민족적 감정과 기호에 맞게 하여야 할 것을 강조한다. 또한 여기서는 조직과 집단을 귀중히 여기고 사랑하며 개인주의, 부르죠아 자유주의와 투쟁을 벌려 극복할 것과 로동에 대한 옳은 관점을 가지고 언제 어디서나 사회와 집단을 위한 창조적 로동에 자각적으로 참가하여야 한다고 강조한다. 또한 청년들은 고상한 공산주의적 도덕품성을 지니고 건전한 문화 정서 생활을 다양하고 건전하

---

101 「로동신문」 2000. 8. 28.

게 하여야 한다고 한다.

> 우리 혁명의 종국적 승리를 이룩하자면 그 계승자인 청년들이 당의 혁명전통으로 튼튼히 무장하여야 합니다. 청년들은 위대한 수령님의 혁명력사에 대한 학습과 항일혁명투사들의 회상기학습, 혁명전적지답사를 비롯하여 여러 가지 형식과 방법으로 우리 당의 혁명전통을 깊이 연구체득하여야 합니다. … 청년들은 노래를 불러도 우리 수령, 우리 당, 우리 나라 사회주의에 대한 노래, 민족적 정서가 넘치는 우리의 노래를 부르며 생활도 우리 인민의 민족적 감정과 기호에 맞게 하여야 합니다. … 청년들은 개인주의, 부르죠아 자유주의의 자그마한 현상과도 제때에 투쟁을 벌려 극복하여야 합니다. … 청년들은 나라의 얼굴이며 사회의 모습과 기풍은 청년들이 어떻게 살며 일하는가 하는 데 크게 달려 있습니다. … 건전하고 혁명적인 기풍은 제국주의자들의 사상문화적침투와 부르죠아적 생활양식을 반대하는 투쟁을 떠나서는 생각할 수 없습니다.[102]

1989년 7월 24일의 '청년교양에 혁명의 승패가 있다.'는 주제의 담화에서는 '대학생들을 비롯한 청년학생들'을 군대보다도 더 힘있다라는 표현까지 사용하면서 그들과의 사업에 힘을 넣을 것을 강조한다.[103] 따라서 민족 간부들의 양성소이자 현대 과학 기술

102 「로동신문」 1991. 8. 27.

103 '청년교양에 혁명의 승패가 있다.'는 제목의 기사에서는 "1989년 7월 24일 … 새것에 민감하고 진취성이 강한 청년학생들은 사회의 힘있는 부대라고 하시면서 대학생들을 비롯한 청년학생들이 어떤 측면에서는 군대보다도 더 힘있

지식의 기초를 쌓는 대학 등의 고등 교육 기관들에서 학생들을 혁명적으로 교양하는 데 큰 힘을 넣어야 한다고 주장한다.[104] 또한 대학생들의 조직 생활과 일상 생활을 위하여 대학사로청위원회가 적극적인 사상교양 사업을 시도할 것을 촉구한다.

> **대학생시기는 사람들의 세계관이 완성되어가는 중요한 시기입니다. 그러므로 대학생들 속에서 사상교양사업을 강화하여 그들을 혁명적으로 키우는 것은 혁명의 장래와 민족의 흥망성쇠를 좌우하는 중대한 문제입니다. … 특히 대학생들이 높은 조직성을 가지고 규율있게 행동하며 순박하고 근면하게 생활해야 … 대학사로청위원회는 사상사업을 하여도 멋을 부리지 않고 실속있게 하며 현실에 발을 붙이고 걸린 문제를 푸는 사상교양사업을 하여 대학생들속에서 불건전한 생활과 사상요소가 절대로 나타나지 않게 하겠습니다.**[105]

다고 볼 수 있다. 그들과의 사업에 힘을 넣어 그들을 다 조국의 미래를 떠메고 나갈 참다운 혁명가로 키워야 한다고 간곡히 가르치시었다."고 제시한다. 「로동청년」 1993. 2. 3.

104 "… 청년들을 키우는 사업에서 교육 기관들의 역할을 더욱 높여야 합니다. 교육기관은 청소년교육교양의 종합적 거점입니다. … 고등교육기관들에서 대학생청년들을 잘 교육교양하는 것이 매우 중요합니다. 사람에게 있어서 대학시절은 혁명적 세계관을 세우고 현대 과학기술지식의 기초를 쌓는 매우 중요한 시기이며 대학교육을 통하여 민족 간부들이 자라나게 됩니다. 대학들에서는 우리의 대학생 청년들을 과학과 기술로써 당을 받들고 사회주의 조국을 빛내여 나가는 믿음직한 역군으로 키워야 합니다. 대학들에서 학생들을 혁명적으로 교양하는 데 큰 힘을 넣어 그들을 어떤 역경 속에서도 당과 운명을 같이 하며 당과 혁명, 조국과 인민을 위하여 충실히 복무하는 열렬한 혁명가로 키워야 합니다." 「로동신문」 1996. 8. 28.

그럼에도 불구하고 「로동청년」 기사 표현들을 살펴보면 학생들, 특히 대학생들 사이에서 당과 민족을 위하여 복무하는 혁명인재가 되기 위하여 헌신하기보다는 개인주의적이고 물질주의적인 관심이 증가하는 듯하다. 예컨대 가족에 대한 그리움이 앞서거나 친구들과 어울려 놀러다니는 일 등에 정신이 팔려 학과 공부를 게을리한다는 지적이나 색다른 물건에 신경을 쓰다가 학습을 게을리하는 등의 지적이 그것이다.

> —학생에게는 잡념이 없어야 한다— 좀 쉬고 보자며 책을 엎어버리는 일, 저녁때마다 기숙사에서 아버지 어머니생각을 앞세우며 방학을 기다리고 고향의 아늑한 잠자리를 그리워하고 동무들과 휩쓸려 물놀이 갈 생각에 휴식날 명절날이 오기를 기다리는 등 … 내가 계속 잡념에 빠져있었더라면 나중에는 머리 속에 나쁜 병이 들어 우리 당이 바라는 혁명인재가 아니라 쓸모없는 쭉정이밖에 되지 못했을 것이다. 어느 대학의 한 학생의 경우가 그것을 잘 말해준다. 그는 학습에 전심하지 않고 색다른 물건에 신경을 쓰다 보니 학과실력이 떨어졌고 조국을 위해 복무하는 혁명인재로 준비될 수 없었다. 이것을 통해 우리는 잡념에 빠질 때 그것이 얼마나 무서운 후과를 빚어내는가를 똑똑히 알 수 있다.[106]

이러한 청년들의 비사회주의적 현상에 대해 당국은 청년동맹

---

105 「로동청년」 1993. 2. 21.

106 「로동청년」 1993. 12. 5.

조직을 통한 적극적인 교양을 강조한다. 청년동맹으로의 개칭이 이루어진 1996년에는 '청년절 5돐'을 기념하여 김정일이 청년동맹 기관지 「청년전위」에 보낸 담화를 통하여 "김일성동지의 청년운동 사상과 령도업적을 빛내여나가자"고 강조한다. 청년들은 사상 정신적으로 성숙 과정에 있는 세대들이며 청년시기는 세계관이 형성되는 중요한 시기이기 때문에 당과 조직의 올바른 지도를 받고 혁명적으로 교양 육성될 때에만 혁명적인 세대로 준비될 수 있다고 한다. 이 담화에서는, 선행 이론들은 고작 청년학생들의 역할을 "대중을 계몽하여 혁명운동에 안내하는 교량자적 역할에 국한"하여 보조적 역량으로만 취급했던 반면 김일성이 세운 '주체의 청년운동에 관한 사상과 리론'은 청년들을 적극적인 혁명 투쟁의 주역으로 내세우고 있다고 한다. 특별히 새세대 청년들은 '낡은 사조'에 물젖지 않고 있는 세대이며, 그들에 대한 '최대의 사랑'은 "사상적으로, 도덕적으로 건전하게 키우는 것"이라고 한다.107

---

107 김정일의 담화 내용을 일부 살펴보면 다음과 같다. "주체의 청년운동에 관한 사상과 리론은 청년학생들의 역할을 대중을 계몽하여 혁명운동에 안내하는 교량자적 역할에 국한시키고 청년들을 혁명의 보조적 력량으로 보던 선행 리론과 구별되는 새로운 사상리론입니다. … 김일성동지께서는 낡은 사조에 물젖지 않은 새세대 청년들에게 조국과 혁명 앞에 지닌 사명과 임무를 깨우쳐주시고 청년들을 혁명 조직에 묶어세워 인민대중의 자주위업을 위한 혁명투쟁의 길에 내세워주시였습니다. … 김일성동지께서는 청년들을 사상적으로, 도덕적으로 건전하게 키우는 것이 청년들에 대한 최대의 사랑이라고 하시면서 현대수정주의자들이 제국주의에 대한 환상을 조성하고 자라나는 새세대들을 사상정신적으로 병들게 하고 있을 때에도 우리의 청소년들이 나쁜 사상과 풍조에 물들지 않도록 반제, 반수정주의 교양, 혁명교양을 강화하기 위하여 온갖 심혈을 기울이시였습니다." 「로동신문」 1996. 8. 28.

담화에서는 계속하여, 여타 사회주의 국가들은 청년들을 혁명적으로 교양육성하는 사업을 중시하지 않았기 때문에 1세대, 2세대의 뒤를 이을 혁명의 후비대가 튼튼히 준비되지 못하여 사회주의가 좌절되었다고 밝힌다. 반면 북한은 혁명과 청년운동 발전의 요구에 맞게 동맹조직에 조선사회주의로동청년동맹을 김일성사회주의청년동맹으로 개칭하는 '역사적 조치'를 취하여 새로운 발전 단계에 들어섰다고 평가한다.

> **오늘 우리 혁명은 력사적 전환기에 있으며 우리의 청년운동은 새로운 발전단계에 들어서고 있습니다. 우리 당은 우리 혁명과 청년운동 발전의 요구에 맞게 조선사회주의로동청년동맹을 김일성사회주의청년동맹으로 개칭하는 중요한 조치를 취하였습니다. 우리의 청년조직에 김일성동지의 위대한 존함을 모신 것은 우리 나라 청년운동발전에서 력사적 의의를 가지는 사변이며 우리 청년들의 더없는 영광이고 자랑입니다. 이 력사적인 조치는 혁명의 세대는 바뀌여도 위대한 김일성동지께서 청년운동발전에 쌓으신 불멸의 업적을 고수하고 빛내이며 김일성동지의 위업을 대를 이어 빛나게 계승완성해 나가려는 우리 당의 확고한 의지와 청년들의 한결같은 지향을 뚜렷이 표명한 것입니다.**[108]

나아가 이러한 변화된 시대와 조직 개칭의 변화에 발맞추어 북한 당국은 교양 사업의 형식에서도 변화를 촉구한다. 즉 각급 청년

---

108 「로동신문」 1996. 8. 28.

동맹 조직들이 새세대 청년들의 '요구와 심리적 특성'에 맞게 사상 교양 사업을 '다양한 형식과 방법으로 참신하게' 벌리는 가운데 교육 기관들의 역할을 더욱 높여야 한다는 것이다. 다른 사업에서는 우리 세대가 다하지 못한 것이 있어도 후대들이 보충할 수 있지만 후대를 키우는 사업을 잘하지 못하면 그것은 누가 보충할 수도 없고 돌이킬 수도 없기 때문에 그 결과는 매우 엄중하다고 경고한다. 학습은 감수력이 빠르고 정력이 왕성한 청년 시절에 해야 하며 이 시기를 놓칠 경우 그 후과가 크다고 경계한다. 이에 따라 '당조직의 지도 밑에 국가 기관과 사회 기관, 학교와 가정'이 각자의 책임을 다하는 가운데 서로 협력하여 교양에 나서야 한다고 주장한다. 특히 자라나는 새세대들은 '주위환경'으로부터 받는 영향이 매우 크다면서 가정과 사회 전반에서 혁명적인 환경과 기풍을 조성할 것을 강조하기도 한다.[109]

---

109 "새세대 청년들은 누구나 다 현대 과학기술의 소유자가 되고 새 기술의 창조자가 되어야 합니다. 학습도 연구사업도 감수력이 빠르고 정력이 왕성한 청년시절에 많이 하여야 합니다. … 청년동맹조직들은 청년들의 요구와 심리적 특성에 맞게 사상교양사업을 다양한 형식과 방법으로 참신하게 벌려야 하며 청년들 속에서 발현되는 공산주의적 미풍을 널리 소개선전하고 그것을 일반화하는 사업을 실속 있게 조직하여야 합니다. … 청년들을 키우는 사업에 전당적, 전국가적, 전사회적 관심을 돌려야 합니다. … 가정들에서도 자녀들의 교육과 교양에 깊은 관심을 돌려야 합니다. 그리하여 당조직의 지도 밑에 국가기관과 사회 기관, 학교와 가정이 청소년들을 교육교양하는 사업에서 자기의 책임을 다하며 서로 협력하여야 합니다. 청소년들을 키우는 데서 사회에 혁명적인 환경과 기풍을 조성하는 것이 매우 중요합니다. 사람은 사회적 환경의 영향을 받기 마련이며 특히 자라나는 새세대들에게 있어서는 주위환경으로부터 받는 영향이 매우 큽니다." 「로동신문」 1996. 8. 28

나. 혁명 의식과 계급 의식의 약화

한편 청년들의 혁명성의 변화 정도를 가늠할 수 있게 해주는 신문 기사들을 살펴보면 1990년대 이전까지는 '안일해이'나 '낡은 관습'과 같은 비교적 경미한 일탈 위주로 지적되거나 혹은 구 사회주의권 국가 청년들의 반동적인 사례들 위주로 제시되는 경우가 많았다.[110] 반면 1990년대 이후에는 일탈에 대한 표현의 강도가 조금 높아지면서 특히 고난의 행군, 강행군을 겪은 이후인 1990년대 후반에는 북한 청년들의 혁명의식 약화를 구체적으로 시사하는 기사들이 보다 자주 등장하고 있다는 것이 특징적이다.

구체적으로 예를 들자면, 1990년대 초 신문 기사들의 경우에는 "안일해이하거나 개인리기주의와 날라리풍에 물젖어 일하기도 투쟁하기도 싫어하는 무맥한 청년"[111]이라는 비판 기사가 등장하기 시작한다. 또한 '청년들은 사상혁명의 선각자, 기술혁명의 선구자, 문화혁명의 선도자가 되자'는 제목의 사설에서는 "낡은 생활관

---

110 "일부 나라들에서 사회주의위업수행에 앞장섰던 청년들이 어려운 시련이 닥쳐오자 동요하던 끝에 제국주의자들과 사회주의배신자들의 책동에 롱락되어 앞장에서 반기를 들고나선것도 수령의 혁명사상을 버리고 부르죠아사상에 물젖었기 때문이다. 력사적경험은 청년운동이 당이 사상과 령도를 받들어나가지 않는다면 청년들이 부르죠아자유화바람에 녹아나 결국 대를 이어 혁명을 계속해나갈수 없다는 것을 보여주고 있다." 「로동청년」 1993. 8. 31.

111 관련 구절로는 "청년들의 혁명정신의 높이는 청년운동의 전투성의 높이입니다. … 청년운동의 전투성을 보장하자면 청년들이 절대로 안일해이하거나 개인리기주의와 날라리풍에 물젖어 일하기도 투쟁하기도 싫어하는 무맥한 청년이 될 것이 아니라 높은 혁명정신을 가져야 하며"라는 식이다. 「로동청년」 1993. 5. 20.

습에 물젖지 않으며 새것에 민감한 우리 청년들은 응당 낡은 문화의 잔재를 없애고 사회주의적인 새문화를 창조하는데서도 언제나 기수가 되어 앞장서나가야" 하며, "모든 사로청원들과 청년들은 문화생활의 모든 분야에서 부르죠아문화의 침습을 철저히 막고 온갖 낡은 생활양식과 풍조를 불사르"는 데서 모범이 되어야 한다는 주장 등이 대표적이다.[112]

반면 1990년대 후반의 신문 기사에서는 "사람들을 사회주의사상으로 교양개조하는 사업이 사회주의제도가 서고 물질경제적 조건이 마련되었다고 하여 저절로 순조롭게 진행될 수 없다."[113] 거나, "청년들은 당에 짐이 되지 말아야 한다."는 식의 표현도 등장한다. "자기 개인의 안일과 향락만을 추구하는 청년"이나, "뒤골방에서 나쁜 짓을 하며 나중에는 변절과 반역의 길로 굴러떨어지게" 된다는 경계, "오늘의 난관 앞에 겁을 먹고 동요하거나 어려움에 굴복하여 양기와 기백을 잃고 늘크데"하게 돌아가는 청년, "황색바람, 날라리바람에 물젖어 부화방탕한 생활로 우리 사회의 건전한 분위기를 흐리게 하는 사람, 개인의 리속만을 차리며 비사회주의를 하는 사람", "쉬운 일, 헐한 일만 찾아다니거나 부모의 그늘밑에서 편안하게 살려고 하는 것", "어려운 시기이니 할 수 없다고 하면

---

112 「로동청년」 1993. 8. 4.

113 김정일은 "사람의 사상의식에는 공백이 있을 수 없습니다. … 사회주의사회에서 사람들의 머리 속에 낡은 사상이 남아 있고 더욱이 외부로부터 반동적인 사상의 침습과 영향이 끊임없이 계속되는 조건에서 사람들을 사회주의사상으로 교양개조하는 사업이 사회주의제도가 서고 물질경제적 조건이 마련되었다고 하여 저절로 순조롭게 진행될 수 없다"고 강조한다. 「청년전위」 1998. 10. 21.

서 창발성과 열성을 내지 않는 것" 등과 같이 청년들에 대한 비판이 보다 구체적이고 강해진다.

우리 새세대 청년들은 절대로 당에 짐이 되고 부담이 되지 말아야 한다. 만일 당의 사랑과 배려를 망각하고 오직 자기 개인의 안일과 향락만을 추구하는 청년이 있다면 그는 우리 시대, 주체시대에 사는 청년의 자격이 없으며 이런 청년이 바로 당에 무거운 부담을 주는 짐으로 될 수 있다. … 당과 수령에 대한 절대적인 믿음이 없는 사람은 좋은 때에는 만세도 부르고 눈물도 흘리지만 준엄한 시련의 나날에는 쉽게 변질되어 뒤골방에서 나쁜 짓을 하며 나중에는 변절과 반역의 길로 굴러떨어지게 된다. … 만약 우리 대오안에 오늘의 난관 앞에 겁을 먹고 동요하거나 어려움에 굴복하여 양기와 기백을 잃고 늘크데해서 돌아가는 사람, 황색바람, 날라리바람에 물젖어 부화방탕한 생활로 우리 사회의 건전한 분위기를 흐리게 하는 사람, 개인의 리속만을 차리며 비사회주의를 하는 사람이 있다면 이런 사람들은 다 당을 진심으로 믿지 않는 사람들이며 우리 당에 짐이 되는 사람들이다. … 당이 하자는 일에 대서 머리를 기웃거리면서 선뜻 나서지 않는 것, 당이 근심하는 문제에는 아랑곳하지 않고 쉬운 일, 헐한 일만 찾아다니거나 부모의 그늘밑에서 편안하게 살려고 하는 것, 머리를 쓰고 노력하면 얼마든지 풀 수 있는 문제도 풀지 않고 어려운 시기이니 할 수 없다고 하면서 창발성과 열성을 내지 않는 것, 이런 현상들이 나타난다면 …114

기사들에서는 이러한 현상에 대한 우려와 함께, '혁명적 신념과 량심은 어려울 때에 검증'[115]되는 것이므로 어려울 때일수록 동맹조직이 청년들의 사회주의 정치사상적 보루를 튼튼히 다지는데 앞장서야 한다고 강조한다. 김정일은 "우리에게는 답이나 잘하고 보고나 잘할 줄 아는 일군이 아니라 어떤 어려운 과업도 군말없이 해제끼는 용감무쌍한 일군이 필요합니다."라면서 청년동맹일군들이 '팔짱을 끼고 앉아' 있지 말고 '무거운 책임감'을 느껴야 한다고 주장한다.[116] 특별히 고난의 행군기에 여러 어려움 가운데 시무룩해하거나 낙담하여 정체되어 있는 '청년학교'를 정상화, 다양화할 것을 강조하기도 한다.[117]

다. 청년동맹 조직 일군에 대한 비판

한편 이러한 청년들에 대한 교양을 위하여 북한 당국은 청년동맹 조직을 통한 영화나 소설 및 가요 해설 모임 등을 강조한다. "우

---

114 「청년전위」 1998. 11. 22.

115 「청년전위」 1998. 1. 7.

116 사설 '청년동맹일군들은 책임성과 혁명성을 더욱 높이자.' 「청년전위」 1998. 3. 6.

117 '언제나 흥성거리는 청년학교 - 정주시 대송리청년동맹위원회 사업에서'라는 제목의 기사에서는 "새년도에 접어들면서 청년학교 운영을 정상화, 다양화할데 대해 여러 차례 강조했는데 일부 청년학교들의 문이 닫겨져 있기 때문이었다. 그들 중에는 '고난의 행군'이 진행되는 어려운 조건을 외우면서 시무룩해있는 청년들도 있었고 지어 어떤 청년들은 생활상의 문제를 코에 걸고 작업에 분발하지 않고 있었다."고 밝히고 있다. 「청년전위」 1998. 3. 6.

리의 영화예술은 혁명적이며 사회주의적인 내용을 담고 있음으로 하여 사람들을 주체의 혁명적세계관으로 튼튼히 무장시키며 우리 시대의 인간전형을 내세워 사람들로 하여금 어떻게 살며 일하며 투쟁해야 하는가를 가르쳐줌으로써 당원들과 근로자들의 생활에 없어서는 안될 투쟁의 무기, 생활의 교과서로 되고 있습니다."[118] 라는 김정일의 말처럼 북한에서 영화는 당 정책 학습의 중요한 수단이 된다.

청년들의 혁명교양, 계급교양과 관련한 구체적인 예술 작품들로는 예술 영화 '우리 사로청위원장'이나 소설 『석개울의 새봄』 등이 있다. 장편소설 『석개울의 새봄』에서 등장하는 부정적 인물은 "개인리기주의와 보수성, 소소유자적 근성이 강한" 모습으로 묘사된다.[119] 한편 영화 '우리 사로청위원장'에서 등장하는 부정적인 당일군은 사로청원들의 정치 사업에 관심을 갖지 않고 청년들의 사상을 발동하여 조직 동원하기보다는 '쉬운 사업'에만 집중한다. 그는 초급단체위원장 협의회에서조차도 사상교양보다는 '행정실무적'인 문제들 위주로만 분공을 하며 청년들의 혁신과 교양보다는 자기 '발전'과 '명예'에만 관심을 갖는다.[120] 이 영화에서는 청년동맹조직을 강화하기보다는 '사업'이나 '작전'을 통하여 자신의

---

118 「로동청년」 1993. 4. 28.

119 관련 기사로는, "청년들의 계급교양에 이바지하는 생동한 예술적 화폭 장편소설 「석개울의 새봄」"에서 "소설에는 협동화운동시기 중농, 부농들에 대한 우리 당의 계급정책이 잘 반영되여있다. … 개인리기주의와 보수성, 소소유자적 근성이 강한 조형모 …" 등을 제시한다. 「로동청년」 1993. 6. 17.

120 「로동청년」 1993. 3. 6.

발전이나 명예만을 강조하는 모습이 등장한다.

> 예술영화 '우리 사로청위원장'에 대하여– 광림은 린비료공장확장공사를 책임지고 일하면서 사로청원들의 사상을 발동하고 기술을 혁신하기 위한 정치사업은 하지 않고 우에서 200명의 로력을 더 줄 것을 요구한다. 세멘트운반이 걸려 당장 공사가 중지되었을 때에도 청년들을 조직동원할 생각은 하지 않고 다른 기업소에 가서 자동차를 '사업' 해오기 위하여 '작전' 한다. 초급단체위원장 협의회를 열고는 돼지, 맥주, 장갑 등 후방지원사업에 대한 실무적인 문제들에만 분공한다. 그리고는 그것을 걷어들이기 위하여 오토바이를 타고 무사분주히 뛰여다닌다. … 광림은 이제는 사로청사업을 그만둘 때가 되었다는 데로부터 '졸업병'에 걸려 앞으로 자기 '발전'에 지장이 없도록 안전한 대책을 마련하면서 '졸업'을 앞두고 마지막 큰소리를 쳐서 자기의 명예를 떨쳐보겠다는 것이다.[121]

소설이나 영화에서 등장하는 바와 같이 계급교양이나 혁명교양보다는 자기 이익과 발전만을 관심 갖는 부정적인 당일군들은 "자라나는 새세대들을 혁명의 후비대로 튼튼히 준비시키기 위하여서는 청소년들과의 사업을 잘하여야"[122] 한다는 김정일의 주장과는 배치되는 것이다. 예술 작품 뿐 아니라 신문 기사에서도 동맹

121 「로동청년」 1993. 5. 23.

122 「로동청년」 1993. 3. 3.

일군들의 청년 조직 사업과 관련된 부정적인 사례들이 자주 지적되고 있다. "실정에 맞게 동맹내부사업을 잘하지 못하고 있었다."[123]는 지적이나 '형식주의, 교조주의의 낡은 방법'을 쓰면서 "학습을 회수나 채우며 겉치레식으로 하는 현상"[124] 및 "회수나 건수나 채우고 문건이나 정리하는 식으로 사업을 형식적으로 진행"[125] 한다는 표현이 발견된다.

부정적인 신문 기사들에서 등장하는 동맹일군들은 우선 청년들에 대한 사상교양사업을 소홀히 하는 것으로 비판된다. "일부 초급일군들이 개별적 청년들을 교양하는 사업이 힘들다고 하면서 맥을 놓고"[126] 있으면서 모임에 빠진 청년들에 대해서도 경제 과업의 핑계를 대며 "개별교양 하나 똑비로 히지 않았다."고 비판된다.[127] 심한 경우 '참가하지 못한 사로청원'의 생활총화는 안하고 넘어가

123 "한때 사로청조직들에서는 제기되는 과업이 많고 대학생들이 생산실습, 견학실습 등으로 대학을 많이 벗어나 생활하는 실정에 맞게 동맹내부사업을 잘하지 못하고 있었다." 「로동청년」 1993. 8. 3.

124 "형식주의는 금물이며 … 학습을 회수나 채우며 겉치레식으로 하는 현상을 철저히 없애고 뚜렷한 목표와 계획을 가지고 정상적으로 꾸준히 실속있게 하여야 한다." 「로동청년」 1993. 11. 5.

125 "조직생활지도에서 형식주의를 극복하고- 구체적인 계획이 없이 회수나 건수나 채우고 문건이나 정리하는 식으로 사업을 형식적으로 진행하는 데 문제가 있다는 것을 포착하게 되었다." 「로동청년」 1993. 11. 9.

126 "일부 초급일군들이 개별적 청년들을 교양하는 사업이 힘들다고 하면서 맥을 놓고 있을 때 …" 「로동청년」 1993. 9. 1.

127 "적지 않은 일군들이 아직도 청년들에 대한 개별교양 하나 똑바로 하지 않았다. '행사와 시일을 다투는 경제과업들이 많이 제기되여서' … " 「로동청년」 1993. 6. 29.

거나, 참가하더라도 나이가 많거나 반대로 어린 참가자들이 토론을 외면하였다는 지적도 나온다. 이처럼 동맹 내부 사업이 충실하게 이루어지지 못하면서 '결함있는 청년'들이 불건전한 행동을 하거나 조직생활에서 엇나가게 되었다는 것이다. 결국 청년들의 결함을 체제에서 찾기보다는 조직일군들에게 책임을 돌리면서 그 원인과 해결책 역시 조직 차원에서 추구하고 있는 식이다.

> 그런데 문제점은 리사로청위원회가 당장 자리나고 빛이 나는 경제활동에만 치중하고 동맹내부사업에 응당한 관심을 돌리지 않은 것이었다. 이런 후과는 어떻게 나타났는가. 그것은 흙깔이전투를 벌릴 때 사로청생활에서 건전하지 못했던 일부 청년들이 공사장에서도 배짱맞는 사람들끼리 밀려다니며 다른 청년들에게 좋지 않은 영향을 주는 것이었다. … 솔직히 말해서 그전에는 참가하지 못한 사로청원의 생활총화는 안하고 넘어가는 때가 있었으며 참가하는 경우에도 늘 토론하는 사람이 고정되여 있었다. 나이가 좀 많다는 동무와 반대로 나이가 어린 동무들은 토론을 외면하고 결함 있는 동무들은 시간이 지나기만 은근히 바라면서 생활총화를 피하려고 하였다. … 사로청생활을 갓 시작한 청년들이 조직생활에서 엇나가려는 경향이 이따금 나타났다.[128]

이같이 동맹일군들이 '내부사업을 집어던지고' 관심을 집중하는 대상은 주로 행사와 경제 과업으로 묘사된다. 일군들이 설령 교

---

128 「로동청년」 1993. 1. 28.

양 사업을 한다 하더라도 '행사'처럼 벌여 '멋이나 부리는 데' 치우치는 형식주의의 문제점이 지적된다. 또한 '경제활동'을 맡아 해야 "사로청이 무엇을 했다는 자리가 나고 일할 맛이 난다"는 표현처럼 표시가 많이 나는 돌격대 활동에만 치우치려는 일군의 모습도 발견된다.[129] 당국은 이러한 문제가 일군들의 그릇된 사상 관점과 낡은 사업태도에 근원을 두고 있다고 비판하면서, 사상교양 사업을 소홀히 할 경우 결국 청년들이 당과 수령보다는 개인의 안락과 영달만을 추구하는 현상 및 불량 행위를 비롯한 비사회주의적 현상이 발생할 수 있다고 경계한다.

> **그들이 사회주의건설의 모든 부문에서 청춘의 기백과 슬기를 떨치도록 해야지 한두개 대상건설이나 맡아 해제끼고 소문이나 내려고 하여서는 절대로 안된다. 사로청조직들이 무슨 행사나 대상건설에 치중하면서 청년들에 대한 사상교양사업을 소홀히 하면 청년들속에서 당과 수령을 위하여 조국과 인민을 위하여 헌신적으로 성실하게 일하려 하지 않고 개인의 안락과 영달만을 추구하는 현상이 나타날 수 있다. 그러므로 사로청 조직들과 일군들은 경제문제나 하나 맡아 풀고 행사나 하여 소문을 내는 데 치중할 것이 아니라 … 경제깜빠니아와 행사가 제기되는 경우에도 책임일군을 비롯한 모든 일군들이**

---

129 "그래도 경제활동을 맡아 해야 사로청이 무엇을 했다는 자리가 나고 일할 맛이 있다고 하면서 리사로청위원회는 물길공사, 흙깔이, 풀베기와 같은 청년돌격대활동에만 치중했다. … 어깨가 으쓱해서 또 다른 일을 맡아 돌격대활동을 벌렸다." 「로동청년」 1993. 1. 28.

내부사업을 집어던지고 그에 말려드는 현상이 없도록 하여야 한다.[130]

더 나아가 일군들은 초급단체에 나가는 가장 기본적인 업무조차도 며칠씩 건너뛰거나, 나가더라도 '몇 마디' 하고 되돌아오는 경우들도 존재했던 것으로 발견된다.[131] 일부 일군들이 초급단체에 내려가는 경우에도 현지 일군들에게 보고나 받는 사무실 사업에만 치중하는 가운데 실지로 청년 대중 속에 들어가지 않으려는 '유람식' 하부 지도에 대한 비판도 등장한다.[132]

이에 따라 당국은 청년동맹일군들이 대외 사업에 치중하면서 사상교양 사업을 형식적으로 벌이거나 태만하게 임하지 말고 특히 뒤떨어진 청년에 대한 계급교양을 '진공적으로' 벌이도록 강조한다. 사로청 조직은 청년들이 안락한 생활에 물젖어 계급의식, 혁명의식이 마비되게 되지 않도록 사상교양에 힘써야 한다는 것이다. 또한 "청년들을 주체의 사회주의사상으로 무장시키기 위한 교양은 반동적인 자본주의사상과 온갖 불건전한 사상조류들을 반대

130 「로동청년」 1993. 1. 27.

131 "일부 일군들속에는 시간이 없다고 며칠씩 건너뛰는 현상, 바쁘다하여 단위에 나가 몇마디 강조나 하고 돌아오는 현상이 나타났다." 「로동청년」 1993. 8. 4.

132 "사로청일군들이 하부지도를 유람식으로가 아니라 청년대중속에 몸을 푹 잠그고 그들을 당의 방침을 철저히 관철하기 이한 투쟁에로 힘있게 불러일으키고 있으며 아래사로청조직들의 사업을 잘 도와주고 있는 것이다. … 일부 일군들은 아래에 내려가 사무실에서 맴돌면서 늘 만나는 해당 단위 일군 몇사람의 말만 듣고 사업을 료해하는 것으로 대치했지 실지로 청년대중속에 들어가지 않았다." 「로동청년」 1993. 5. 7.

배격하기 위한 사업과 떼어놓고 생각할 수 없다."면서 특별히 양풍과 수정주의의 반동적 본질과 해독성을 사로청 조직이 똑똑히 교양해야 한다고 주장한다.[133]

이를 위하여 당국은 청년동맹 기관지 등을 통하여 교양을 강화하도록 독려하기도 한다. 즉 뒤떨어진 청년들에 대한 사업을 '진공적'으로 벌이기 위해 신문 「로동청년」을 "제국주의자들과 반동들의 부르죠아자유화바람을 주체의 혁명적열풍으로 짓눌러버릴수" 있도록 "사상적도수가 높고 청년들의 정치적량식이 되게 잘 만들"도록 촉구하기도 한다.[134] 이러한 '사상정신적 량식'을 통한 교양사업의 강화는 "조직생활을 싫어하면서 자유주의를 부리"면서 '어지러운' 생활을 하던 청년들을 '개진의 길'에 들어서게 하여 초급일군으로까지 자라나게 했다는 기사도 발견된다.[135]

---

133 「로동청년」 1993. 6. 8

134 관련 구절로는 '신문 로동청년을 사상적도수가 높고 청년들의 정치적량식이 되게 잘 만들겠다.'는 제목의 기사에서 "제국주의자들과 반동들의 부르죠아자유화바람을 주체의 혁명적열풍으로 짓눌러버릴수 있는 사상정신적량식을 많이 주는데 힘을 집중하겠습니다."는 결의가 그것이다. 「로동청년」 1993. 2. 22.

135 "늘 사람들의 눈총을 받으며 불안하게 지내던 지난날에는 맛볼 수 없었던 삶의 참다운 보람과 진미를 느꼈다. 지난날의 어지러운 생활과 결별하고 새출발하려는 그들의 자각이 높아지면서 조직과 집단의 울타리 밖에서 떠돌던 청년들이 점차 집단생활에 몸을 담그기 시작했다. 시사로청위원회는 그들에게 사상정신적 량식을 주기 위한 교양사업을 강화하여 그들을 새 생활의 길로 적극 이끌었다. … 조직생활을 싫어하면서 자유주의를 부리다가 개진의 길에 들어선 적지 않은 청년들은 초급일군으로까지 자라났다." 「로동청년」 1993. 6. 8.

라. 뒤떨어진 청년들과 '황색바람'에 대한 경계

1990년대 이후의 청년 관련 신문 기사들에는 일탈 청년에 대한 묘사가 구체적이며 그 빈도가 높다는 점이 특징적이다. 예컨대 조직 생활을 게을리하고 근로에 태만하며 무단결근을 하면서 '건달기'를 부린다는 청년 관련 기사에서는 이러한 청년들이 초급단체회의 등에서 비판이나 충고를 받아도 오히려 '엇서나가는' 태도를 보인다고까지 묘사된다. 이에 대해 김정일은 "과오를 저지른 동무들에게 따지며 욕설만 하면 그들이 위축될 수 있으며 결함을 빨리 고칠 수 없습니다. 과오를 저지른 동무들이 자기의 잘못을 빨리 고치게 하려면 그들이 자기의 결함을 스스로 뉘우치고 고쳐나가도록 잘 깨우쳐 주고 진심으로 도와주어야 합니다."[136]라면서 청년들을 교양하는 데 있어서 '진심'을 다하는 것이 "마음의 문을 여는 열쇠"라고 강조한다. 또한 "원래부터 뒤떨어진 사람이 따로 있는 것이 아닙니다. 열 번 찍어 안 넘어가는 나무가 없다고 아무리 뒤떨어진 사람이라 하더라도 짜고들어 꾸준히 교양하면 개조할 수 있습니다."[137]라고 하면서 적극적이고 지속적인 교양을 강조한다. 나아가 동맹일군만이 아니라 대학생을 포함한 각계각층에서 '사회의 우환거리'인 뒤떨어진 청소년의 교양에 나설 것을 시대적인 사명으로 강조하기도 한다.[138]

---

136 「로동청년」 1993. 8. 1.

137 「로동청년」 1993. 12. 3.

138 '시대의 숨결을 안고'라는 제목의 기사에서는 "뒤떨어진 한 학생의 교양문제 때문에 … 공부에 취미를 붙이지 못하고 뒤떨어진 생활을 하면서 때로는 사

이러한 경향은 최근으로 올수록 강해지는데 "청년교양을 잘하는 데 사로청일군의 보람이 있다."[139]면서 '품'을 들이고 "손때가 묻어야 한다."고 강조한다. 특별히 뒤떨어진 청년들에 대하여서는 조직생활을 기본으로 틀어쥐어야 할 것을 우선시[140]하면서 동맹조직생활을 강화할 것을 강조한다. 또한 "종전에 늘 진행해오던 구태의연한 방법만으로는 태여난 첫날부터 고생을 모르고 자라온 청년들을 깊이 감동시킬 수 없었다."라면서 전통적인 형식주의적인 방법론을 탈피해야 한다고 주장한다. 또한 청년들 개인의 개성을 존중하는 가운데 개별적인 교양[141] 및 개별 담화[142] 방법 및 토론과 논쟁 방식[143]을 시도하여 문제의 원인을 규명해야 한다고도 한

회의 분위기를 흐리게 하는 학생이 자기가 사는 주변에 있다는 것이 마치 대학에서 사로청, 소년단지도원으로 준비하고 있는 자기와 같은 대학생들이 제할바를 못 다해서 그렇게 된 것만 같이 생각되었다. … 그 학생을 바로잡아 주지 않으면 사회에 비사회주의적 행동이 조장될 수 있다."는 수기를 제시하고 있다. 「로동청년」 1993. 11. 4.

139 「로동청년」 1993. 2. 14.

140 "청년들의 출근, 류동, 분공수행, 좋은일한 전형 등 조직생활참가정형을 손금보듯이 세밀히 장악하고 보고하는 체계를 세워 성과를 거두고 있다." 「로동청년」 1993. 2. 4.

141 "일군들은 또한 뒤떨어진 청년들에 대한 개별교양에 특별히 큰 힘을 넣고 있다." 「로동청년」 1993. 2. 14.

142 "담화는 청년교양의 좋은 방법- 뒤떨어진 청년들을 여러 명 교양개조하였다. … 강동무가 평양에서 살다가 이사온 청년이라는 것, 한때 본의아니게 잘못된 길을 걸은 사실을 다 알게 되었다. … 그런데 그는 위축되여 묻는 말에조차 변변히 대답하지 못하였다." 「로동청년」 1993. 4. 28.

143 "토론과 논쟁이야말로 학생들의 학습열의와 책임성을 높여주고 동무들사이에 경쟁과 통제, 방조를 강화할 수 있으며 학습에서 형식주의, 교조주의를 없애고 하나를 배워도 문제의 본질을 똑똑히 알 수 있게 하는 아주 좋은 학습방

다. 또한 민족적 긍지 교양 및 유학을 다녀온 청년들의 '이야기모임'을 통한 구 사회주의 국가들과의 대비교양과 토론을 시도하는 등 과거에 비해 보다 다양한 형식을 준비할 것을 촉구한다.

> 원래부터 세상은 그런가부다 하고 생각하면서 복 속의 복을 뜨겁게 느낄 줄 모르는 그들에게 조선민족의 긍지와 자부심을 깊이 심어주자면 황금만능의 자본주의사회의 부패성과 사회주의를 망쳐먹는 일부 나라들의 현실을 통한 대비교양을 강화하는 것이 필요했다. … 여기에 출연한 학생들은 한결같이 그 나라에 가보니 화려한 상점도 있고 상품도 뻔쩍거렸지만 거리에서는 거지들과 류랑걸식자들을 많이 볼 수 있었고 특히 한창 배워야 할 자기나이 또래 학생들이 연약한 어깨에 생활의 무거운 부담을 지고 구두닦이를 하고 신문배달을 하면서 시들어가고 있는 데 대하여 생동하게 이야기하였다.[144]

이처럼 1990년대 이후에는 '뒤떨어진 청년들'들에 대한 표현이 증가하며 이들로 인해 '손맥을 놓고' 있는 동맹일군들에 대한 기사가 자주 등장한다. 이러한 경향에 따라 북한 당국은 이러한 문제 청년들에 대한 과거보다 상대적으로 유화적인 태도를 표명하면서 처벌보다는 긍정모범에 의한 감화교양을 강조하고 있기도 하다. 예컨대 김일성과 김정일의 '청년 중시', '청년 신뢰'에 대한 표현도 자주 발견되며, 청년은 '신진, 진보, 열정의 상징'이며 혁명과 조국

법이라는 것을 체득하게 되었다." 「로동청년」 1993. 5. 2.

144 「로동청년」 1993. 1. 24

과 미래의 주역이라는 청년관을 강조하는 등 1990년대 후반으로 갈수록 포용적인 언급들이 자주 나타난다.[145] 이러한 관점이 가장 잘 드러난 기사를 살펴보면 다음과 같다.

예로부터 청년을 신진, 진보, 열정의 상징으로 불러 왔다. 력사의 전진을 추동한 모든 사변들과 발전들, 창조들에는 청년의 노력이 비껴 있다. 그래서 나라와 민족 앞에 중대사가 나설 때 사람들은 청년들로부터 바라보았으며 그들에게 큰 기대를 걸어 왔다. … 청년은 혁명이고 청년은 조국이며 청년은 미래이라는 청년관을 지니시고 혁명의 첫걸음도 청년운동으로부터 떼시고 위대한 생의 마지막 시기까지도 청년운동을 이끌어주신 위대한 수령님, 일찍이 혁명의 길에 나서신 첫시기부터 주체의 청년운동사상을 내놓으시였으며 '미래를 사랑하라!'는 구호 밑에 한평생 청년 중시의 정치를 펴시여 이 땅우에 위대한 청춘상을 펼쳐놓으신 어버이수령님, 그이의 숭고한 뜻과 고매한 령도풍모를 그대로 지니신 위대한 김정일장군님께서는 세상에 없는 '청년들을 사랑하라!'는 구호를 제시하시고 청년절도 마련해주시였으며 우리 청년조직의 이름에 위대한 수령님의 존함을 모시여 영원불멸하는 태양의 위엄과 더불어 승승장구하는 주체의 사회주의청년운동발전의 휘황한 전도를 열어주시였다. 우리 청년들이 제일이라고, 우리 청년들을 금방석에 앉히고 싶다고 하시며 로동당시대에 일떠서는 무수한 창조물

145 "명제해설-김일성-미래는 청년들의 것입니다." 「로동청년」 1993. 8. 22.

들에 청년의 이름을 달아주시던 어버이수령님의 그 온정 그대로 나는 청년들을 믿고 혁명을 한다고 하시며 청년들을 당을 제일선에서 옹위하는 청년전위로, 최고사령관의 예비전투부대, 별동대로 내세워주시는 위대한 장군님 …146

더 나아가 청년 세대는 "랑만적인 세대"로서, "랑만이 있어 청춘이며 랑만으로 하여 청년들에게 꿈도 있고 희망도 미래도" 있는 것이라면서 청년들이 지니고 있는 긍정적 측면을 적극 내세우기도 한다. 청년들은 "풍부하고 다정다감한 정서와 생기발랄하고 락천적인 특질"147을 가지기 때문에 청년교양 역시 "도식적인 틀에 매여놓아 기계처럼 만들어놓으려고 하지 말고 청년들이 자기의 특징과 정서를 그대로 표현할수 있게 하여야 합니다."148라고 지적한다. 이와 같은 청년 세대의 '고유한 심리적 특성'에 대한 강조는 교양 방법으로도 이어져 조직일군들은 청년들이 좋아하는 '락천적이고 랑만적인 노래와 춤'을 통한 교양을 시도하라고 제시한다.

청년들은 랑만적인 세대이다. 랑만이 있어 청춘이며 랑만으로 하여 청년들에게 꿈도 있고 희망도 미래도 있는 것이다. 랑만이 없는 청춘은 청춘이 아니며 랑만은 곧 청춘의 삶의 양상이라고 할 수 있다. … 청년들은 랑만적인 세대이지만 그 랑만이 저절로 생겨나는 것은 아니다 … 우리 청년들의 혁명적

146 「청년전위」 1997. 8. 28.

147 「로동청년」 1993. 8. 21.

148 「로동청년」 1993. 8. 26.

랑만은 그 어떤 물질생활의 풍족이나 정서생활의 만족에서만 오는 단순한 랑만이 아니다. 그것은 혁명하는 시대 청년으로서의 참된 삶, 귀중한 청춘시절에 가장 값높은 인생을 누리는 끝없는 긍지와 락관에서 오는 참다운 혁명적 랑만이다.[149]

다방면적인 청년일군으로 키우시려- 친애하는 지도자동지께서는 혁명가요 보급사업은 청년들의 특성에도 맞는 사업이다. 청년들은 누구나 노래를 좋아하기 때문에 동무들이 조식사업만 잘하면 청년들 속에서 혁명가요보급사업을 잘해나갈 수 있다고 하시면서 이렇게 지적하시었다.[150]

또한 '우리식 청년교양체계를 더욱 실속있게 운영하자'는 제목의 사설에서는 조직일군들이 강연 규율을 철저히 세우는 가운데서도 청년들의 "심금을 울리고 흥미있게" 준비하여 '사상정신적량식'을 전달하도록 강조하기도 한다. 사로청 조직 사업을 활력있게 벌리도록 하기 위하여 만들어졌다는 '청년의 날'에는 정치 행사들과 강연, 노래 보급, 예술 소품 경연, 체육 경기, 등산, 견학, 야유회 등 다양한 사업을 '매혹력있게 조직진행'할 것을 강조하기도 한다. 또한 '랑만과 락천'적으로 생활하고 있는 '공산주의미풍'이나 '긍정적모범'에 의한 감화교양 방법론이 청년들의 '고유한 심리적특성'에 잘 맞는다[151]고 강조하는 것도 특징적이다.

---

149 「로동청년」 1993. 11. 17.

150 「로동청년」 1993. 2. 6.

151 "긍정적모범에 의한 감화교양은 사회주의사회의 본성적요구와 청년들의 특성에 맞는 우월한 교양방법- 청년들에게는 고유한 심리적특성이 있다. 그것

-사설 우리식 청년교양체계를 더욱 실속있게 운영하자-

사로청강연은 청년들에게 사상정신적량식을 주기 위한 정책강연, 정세강연, 과학강연, 사회문화강연 등을 잘 배합하여 청년들의 심금을 울리고 흥미있게 진행하며 강연규율을 철저히 세우는데 깊은 주의를 돌려야 한다. 청년교양체계에서 도한 중요한 것은 청년의 날이다. 당에서는 자라나는 새세대 청년들을 다방면적으로 발전된 주체형의 공산주의적 인간으로 키우며 사로청사업을 활력있게 벌리도록 하기 위하여 청년의 날을 정해주었다. 사로청조직들은 청년의 날에 정치행사들과 강연, 노래보급, 예술소품경연, 체육경기, 등산, 견학, 야유회 등 다양한 사업을 매혹력있게 조직진행하여 청년들을 정치사상적으로, 문화정서적으로, 육체적으로 튼튼히 준비시켜야 한다.[152]

한편 1990년대 후반으로 올수록 전반적인 문화적 차원에서의 소위 '황색바람'에 대한 지적이 증가하고 있다는 것도 특징적이다. 김정일은 "황색바람과 반혁명에 대하여서는 한치의 양보도 하지 말고 맹아시기에 꽉 눌러 놓아야 합니다."[153]라면서 "전당적으로 자본주의사상, 황색바람을 쓸어버리기 위한 대섬멸전을 벌려야 합니다."[154]라고 경계한다. 또한 '황색의 먼지'가 '행성'을 덮고 있

은 새것에 민감하고 감수성이 빠르며 정의와 진리를 사랑하고 미적정서가 강한 것 등이다." 「로동청년」 1993. 8. 14.

152 「로동청년」 1993. 6. 23.

153 「청년전위」 1998. 10. 15.

154 「청년전위」 1998. 10. 29.

는 "오늘의 환경이 또한 청년동맹일군들의 책임성을 높일 것을 요구하고 있다."면서 "조성된 오늘의 환경에 맞게 새로운 정신적 앙양을 가져오는 것이 중요하다."[155]고 주장한다.

> **황색바람은 제국주의자들이 퍼뜨리는 반동적이며 반혁명적인 부르죠아사상과 퇴폐적이며 말세기적인 부르죠아 생활양식과 풍조를 말한다. … 썩어빠진 부르죠아 생활양식과 생활풍조, 강탈과 살인, 극단한 야수성과 인간증오사상, 사기와 협잡을 찬양하고 조장시키며 말초신경을 자극하는 색정적인 영화와 음악, 소설, 광란적인 춤과 라체미술, 알콜과 마약으로 사람들의 정신을 마비시키고 부패타락시킨다. … 혁명의 원쑤들이 황색바람을 불어넣으려고 가장 집요하게 노리고 있는 대상은 우리 나라이다. … 황색바람과 반혁명은 해독성과 위험성이 매우 크며 그것은 마약과 같다. 사람이 마약에 중독되면 쉽게 고칠 수 없는 것처럼 황색바람이 스며들고 반혁명에 말려들면 그 구렁텅이에서 벗어나기 힘들다.**[156]

즉 "부르죠아 황색바람이 밀려들면 누구보다 먼저 젊은 새세대들이 사상정신적으로 병들게 되며 사회주의가 무너지고 자본주의가 복귀되면 청년들이 최대의 피해자로 되어 가장 비참한 처지에 빠지게 된다."[157]면서 황색바람은 청년들로 하여금 불량 행위를

---

155 「청년전위」 1998. 5. 27.

156 「청년전위」 1998. 10. 15.

157 「청년전위」 1998. 10. 11.

비롯한 비사회주의적 행위를 초래하며 결국 돈밖에 모르는 배반자로 만든다고 경계한다. 이러한 것은 모두 '사상적 빈곤'으로 인한 것이라는 판단 하에 북한 당국은 청년들에게 "사상정신적량식을 많이 주어야 한다"고 강조한다.[158] 이에 따라 대학 초급사로청위원회는 '텔레비존록화물 자유화의 후과'에 대한 시청을 초급단체별로 조직하고 진행한 감상발표모임과 강연 등을 시도하여 황색바람에 대한 위험성을 경계하기도 했다.[159]

2) 경제적 측면

가. 새세대들의 경제적 가치 지향

이상과 같은 사상적 이완은 황색바람을 비롯한 다양한 자본주의적 영향력 가운데 북한 청년들로 하여금 경제적 측면의 가치 변

158 "머리가 사상정신적으로 빈곤해지면 부르죠아 자유화바람이 들어올 수 있는 틈을 주게 된다. 머리가 사상정신적으로 빈곤하면 돈밖에 모르는 사람이 되고 취미가 저렬해지며 결국 사상적으로 변질되어 나중에는 나라와 인민을 배반하는 길로 굴러떨어질 수 있다. … 사상정신적 량식을 많이 주어야 청년들이 낡은 사상의 영향을 받지 않게 되고 그들 속에서 나타날 수 있는 불량행위를 비롯한 비사회주의적 현상들도 철저히 막아낼 수 있다." 「로동청년」 1993. 1. 23.

159 "텔레비존록화물 '자유화의 후과'에 대한 시청을 초급단체별로 조직하고 진행한 감상발표모임과 '사회주의는 지키면 승리, 버리면 죽음'이라는 제목으로 진행한 대학생연단은 특히 실효가 컸다. 대학 초급사로청위원회가 품을 들여 준비하여 진행하는 이런 교양사업은 다른 나라의 상품에 대한 환상을 가지고 시장을 기웃거리는 학생들이 단 한 명도 없게 했다." 「로동청년」 1993. 1. 20.

화를 초래할 수 있다. 예술 영화 '먼 훗날의 나의 모습'은 청년들의 행복이 '향유'인가 '투쟁'인가 하는 물음으로 시작한다. 주인공 신준은 노력영웅 칭호를 받은 아버지의 덕을 보면서 허송세월하는 시대의 쭉정이와 같은 인물로 등장한다. 그러나 그는 늦게나마 반성하고 새 출발을 하면서 당이 바라는 초소에 적극 나서 혁명의 계승자, 미래의 주인공답게 투쟁으로 청춘의 보람을 찾게 된다.[160]

이 영화 감상평을 싣고 있는 「청년전위」와 「로동신문」에서는

---

160 예술 영화 '먼 훗날의 나의 모습' 관련 「로동신문」 기사에서는, "영화에서 주인공의 한사람인 신준의 형상은 매우 교훈적이다. 그로 말하면 혁명 선배들이 피와 땀을 바쳐 이루어 놓은 귀중한 재부를 마음껏 향유하는 것을 새세대들의 응당한 권리로, 행복으로 생각하는 인물이다. 영화는 첫시작부터 오늘 새세대 청년들에게 있어서 향유에 행복이 있는가 아니면 창조와 투쟁에 행복이 있는가 하는 물음을 제기하고 그것을 주인공들인 신준과 수양의 대조적인 형상을 통하여 극적으로 밝혀내고 있다. … 그는 허영심에 들떠 대외사업일군으로 될 것을 꿈꾸며 기계대학 통신공부도 그만두고 어느 한 대외봉사기관의 택시운전사로 일하면서 앞으로 국제관계대학에 갈 것을 희망한다. 그러한 신준이기에 아버지가 로력영웅칭호를 받았을 때에는 그것이 아버지의 영광이자 자기의 영광이라고 하면서 마치도 아버지의 공적이 자기의 공적이나 되는 듯이 허세를 부린다. … 우리 시대 청년들은 부모들의 공적 속에 자기들의 향락과 안식을 찾지 말며 부모의 덕을 보면서 허송세월할 것이 아니라 응당 혁명의 계승자, 미래의 주인공답게 창조와 건설의 맨 앞장에서 투쟁으로 청춘의 보람을 찾아야 한다는 시대의 목소리를 영화는 감동깊이 울려주고 있다. 하기에 뒤늦게나마 시대의 락오자로 살아온 자기를 발견하고 새출발을 하는 신준은 아버지가 번걸 아들이 흥청거리며 다 쓰고 나면 손자대에는 한지에 나앉아 빌어먹게 된다고, 젊어서 꽃밭을 좋아하면 늙어선 가시덤불에 엎어지게 된다고 말하면서 당이 바라는 초소에 자기 한몸을 서슴없이 내대는 것이다. … 영화는 사람이 세상에 태여나 두 가지 얼굴 모습, 다시 말하여 부모가 낳아 준 '잘났다', '못났다'라고 불리우는 얼굴모습과 점차 나이가 들면서 떳떳한 사회적 존재로 성장한 얼굴모습을 가진다는 심오한 철학적문제성을 제기하고 있다."고 소개한다. 「로동신문」 1997. 8. 28.

실제로 청년들 속에 "시대와 숨결을 같이할 줄 모르고 '나'만을 위해 사는 쭉정이들"이 없지 않다고 솔직한 지적을 가한다. 이러한 현실의 청년들은 '먹자판'이나 놀음판을 좋아하며 돈벌이와 같은 자신의 이익에만 '용맹스러워'지고 '농민시장가격이나 외국제 물건 이름과 값'에는 환한 꽃나비로 비판된다.

* 우리 청년들 중에는 시대와 숨결을 같이할 줄 모르고 '나' 만을 위해 사는 쭉정이들이 없지 않다. 남들은 누가 시키지 않아도 하루 일을 마치고는 대기념비건설장으로 달려나가 밤을 밝혀가며 충성의 구슬땀을 흘리는데, 남들의 눈을 피해가며 먹자판을 찾아다니거나 제 호주머니 불굴 생각을 하며 딴 짓을 하는 청년들, 집단을 위한 일 앞에서는 아픈 데가 그리도 많아 울상을 하고 지내지만 자신을 위한 일이라면 너무나도 건강해지고 너무나도 용맹스러워지는 청년들

* 젊어서 꽃밭을 좋아할 때, 늙어서 가시덤불에 엎어진다는 대사가 있다 … 우리의 생활을 투시해보면 꽃밭만 좋아하는 청년들이 결코 없지 않다. 맡은 일에 열정과 땀을 바치기 싫어하면서도 더 큰 것, 더 많은 것을 받아 안으려는 청년들, 더럽고 힘든 일이 제기되면 낯부터 찡그리지만 놀음판이 펼쳐지면 스스로 조직자가 되고 선도자가 되는 청년들, 제 맡은 일과 관련된 기술실무적 문제는 잘 몰라도 농민시장가격이나 외국제 물건 이름과 값은 환히 꿰뚫고 그게 큰 자랑거리나 되는듯 입다물 줄 모르고 주절대는 청년들 … 이런 꽃나비, 이런

노라리들은 우리농장에도 더러 있다.[161]

그런데 이 영화 장면 중에는 주인공 신준이 사모해오던 여성인 수양을 데려와 자신에게는 "행복하게 해 줄 모든 조건"이 다 구비되어 있으며 이 모든 것을 외아들인 자신이 모두 물려받게 된다면서 풍족한 살림 형편을 자랑하며 사랑을 고백하는 대목이 나온다. 즉 북한 새세대의 결혼 의식에 있어서도 물질주의적 측면이 중요한 역할을 할 수 있음을 간접적으로 내비친다고 볼 수 있다. 영화평에서는 "일부 청년들이 선대들이 물려준 고귀한 재부를 자기들의 행복을 담보해주는 조건"으로 향유하려 한다고 지적된다.[162] 다른 기사에서도 결혼할 때 부모들이 마련해 주는 '옷가지'라든가 '살림살이도구' 등을 당연한 결혼 지참품의 일부로 생각하는 북한 새세대의 풍속을 지적하고 있기도 하다.

지금 일부 청년들은 가정을 이룰 때 서로 교환하는 옷가

---

161 「청년전위」 1998. 1. 8.

162 "신준은 대흥단에서 평양견학을 온 마음속으로 사모하여 오던 수양을 자기 집에 데려다 부모들의 명예증서와 풍족한 살림형편을 보여 주고 그에 대한 사랑의 감정을 이렇게 토로하는 것이다. 〈수양이, 나에겐 수양이를 행복하게 해줄 모든 조건이 다 구비되여 있소. 동무도 이자 봤겠지만 난 외아들이요. 그러니 그 모든 건 다 우리거란 말이요.〉 신준의 이 말에서 우리는 일부 청년들이 선대들이 물려준 고귀한 재부를 자기들의 행복을 담보해주는 조건으로, 응당히 우리의 것으로 생각하면서 부모들의 덕으로 하루하루를 향유로 허송세월해 가려는 그릇된 관점을 그대로 느끼게 된다. 영화는 이처럼 혁명하는 시대, 투쟁하는 시대에 사는 청년답게 래일을 위한 오늘의 위훈의 창조자로 사는 것이 아니라 주어진 행복의 리기적인 향유자로 살려는 그릇된 인생관에 대해 여러 장면을 통하여 폭로비판하고 있다." 「로동신문」 1997. 8. 28.

지라든가 살림살이도구들을 지참품의 일부로 생각하고 있다. 물론 부모들이 마련해주는 이런 것들이 다 지참품인 것만은 사실이다. … 아무리 값진 재산이 많아도 … 이런 인간들, 이런 가정은 례의없이 '돈밖에 모르는 집', 리기주의가 꽉 들어찬 건달군이라는 비난을 면치 못할 것이다.[163]

나. 물질주의와 이기주의적 경향

북한 청소년들의 가치 지향과 관련하여 「청년전위」를 분석한 논문[164]에 따르면 이러한 물질주의적 경향은 1990년대 초에 집중적으로 증가하였다. 1980년대 후반부터 심화되기 시작한 에너지 부족과 이로 인한 경제 침체, 배급제의 와해 등은 1990년대 초의 북한 주민과 청년들로 하여금 과거 시기에 비해 '물질'에 대한 관심을 증가하게 만들었을 수 있다. 위에서 살펴본 바와 같이 정치적 측면에서 청년들에 대한 사상교양이 약화되고 제국주의 황색바람이 침습하는 가운데 내부적인 경제적 곤란으로 인한 물질적 관심사는 결국 사회적 측면에서도 집단주의를 포기하고 '개인주의, 이기주의'적 경향을 증가시킬 가능성이 있다.

실제로 북한의 1990년대 초의 신문 기사들에서는 청년들의

---

163 「로동청년」 1993. 10. 3.

164 1980년대 이후 북한 새세대의 가치 지향 변화와 관련된 연구로는 이인정, "1980년대 이후 북한 '새세대'의 가치 변화 연구 - 청년전위 분석을 중심으로" 서울대학교 사범대학 국민윤리교육과 박사학위논문, 2004. 2 참조

'량심'을 강조하는 기사들이 자주 등장하는데, "당과 수령, 사회와 집단을 중시하는 순결한 량심"에 대비되는 "리기와 공명, 안일과 출세에 물젖어 개인적 향락"을 일삼는 행위를 비판하는 표현도 등장한다. 나아가 1990년대 초반에서 중반까지의 경제적인 곤란은 북한 청년들로 하여금 이처럼 집단주의의 약화를 초래할 가능성과 더불어 이기주의, 물질주의의 결합으로 말미암아 사적 절취와 같은 범죄 행위를 초래할 가능성이 있다. 북한 당국은 이와 같이 국가의 재산을 절취하거나 타인의 물건에 손을 대는 행위가 '개인주의사상에 물젖어' 발생한 것이라고 비판한다.[165]

이러한 우려는 "개인이 사용할 물품을 기대에 물려 가공하면서 개인리기주의적 결함을 발로시킨 사실을 솔직히 비판"[166]하였다는 기사에서처럼, 실제로 공공의 물건을 개인적 이익을 위해 불법적으로 활용하는 행위로 이어지기도 한다. 또한 '말로만 투쟁'하면서 국가와 전체 인민의 재산을 '자기의 것'으로 만들고 "제집재산이나 늘이기 위해 뛰여다니는 사람"을 지적하는 기사도 존재한다. 당국은 "요행을 바라며 농민시장과 같은 그런 으슥한 곳"에 나가는

165 "순결한 량심의 좌석에 심장을 묻고 사는 사람은 언제나 당과 수령, 사회와 집단을 먼저 생각하고 살며 일하지만 흑심으로 덮어진 좌석에 심장을 내던진 사람은 리기와 공명, 안일과 출세에 물젖어 개인적 향락으로 시간을 허비하며 인생의 전부를 쓰레기통과 같은 생활로 어지럽히게 된다. … 만일 집단주의정신을 지니지 않고 개인주의사상에 물젖어 남이야 어떻게 되든 자기 한사람이 안일과 향락만을 추구하면서 국가재산이나 남의 물건에 마음대로 손을 대고 날라리를 부리며 제멋대로 생활한다면 결국 자신의 삶은 물론 혁명도 망쳐먹고 조국도 잃게 된다." 「로동청년」 1993. 10. 10.

166 「로동청년」 1993. 1. 28.

'암초'와 같은 행위를 '대담하게' 고치고 '우리식의 사상적 모기장'을 칠 것을 강조한다.[167]

이러한 일탈 행위에 대한 지적은 그에 대비되는 긍정적 모범으로서 주체형의 공산주의 혁명가가 지녀야 할 고결한 성품인 '청렴결백'을 강조하는 것으로 이어진다. 북한에서 말하는 '청렴결백성'이란 "돈과 재물에 대한 욕심을 모르고 개인의 리익을 추구함이 없이 늘 깨끗하고 순결한 마음을 지니고 살아간다는 것을 말한다."고 제시된다.[168] 또한 1990년대 초에는 '돈지갑'을 주워 주인에게 돌려주는 순결한 마음을 지닌 청년들의 미풍사례 기사가 매우 많으며 '검소'와 관련된 역사적 인물들을 강조하기도 한다. 동맹 조직은 청년들이 "개인의 이익을 앞세우거나 가정적 울타리에서 벗어나지 못하"는 것을 벗어던지고 경제 도덕 생활과 문화 정서 생활을 건전하게 하도록 진행하며 '청년절약창고, 청년절약초소' 등을 활발히 벌여 '자그마한 것'이라도 아끼는 태도를 촉구한다.[169] 이와 같은 청렴성은 모든 주민들에게 요청되는 것이지만 북한 당국은

---

167 "혁명과 투쟁은 말로만 하고 실천행동에서는 제집재산이나 늘이기 위해 뛰여다니는 사람이 다름아닌 자기라는 것을 발견 … 혹시 나도 국가재산에 손을 대거나 남의 물건을 넘겨다본 적은 없는가. 시대의 미감과 우리 인민의 감정에 맞지 않는 옷차림과 머리단장을 하고 다닌 적은 없는가. 순간이나마 혁명적 열정을 안겨주는 우리의 노래와 춤 대신 다른 그 무엇에 대하여 동경한 적은 없는가. 요행을 바라며 농민시장과 같은 그런 으슥한 곳에 나갔던 적은 없는가. 있었다면 대담하게 고쳐야 한다. 그리고 그런 역겨운 생활에 다시는 오염되지 않기 위하여 우리식의 사상적 모기장을 든든히 쳐야 한다." 「로동청년」 1993. 10. 10.

168 「로동청년」 1993. 9. 16.

169 「로동청년」 1993. 9. 15.

특별히 청년대학생들이 '순박성'을 지니고 근면 성실하게 일하며 건전하고 검박하게 생활해야 한다고 강조한다.[170]

3) 사회적 측면

가. 조직 관념의 약화와 조직 이탈

상기한 바와 같은 사상적 이완으로 인한 집단주의의 약화는 이기주의, 물질주의와 결합하면서 경제적 범죄 행위로 이어질 뿐 아니라 나아가 보다 근본적인 조직 관념의 와해 및 조직 이탈, 근무태만 등과도 관련될 수 있다. 이에 대하여 북한 당국은 동맹 조직으로 하여금 사회의 건전한 분위기를 흐리거나 "조직사상생활을 게을리하는 그릇된 현상들"을 철저히 극복하기 위한 사상투쟁을 강하게 벌릴 것을 강조한다.[171] 조직 관념[172]이 약화되면 "조직을 허술히

170 "대학생들이 순박성을 지녀야 안일해이해지거나 돈과 재물에 유혹되지도 않고 직심스럽게 공부에 열중하게 될 뿐 아니라 일을 해도 누가 보건말건 성실하게 하며 일상생활에서도 호의호식을 바람이 없이 검박하고 건전하게 살아나가게 된다. … 조직생활을 '부담'으로 여기며 그에 불성실하게 참가하는 사람, 어렵고 힘든 일에서 몸을 사리는 사람, 개인의 리익과 공명을 앞세우고 향락을 바라며 부화방탕하게 생활하는 대학생이 있다면 그런 사람은 혁명하는 세대와는 인연이 없는 인간추물로 락인받게 된다." 「청년전위」 1998. 6. 7.

171 사설 '청년들은 사로청 조직생활에 적극 참가하여 정치적생명을 참답게 빛내이자.' 「로동청년」 1993. 5. 2.

172 북한에서 말하는 '조직관념'이란 "자기 조직을 귀중히 여기고 존엄있게 대하며 자기의 모든 사업과 생활을 조직에 철저히 의거하여 해나가는 관점과 태도"를 말하는 것으로, "사로청원들이 조직관념을 바로가지는 것은 사로청조

대하고 조직에서 떨어지며 조직을 구락부화"하게 되는 가운데 결국 구 사회주의 국가들처럼 붕괴하게 된다는 것이다.

구체적인 조직 관념 약화 및 조직 이탈 사례들로는 직장 청년동맹원들의 경우 출근을 하지 않는 사례를 지적하는 경우가 많으며 생활총화에 빠지거나 수동적으로만 참여하는 등의 형태로 나타난다. 특히 한때 혁신자였던 직장청년들이 '연령'이 높아지는 가운데 출근 혹은 동맹 조직 생활에 권태를 느낀다는 표현도 나온다.[173] 또한 생활총화를 '잊어먹고' 집에 가거나,[174] 이탈한 사례를 보고하지 않는 경우,[175] 참여하더라도 호상비판을 제대로 하지 않거나 분공수행을 하지 않는 경우,[176] 나아가 직장 업무를 충실

직안에 혁명적 조직생활기풍을 세우기 위한 기본요구"로서, "사로청원들이 사로청조직을 귀중히 여기고 조직에 철저히 의거하여 사업하고 생활하도록 하는 것, 조직의 지도와 통제를 받기 위하여 의식적으로 노력하여 나아가서 그것이 그들의 생활상 요구로 되게 하는 것" 등을 기본과업으로 강조한다. 「로동청년」 1993. 9. 16.

173 "황해북도 송변전종합기업소 공무직장 청년동맹 초급단체- 이 직장 청년동맹원들의 나이는 대체로 높다. 이런 것으로 하여 한 때 혁신자로 소문났던 일부 청년들이 가끔 출근하지 않아 말밥에 오르고 또 어떤 청년들속에서는 동맹조직생활에 권태를 느끼면서 모임이나 동맹생활총화에 이유없이 빠지거나 참가하는 경우에도 적극성이 없이 자리지킴이나 하는 경향이 더러 나타났다." 「청년전위」 1998. 9. 20.

174 "초급단체총회에 사로청원 조동무가 빠진적이 있었다. 잊어먹고 집에 갔다는 것이었다." 「로동청년」 1993. 9. 17.

175 "그 날 사로청원 김동무는 전번 생활총화에 빠졌는데 초급단체에서는 무슨 일로 어떻게 빠졌는지 모르고 있었다. 후에 안 일이지만 집에 급한 사정이 있어 못 참가하였는데 김동무는 조직에 와서 이 사실을 제때에 보고하지 않았다." 「로동청년」 1993. 5. 29.

176 "호상비판을 잘하지 않고 분공을 성실히 수행하지 않는 일부 사로청원들의

히 하지 않는 경우들이 등장한다.[177]

이러한 문제와 관련하여 당국은 동맹 조직을 통한 교양 대책을 촉구하고 있다. 김정일은 "사회주의제도 하에서 나서 자라는 새세대들이라 하더라도 그들 속에서 나타나는 불건전한 요소들을 없애기 위한 옳은 교양대책을 세우지 않는다면 불량행위가 늘어날 수 있습니다."라고 경계한다.[178] 신문 기사들에서도 조직의 통제가 약화되면서 비사회주의적 현상이 나타나고 있다고 지적하고 있다.[179] 기사들에서는 작업상의 특수성이나 경제적 이유 등으로 조직의 통제력이 약화되어가는 틈을 타 점점 조직의 통제를 받기 싫어하며[180] '졸업장'이나 '자격증'에만 관심을 갖는 청년들이 등장한다.[181] 또한 이들은 조직의 비판이나 지적을 받더라도 '빈문'하

결함 … "「로동청년」 1993. 5. 29.

177 "그가 집단생활에 자주 빠지고 작업에서도 능률을 내지 못하여 대중의 말밥에 오르고 있었다 … 몹시 우울하여 물어보는 말에도 잘 대답하려 하지 않았다." 「로동청년」 1993. 12. 15.

178 「로동청년」 1993. 1. 22.

179 "한때 이 공장의 몇 명 개별적 사로청원들 속에서는 조직생활을 게을리하고 집단주의 생활규범과 어긋나게 행동하는 현상이 나타나고 있었다. … 적지 않게 타일렀으나 개진이 없었다. 그래서 그의 부모들과 동무들은 더는 고칠 수 없는 고질적인 결함으로 보고 맥을 놓고 있었다." 「로동청년」 1993. 6. 13.

180 "사로청조직과 떨어져 임시로 로동작업에 동원되는 청년들과 독립임무를 맡아 수행하는 청년들의 사상생활에서는 조직의 통제가 적게 미치는 틈에 우리 식 사회주의와 인연이 없는 현상들이 일부 나타났다." 「로동청년」 1993. 1. 24.

181 "지나간 일이지만 일부 학생들 속에서는 색다른 물건에 눈을 파는 현상도 있었고 학교졸업증이나 받고 기술자격을 가지면 된다는 그릇된 관점을 가지고 조직사상생활과 학습에 잘 참가하지 않는 현상도 있었다." 「로동청년」 1993. 11. 28.

며[182] 타일러도 '개진'하지 않고 '엇서나가는 행위'를 하는 등 조직과 가정 모두에서 포기하였다는 경우들도 발견된다.

나. 비사회주의적 현상과 일탈 행위

이러한 집단주의의 약화는 조직 관념의 약화와 조직 이탈 등의 형태 뿐 아니라 보다 적극적인 차원에서 비사회주의적 현상 및 일탈을 저지르는 등의 행위로 이어지기도 한다.[183] 이러한 비사회주의적 현상은 "당의 로선을 저애"하는 현상 전반을 뜻하는 것으로 제시된다. 구체적으로는 "당의 로선과 정책을 말로만 접수하고 집행을 태공하는 현상, 무책임하고 주인답지 못한 태도, 소극성과 보수주의, 기술신비주의와 요령주의, 형식주의, 패배주의 등"[184]이나 혹은 "먹자판, 놀이판"을 벌려 놓고 "안일과 해이, 사치와 허례허식" 등을 행하는 것으로 제시된다.[185] 청년들의 일탈 행위로

---

182 "조직관념이 부족한 김동무 … 김동무는 큰 자책을 받지 않고 어디 시간이 있어야 준비할것이 아닌가고 반문하는 것이었다." 「로동청년」 1993. 5. 30.

183 북한에서 '비사회주의적 현상'이란 "사회주의의 원칙과 생활규범에 어긋나는 모든 현상들"을 뜻하며, "정치, 경제, 문화, 도덕 등 사회생활의 모든 분야에서 사회주의원칙, 집단주의원칙과 어긋나며 사회주의사회의 생활규범과 어긋나는 여러 가지 비원칙적이며 비건전한 현상들"을 말한다. 여기에는 "사회주의사회의 법규범과 법질서를 어기는 각종 위법현상들, 사회주의적 공중도덕을 어기면서 사회질서를 문란시키는 현상들, 사기협잡행위, 국가재산 략취, 장사질하는 것, 도박, 부화방탕한 생활, 미신행위 등"이 속한다. 「로동청년」 1993. 9. 11.

184 「로동청년」 1993. 10. 7.

185 「로동청년」 1993. 11. 25.

는 버스 정류소나 식당 등에서 "싸움질을 하며 사회질서를 문란"시키는 일,[186] 생활이 자유주의적이고 지각을 하거나 출근을 하지 않는 일,[187] 조직에서 유리되어 떠돌아다니는 일,[188] "480분 로동시간을 합리화하지 못하였을 뿐 아니라 사회질서까지 어긴 결함"[189] 등 다양하게 드러난다.

영화 '줄기는 뿌리에서 자란다'는 새세대 청년들의 비사회주의적 현상 및 일탈 행위를 보여주는 대표적인 영화이다. 영화에서 주인공 류승철은 법적 제재까지 받은 시대의 낙오자였으나[190] 뉘우치고 새로운 삶을 살게 된다. 이후 대학 추천을 받고 상급학교에 갈 수 있었으나 자기와 함께 불량 행위를 하던 청년들을 옳은 길로 이끌어 주기 위하여 청년 돌격대를 뭇고 지하막장에서 청춘의 땀을 깡그리 바쳐 일해나간다. "청년사업에서 새로운 활기를 불러일으키자"는 취지에서 진행된 이 영화의 실효모임에서 발표된 청년들의 실화 수기에서는 "조직생활을 싫어하며 조직을 떠나서 자유주의"를 부리며 '불량행위'와 '저속한 풍조' 등 다양한 비사회주의적 현상[191]과 관련한 표현들이 등장한다. 또한 1998년 11월 12일자 「청년전위」에서는 더욱 구체적인 청년들의 반성이 등

---

186 「로동청년」 1993. 12. 15.

187 「로동청년」 1993. 3. 3.

188 "저는 몇해전만 하여도 길가의 막돌보다도 못한 사회의 버럭돌이었습니다. 그때 저는 3년세월 여러 곳을 떠돌아다니면서 사회와 집단 앞에 과오를 범한 시대의 락오자였습니다." 「로동청년」 1993. 9. 19.

189 「로동청년」 1993. 12. 26.

190 「청년전위」 1998. 10. 8.

191 「청년전위」 1998. 10. 2.

장한다.[192]

이처럼 신문 기사 등에서 비사회주의적 현상과 일탈 행위들에 대한 지적의 빈도가 점점 증가하는 가운데 북한 당국은 일탈 행위에 대한 비판이나 제재를 넘어서 '뒤떨어진 청년들'에 대한 포용책을 시도하게 된다. 이에 따라 뉘우치기만 하면 과거를 조금도 문제시하지 말라는 김정일의 '은혜로운 품' 가운데 지난날의 과오를 반성하고 개진하였다는 청년들의 수기들도 자주 발견된다.

> **조직과 집단의 믿음을 저버리고 여러 가지 불량행위를 하며 청춘시절을 값없이 흘려보냈습니다. 이런 저를 보고 많은 사람들은 뒤에서 손가락질을 했고 저를 낳은 부모들까지 집안 망신을 시킨다고 자식으로 여기지도 않았습니다. … 친애하는 지도자동지께서는 우리들의 소행을 보고받으시고 지난날을 탓하실 대신에 오히려 때늦은 그 소행을 훌륭한 일로 평가하시면서 … 그러시고는 청년시절에 과오를 저질렀다고 하더라도 지난날의 과오를 뉘우치고 개진의 길에 들어섰을 때에는**

192 수기글 내용에는 "한때 나도 류승철이처럼 살아온 때문인지 … 조직생활을 싫어하며 조직을 떠나서 자유주의를 부리던 나였다. 지금에 와서 생각하면 얼굴이 붉어지는 일이지만 그때는 내가 왜 그처럼 조직생활을 싫어했던지 …", "한때 나도 영화의 주인공처럼 불량행위로 사회와 집단의 건전한 분위기를 흐리게 했었다. 세상이 좁다 하게 여기저기 떠돌아다니며 저속한 생활풍조에 물젖어 귀중한 청춘시절을 헛되게 보내던 지난 날 … ", "얼마 전까지만 하여도 나는 조직생활에 유리되어 역기다림칸과 식당 등에서 사회질서를 문란시키며 못된 장난만을 일삼던 독버섯과 같은 존재였다." 등이 소개된다. 「청년전위」 1998. 11. 12.

그것을 조금도 문제시하지 말고 다른 사람들과 꼭같이 평가해 주어야 한다고 뜨겁게 말씀하시었습니다.[193]

그러나 이와 같은 조직 이탈과 비사회주의적인 현상은 비단 청년들에게서 뿐 아니라 청년교양에 나서야 할 동맹일군들 속에서도 자주 지적된다.[194] 청년동맹 안에 혁명적 규율을 세우는 것이 중요함에도 불구하고 "일부 일군들은 무책임하고 무규율적인 사업태도를 지니고 있다"는 표현이나, 일군들이 "토의도 없이 분공을 주관적으로" 주고,[195] 동맹원들 역시 "조건티발을 하며 형식적으로 분공을 수행"하거나 "힘들다고 포기"하는 등의 문제도 발생하는 것으로 발견된다.[196]

이에 따라 북한 당국은 뒤떨어진 청년들을 바로잡기 위해서는 동맹조직생활을 더욱 목적 지향적이고 직업군이나 소속의 특성에 맞게 '품을 들여' 짜고들어야 한다고 주장한다.[197] 예를 들면 조직 일군들이 청년 개인의 개성과 취미를 고려하는 가운데 '물고기잡이'를 함께 하거나 잡아온 물고기로 어죽을 쑤어 함께 맛보면서 교양하는 방법 등도 제시한다.[198] 만일 개개의 청년별로 관심을 기

---

193 「로동청년」 1993. 2. 22.

194 "청년동맹일군들속에서 나타나는 무책임한 사업태도, 무규율적현상을 극복하기 위한 투쟁을 강하게 벌려야 한다." 「청년전위」 1998. 10. 31.

195 「로동청년」 1993. 11. 28.

196 「로동청년」 1993. 5. 29.

197 "뒤떨어진 청년들에 대한 교양사업을 목적지향성있게 하자면 우선 그들에 대한 료해사업을 정확히 하는 것이 중요하다. … 이에 기초하여 매 사람별로 성격과 취미, 생활상특성들을 구체적으로 료해하였다." 「로동청년」 1993. 1. 30.

울여 교양하지 않고 '완력으로 돌려세우려' 하거나 강한 규율로 "무작정 내모는 편향"이 있는 기존의 교양 방법은 반발심 등의 역효과를 가져온다고도 경계한다.[199]

다. 이기주의적 직업관

이상과 같이 경제적 곤란과 사상 이완 및 집단주의의 약화는 조직 이탈과 물질주의, 일탈 행동을 초래하였으며 나아가 새세대의 직업관에 있어서도 변화를 초래한 것으로 보인다. 즉 사상적 이완과 물질에 대한 관심은 새세대 청년들로 하여금 집단의 이익을 위하여 헌신하기보다는 도시의 인기 좋은 직업으로의 배치에 관심을 집중하게 만든다는 것이다. 예를 들면 사회주의 제도에서 '근심걱정'을 모르고 자라는 '일부' 새세대 청년들은 "그때는 그랬지만 지금도 그렇게 살아야 하는가"라고 반문[200]하면서 '좋은 곳'으로 가기 위한 '공작'을 시도한다고 비판된다. 당국은 유학생 이야기모임 등의 교양사업을 시도하면서 이러한 '개인리기주의적 사상경향'을 제때에 뿌리 뽑지 않으면 결국 돈에 매수되어 강의까지 빠져가면서 반정부 시위에 나서게 될 수도 있다고 경계한다.[201]

---

198 「로동청년」 1993. 1. 22.

199 "이 색안경을 끼고 뒤떨어진 청년들을 대하던 초급일군들의 그릇된 사업태도는 그들로부터 응당한 반발심을 야기시켰으며 결국 고동무와 김동무가 어느 날 저녁 온데간데없이 사라지는 결과를 초래하였다." 「청년전위」 1998. 11. 15.

200 「로동청년」 1993. 2. 26.

201 "극히 일부 학생들속에서는 그 누구의 도움을 받아 '좋은 곳'으로 가기 위한

이러한 경향은 탄광 등과 같은 '어렵고 힘든 일'에서 더욱 강하게 드러난다. 1993년에는 고등중학교(현 중학교) 졸업생들의 '조국보위탄원과 사회주의건설장에로의 진출선구자환영대회'가 개최된 바 있는데, 여기서는 "아버지들의 뒤를 이어 석탄전선을 지켜나가겠다."는 선구자들의 미풍 등이 소개된다.[202] 새세대들이 일반적으로 기피하는 것으로 알려진 탄광 등에서는 직업에 "애착이 없거나 로동생활에 성실치 못한 동무들이 일부" 있으며 이들을 지도하러 내려온 교양지도원들에게 오히려 "당신들은 탄부가 되겠는가"[203], "지도원 동무도 광산에 오라면 오겠습니까?"[204]라는 식으로 반문한다는 것이다.

결국 십난주의의 악화와 물질주의적, 이기주의적 경향은 직업관에 있어서도 출세나 경제적 이익 등의 개인적 측면을 더욱 중요하게 여기도록 만들 가능성이 있다. 특별히 비인기 직종에 '무리배치' 받거나 종사하고 있는 청년들은 자신의 직업에 대한 비관적 인식과 함께 조직 생활에 애착을 갖지 못한다고 한다.[205] 기사들에

'공작'을 계속하였다. … 초급사로청위원회에서는 외국에 류학을 갔다 온 학생들을 준비시켜 출연하게 하였다. … 여기에서는 '뒤공작'과 '그 누구의 힘'을 빌려 하는 생각을 버리지 못하고 있는 학생들을 특별히 준비시켜 토론하게 하였다." 「로동청년」 1993. 2. 2.

202 「로동청년」 1993. 7. 9.

203 "어느날 리동무는 당신들은 소조사업을 끝마치고 가면 그만이지만 일생을 탄광에서 살 우리는 처지가 다르다, 당신들은 탄부가 되겠는가고 묻는 것이였습니다." 「로동청년」 1993. 2. 22.

204 "영웅의 딸인 지도원 동무도 광산에 오라면 오겠습니까? 순간 영희동무는 얼굴이 달아오름을 금할 수 없었다. … 영희동무는 '그때는 그때고 지금은 지금이야'하고 모든 것을 밀어버리려 하였다." 「로동청년」 1993. 3. 12.

따르면 새세대들은 해외 부문과 금융 부문, 상업 봉사 부문처럼 '먹을알있는' 직업을 찾아 '저울질'한다.[206] 또한 지역적으로는 어떤 직업이나 직종이라도 상관 없이 일단 평양 등과 같은 도시로 배치받는 것을 희망하기도 한다.[207] 이러한 경향은 특히 대학생들에게서 두드러지게 드러난다고 하며[208] 젊은 여성들의 경우에는 도시로 시집가는 것을 희망하는 것으로 표현된다.[209]

당국은 이러한 청년들의 개인주의적이고 이기주의적인 직업관을 교양하기 위한 차원에서 언론과 방송 등의 매체를 동원하여

---

205 "(문덕도자기공장) 극히 부분적으로만 자기가 하는 일에 대한 영예와 긍지를 가지지 못하고 있는 청년들 다시 말하여 밥사발이나 국사발을 만드는 일이나 해가지고서야 어떻게 남들처럼 청춘시절을 값높이 빛내이겠는가 하는 생각을 가지고 있는 청년들이 더러 있다는 것을 알게 되었다."「로동청년」 1993. 8. 19.

206 "우리 대학의 어떤 동무는 졸업이 임박하자 그 무슨 '배치문제'에 신경을 쓰면서 종내 '먹을 알'이 있다는 어느 회사에 들어갔다. 이 동무처럼 당의 은덕을 잊어버리고 혁명의초소를 저울질하면서 자기 한 개인의 향락과 리익을 추구하는 현상이 있는가 하면 해외부문과 금융부문, 상업봉사부문과 같은 '먹을알있는' 곳만 바라보는 경향도 있다."「로동청년」 1993. 11. 25.

207 "자기는 대학을 졸업한 다음 어떻게 하나 평양에 떨어지려 했다. 평양에 떨어지는 것이라면 그 어떤 직업이라도 좋다고 생각하는 데까지 이르렀다고 잘못을 털어놓았다."「로동청년」 1993. 2. 2.

208 "지난 기간 대학생들 속에서는 자기 개인의 희망만을 먼저 생각하는 경향이 적지 않게 나타났다. 특히 대학졸업반 학생들 속에서는 지방대신 평양에 떨어질 것을 바라는 현상도 있었다."「로동청년」 1993. 2. 2.

209 "일부 청년들 속에서는 농장 일에 긍지를 가지고 있지 못했고 처녀들 가운데는 자기 고향을 떠나 도시로 시집가는 경우가 나타났다. 그러다나니 그들 속에서는 맡겨진 일에서 마력을 내지 못했고 조직생활에도 잘 참가하지 않는 현상이 발로되였다."「로동청년」 1993. 7. 6.

적극적인 교양을 시도한다. 예컨대 사로청 제8차대회를 맞이하여 보천보전자악단에서 창작한 가요 '도시처녀 시집와요'가 평양연극영화대회에서 예술 영화로도 제작되기도 했다.[210] 이 영화에서는 지원로동을 나갔던 도시 처녀가 대학을 마다하고 농촌에 뿌리박은 새세대 청년을 만나 사랑하게 되며, 결국 도시에서 농촌으로 시집오는 공산주의적 미풍을 담고 있기도 하다.[211] 또한 기록 영화 '평양처녀들' 역시 "그 어떤 보수도 바람이 없이 화려한 도시도 마다" 하는 '고상한 공산주의적미풍'을 그리고 있다고 평가한다.[212]

이와 관련하여 북한 당국은 김일성과 김정일의 언급을 인용하면서 새세대들 속에서 "어렵고 힘든 일과 헐한 일, 궂은 일, 마른 일을 가리면서 신발이나 구두를 수리하거나 리발을 하는 것과 같은 일을 천하게 여기는 것"을 적극적으로 비판한다. 만일 "그런 일을 하지 않게 되면 사람들의 생활에 많은 불편을 줄 수 있다."고 우려하며 이처럼 "직업의 귀천을 가리는 것은 낡은 사상의 표현"이라고 비판한다.[213] 김일성은 "청년들의 값높은 삶은 개인의 향락에

---

210 "평양연극영화대학에서는 사로청 제8차대회를 맞으며 보천보전자악단에서 창작한 가요 '도시처녀 시집와요'를 가지고 예술영화를 창작하고 있다. 영화에서는 옷공장의 재단사처녀가 농촌에 지원로동을 나갔다가 농장의 청년과 함께 일하는 과정에 농사일을 하나라도 더 헐하게 하기 위해 연구도 하고 자기 사는 마을을 보다 훌륭한 사회주의문화농촌으로 꾸리기 위해 밤낮을 가림없이 아글타글 노력하는 참된 인간의 정신세계에서 풍기는 향기에 취하여 그 청년과 일생의 동반자가 될 것을 결심하고 도시에서 농촌으로 시집오는 내용을 밝은 생활 속에서 재미있게 보여주고 있다." 「로동청년」 1993. 2. 7.

211 「로동청년」 1993. 6. 6.

212 「로동청년」 1993. 8. 31.

213 "직업의 귀천을 가리는 것은 낡은 사상의 표현입니다. … 직업이 귀천을 가리

있는 것이 아니라 인민의 행복을 위하여 한몸바쳐 투쟁하는 데 있습니다."라면서, '신발수리소' 등에서 일하고 있는 청년들에 대해 "진실을 말하건대 나는 이런 청년들을 금방석에 앉히고 싶은 심정이다."[214]라고 회고록에서 밝히고 있다. 당국은 사로청 조직들이 졸업반 학생들과의 사업에 큰 힘을 넣어야 하며[215] 모든 사로청원들과 청년들은 "당이 격정하며 힘을 넣고 있는 탄광과 광산, 농촌을 비롯한 인민경제의 긴요하고 어렵고 힘든 부문에 적극 진출하여 청춘의 슬기와 용맹을 떨쳐야 한다."고 호소한다.[216]

4) 문화적 측면

가. 도덕 의식 약화와 '공산주의 도덕미풍'의 강조

이상과 같이 새세대 청년들 사이에서 발생하고 있는 것으로 비판되는 사상의 약화, 물질주의와 개인주의, 이기주의 등과 관련하

는 것은 지난날 착취사회에서 생겨나 지배하였던 낡은 사상관점과 태도이다. … 그럼에도 불구하고 사회주의사회에서 일부 나타나는 직업의 귀천을 가리는 관점과 태도는 개인주의, 리기주의에 바탕을 두고 있다. … 이런 사람들이 바라는 것은 본질상 보다 편안한 곳에서 쉽게 일하고 보수를 많이 받자는 것이거나 개인의 '명예'를 떨쳐보자는 것이다." 「로동청년」 1993. 5. 23.

214 「로동청년」 1993. 12. 14.

215 「로동청년」 1993. 6. 27.

216 '전국의 사로청원들과 청년들에게 보내는 호소문'에서는, "생활의 교훈은 청년들이 사회와 집단의 운명을 아랑곳하지 않고 자기개인의 향락만을 추구한다면 뿌리와 가지에서 떨어진 잎사귀와 같은 가련한 존재가 되고 만다."고 호소한다. 「로동청년」 1993. 2. 26.

여 북한 당국은 집단주의에 기초한 '공산주의도덕' 교양을 통해 행위를 개진하고 나아가 온 사회의 화목을 이룩할 것을 강조한다.[217] 김정일은 '긍정감화교양'을 통해 "청년들 속에서 아름다운 소행을 널리 일반화하여 공산주의미풍이 더욱 높이 발양되도록 하여야 합니다."[218]라고 강조한다.

이에 따라 1993년 12월에는 전국 공산주의미풍선구자대회가 개최되어 다양한 미풍들이 소개되고 토론이 진행되기도 했다. 그 사례들로는 물에 빠진 아이를 구해주거나 불을 끄는 행위, 고아를 돌보기, 영예군인과 결혼하거나 가족으로 맞이하기, 군인을 돌보기, 노인의 자식 되어주기, 환자를 치료하기, 신발 수리공 등에 자원하기, 고향 농촌에 지원하기, 빈땅에 곡식을 심기, 기름 모으기, 대건설장 지원 사업에 나서기, 고향 농촌으로 가서 말썽을 부리는 청년들을 교양하기, 꽃을 준비해서 동상 찾기, 도로 정비하기, 군인에게 줄 콩나물을 기르기, 돈지갑 찾아주기, 백도라지 키워 바치기 등 다양한 사례들이 등장한다.[219] 이러한 미풍 사례들은 영

---

217 북한에서 말하는 도덕이란 "사회생활에서 강요나 통제에 의해서가 아니라 량심에 의하여 자각적으로 지켜야 할 사회공동의 행동규범"으로서, "개인주의, 리기주의에 기초한 자본주의도덕과는 달리 공산주의도덕은 집단주의에 기초한 아름답고 고상한 도덕"을 뜻한다고 설명한다.

218 '우리 시대 청년의 전형을 내오며'라는 제목의 기사에서는 "지금 우리 청년들 가운데는 당이 바란다면 그 어떤 명에나 보수도 바람이 없이 탄광과 광산, 농촌을 비롯한 어렵고 힘든 부문에 주저없이 진출하여 영예군인과 일생을 같이할 결심을 가지고 가정을 이루며 자식이 없는 영예군인의 딸이 되고 부모 없는 아이들을 맡아키우며 직업의 귀천과 궂은 일, 마른 일을 가리지 않고 사회와 인민을 위하여 성실하게 헌신적으로 일하는 청년들이 많다."고 그 전형을 제시하고 있다. 「로동청년」 1993. 5. 8.

화들로도 제작되어 소개되었는데, 구두 수리공 아버지를 두고 있는 예술 영화 '자매들'[220]이나 고상한 공산주의적 풍모를 보여주는 기록 영화 '화원이여 만발하라'[221] 등이 그것이다.

한편 1990년대에는 이상과 같은 공산주의적 미풍 사례들 뿐 아니라 청년들의 '일상생활'에 있어서의 사회주의적 도덕기풍을 세울 것을 강조하게 된다. 예컨대 "청년들은 리상과 포부도 커야 하며 고상하고 건전한 취미도 가져야 한다. 청년들이 저속한 취미를 반대하며 아름답고 건전한 취미를 가지는 것은 사업과 생활을 사회주의적 생활기풍에 맞게 하기 위한 중요한 요구"[222]라는 것이다. 또한 특별히 청년 시절은 "새것에 민감하고 감수성, 진취성이 강하며 용감하고 대담하며 앞날에 대한 꿈이 많은 시절"로서, "탐구심이 강하며 자연과 사회에서 벌어지는 현상에 깊은 관심"을 돌리는 가운데 "사진기와 같이 보고 듣는 것을 막 받아들인다."고 한다. 따라서 청년은 고상한 취미를 지녀야 하며 반대로 '술놀이', '도박놀이', '퇴폐적인 춤과 노래' 등의 '부르죠아적 취미'나 취미만을 위주로 하는 '취미본위'도 배격할 것을 강조한다.[223]

---

219 「로동청년」 1993. 12. 3.

220 「로동청년」 1993. 12. 10.

221 기록영화 '화원이여 만발하라'에 대한 관련 기사에서는 "영화는 수령, 당, 대중이 일심단결된 우리 나라 사회주의제도에서 서로 돕고 이끌며 화목하게 살아가는 인민들이 부모없는 아이들과 혼자사는 늙은이들, 영예군인들을 친혈육처럼 극진히 아끼고 보살펴주는 사실을 감명깊게 보여주고 있다."고 평가한다. 「로동청년」 1993. 4. 24.

222 「로동청년」 1993. 9. 1.

223 "청년들에게 있어서 취미문제가 중요하게 나서는 것은 또한 청춘시기에 가지

북한 당국에서 말하는 '생활기풍'이란 "사람들의 사업과 생활에서 표현되는 사업태도와 일본새, 생활본새"[224]로서 사상정신상태의 반영이자 혁명위업에 대한 충실성과 생활의 가치를 평가하는 중요한 척도라고 한다. 따라서 청년들은 "인민대중의 본성적 요구를 구현하고 있는 혁명적인 생활기풍이며 민족적 형식에 사회주의적 내용을 담고 있는 건전한 생활기풍"으로서의 사회주의적 생활기풍을 지닐 것을 강조한다. 또한 당국이 말하는 도덕이란 "사람들의 량심에 의하여 지켜지는 사회적 행동규범"이다.[225] 고상한 사회주의 도덕기풍을 확립하기 위해서는 청년 조직과 청년들이 황색바람을 경계하고 비도덕적 현상들과 철저한 투쟁을 벌여야 하며 옳은 '문화정서생활' 가운데 문화 위생적인 생활과 공중도덕을 지키고 예절바르게 행동할 것을 강조한다.[226]

는 취미가 사람의 일생에 적지 않은 영향을 주기 때문이다. … 청춘 시기에 좋은 취미를 가지면 사상의식발전과 생활에 긍정적 영향을 준다. … 반면에 청년시절에 저렬한 취미를 가지면 사상의식발전이 저애되며 라태하고 불건전한 생활에 물젖게 되어 타락의 길로 굴러떨어질 수 있다. … 부르죠아적 취미, 여기에는 술놀이나 도박놀이 등을 좋아하며 퇴폐적인 노래와 춤을 즐기는 것과 같은 나쁜 버릇을 붙여주어 사람들을 타락에로 유혹하는 독소가 담겨져 있다. … 우리는 부르죠아적 취미를 배격하기 위한 투쟁을 한시도 늦추어서는 안된다 … 취미본위는 개인주의의 표현이며 집단주의와 배치될 뿐 아니라 나아가서 사회주의를 좀먹는 요소로 된다."「로동청년」 1993. 9. 1.

224 「로동청년」 1993. 5. 13.

225 "도덕은 사람들의 량심에 의하여 지켜지는 사회적 행동규범이다. 따라서 양심을 간직하고 있으면 도덕적인 행동과 비도덕적인 행동을 스스로 식별하며 도덕적인 행동을 지향하고 비도덕적인 행동을 삼가게 된다."「로동청년」 1993. 9. 16.

226 「로동청년」 1993. 9. 7.

그런데 북한 당국은 이와 같은 사회주의적 생활기풍을 확립하는 데 있어서 무엇보다도 중요하고 우선적인 것은 청년들이 높은 조직성과 규율성을 지니는 것이라고 강조한다. "조직성과 규율성이 없으면 우리 사회 내부에 부르죠아 자유화바람이 들어올 수 있는 틈이 생기게 되고 청년들이 날라리풍에 물들어 귀중한 청춘시절을 헛되게 보내게 되며 사회는 무질서와 혼란 속에 빠지게 된다."면서 "무규율적이고 자유주의적인 현상을 철저히 극복하여 안일과 해이를 반대하고 언제나 혁명적으로 일하고 생활하여야 하며 나라의 법규범과 질서를 자각적으로 지켜야 한다."고 촉구한다.[227]

나. 공중도덕 의식의 약화와 사회주의적 도덕에 대한 강조

북한 당국은 청년들이 사회주의적인 공중도덕을 준수할 것을 촉구한다.[228] 신문 기사들에서는 '불쾌감'을 주거나 '분위기를 흐리는 행동'을 비판하고 있으며 '버릇없고 도덕이 없는' 청년들을 비판하기도 한다.[229] '사회주의공중도덕'은 '공산주의도덕의 한 부문'이라고

227 「로동청년」 1993. 5. 13.

228 북한 사회에서 말하는 공중도덕이란 "사람들이 많이 모인 데서 그리고 사회문화시설 등을 리용하는 데서 도덕상 지켜야 할 행동원칙과 규범, 준칙"을 가리키며, 구체적으로는 "극장, 영화관, 경기장, 공원과 유원지, 상점, 도서관, 회관 등 사람들이 많이 모이는 장소와 군중이 오가는 길거리에서 어떻게 행동하며 사람들이 오가는 길거리에서 어떻게 행동하며 사람들이 공동으로 타고 다니는 기차, 빼스, 전차, 배와 같은 교통수단 등을 리용하는 데서 어떻게 해야 하는가 하는 행동준칙과 규범"을 말한다. 「로동청년」 1993. 9. 7.

소개하면서 "공동생활에서 제도와 질서를 세우며 사회공동재산을 아끼고 사랑하며 나라의 살림살이를 주인답게 알뜰하고 깐지게 해나가는데서 큰 의의를 가진다"고 강조한다.[230]

사회주의적 생활기풍을 확립하기 위해 강조되는 또 하나의 요구 중 하나는 '청렴결백성'이다. 이는 "공산주의자들의 깨끗한 량심과 의리의 직접적 발현이며 정의를 사랑하는 우리 청년이 반드시 지켜야 할 중요한 정신도덕적 풍모의 하나"라고 강조된다. 특별히 청년들이 '경제도덕생활'을 청렴결백하게 한다는 것은 "사업과 생활을 티가 없이 깨끗하게 하며 탐욕과 사기협잡, 부화방탕 등 온갖 부정적인것과 인연이 없이 고상하게 생활한다는 것"이라고 설명한다.[231] 이에 따라 개인 생활의 이익을 위해 '이리저리 뛰어다니기'보다는 동지와 혁명임무 수행을 중시해야 하며, '국가물건'을 탐오낭비하거나 제 리속을 차리는 등의 비사회주의적 현상을 극복할 것을 촉구한다.

김정일은 "나라와 인민의 재산을 소중히 여기며 모든 것을 아끼고 절약하면서 나라살림살이를 깐지고 알뜰하게 꾸리는 것은 혁명하는 사람들의 중요한 품성이며 사회주의사회의 고유한 생활양식입니다."[232]고 강조한다. 이에 따라 청년동맹조직 일군들은 항

---

229 "우리 사회에서 그 누구도 버릇없고 도덕이 없는 청년을 좋아하지 않는다. 웃사람에게 례절을 지킬 줄도 모르고 뻐스정류소나 차안을 비롯한 공중장소들에서도 자기만을 생각하면서 질서를 문란시키고 다른 사람들에게 불편을 준다면 그런 청년은 비난과 규탄의 대상으로 되고 사람들의 미움을 받게 된다." 「청년전위」 1998. 9. 20.

230 「로동청년」 1993. 9. 7.

231 「로동청년」 1993. 5. 13.

일혁명 투사들의 모범에 비추어 지난 기간 국가 사회 재산을 다루는 데에서 나타난 편향들을 극복하기 위한 실제적인 대책을 토론하게 하는 등의 교양을 시도하기도 한다. 예컨대 "청년들은 나라살림살이의 참된 주인"이 될 것을 강조하는 가운데 조직적으로 예비자재와 절약 운동 등을 벌이기도 한다.

이 외에도 북한 당국은 "웃어른 앞에서의 례절과 동지들 및 녀성들에게 언어례절을 잘 지킬 것"을 강조한다.[233] '언어례절'은 매우 중요한 도덕 품성을 이루게 되며 도덕 수준의 기본을 알려주기 때문에 어릴 적부터 문화적인 언어 생활에 습관되어야 한다는 것이다. 반면 '웃어른에게 반말질'을 하는 행위나 가정 내에서 '야비하고 조폭한 언사로 욕질'을 하거나 거치른 말본새를 행하는 행위는 비판된다.[234] 이에 따라 직장 내에서 언어례절수준이 낮은 청년들에 대한 도덕교양에 힘쓸 것을 강조하며, 가정 내에서도 문화어를 사용하고 일상에서 존경의 말투와 갖춤새, 전화

232 "사로청원들이 항일혁명투사들의 모범에 비추어 지난 기간 국가사회재산을 다루는데서 나타난 편향들을 극복하기 위한 실제적인 대책도 토론하게 하였다. … 청년절약초소, 청년약창고 활동을 활발히 벌려 생산과정에서 나오는 철판쪼각과 꽁다리소재들을 모조리 회수하여 그것으로 전동기 전선류, 접점류, 제관품들을 가공하여 생산에 효과적으로 이용하고 있다." 「로동청년」 1993. 8. 25.

233 「청년전위」 1998. 9. 20.

234 "청년들은 부모들 앞에서는 물론 동생들 앞에서도 항상 언어례절을 옳게 지켜야 한다. … 만일 청년들이 동생의 결함에 대하여 야비하고 조폭한 언사로 욕질을 한다면 교양되지 않을 것은 물론 거치른 말본새를 그대로 배운다. 소년들 속에서 부분적으로 나타나는 비문화적인 언어행위는 타고난 것이 아니다. 그 대부분은 부모와 형 언니들에게서 배운 것이다." 「청년전위」 1998. 6. 3.

례절 등을 지킬 것을 강조한다.[235]

다. 허례허식과 '비사회주의적 문화정서생활'에 대한 비판

한편 이러한 물질주의, 이기주의 등은 새세대의 이성관이나 결혼관과도 연결될 수 있는데, 청년동맹조직은 이러한 문제에 대해서도 교양을 시도한다. 특별히 1990년대 이후 기사들에서는 새세대들이 '재물이나 인물, 직업' 등에 관심을 갖는 것을 비판하면서, "우리 시대 청춘남녀의 참다운 사랑의 기초"는 "얼굴이나 직업, 재물이 아니라 정신세계의 고상함을 보고 처녀, 총각들을 사랑하는 진실하고 아름다운 기풍"이 되어야 한다고 주장한다.[236] 이에 따라 북한 당국이 강조하는 고상한 도덕기풍 중에는 "두눈을 보지 못하거나 팔다리가 없고 하반신을 쓰지 못하는 영예군인"과 결혼하는 미풍 사례가 자주 소개되어 왔다.

---

235 "웃어른들에게 이따금 반말질을 하여 사람들의 말밥에 오르던 김동무에게 '언어례절을 잘 지키는 것이 왜 중요한가'라는 문제를 연구하도록 분공을 주어 그가 자기 결함을 스스로 깨닫도록 하였다. … 전화례절을 잘 지키지 않는 문제 …" 「로동청년」 1993. 6. 16.

236 "청년들이 남녀사이의 사랑을 재물이나 인물, 직업을 보고 하는 것은 매우 옳지 못한 현상이다. 그것은 사람의 가치와 품격이 재물이나 인물, 직업에 의하여 평가되는 것이 아니라 사상정신상태에 의하여 평가되기 때문이다. … 비록 옷은 수수하게 입었거나 마후라로 겉치레를 화려하게 하지 못하였어도 진정으로 당에 대한 충성의 한마음을 깊이 간직하고 조국과 인민을 열렬히 사랑하며 사회와 집단을 위하여 헌신하고 맡겨진 혁명과업을 훌륭히 수행하는 총각들과 처녀들이 아름답고 고상한 인간들이다." 「로동청년」 1993. 5. 9.

한편 김정일은 "우리는 낡은 사회에서 물려받은 생활양식을 없애고 새로운 사회주의적생활양식을 세워야 합니다."[237]라면서 새세대들의 결혼식 등에서 '낡은 풍습'과 관련되는 허례허식을 극복할 것을 촉구한다. 허례허식의 사례로는 '갖가지 떡'과 '당과', '돼지갈비' 등을 차리고 '술병을 주런이' 세워놓고 '이마을저마을' 사람들을 불러모으는 등 요란한 상차림 등이 대표적이다.[238] 또한 '시집장가갈 때 타던 말과 가마' 같은 '낡은' 전통이 승용차를 타고 결혼식을 하는 것이 오늘날에 이어져 사람들 속에서 '상례'[239]가 되었으며, 특히 승용차를 '줄레줄레' 끌고 와 시내를 '빙빙 도는 것' 등이 "지난날 평양사람들의 관습"이었다는 표현도 나온다.[240] 반례로 수도 평양에서의 검박한 결혼식과 '궤도전차'를 타는 신혼부부의 미풍사례들[241]을 자주 소개하면서 김정일 시대의 청년답게

237 「로동청년」 1993. 11. 27.

238 「로동청년」 1993. 11. 9.

239 「로동청년」 1993. 11. 27.

240 "멋진 승용차 두어대를 내서 그 애들을 싣고 평양의 경치좋은곳들을 찾아다니며 사진이나 찍으면 될텐데 … 지난날 평양사람들의 관습대로 몇 대의 승용차를 내서 거리를 빙빙 돌릴 생각도 해보았다. … 지금 평양에서는 청년들이 결혼식에 승용차를 줄레줄레 끌어오지 않고 검박하고 뜻깊게 하고 있어요." 「로동청년」 1993. 10. 15.

241 "결혼식상도 허례허식을 피우지 말고 과일이나 꽃같은 것들로 그저 환하게만 차리자요. … 요즘 수도의 청년들이 결혼식날 궤도전차나 무궤도전차를 리용하기도 하고 걸어다니며 사진이랑 찍는데 참 볼만하더구나, 말그대로 수도의 새 풍경이야" 「로동청년」 1993. 11. 9.; "가정의 막내아들의 결혼식을 남부럽지 않게 해주겠다던 부모들의 모습도 눈에 선했다. … 결혼식장에 요란한 음식그릇과 술병들이 오르지 않았다고 섭섭하게 생각하지 않을 너희들이란걸린 알면서두 한마디 하고싶구나" 「로동청년」 1993. 12. 26.

검박한 생활을 할 것을 촉구한다.

이와 같은 사회주의적 생활기풍을 갖추기 위해서는 건전한 '문화정서생활'[242]을 유지하는 것이 중요한데 이를 위해서는 "노래를 부르고 춤을 춰도 인민의 고상한 민족적 감정에 맞고 혁명성과 전투성이 차넘치는 노래를 부르고 춤을 추어야 하며 책을 읽어도 혁명소설을 즐겨 읽어야 한다."고 강조한다. 이에 따라 청년들의 옷차림과 머리 단장을 비롯한 몸치장 역시 민족적인 것을 외면하고 이색적인 '추세'나 '류행'으로 생각하면서 따르는 것을 비판한다.[243] 앞서 제시한 영화 '먼훗날의 나의 모습' 감상 지상토론에서도 우리식이 아닌 화장과 옷 등 '남의 것'으로 '위세'를 돋구는 '요란스러운 차림'을 한 '박색'들을 비판하기도 한다.[244]

---

242 북한 당국이 말하는 '문화정서생활'은 "사람들로 하여 소양을 가지고 유쾌하고 아름답고 고상하게 살게 하는 사회생활의 한 분야를 말한다. 높은 문화적 소양과 고상한 도덕은 혁명성, 당성, 로동계급성, 인민성과 함께 공산주의자의 중요한 풍모를 이룬다. 온 사회에 건전한 문화생활 정서기풍을 세우고 그것을 더욱 활짝 꽃피우는 것은 인민대중을 위하여 복무하는 사회주의사회의 본성적요구이다. 온 사회에 문화생활기풍을 세우는데서 중요한 내용을 이루는 것은 사람들이 옳은 정서를 가지고 생활을 락천적으로 다정다감하게 하도록 하며 생활을 문화위생적으로 하며 공공장소들에서 예의있게 행동하면서 공중도덕을 자각적으로 지키는 것"이라고 주장한다. 「로동청년」 1993. 9. 7.

243 "만약 일부 청년들처럼 다른 나라 청년들의 머리단장을 그 어떤 '추세'나 '류행'으로 생각하면서 그 본을 따르려 한다면 그것은 잘못된 것이다. 멋없이 남의 식을 따르는 사람은 양풍에 쉽게 물젖게 되고 양풍에 물젖은 사람은 수정주의병균의 침습을 막아내지 못하여 정신적으로 병들며 사회의 건전한 분위기를 흐리게 한다." 「로동청년」 1993. 2. 5.; 「로동청년」 1993. 5. 13.

244 "나는 종종 역스러울 정도로 징소리가 요란하게 울리는 구두를 신고 우리식이 아닌 옷을 입고 우리식이 아닌 화장을 하고 나보라는 듯 히히닥거리며 거리로 걸어가는 처녀들을 보며 생각하군 한다. … 십중팔구 그런 처녀들은 속

김정일은 "건전한 사상의식과 높은 문화적 소양, 고상한 공산주의적 도덕품성을 가진 사람은 옷차림과 몸단장을 언제나 깨끗하고 고상하게 하고 다닙니다."라면서, "최후승리를 위한 강행군길에 나선 청년들의 사상정신적풍모가 옷차림에서부터 확연히 풍기도록" 하기 위해서 '단정치 못하거나 우리식이 아닌 옷차림'에 대해서는 강한 비판 사업을 진행할 것을 강조한다.[245] 나아가 "옷이 날개라는 말도 있듯이 옷차림을 잘하면 사람의 품격도 높아 보이고 거리와 마을을 아름답게 할 수 있으며 나라의 대외적 권위도 높일 수 있다."[246]고 주장한다. 새세대 청년들의 외모 단장을 비판하는 신문 기사들에 따르면 '외국식의 옷차림', '처녀들이 양장을 할 때 치마를 짧게 해입는 것', '와이샤쯔 자락을 바지 밖으로 내어 입는 행위',[247] '남녀 분간이 힘들 정도의 더부룩한 긴머리',[248] '신발을 잘 닦지 않는 등 위생적이지 못한 불결한 차림 등'[249]이 지적된다.

에 든 것이 없는 쭉정이, 부모나 자기의 땀이 한 방울도 스며있지 않은 남의 것으로 위세를 돋구며 사는 우리 시대의 박색들이 아닐까 생각된다." 「청년전위」 1998. 1. 8.

245 「청년전위」 1998. 7. 5.

246 「로동청년」 1993. 9. 26.

247 "남자들이 와이샤쯔를 입을 때에는 샤쯔자락을 반드시 바지 안에 넣어야 한다. … 녀성들이 양장을 할 때 치마를 짧게 해입고 다니는 것은 우리식이 아니다." 「로동청년」 1993. 2. 5.

248 "리사로청위원장은 녀자인지 남자인지 분간하기 힘들게 긴머리를 하고 다니는 청년들은 보기만 해도 싫다는 처녀들의 제기를 받은 즉시로 긴머리 청년을 찾아갔다. 그리하여 머리가 긴 것은 우리식이 아니며 불건전한 생활양식이라는 것을 일깨워줌으로써 청년들이 시대적미감에 맞게 머리단장도 잘하도록 하였던 것이다." 「로동청년」 1993. 1. 13.

특별히 "색깔도 너절하고 보기에도 흉측스러운 진바지"는 마약과도 같다면서 그 해독성에 대해서 다른 어떤 '양풍'보다도 더욱 매우 강도높은 비판을 가한다. 진바지는 "지난 시기 발전도상나라들과 3세계 나라들을 침략하는 데서 수많은 선교사, 의사, 기술자들을 파견"하면서 입혀 들여보낸 것으로 '평화의 바지'라고 설교하였다고 비판한다. 이러한 진바지로 인해 구사회주의 청년들에게서 '자유화' 바람 가운데 "날라리를 부리면서 사회질서를 문란시키고 불량행위를 하며 장사질과 미신행위까지도 하고 술풍에 빠지는 등 온갖 비사회주의적 현상"이 생겨났다는 것이다. 이와 같은 비사회주의적인 불건전한 현상이 주변에서 나타나는데도 불구하고 동맹일군들이 '본체만체'하는 것은 '사로청일군의 자격'이 없는 것[250]이라면서 적극적인 교양에 나설 것을 촉구하기도 한다.

249 "옷은 철에 어울리는 옷으로 단정하게 입고 다니며 신발도 늘 닦아서 깨끗하게 신고 다녀야 한다. 청년들은 머리단장을 혁명하는 시대 청년의 맛이 나게 하여야 한다. 특히 머리를 더부룩하게 기르고 다니는 현상이 없게 하며 남녀청년들이 다 머리만 보아도 혁명적이며 전투적인 기백이 넘쳐나고 문화성이 나타나게 하여야 한다." 「청년전위」 1998. 3. 19.

250 "진바지에는 이처럼 침략의 독소가 묻어 있으며 그것이 오늘 많은 나라 청년들속에서 류행되어 그들의 의식을 흐리게 하고 있다. 색깔도 너절하고 보기에도 흉측스러운 진바지는 이처럼 청년들의 건전한 정신을 좀먹는 마약과도 같은 것이다. … 청년들은 주위에서 불건전한 현상이 나타나면 큰것이건 작은것이건 절대로 수수방관하거나 양보하지 말고 견결한 투쟁을 벌려 그것을 싹에서부터 가차없이 짓뭉개버려야 한다. … 청년들의 생활과 행동에 무관심하고 좋지 못한 것이 나타나도 본체만체하는 사람은 사로청일군의 자격이 없는 것이다." 「로동청년」 1993. 10. 2.

Ⅳ. 조선민주녀성동맹

1. 형성 과정과 역사적 전개

조선민주녀성동맹(여맹)은 광범한 여성들을 교양하고 개조하여 당 주위에 묶어세우는 사상교양단체로서 조선로동당의 인전대이며 방조자이다.[251] 여맹은 해방 이후 1945년 11월 18일 평양에서 북조선민주녀성동맹(위원장 박정애)으로 창립되었으며[252] 1946년 10월 16일 국제민주여성연맹에 가입하였다. 이후 1951년 1월 재일 남북조선의 여맹 합동중앙위원회에서 조선민주녀성동맹으로 통합 개칭되었다. 북한에서는 그 전신으로 '반일부녀회'를 들고 있기도 하다. 이는 김일성의 모 강반석에 대한 우상화 차원에서 부각

---

251 "조선민주녀성동맹", 『정치사전』 2, 평양, 과학·백과사전출판사, 1985.

252 관련 자료에 따르면, 김일성이 "녀성들은 우리 나라 인구의 절반을 차지하고 있으며 따라서 녀성사업은 매우 중요합니다."라고 강조한 이후, "1945. 10월 10일 북조선공산당중앙조직위원회 창립대회에서 하신 력사적인 보고에서 각 지방에 산만하게 조직된 녀성단체들을 개편정리하여 각계각층의 녀성들을 녀성동맹에 망라시키고 하루빨리 녀성동맹의 중앙기관을 내오고 정연한 조직체계를 세우며 그에 대한 당의 령도를 확고히 보장할데 대한 과업을 제시하시였다."고 밝히고 있다. 또한 "우선 녀성동맹을 창립하는데서 녀성항일혁명투사들의 역할을 높이도록 하시였다. … 사업경험을 살려 녀성들속에 깊이 들어 가 그들을 혁명적으로 교양하고 묶어 세워 통일적인 녀성동맹을 내오기 위한 투쟁에서 선봉적역할을 수행할데 대하여 가르치시였다."면서 "1945년 11월 18일 마침내 혁명의 수도 평양에서 북조선민주녀성동맹창립대회가 성대히 열리였다."고 소개한다. 『조선녀성』 2003 11호, p.3.

되는 경우가 많다.[253] 그런데 이러한 여성 모델의 우상화 작업이 강반석에서 김정일의 모 김정숙으로 전이되면서, 특히 2000년대 이후의 『조선녀성』 기사에는 반일부녀회 역시 김정숙 우상화 차원에서 다루어지게 된다.[254]

8.15 광복 후 북한은 인구의 절반을 차지하는 여성들의 사상을 공산주의적으로 계몽・개조하고 그들을 노력 전선에 동원하기 위한 필요성이 대두되면서 '여성해방'이라는 미명하에 여맹을 창립하였다.[255] 북한은 1946년에 '남녀평등권 법령'을 발표[256]하면

---

253 "1926년 12월 26일에 결성된 반일부녀회는 우리 나라의 첫 혁명적녀성대중조직이였나. … 1928년 1월 어느날 … 강반석녀사께서는 반일부녀회 회장의 중책을 지니시고 부녀회 사업을 정력적으로 밀고나가시였다. … 위대한 수령님의 혁명사상, 특히는 녀성해방에 관한 독창적인 사상과 리론으로 녀성들을 무장시키며 그들을 혁명적으로 각성시키기 위한 정치교양사업을 힘있게 벌리시였다. 녀사께서는 야학을 열고 녀성들에게 우리 나라 글을 가르쳐주시였으며 토론회와 강습을 조직하시여 부녀회원들의 혁명의식을 높여주시고 그들에게 군중공작방법도 가르쳐주시였다." 『조선녀성』 1998 6호, p.16.

254 "해방후 녀성운동안에서는 전통문제를 놓고 각이한 견해들이 제기되여 복잡성을 조성하고 있었다. … 녀성동맹이 계승해야 할 참다운 전통은 위대한 수령님께서 이룩하신 항일의 혁명전통이라고 뚜렷이 밝혀주시였다. … 김정숙동지께서는 우선 우리 나라 녀성운동의 시원에 관한 그릇된 견해들의 부당성을 명백히 밝혀주시면서 지금 일부 사람들은 지난날에 있었던 근로녀성들의 모든 투쟁과 운동이 우리 나라 녀성운동의 전통으로 된다고 주장하고 있는데 이것 역시 잘못된 생각이라고 깨우쳐주시였다." 『조선녀성』 2007 3호, p.10.

255 『조선녀성』 2003 3호, p.3.

256 "1946년 7월 30일 발표 … 항일의 녀성영웅 김정숙동지께서는 남녀평등권법령을 외곡하려는 종파분자들과 불순분자들의 책동을 분쇄하고 … 거리에 나붙은 '근로녀성들에게 남자와 동등한 권리를 보장하자!' … " 『조선녀성』 2003 7호, p.9.

서 일부 계층을 제외한 여성들을 망라하게 되었다고 선전한다.[257] 1947년 이후 김일성은 "각급 당단체들은 녀맹단체들이 동맹대렬을 확대하는 동시에 그것을 질적으로 공고화하는데 깊은 주의를 돌리도록 하여야 하겠습니다."[258]라면서 조직 확대 및 내실화를 시도하게 된다.[259] 이러한 과정에서 여맹사업에 대한 지도를 강화하는 가운데 1947년에는 '녀맹원증 수여사업'을 진행하기도 한다.[260] 초기의 여맹은 여성들 및 그들을 통하여 가족 세대 내에서 자본주의, 봉건주의 사상을 제거하며 문맹을 퇴치하고 계몽하는 것이 임무였다.[261] 그러나 현재 여맹 조직은 당의 다른 외곽단체와 마찬가지로 가정주부들을 김정일에 대한 충실성으로 교양하

257 "1946년 … 거의 모든 녀성들이 녀맹조직에 망라되여있고 조직에 들지 않는 녀성들을 보면 주로 대동교쪽선교리의 기생들 … 녀맹일군들과 녀맹원들은 기생과 창녀 등 류락녀성들을 하대하면서 그런 어지러운 녀성들과 어떻게 한 조직에서 녀맹생활을 같이하겠는가고 하며 녀맹에 받아들이는것을 극력 반대하였다. … 따로 조직하고 지구녀맹위원회에서 직접 맡아 지도하는것이 어떻겠는가 하는것입니다." 『조선녀성』 2007 3호, p.12.

258 『조선녀성』 2003 2호, p.9.

259 「로동신문」 및 이차 자료 등에 산발적으로 소개되는 여맹원 수 발표에 따라 조직 확대의 정도를 가늠해 보면 1945년 40만 명, 1946년 60만 명, 1960년 220만 명, 1971년 4차대회까지 270만 명 등으로 증가한다.

260 "1947년 가을 녀성동맹맹원증수여사업이 전 동맹적으로 진행되였는데 …" 『조선녀성』 2003 2호, p.9.

261 "녀성동맹은 각지에 성인학교들을 꾸리고 필요한 교구비품과 학용품을 마련하는 사업에 녀맹조직과 녀맹원들을 조직동원하였다. … 스스로 성인학교에 망라되여 글을 배우도록 하는것을 중요한 문제로 내세웠다. 한편 독려반, 해설선전대를 조직운영하면서 강연, 좌담회, 호별 방문, 연예공연 등 여러가지 형식과 방법으로 선전선동활동을 활발히 벌렸다." 『조선녀성』 2003 3호, p.3.

며, 강반석과 김정숙 등을 우상화하는 통로이자 인민군대 원호 등 당 정책 관철에 동원하는 역할을 하고 있다.

여맹은 1965년의 제3차대회(위원장 김옥순)와 1971년 제4차대회(위원장 김성애)를 거치면서 조직의 재정비와 당의 인전대적 성격을 직접적으로 드러내게 된다. 수십 년 동안 여맹 중앙 위원장을 지낸 김정일의 계모 김성애는 김일성의 후광 가운데 1970년대 초까지 막강한 권력을 행사하였다. 이 시기에는 직장 생활을 하는 여성들도 조선로동당원과 청년동맹(당시 사로청)원을 제외하고는 모두 여맹 생활을 해야 했기 때문에 맹원 수가 매우 많고 조직 권한 역시 매우 강하였다. 당시 '여맹을 강화'하고 '탁아소 유치원 사업을 잘하여 어린이 왕국을 건설'하며 '뽕밭을 조성하여 외화를 버는 일을 여맹이 책임'질 것 등을 강조하는 김일성의 교시에 힘입어 여맹위원장 김성애는 전국에 여맹대표를 파견하여 수시로 검열 및 인사 해임 등을 행하기도 하였다.

그러다가 1970년대에 김정일이 부상하면서 당 및 근로단체의 조직 생활이 강화되자 이후에는 타 단체에 중복 가입을 피하고 한 사람이 하나의 근로단체에만 가입될 것이 요구되었다. 여맹의 특성상 중복 가입되어 있는 여성이 많았기 때문에 조직이 대폭 축소될 수밖에 없었으며, 조직의 권한 역시 '당 위에 군림'하려 했다는 비판을 받는 가운데 약화되었다. 이후 김일성의 외사촌 동생이자 부위원장 겸 서기장인 강관선이 모든 업무를 관장하게 되고 김성애는 실권 없는 명예직인 여맹위원장 직을 유지해 왔다. 1980년대 초부터는 김성애의 친인척 및 자녀들을 곁가지로 분류하여 배척하였으며 1998년 3월에는 상징적이었던 여맹위원장직마저 박탈하였다.

여맹의 가입 대상의 변화를 살펴보면 1965년 규약에 따르면 18세에서 55세까지의 전 여성으로 가입에는 특별한 자격이나 절차 없이 자기가 속해있는 초급단체에서 조직 생활을 하고 이동할 경우 구두로 신고하면 되었다. 그러나 14세에서 30세의 여성은 사로청에 가입해야 하고 30세 이상의 노동자, 사무원을 비롯한 정신노동 종사자는 직맹에, 협동 농장원들은 농근맹에 소속되어야 한다.[262] 따라서 여맹은 18세 이상 모든 여성의 조직체이지만 실제로는 주로 가정주부나 어머니 등을 대상으로 하여 사업해 왔다. 이러한 조직 가입 체계가 개편된 것은 「로동신문」에 따르면 1983년 6월 여맹 5차대회에서 여맹 규약이 개정된 이후이다. 즉 만 18세 이상의 모든 여성이 아니라 '다른 근로단체에 가입하지 않은 여성'으로 제한되면서 직장에 속한 여맹원들이 제외되어 맹원 수가 급격히 감소하였다.

이러한 변화는 여맹 중앙위원회 기관지 『조선녀성』에도 나타났다. 1946년 9월 6일 세상에 나온 잡지 『조선녀성』은 김일성이 직접 제호를 만들었다고 선전되며[263] "우리 나라 녀성들의 계몽과

262 이태영, 『북한여성』, 서울, 실천문학사, 1998, p.163.

263 "위대한 수령님께서 쓰시는 책상우에는 편집성원들이 '문화부녀' '민주녀성' '해방부녀'라고 단 세개의 표지안을 만들어 김정숙동지께 올린 잡지표지도안이 놓여 있었다. … '잡지는 제호가 중요합니다. 이름을 문화부녀라고 하면 녀성들에게 친근감을 주지 않습니다. 해방부녀라고 하는것도 성격에 잘 맞지 않습니다. 해방된 새 조선의 녀성들을 교양하는 잡지인것만큼 민주녀성이라고 하는것이 비교적 접근한것 같기는 한데 제호를 그렇게 달아놓으면 해방된

발전을 위한 친절하고도 옳바른 지침이 되여 녀성들을 새 생활 창조에로 힘 있게 고무추동하게 되였다"고 한다.[264] 그 변화를 살펴보자면 우선 1946년 이후부터 매월 발간되던 것이 1982년 8월부터는 축소되어 격월간으로 발간된다. 그리고 50여 페이지에 달하던 지면 수 역시 40여 페이지로 줄어든다. 또한 등장인물들이 1983년을 기점으로 '각 경제 부문에서 활동하고 있던 여성'에서 '가두여성'(전업주부)으로 바뀌고 있다. 그러다가 2001년 1월 이후에는 다시 월간으로 바뀌고 지면수 역시 56페이지 가량으로 증가하여 현재에 이르고 있다.

이 같은 변화의 배경은 주로 1980년대의 정치・경제적 상황과 관계가 있다. 첫째, 경제적 측면에서는 1980년대 이후 성장의 한계에 봉착한 기존 산업 시설에 유휴 노동력인 가두여성들을 흡수하기 어렵게 된 것을 들 수 있다. 결국 기존 산업 시설에서 흡수하지 못하는 가두여성들의 노동력을 가내작업반 등의 방식으로 전환하려는 시도로 볼 수 있다. 둘째, 사상적 측면에서는 가두여성들의 집단 노동에 대한 사상교양의 역할을 강화하기 위한 것으로 볼 수 있다. 이는 혁명화・노동 계급화가 용이하지 않은 가두여성들의 조직 체계를 정비하고 교양 사업을 진행하기 위한 의도라 할 수 있다. 또한 사회주의 완성 단계로 나아가는 과정에 있어서 혁명의 기초 단위인 가정 내에서 가장 중요한 역할을 하는 존재가 바로 여성이라는 점 역

조선녀성이라는것이 안겨오지 않을것 같습니다. 그래서 민주녀성동맹의 기관지제호는 「조선녀성」이라고 이름을 달면 어떻습니까. 온 세상에 이름을 떨칠 「조선녀성」들의 출판물이 아닙니까'…" 『조선녀성』 2003 11호, p.4.

264 『조선녀성』 2003 3호, p.3.

시 조직 개편의 배경으로 볼 수 있다. 셋째, 이와 같은 정치 경제적 배경 이외에도 사회 통제 강화라는 측면을 지적할 수 있다. 근로단체 가입이 중복되어 소속된 조직들이 겹쳤을 경우 구성원들의 통제와 장악력이 약화될 수 있다는 점에서 하나의 조직에만 가입하도록 하는 것이 조직 개편의 배경으로 볼 수 있다.

이러한 여맹 조직 약화와 함께 김성애 위원장 역시 공식 활동에서 발견되는 경우가 드물어지고 결국 1998년에는 천연옥 위원장으로 교체된다. 그런데 1990년대는 여맹 조직의 재강화와 관련되는 다양한 징후들이 발견되는데 이는 사회주의 고난의 행군, 강행군 시기 여성들의 경제적 기여 등과 관련되는 것으로 보인다. 새터민 인터뷰 내용에 따르면 1990년대 이후 고난의 행군 시기 동안 여성들의 경제력이 축적되면서 발언권이 높아졌으며, 나아가 지역 사회 및 당국에 대한 여맹 초급단체 및 상급 여맹 조직들의 영향력이 매우 커졌다고 지적된다.[265]

여맹 조직의 재강화와 관련하여 유추할 수 있는 몇 가지 사항으로는 김성애 위원장 이후 1998년에 천연옥 위원장으로 바뀌면서 여맹에도 새로운 변화가 시도되었다는 점을 들 수 있다. 또한 1961년 11월 16일 전국어머니대회가 개최되어 '어머니학교'를 통한 교양 사업이 시도된 이후 수십 년 만에 제2차 전국어머니대회가 '성대히' 개최되었다는 기사 내용이 『조선녀성』 등에서 발견된

---

265 50대 여성인 새터민 M씨에 따르면, 과거에 "남편없이는 못산다"라고 하던 여성들이 경제난을 겪고 여성의 경제력이 증진되면서 목소리가 커졌다고 한다. 또한 과거에는 '말도 못하고 굽신대던' 여맹원들이 다 돈을 벌어 일이 있을 때마다 '뭉치'로 내놓곤 하면서 지위가 상승했다고 밝히고 있다.

다.[266] 그 구성원에 있어서도 '읍 가두녀맹원'이나 '기업소 여맹원'이라는 표현들이 등장한다는 점에서도 여맹원 수의 증가를 예상할 수 있는 특징들이 보인다.[267]

새터민들의 인터뷰에 따르면 1980년대 경까지는 여맹 조직에서 활동했던 전력이 있는 여성들은 그 능력과 상관없이 출세에 있어서 직접적인 장애가 상당한 정도로 존재하였다고 하는데, 최근에는 이를 바로잡고자 하는 시도로 보이는 언급들도 종종 등장한다.[268] 예컨대 1998년의 김정일의 여맹 관련 언급들에 따르면 "사회에서 여맹의 존재 자체를 부정하거나 여성들의 역할을 무시하는 것은 그릇된 사고방식"이라고 지적하는 표현이 발견된다.[269]

---

266 『조선녀성』에는 "전국어머니들의 충성의 대회 성대히 진행- 제 2차 전국어머니대회-"라는 제목의 기사와 관련 사진이 발견된다. 여기서는 조선민주녀성동맹 중앙위원회 천연옥위원장의 보고, 재일본조선민주녀성동맹 중앙상임위원회 김일순위원장의 축하연설 등이 소개되었다. 『조선녀성』 1998 6호, p.17.

267 정성임, 앞의 글, 2004, p.218.

268 김일성종합대학 출신의 50대 인테리 남성인 새터민 H씨에 따르면, 1969년 이전까지는 김성애의 우상화가 극심하여 당시 「로동신문」 등에는 '존경하는 김성애여사' 등의 표현을 쓰는 등 거의 '수령과 동급'이었다고 한다. 당시에는 김성애가 김정숙의 서거행사도 못하게 막았으며, 김정숙의 김일성에 대한 충실성에 대해서도 "그 상황에서는 누구나 다 그럴수 있어!"라면서 깎아내리는 등 김정일의 원한이 깊었다고 한다. 이후 김정일의 후계체제가 진행되면서 '곁가지'를 분류하는 작업이 시작되고 1970년대 말에는 해외로 보내는 등 김성애 측근의 직접적인 제거에 나섰다고 한다. 이에 따라 1980년대 이후에는 여맹 소속이었다는 이유만으로도 승진 등에서 결정적인 장애가 있었으며, 부인이 여맹 고위직이었을 경우 그 남편도 '지뢰밭'처럼 '발전'하지 못하고 외국으로도 나가지 못했다고 한다. 이 시기에 여맹위원장이 되는 것은 "호박쓰고 돼지굴로 들어가는" 형상이었다고 한다.

2. 조직과 운영

1) 조직 체계

여맹의 가입대상은 1965년 규약에 따르면 18세에서 55세까지의 전 여성이었는데 1983년을 전후하여 중복 가입이 제한되면서 조직가입 체계가 개편되었다. 기존 여맹조직은 주거별 및 직장별로 이원화되어 가두여성과 일하는 여성이 분리되어 있었다. 따라서 1960년대까지만 해도 공장·기업소의 당책임비서 아래 사로청, 직맹, 여맹, 선전선동비서, 교육비서, 조직비서가 있었다.[270] 그러나 1980년대 이후에는 직장 조직이 사라지고 도, 시·군 단위로 내려오는 주거지를 중심으로 하는 여맹 조직만이 남는다.[271] 즉 1983년 여맹 5차대회 이후의 변화된 여맹원 요건은 '30세 이상 타 단체에 가입하지' 않은 여성, 즉 직장에 가입하지 않은 가두여성으로 한정된다.

---

269 정성임, 앞의 글, 2004, pp.216-217.

270 1971년의 여맹 4차대회에서는 각 도(직할시) '여맹대표회'들에서 선출된 1천 561명의 대표자들과 인민경제 각 부문에서 사업하고 있는 '녀맹일군들과 녀성간부들'이 방청으로 참가하였다고 보고된다. 『조선중앙연감 1972』, 평양, 조선중앙통신사, 1972, p.287.

271 1983년 5차대회에서는 '각 도 녀맹대표들'에서 선거된 대표자들, 방청자들 그리고 당 및 여맹일군들이 참가한 것으로 되어 직장 내 여맹의 역할이 소멸한다. 『조선중앙연감 1983』, 평양, 조선중앙통신사, 1983, p.232.

결국 여맹은 농촌을 제외한 전국의 가정주부들로 조직된 조직이며 청년동맹 생활을 하던 여성들도 시집을 갈 경우 직업이 없으면 연령에 관계없이 자동적으로 여맹에 가입된다. 이같이 가두여성 중심의 조직으로의 변화는 그 사업 내용에 근로 활동보다는 가정 생활 및 자녀 교양 문제에 초점을 두게 되는 변화를 가져왔다. 예컨대 여맹 조직의 주요 관심사가 사상교양, 강반석 및 김정숙 모범교양을 기본으로 자녀 교양 및 예술선전선동활동, 당정책 관철을 위한 조직 동원 등에 집중된다. 그러나 1990년대 이후에는 가두여성 뿐 아니라 협동 부문 등의 여성노동자 및 여성 노동자의 수가 적은 기업소 일부의 노동자들도 모두 여맹원 소속으로 규정되는 것으로 보인다.[272]

여맹의 변화는 우선 여맹원 수의 증감에서 유추해 볼 수 있다. 여맹원 수는 1945년 40만 명, 1946년 60만 명을 거쳐 1960년 220만 명, 1971년 270만 명 정도로 점차 증가해왔다. 그러나 1977년에는 260만 명, 1984년 250만 명으로 감소하기 시작하여 1980년대 중반 이후에는 120만 명으로 감소하였다.[273] 새터민

---

272 정성임의 연구에 따르면 같은 여성 근로자라 하더라도 국영 기업소 여성들은 직맹에 소속되는 반면 편의 봉사 등의 협동 부문 여성들은 여맹에 소속된다고 한다. 또한 여성 노동자들이 대부분인 봉제 공장 등의 여성들은 직맹 소속인 반면 여성 노동자의 수가 적어 다른 직장의 여성 노동자들과 묶어 초급 단위를 구성하게 되면 여맹 소속이라고 한다. 정성임, 앞의 글, p.218.

273 기존의 연구들에 따르면 1987년 북한이 대외 선전용으로 발간한 『조선개관』에서는 직맹은 약 160만, 농근맹은 약 130만, 사로청은 약 380만인데 비하여 여맹의 인원수가 20만이라고 나타난다. 방완주, 『조선개관』, 평양, 백과사전출판사, 1988, pp.106-107.; 그러나 여맹 관련자의 인터뷰 기사 등에서는 20만 명이 아니라 120만 명의 오기라고 지적된다. 통일뉴스, 2002.

들의 증언을 바탕으로 한 연구들에 따르면 1990년대 이후에는 여맹원 수가 다시 증가하기 시작하여 대략 200여 만 명 정도로 추산된다.

한편 조직 체계와 관련하여 여맹의 중앙 조직은 조선로동당 근로단체부[274]의 지도를 받는 여맹 중앙위원회가 있고[275] 산하에 도, 시(구역)·군 여맹위원회와 리(동) 여맹위원회, 그리고 인민반별로 초급단체가 구성되어 있다. 대부분의 여맹 활동은 인원수에 따라 초급단체를 중심으로 이루어지고 있다. 맹원 가입 절차 역시 청원자가 해당 초급단체에 청원하고 해당 초급단체에서 토의 결정하여 시·군 여맹위원회에서 비준하는 형식이다.

여맹의 지도부 역시 다른 근로단체와 마찬가지로 조선로동당에서 임명 또는 지명하며 당의 사업 지도와 감독 통제를 받는다. 여맹은 연중 상하반기 각각 1회 정도 중앙위원회 전원회의를 열고 당면한 현안을 토의하고 있다. 여맹 조직은 중앙으로부터 도(직할시), 시(구역)·군, 읍(노동자구), 리에 이르기까지 정연한 조직 체계를 갖고 있다. 각급 여맹위원들은 리, 읍의 초급 여맹 단체에 이르기까지 여맹 유급일군들로 구성되어 있

---

9. 15-17, 위의 글, p.214.

274 여맹을 포함하여 근로단체를 담당하는 부서는 조선로동당 비서국(현 근로단체비서는 김중린)이며 근로단체들은 각급 당 위원회에 사업보고를 하게 된다. 위의 글, p,200.

275 여맹 중앙위원회 위원장은 박정애(1945-1965), 김옥순(1965-1971), 김성애(1971-1998), 천연옥(1998-2000), 2000년 10월 여맹 중앙위원회 제5기 34차전원회의에서 박순희가 선출되었다.

다.[276] 여맹의 조직 체계를 간략히 제시하면 다음 〈그림 2〉와 같다.

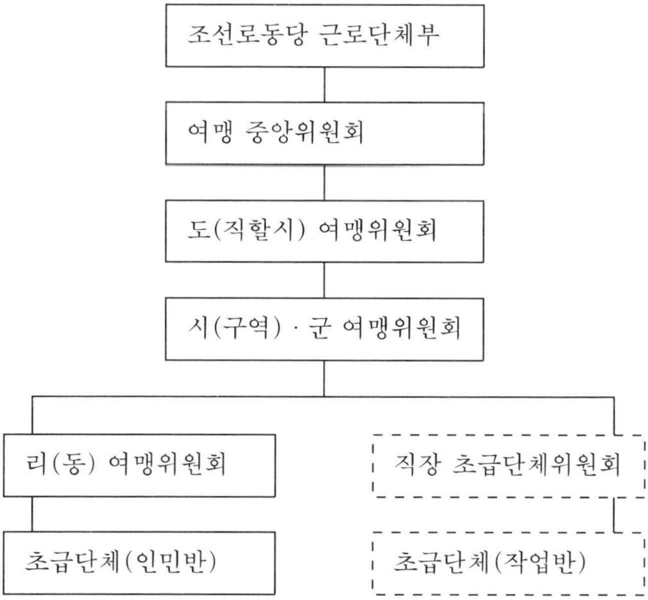

그림 2 조선민주녀성동맹의 조직 체계
(출처: 정성장(2004) 참조 새로 구성)

2) 조직 운영

근로단체로서 당의 인전대의 역할과 관련하여 실제적인 여맹원들의 통제 방식은 주로 초급단체 중심으로 이루어진다. 김정일

276 『력사사전』 2, 평양, 과학·백과사전출판사, 1971, p.474.

은 "근로단체조직들이 동맹조직생활에 대한 지도를 강화하는데서 중요한것은 동맹원들속에서 자각적이며 혁명적인 조직생활기풍을 세우도록 하는 것입니다."라고 강조한 바 있다. 이에 따라 여맹조직은 '조직관념'을 바로세우고 조직 생활에 충실하도록 유도하는 것이 곧 당과 수령에 대한 충실성을 보장하는 것이라고 여기고 초급단체 생활을 강조하고 있다.[277] 초급단체들은 개인들에게 사상교양학습을 시도하며 개별적인 분공[278]을 제시하고 교양한다. 또한 '충성의 모범초급단체' 쟁취 운동을 벌이기도 하며 초급단체 여맹위원장들의 헌신적이거나 창의적인 교양 모범사례들을 집중적으로 소개하고 있다.

조직 사업으로는 우선 근로단체가 지니는 사상교양단체로서의 역할과 관련하여 혁명사상교양, 당정책교양, 애국주의교양 등을 시도한다. 여맹 조직을 통한 사상교양사업은 주로 '해설'과 '설복'의 방식으로 진행되는데 교양 내용을 이해할 수 있도록 '해설'하고 맹원들은 자발적으로 이를 체득하도록 '설복'하는 형태이다.[279]

277 "한때는 가두에 있는 녀맹원이라는것을 운운하면서 모임규률조차 제대로 지키지 못하던 이들이 이렇게 변모된데는 초급단체의 역할이 컸다. … 가두녀성들이 이러저러한 자기 개인사정을 앞세우는 조건에서 강한 조직규률을 세우지 않고서는 아무일도 할수 없다는것을 포착한 초급단체는 우선 녀맹원들속에 조직관념을 바로세우기 위한 사업을 잘해나갔다." 『조선녀성』 1998 3호, p.25.

278 분공이란 "녀맹조직앞에 나선 혁명과업을 원만히 수행하기 위하여 초급단체에서 녀맹원들에게 주는 구체적인 과업을 말한다."면서 "무엇보다 먼저 녀맹원들의 분공수행정형에 대하여 꼭꼭 총화하고 넘어가는 것을 제도화하여야 한다."고 촉구한다. 『조선녀성』 2007 4호, p.53.

279 정성임, 앞의 글, 2004, p.19.

나아가 여맹 조직은 이와 같은 사상교양사업을 통하여 고취된 혁명 의식과 충성심을 구체적인 실천 행위로 유도할 수 있도록 맹원들을 조직 동원하고 경쟁 혹은 긍정감화교양 등의 방식으로 강화한다.

구체적으로는 사상교양을 제고하기 위하여 여맹 사무실을 학습의 근거지로 꾸리거나 혁명사상학습을 위한 카드나 걸그림 등 다양한 형식을 시도하는 모범 여맹위원장들의 사례들이 매우 자주 등장한다.[280] 특별히 학습 형식의 다양화 측면에서 최근으로 올수록 강조되는 방식은 '개성'이나 '흥미'를 반영한 사상교양지도가 증가하고 있으며[281] 고난의 행군기 이후 예술 선동의 조직에 여맹 조직이 더욱 적극적으로 개입하는 것도 특징적이다.

여맹 조직 차원에서 당 정책 관철을 위하여 여맹원들을 독려·동원하기 위하여 솔선수범하고 이신작칙(以身作則)하는 방식의 모범 사례도 중시한다. 또한 학습에 그치지 않고 반드시 '실천'하도록 유도하는 데 초급 위원장들이 집중할 것을 강조하며 형식주의에 치우치지 않도록 적극 경계한다. 한편 애국적인 소행을 널리 소개하고 지켜세워는 방식으로 긍정감화교양을 시도하는 사례들도 자주 소개된다. 가령 정춘실 운동처럼 조직체 스스로 원료 등을 해결하여 나라에 보탬을 주는 사례와 같이, 단순히 당

---

280 『조선녀성』 2003 6호, p.42.

281 "사실상 지난날 초급단체에는 조직에 자기 마음을 주지 않고 조직생활을 게을리하는 녀맹원들도 없지 않았다. 이런 실정에서 초급단체에서는 녀맹원들의 성격과 심리, 취미를 잘 알고 개별교양을 강화하면서 적극적으로 이끌었다." 『조선녀성』 1998 3호, p.25.

정책의 수용 차원을 넘어 새로운 형식의 돌파구를 찾아내는 형태도 있다.[282]

한편 여맹 역시 여타 근로단체들과 마찬가지로 사상교양사업뿐 아니라 당과 인민을 연결하는 인전대의 역할을 중시한다. 당의 후비대로서의 역할에서는 여맹 조직이 여타 근로단체들에 비하여 상대적으로 소극적인 측면이 보이지만, 최근 들어서 군입대를 마치고 당원이 된 뒤 대학생이 되어 공부를 마치고 여맹위원장이 되어 여맹원들을 교양하는 사례들도 종종 등장한다. 또는 근무하는 기업소 등에서 로력영웅이 되어 '애어린' 나이에 당원이 된 여성들도 소개된다. 또한 비단 당원으로 나아가지 않더라도 강반석, 김정숙 따라배우기[283] 등을 통해 '영웅의 어머니' 또는 '여성영웅'이 될 것을 촉구한다. 특히 강행군 시기 이후 '전시' 관련 기사들에 빗대어 수령결사옹위를 위해 목숨을 내던진 여성영웅 사례들[284]을 강조하기도 한다.

최근으로 올수록 여맹 조직은 당 정책 및 건설, 노력 동원 등

282 『조선녀성』 1993 3호, p.40.

283 "김정숙동지께서는 사령부와 헤여지기에 앞서 늘 배낭속에 간수해가지고 다니시던 미시가루주머니를 사령부 전령병의 배낭에 넣어주시며 이렇게 말씀하시였습니다. '한홉이 되겠는지, 정 요긴할 때 사령관동지께 대접해주세요'" 『조선녀성』 2007 1호, p.19.

284 "그들속에는 처녀군인들도 있었다. 솜옷으로 구호나무의 글발을 덮으며 겹겹이 구호나무를 그러안고 살점이 익어 떨어져나가는 그 불길속에서도 단 한마디의 비명도 지르지 않았다. … 짧은 한생을 가장 값높이 산 불사신의 영웅들, 그들은 바로 우리 당이 품을 들여 키워낸 청년들이였다." 『조선녀성』 1998 5호, p.17.

에 있어서 조선로동당과 여성들을 연결하는 연결고리로서 중요한 역할을 강조한다. 이에 따라 여맹 조직은 우선 가두여성들로 하여금 조직 생활을 충실히 하는 가운데 사상적 통제를 시도한다. 나아가 당국이 중시하는 건설 사업이나 노력 동원, 원호 사업 등에 여맹원들의 노력을 집중 동원하는 데 있어서 중요한 역할을 한다.

1990년대 이후에는 농촌 노력 동원이나 인민소비품 생산, 원호 물자 등에 여맹 조직이 발동하고 있으며 조직 차원에서 공산주의적 미풍을 독려하고 진행하기도 한다. 특히 2000년대 이후에는 애국미, 애국공채, 여맹호 포 자금 등을 마련하는 데 있어서 여맹 조직이 적극적으로 나서 '좋은일하기운동'을 벌인다. 여맹 조직은 구체적인 기술적 측면을 제시해 주기도 하며 경쟁도표나 긍정감화교양 등의 방식으로 여맹원들의 노동력을 끌어내는 것이 특징적이다.

3. 역할로 본 특성

여타 근로단체들에게 요구되는 바 '당과 대중을 연결하는 인전대이자 당의 방조자'로서 '사상교양사업' 및 '사회주의건설에 조직동원'하는 역할은 여맹 조직에도 동일하게 요구된다. 여성들은 인구의 절반으로서 혁명의 한쪽 수레바퀴가 되며 나아가 미래의 새로운 혁명 세대를 교양하는 어머니의 역할을 한다는 점에서 여성

조직의 역할이 중요하다는 것이다. 따라서 여맹 조직은 여성들로 하여금 가정의 혁명화를 수행하고 나아가 '수령'과 '당'적 지도를 접수하고 관철하도록 하기 위한 임무를 지닌다.

특별히 여맹은 정치・사회적 환경 변화에 따라 임무와 과업의 특성 변화가 존재해 왔는데 이 모든 과정에서 당의 외곽단체의 성격을 분명히 하고 있다. 예컨대 정권 획득 이전의 여맹은 투쟁을 위한 여성들의 결속에 초점을 두며 반제반봉건민주주의혁명 단계에서는 교양 사업을 통한 여성 해방 투쟁에 관심을 둔다. 다음으로 사회주의혁명 단계에서는 혁명 사상으로 무장하여 혁명과업 수행에 나서도록 조직동원하며, 마지막으로 사회주의혁명 승리 이후에는 조직적인 혁명화와 노동 계급화를 위해 사업한다는 것이다.[285]

요컨대 현재 여맹의 임무는 첫째, 여맹 규약에서 밝히고 있는 대로 "여성들 속에서 당의 유일사상교양을 강화하며 그들의 정치의식과 문화수준을 높이고 사회주의 건설에서 근로여성들의 역할을 제고시키며 김정일을 정치 사상적으로 목숨 바쳐 옹호 보위하는 참다운 근위대, 결사대로 만드는 것"이다. 여맹의 가장 주요한 기능은 여맹 조직들이 정치 학습을 통한 교양사업을 철저히 수행함으로써 여성들을 김정일에 무한히 충실한 전사로 만들고 여성들 속에서 당의 유일사상체계를 확고히 세우는 것이다.[286]

285 정성임, 앞의 글, 2004, pp.200-201.

286 "녀성들과 녀맹원들은 당과 수령에 대한 충실성을 신념화, 량심화, 도덕화,

김정일은 특히 가정 여성들에 대한 교양 사업을 강화하여 혁명화하는 것이 가정혁명화 뿐 아니라 여성혁명화를 성공하는 데 핵심이라고 강조한다.[287] 즉 "일부 여성들 속에서는 직장에도 다니지 않고 인민반 사업에도 잘 참가하지 않으며 집도 잘 거두지 않고 안일하게 되는대로 사는 현상이 적지 않게 나타나고 있다"[288]는 것이다. 또한 "수천 년 동안 사회생활 밖에서, 좁은 가정 울타리 안에서 살아와서 집단주의 정신이 부족하고 아직 이기주의 사상이 남아" 있는 가두여성들의 속성상 혁명화시키기 쉽지 않으며 일부 여성들은 일하기 싫어하고 '놀고먹으려는 사상'이 이모저모로 나타난다고 비판하고 있다.[289] 따라서 '가정부인'들이 집안일에만 머무는 것이 아니라 학교 및 사회생활에 적극 나서야 할 것을 강조하며 이에 따른 탁아소와 유치원, 보육원 등의 문제를 해결할 것을 촉구하게 된다.[290]

생활화하고 사회주의위업에 끊없이 충직한 혁명전사가 되여야 하며 삶의 순간순간을 충성과 효성으로 빛내여나가야 한다. 녀성들과 녀맹원들은 '우리식 사회주의총진군속도'를 창조할데 대한 당중앙위원회구호를 받들고 사회주의건설에서 혁명적앙양을 일으키는데 적극 이바지하여야 한다. 녀성들과 녀맹원들속에서 충실성교양, 혁명전통교양, 조선민족제일주의정신, 반제계급의식으로 무장시키기 위한 교양, 집단주의교양을 더욱 강화하여 우리의 사회주의진지를 튼튼히 다져나가야 한다." 『조선녀성』 1993 4호, p.26.

287 『조선녀성』 2003 12호, p.40.

288 『김정일 선집』 2, 평양, 조선로동당출판사, p.389.

289 리경혜, 『녀성문제해결경험』, 평양, 사회과학출판사, 1990, p.158.

290 "그들을 집에서 일만 시키지 말고 학교에 보내여 글을 배우도록 해야 한다고 말씀하시였습니다. 그리고 자녀들에 대한 도덕교양도 잘할데 대하여 세세히 가르쳐 주시였습니다. … 탁아소, 유치원을 꾸리는 문제와 보육원, 교양원들에 대한 교양사업, 우리 녀성들이 살림을 깐지게 하여 식량을 절약할데 대한

북한은 이러한 관심 가운데 1961년에 전국어머니대회를 개최하였으며 이후 어머니학교를 통한 여성들에 대한 사상교양학습 제고를 시도하게 된다.[291] 1968년에는 '가정 혁명화'의 구호 가운데 여성들 속에서 사상교양을 강화하고 여성들을 생산 현장에 적극 투입시키기 위한 각종 선전 선동 수단들을 동원하였다. 특별히 여성의 낡은 사상 의식을 개혁하고 여성들로 하여금 정치적 생명을 얻게 하기 위해서 여맹 조직 생활을 강조하게 된다. 이에 따라 여맹중앙위원회로부터 기층조직에 이르기까지 정연한 조직 체계를 지시한다.[292] 또한 여성이 정치적 생명을 갖기 힘든 것은 사회생활을 하지 않기 때문이라면서 취업 여성과 비취업 여성의 준비 정도가 같을 수 없다는 점에서 그들의 준비 정도에 맞는 사상 사업을 전개할 것을 강조한다.

한편 북한에서는 1972년 사회주의 제도가 완성되고 나서 사상·기술·문화의 3대혁명이 과제로 대두되었는데 이에 따라 인구의 절반을 차지하고 있는 여성의 혁명화와 노동계급화가 중요해졌다. 가정 내에서 여성의 사상 상태는 가족들에게 지대한 영향을 미치게 되는데 특별히 어머니가 공산주의자로 되지 않고는 아들딸들을 공산주의자로 키울 수 없으며 가정을 혁명화 할 수 없다는 것

문제, 녀성들이 모두 직장에 나가 일하도록 할데 대한 문제 등 녀맹사업에서 나서는 모든 문제를 알기 쉽게 차근차근 일깨워 주시였습니다." 『조선녀성』 2003 5호, p.16.

291 어머니학교는 1962년에는 35,306개였으며 1968년에는 112,000개로 증가한다. 정성임, 앞의 글, 2004, p.210.

292 사회과학원, 『〈녀성들을 혁명화 로동계급화할데 대하여〉에 대하여』, 평양, 사회과학출판사, 1975, p.17.

이다.[293] 가정의 혁명화는 가정 구성원들을 공산주의적으로 교양하고 개조하여 가정을 혁명가의 집단으로 만드는 사업이다.[294] 따라서 김일성은 가정을 혁명화하는 것부터 시작하여 분조와 작업반, 인민반을 혁명화하고 나아가서 직장과 리를 혁명화하여야 하며 본보기를 창조하고 그 경험을 일반화하는 방법으로 점차 온 사회를 혁명화, 노동 계급화하여 나가야한다[295]고 강조한다.

다음으로 여맹의 역할은 유휴 노동력으로서 가두여성을 활용하는 문제에서 중요해진다. 원칙적으로 사회주의하에서는 사회주의 건설이 진척됨에 따라 새로운 생산 부문들과 공장, 기업소들이 늘어남에 따라 노동력 부족의 문제가 발생하게 된다. 따라서 '개인적 사성' 때문에 사회적 생산에 참가하지 못하는 유휴 노동력[296]을 잘 활용할 것이 요청된다. 특별히 가두여성들은 유휴 노동력으로 규정받고 있으며 언제든지 노동력이 긴장될 때 경제활동에 참가해야 한다. 북한에서는 원칙적으로 모든 여성은 중학교를 졸업하자마자 무리배치를 받으며, 미혼 여성이 6개월 이상 노동을 수행하지 않을 경우 사회적 제재가 가해질 수 있다고 한다.[297]

---

293 『조선녀성』 1998 5호, p.30.

294 『정치사전』 1, 평양, 과학·백과사전출판사, 1985.

295 『김일성저작선집』 25, 평양, 조선로동당출판사, p.292.

296 『경제사전』 2, 평양, 과학·백과사전출판사, 1985, p.657.

297 남성 일반에게 적용되는 노동의 의무가 동등하게 주어지는 미혼 여성의 경우 90%가 취업하고 있으며, 결국 미취업 인구의 대부분은 가두여성일 것으로 보인다. 김애실, "여성의 경제활동", 『북한의 여성생활』, 나남, 1992, p.49.; p.193.

북한은 "큰 공장, 기업소들이 새로 많이 건설되어 노력에 대한 수요는 계속 늘어나고 있는" 상황이라는 김일성의 지적처럼, 1950년대와 1960년대의 급속한 공업화 이후 경제 건설과 노동력 부족의 문제를 해결하기 위하여 여성 고용을 대폭 늘리게 된다. 여성들을 생산 노동을 비롯한 인민 경제 여러 부문에 더 많이 진출시키기 위하여, 여성들의 체질과 능력에 맞는 일자리에서 일하던 남성 노력을 다른 힘든 부문으로 돌리고 여기에 여성 노력을 배치하도록 행정적 조치를 취하기도 했다.[298] 1968년 11월 15일 당 중앙위원회의 분과회의에 따르면 18만 명에 가까운 노동력 예비가 있으며 이 가운데 절반에 가까운 9만1천 명은 여성 노동력으로의 전환을 통해 이끌어 낼 수 있다고 보았다.[299]

이러한 노동 참여를 독려하기 위해 탄광 등에서 광부의 아내들이 틈틈이 약초나 광물 생산에 나설 것을 강조하기도 하며[300] 공장이나 제철소 등에서의 노력지원사업 및 농촌에서의 농사일 및 관개 공사, 제방 공사들에 나서도록 촉구하였다.[301] 또한 이

---

298 리경혜, 앞의 책, 1990, p.96.

299 『사회주의경제관리문제에대하여』 3, 평양, 조선로동당출판사, pp.396-397.; p.469.

300 "1961년 … 집에서 논다는 일군의 대답을 들으신 수령님께서는 녀성들은 일을 해야 한다. 이것은 사회주의교양이며 일을 해야 녀성들도 사회주의건설에 복무한다는 영예감을 가지게 된다고 하시며 녀성들이 할 일에 대하여 하나하나 가르쳐주시였다. … 광석도 주워모으고 약초를 캐여 보약도 만들고 후방사업도 맡아하였다." 『조선녀성』 1993 6호, p.3.

301 "녀맹조직들이 인민경제계획을 수행하기 위한 투쟁이 벌어지고 있는 현실의

외에도 김일성은 "좋은일하기운동은 로동을 사랑하는 정신을 키우고 사회주의건설에 이바지하는 매우 좋은 운동입니다."[302]라면서 뽕밭 조성 등에 여맹이 적극 나서도록 강조했다.[303] 이는 1970년대에 최고조에 달했던 것으로 보이는데 여맹위원회별로 경쟁을 유발하여 누에치기를 잘한 곳은 자동차 등을 포상으로 받기도 했다.[304] 여맹 조직을 통한 좋은일하기운동 노력 동원은 쌀과 콩 1000포기심기운동, 들깨심는운동, 농촌살림집짓기운동, 닭기르기운동, 절약운동 등으로도 확대되었다.[305]

요구에 맞게 인민경제 여러 부문에 대한 가두녀성들의 로력 지원투쟁을 더욱 적극적으로 벌리도록 이끌어주시였다. … 녀성동맹에서 가두녀성들과 가정부인들로 로력지원대를 무어 인민경제 여러 부문을 로력적으로 돕기 위한 대책을 세울데 대한 가르치심을 주시였다. … 평양제사공장 … 황해제철소와 흥남비료공장 … 씨뿌리기와 모내기, 김매기 … 김정숙동지께서는 천수답을 수리안전답으로 만들기 위한 관개공사, 제방공사들에 농촌녀성들이 적극 동원되도록 정력적으로 이끌어주시였다." 『조선녀성』 2007 1호, p.16.

302 『조선녀성』 2007 1호, p.10.

303 "1974년 6월 13일 녀성동맹이 누에치기를 힘 있게 벌릴데 대한 과업을 주시면서 이 사업에서 녀맹이 주인이 되여야 한다고 가르치시였다." 『조선녀성』 2003 11호, p.7.

304 "녀맹조직들이 뽕밭조성사업에 이악하게 달라붙는다면 6개년계획기간에 많은 뽕나무밭을 조성할수 있을것이라는 확신을 안겨주시였다. … 위대한 수령님께서는 전국의 모든 시·군녀맹위원회들이 '승리58'형자동차 1대, 누에치기를 잘한 시·군녀맹위원회들은 '갱생'자동차를 더 받아 누에치기에 적극 리용하도록 하시였다." 『조선녀성』 2007 1호, p.10.

305 "1974년 5월 황해북도 봉산군 청계협동농장을 현지지도 … 가두녀맹원들은 빈땅을 찾아 1000포기심기운동을 힘있게 벌려 27톤의 콩을 생산하여 위대한 수령님께 애국미로 바치였다. … 각급 녀맹조직들은 군중적운동으로 기름작물을 심어 전국적으로 수천톤의 기름을 생산하여 먹는기름문제해결에 이바지하였다. … 녀맹조직들과 녀맹원들은 각지에서 농촌살림집건설을 지원하

이처럼 특별히 1970년대에 여맹 조직을 통한 노력동원운동이 강조된 것은 1970년대 중반 김정일 급부상 전까지 강력한 영향력을 행사하던 여맹위원장 김성애의 위상과도 관련이 있다. 그러나 석유 파동 등과 같은 외부적 정세 변화[306] 및 내부적 경제 성장의 한계를 극복하기 위해 다양한 노력 의욕 고취를 시도해야 했던 측면도 간과할 수 없다. 이에 따라 1970년대에는 당 및 근로단체 조직들이 "사상전을 전격전, 섬멸전, 집중공세의 방법으로 힘있게 들이대게" 할 것을 강조하며 여맹 조직의 주관하에 70일전투, 100일전투 등을 벌이게 된다. 또한 1973년 9월 당중앙위원회 비서국 결정으로 '녀맹예술선전대'를 구성하도록 하고 충성의 알곡 1000포기심기운동을 벌리도록 하면서 상품 등을 수여하기도 하였다.[307]

그러나 1980년대 이후 북한은 공업화의 벽에 부딪히게 되

기 위한 투쟁을 더욱 힘있게 벌려 세기적으로 물려오던 초가집들을 말금히 없애고 우리 나라 농촌을 살기 좋은 사회주의문화농촌으로 전변시키는데 이바지하였다. … 1977 … 특히 농근맹조직들과 녀맹조직들이 앞장에 서서 닭기르기를 군중적운동으로 벌릴데 대하여 … 녀맹조직들이 녀맹원들속에서 절약투쟁을 강화하여 나라살림살이에 보탬을 주기 위한 투쟁을 힘있게 벌리도록 이끌어주시였다. … 녀성들과 녀맹원들속에서 식량, 천, 전기, 물들을 절약하기위한 투쟁을 힘있게 벌리기 위한 과업과 방도들을 … 녀맹조직들과 녀맹원들이 사회주의대건설장들을 로력적으로 물질적으로 지원하기 위한 투쟁을 힘있게 벌리도록 이끌어주시였다." 『조선녀성』 2007 1호, p.10.

306 "경애하는 장군님께서는 1970년대 중엽 세계가 식량위기를 겪고 있는 엄중한 실태를 과학적으로 통찰하시고 농업생산에서 새로운 전환을 일으킬데 대한 혁명적방침을 제시하시고 녀맹조직들이 동맹의 특성에 맞게 사업을 실속있게 조직진행하도록 이끌어 주시였다." 『조선녀성』 2003 11호, p.7.

307 『조선녀성』 2003 11호, p.7.

면서 기본 산업 시설에 대한 생산 요소의 투입 증대에도 불구하고 성장의 한계에 직면한다. 따라서 경제 관리의 합리화를 위해 적은 비용으로 많은 물건을 생산할 수 있는 '가내작업반'이 공식적으로 장려된다. 1983년 김일성은 신년사에서 "모든 예비와 가능성을 적극 동원리용하여 중앙 경공업공장들과 지방산업공장들을 정상화"할 것을 강조하는데, 여기서 모든 예비와 가능성은 가두여성과 노인들을 뜻하는 유휴 노동력과 유휴 자재로 볼 수 있다. 같은 해에 이루어진 '경공업혁명을 다그쳐 인민들의 물질 문화생활을 더욱 높이'라는 연설에서는 경제 부문 중 가장 낙후된 경공업을 일으킬 것을 적극적으로 강조한다.[308] 또한 1983년 8월 26일에 김정일은 "온 사회에 주체사상화가 힘있게 내리고 있는 우리 혁명발전의 요구에 맞게 사회주의 건설을 다그치며 여성들은 혁명화, 로동계급화를 빨리 실현할 수 있도록 집에서 놀고 있는 가정부인을 빠짐없이 생산로동에 인입할 데 대한 지시"를 내린다.[309]

이후 1984년에는 '8・3인민소비품창조운동'이 제기되어 가내작업반 활동이 더욱 강화되고 각 시・군별 직매점이 생기면서 8・3인민소비품의 유통・공급 체계가 자리 잡히게 된다.

308 『김일성저작집』 37, 평양, 조선로동당출판사, p.373.; p.381.

309 "숙천초물공장 가내작업반으로 말하면 가정부인들이 모여 지방에서 나는 왕골, 잘피, 쥐골 등으로 비자루 조리 같은 것을 만드는 것으로 첫걸음을 떼어서 몇가지 초물제품을 만들고 있었다. 그런데 1981년 10월말 친애하는 지도자 동지께서는 이들에게 새로 개관될 청류관에 펴놓을 꽃방석을 만들도록 크나큰 믿음을 주시였다" 『조선녀성』 1983 5호, p.16.

이 운동은 각 기업, 가정에 조직된 생활 필수품 직장작업반, 가내작업반에서 기업의 부산물, 폐기물, 지방 차원에서 모은 유휴원료・자재를 이용해 소비품을 생산하는 것이다. 이는 지방 산업 공장의 수준에 육박할 정도로 상당히 발달되었던 것으로 보인다.[310]

가내작업반의 특징으로는 우선 직장에 나가지 않는 여성들이 부업을 통해 생산된 상품의 일부를 국가에 바치고 그 나머지를 분배하는 방식으로 수입을 획득한다는 것이다. 그리고 가내작업반은 모체 공장과의 연계를 지어 필요 자재와 기술을 자체적으로 해결하는 지속적이고 체계적이며 자급자족적인 형태를 띤다. 또한 가내작업반은 집단주의적 방식을 취하고 있다는 점에서 해당 지역별로 사상교양을 강화할 수 있는 수단이 된다. 이들은 당과 행정 및 경제지도위원회의 지도를 받는 공장과 기업소에 설치되어 있으며 분조 형태로 나뉜 뒤 작업반장이 분공을 내리면 작업반원들이 수행하는 형식이다. 초창기에는 사회적 노동에 참여하기를 꺼려하는 경향이 많아 가내작업반장들이 호별 방문을 하여 가정부인들을 참여시키려고 했으나 '인식이 부족한' 이들을 설득시키는 데 여러 가지 어려움들이 있었다고 한다.

앞서 살펴본 바와 같이 여맹 조직은 1973년 김정일에 의한 여맹 비판과 1980년대 여맹 조직 개편 이후 크게 위축되었다.

---

310 "가내작업반에서 자투리 천과 가위밥으로 한달동안 만드는 인민소비품의 량이 4,000여 메터의 새천으로 만들어내는 량과 맞먹는 다고 하니 그야말로 가내작업반이 얼마나 좋은가" 『조선녀성』 1983 5호, p.29.

이후 여맹은 여성들의 권익 옹호를 위한 단체로서가 아니라 사상 개조와 조직 생활 가운데 김정일에 무한히 충실하고 무조건 복종하며 노동력을 동원하는 당의 외곽단체로서의 기능만을 하게 된다. 김정일의 당 총비서 추대를 계기로 강관선 여맹 서기장 등 여맹 관계자들과 전국 여맹일군들이 참석한 가운데 개최된 "위대한 령도자 김정일 동지의 영도 따라 사회주의 위업을 끝까지 완성"하기 위한 전국 여맹일군들의 충성의 결의모임 보고 및 토론[311]에 따르면 여맹의 역할은 김정일에 대한 충성심과 군민일치 등의 원호 사업에 집중되고 있다. 결국 여맹 활동은 충성의 궐기모임, 학습, 회의, 생활총화, 인민군대 원호 사업, 외화벌이, 폐품수집 등으로 국한된다.

북한 중앙방송에 따르면[312] 여맹은 이에 앞선 10월 6일에도 조선로동당중앙위 근로단체부장 원동구가 참석한 가운데 평양시 '녀맹일군들과 녀맹원들의 궐기모임'을 가졌다. 또한 1998년 10월 29일에는 평양에서 여맹중앙위원회 위원들과 도(직할시), 시(구역)·군 여맹간부들이 참석한 가운데 조선민주녀성동맹 중앙위원

---

311 그 내용은 "첫째, 김일성의 사회주의 위업, 주체혁명 위업을 완성하기 위한 확고한 담보는 김정일의 영도를 충성으로 받들어 나가는 데 있으므로 모든 여맹원들은 김정일을 목숨으로 받들어야 한다. 둘째, 인민대중 중심의 우리나라 사회주의를 고수하고 주체혁명위업을 빛나게 완성하기 위하여서는 전 당과 전체인민이 김정일의 영도를 잘 받들어 나가야 한다. 셋째, 강성대국을 건설하기 위해서는 군대가 강해야 하며 군대가 강해야 우리식 사회주의를 옹호, 고수하고 빛내어 나갈 수 있다고 하면서 동맹원들은 군민일치의 전통적 미풍을 계속 활짝 꽃피우며 인민군대 원호 사업에 여맹 조직들이 앞장서야 한다."로 요약된다.

312 「내외통신」 1998. 11. 2.

회 제5기 29차전원회의가 개최되었다. 전원회의에서는 여맹 중앙위원장 천연옥의 보고에 이어 토론이 진행됐으며, 김정일이 98년 10월 1일 자강도 대홍단군을 현지지도하면서 제시한 감자농사의 획기적 전환, 축산업의 대대적 발전, 농촌전기화 실현, 국토관리 강화, 군(郡)지도일꾼들의 역할 배가 등의 과업을 충실히 수행할 것을 독려하기도 했다.

4. 일차 자료에 드러난 북한 여성의 생활 세계

1) 정치·사상적 측면

가. 유일사상교양과 선군사상교양

『조선녀성』 등의 일차 자료 분석을 통하여 여맹이 북한의 여성들에게 미치는 영향과 관련하여 우선 '당과 수령에 대한 충성심' 및 사상교양의 측면의 특징을 살펴볼 수 있다. 우선 1990년대 초까지의 동맹 조직 사업은 위대성교양, 충실성교양, 혁명전통교양, 조선민족제일주의정신, 반제계급의식으로 무장시키기 위한 교양, 집단주의교양 등의 언급이 자주 발견된다. 여맹은 특별히 '수령에 대한 충실성'을 '도덕화'할 것을 강조하면서 수령을 은인이자 어버이로 받들어 모실 것을 강조한다. 이러한 과정에서 특기할 만한 사실은 '의리심'을 지니고 '과거와 오늘을 대비'하는 가운데 당과 수령의 은덕을 인식하라고 강조하는 점이다.[313]

생활화된 충실성 가운데 언제 어디서나 당과 수령을 그리워할 것을 체질화해야 한다고 강조하기도 한다. 이러한 충실성을 이어지게 하려면 무엇보다 조직 생활을 강화해야 하며 한순간도 조직 생활을 중단하지 말고 계속되게 할 것을 강조한다. 또한 맡겨진 본신혁명과업 수행에서 성실하지 못한 현상들을 반대하고 수령에게 기쁨과 만족을 드리는 것을 보람으로 여기도록 강조한다.[314] 그런데 가두여성들의 동맹 조직인 여맹에 있어서 강조되고 있는 이러한 지적을 우회적으로 유추해 보면 여타 계층에 비해 상대적으로 혁명의식이 약하다고 비판되는 가정부인들이 조직 생활을 게을리 하거나 중단하는 현상 또는 불성실한 현상들이 실제로 존재할 가능성이 있다.

한편 김일성 사망 이후 '선군정치'과 '강성대국'이 부각되는 2000년대 이후에는 수령결사옹위와 유일사상교양 언급이 두드러진다. 예컨대 "수령결사옹위는 선군시대 녀성들의 참모습"으

---

313 김정일은 "충실성을 도덕화한다는것은 수령을 자기 운명의 은인으로, 어버이로 높이 모시고 수령의 은덕에 기어이 보답하려는 숭고한 의리심을 가진다는 것을 말합니다."라면서 구체적으로는 "첫째로 위대한 수령님과 친애하는 지도자동지의 은덕을 깊이 체득하여야 한다. … 또한 중요한 것은 위대한 수령님과 친애하는 지도자동지의 크나큰 은덕을 우리 조국과 인민의 과거와 오늘의 생활을 대비속에서 인식하는것이다. … 둘째로 친애하는 지도자동지께서 지니신 경애하는 수령님에 대한 충성과 효성의 귀감을 적극 따라배워 지도자동지를 어버이로 높이 받들어 모셔야 한다."고 한다. 『조선녀성』 1993 1호, p.25.

314 『조선녀성』 1993 2호, p.21.

로서 "혁명의 수령을 결사옹위하는것은 혁명의 운명과 관련되는 근본문제이며 이것은 오늘 선군시대 인간들이 마땅히 지녀야 할 가장 숭고한 도덕의무"[315]라고 강조한다. "오늘 우리 혁명의 승리적 전진도 수령결사옹위에 있고 래일의 승리도 수령결사옹위에 있다."[316]고 하면서 이미 사망한 김일성을 절대적으로 옹위할 것을 더욱 강조하고 있다. 나아가 '유일사상교양'은 "우리 당의 지도사상인 주체사상, 선군사상으로 사람들을 무장시켜 당과 수령에게 끝없이 충실한 혁명전사로 키우기 위한 중요한 사업"이라면서 "오늘의 현정세와 우리 앞에 나선 혁명임무"와 관련하여 유일사상교양이 '선군혁명승리'를 위한 필수적 요구가 된다고 강조한다.

북한은 "첫세대 항일혁명투사들, 조국해방전쟁시기의 수많은 영웅들, 로력영웅들, 주체형의 공산주의적인간의 전형, 숨은 영웅들을 강조하면서, 대를 이어 계승되고 발전되여 온 우리 인민의 영웅주의는 오늘 대중속에서 생활화, 보편화되고 인생관화되였다"고 한다. 김정일은 "당의 모습은 당이 키워낸 인민의 모습에 그대로 반영된다."[317]면서 수령결사옹위의 투철한 정신을 체질화한 '녀성군인', 원군과 참군에 나서는 어머니들, '어렵고 힘든 곳'으로 달려나가는 청년, 영예군인들의 영원한 손발이 되여 청춘을 바쳐가는 미더운 청년들 역시 수령결사옹위의 사례라고 내세운다. 이

315 『조선녀성』 2007 5호, p.22.

316 『조선녀성』 2007 5호, p.18.

317 『조선녀성』 1998 5호, p.17.

러한 수령결사옹위의 영웅적 체현은 김부자의 초상화나 구호나무 등을 보존하다가 생을 마친 수많은 처녀 군인 영웅들 및 김혁, 차광수, 김진, 리수복, 김광철, 한영철 등의 모범사례에서 잘 드러난다. 1990년대의 『조선녀성』에는 이러한 영웅들은 당의 품 속에서 '영생'한다면서[318] 이들을 키워낸 어머니들마저도 수령에 대한 절대 숭배 의식과 깨끗한 양심 가운데 영웅적인 원군과 참군에 나서기까지 하는 것으로 묘사된다.

> **공화국영웅 한영철 … 위대한 수령님과 경애하는 장군님의 초상화를 보위하고 동지들을 구원한 영웅전사, 21살의 평범한 병사 … 아들이 전사했다는 소식을 들었을 때도 그리고 1211고지에 영웅전사들과 함께 안장되여있는 아들의 묘를 찾았을 때도 어머니는 눈물을 보이지 않았다. … 맏딸 경실이를 1211고지의 군관에게 시집보냈다. 그리고 막내 경애가 학교를 졸업하자 오빠가 섰던 초소로 떠나보냈다. … 내 아들이 못다한 일을 어미가 대신해서라도 해야 한다는 깨끗한 량심과 도리를 안고 하루, 이틀 꾸준하고 성실한 땀방울을 땅에 묻었다.**[319]

2000년대 이후 역시 전 시대와 마찬가지로 초상화와 사적지를 '영웅'적으로 지켜낸 여성들이 자주 등장하는데[320] 기사의 빈도

318 "우리 애가 저기 있지 않소. 학생들로 둘러싸인 김광철영웅의 동상을 가리키며 … 어머니당과 사회주의조국이 있으면 그만이다. 그 품속에 한번 안기기만 하면 누구나 영생한다." 『조선녀성』 1993 5호, p.20.

319 『조선녀성』 1998 6호, p.28.

가 더욱 높을 뿐 아니라 특별히 김일성 사후 동상이나 사적지 관리 등을 통한 절대 숭배 행위와 위대성교양이 더욱 강조된다는 것이 특징적이다. 김정일은 "혁명의 수뇌부 결사옹위는 혁명에 대한 충실성의 핵이고 최대의 애국애민이다"[321]라면서 군대를 비롯한 전 사회에 위대성교양을 강화해야 한다고 주장한다. 이에 따라 『조선녀성』에서는 김일성이 사망한 이후에도 매일 아침 '충성의 새벽길'을 밟아 사적지를 돌보는 것을 하루 일과의 시작으로 보내는 여성이 자주 등장하며 부부 또는 가족이 합심하여 가정에 온실을 꾸려놓고 꽃다발을 만들어 동상을 찾아 숭배하는 행위 등이 자주 발견된다. 이처럼 가족 단위로 이러한 숭배 행위를 오랜 동안 생활화하고 있는 기사들의 내용은 마치 가족 단위로 매일 진행되는 종교적 모임이나 참배 행위 등을 연상하게 한다.

> **여러해동안 가정에 온실을 꾸리고 수십가지의 진귀한 꽃을 2만 8천 6백여송이나 키워 480여개의 꽃바구니와 수천개의 꽃다발을 최상의 수준으로 엮어 사리원시 산매단언덕에 높이 모신 위대한 수령님의 동상 … 가정에 온실을 꾸리기 시작한 것은 우리 인민이 최대의 국상을 잃고 몸부림치던 1994년부터였다.**[322]

320 『조선녀성』 2007 5호, p.18.; p.22.

321 『조선녀성』 2003 12호, p.9.

322 『조선녀성』 2003 2호, p.33.

나. 김정일과 김정숙에 대한 충실성 교양

한편 김일성 사망 이후에는 이러한 절대옹위의 대상이 김정일과 김정숙에게로 옮겨졌다. 김정일 관련 기사들은 그가 혁명의 혈통을 순수하게 이어받은 '타고난 령도자'라거나, 김일성 수령의 '인민적 풍모'를 체현하여 애민정신을 지니고 인덕정치, 광폭정치를 실시한다는 식의 묘사가 자주 드러난다. 예컨대 혁명투쟁시기에 '작은 가마'를 거부하고 모든 것을 인민들과 함께 하였다는 수령의 인민적 풍모를 체현하여 김정일 장군 역시 '어려운 시절'에 인민들과 함께 조밥을 먹었으며 '이 땅에 행복이 꽃 피던 그 나날'에도 '자주 통상냉이죽을 드시었나'는 식이다. 이와 함께 김정숙 동지의 헌신성과 수령에 대한 충실성이 자주 강조되는데 이는 1970년대 김정일 후계구도 이후 강반석과 더불어 김정숙을 통하여 수령결사옹위의 모범을 찾도록 하고자 하는 적극적인 시도로 보인다. 예컨대 '부부지간'으로서가 아니라 '사령관'으로서 결사옹위한다는 표현이나[323] "수령님의 신발에 소중한 머리태를 깔아" 드리셨다는 소행[324] 등을 통해 수령결사옹위를 표현한다.

이와 같은 수령절대옹위는 숭배 행위 자체로 그치지 않고 이를 깊이 '체득'하는 가운데 반드시 구체적인 '실천행위'로 이어지도록

---

323 "집안에서는 부부지간인데 좀더 다정하고 허물없이 부를수 있지 않아요라고 말씀드렸습니다. … 이 김정숙은 백번 죽었다 천번 다시 살아 난대도 김일성 장군님의 전사이지 달리는 될수 없어요. 전사가 어떻게 자기의 사령관을 부부간의 정으로만 대하겠어요." 『조선녀성』 2003 8호, p.26.

324 『조선녀성』 2003 8호, p.14.

강조된다. 매해 당중앙위원회 구호를 관철하기 위한 투쟁에 있어서 여맹 역시 청년동맹 등의 다른 근로단체들과 마찬가지로 적극 나설 것을 결의한다. 1990년대에는 "당중앙위원회구호를 관철하기 위한 투쟁의 성과는 녀맹조직들의 전투적 기능과 역할에 달려있다."고 강조하면서 군민일치의 미풍과 '우리 초소-우리 마을', '우리 마을-우리 초소' 운동을 힘있게 벌릴 것을 강조한다.[325] 2000년대 이후에는 선군시대의 특성이 반영되어 동맹 조직의 교양 내용에서 '군사부문 내용의 덕성실기' 교양 등이 새로이 강조되었으며, 여맹 조직의 지도와 방조 가운데 여성들이 인민군대에 대한 원호사업을 적극적으로 벌릴 것을 촉구한다는 점이 특징적이다.

> **1992년 3월 11일 우리 당의 군건설사상과 령도업적을 깊이 체득시키기 위한 교양사업을 강화하기 위하여 녀맹중앙위원회에서 그와 관련한 교양자료를 만들어 맹원들속에 침투시키고 각급 녀맹조직들에서 군사부문 내용의 덕성실기, 구호문헌에 대한 연구발표모임을 널리 조직할데 대한 과업을 주시였다. … 위대한 장군님께서는 녀맹조직들이 인민군군인들의 생활에 보탬을 주기 위한 여러 가지 원호사업을 적극적으로 벌리도록 하시였다.**[326]

여성들의 충실성의 귀감은 주로 '김정숙동지 따라배우기'를 통하여 이루어지는데, 이러한 혁명 사상교양을 체득하게 되면 구체

325 『조선녀성』 1993 4호, p.26.

326 『조선녀성』 2003 4호, p.11.

적인 '실천'행위로 이어질 수 있도록 현실 속에서 발견하는 여맹일군들의 모범 사례들이 필요하게 된다. 1990년대에는 바람직한 여맹일군으로서 주로 군중, 인민, 로동자 속에 들어가서 '함께' 하는 일군을 강조한다. 김정일은 "사상사업을 실속있게 벌리자면 일군들이 늘 군중속에 깊이 들어가 그들과 함께 일하고 숨쉬면서 군중을 교양하는 기풍을 세워야 한다."[327]고 강조한다. 또한 "모든 상업일군들은 인민의 충복이라는 높은 긍지를 가지고 인민을 끝없이 사랑하며 인민을 위한 사업에 모든 것을 다 바쳐야 하겠습니다. 상업일군들은 인민의 요구라면 하늘의 별이라도 따올 각오를 가지고 그들의 요구와 생활상 애로를 풀어주기 위하여 적극 노력하여야 합니다."[328]라면서 '인민 중심'의 군중로선을 강조한다.[329]

이러한 교양에 따라 조직 일군들은 자신의 초급단체 조직을 발동하여 자신이 속한 지역의 포전을 독립적으로 맡아 농사일을 주인답게 하거나 유휴 자재와 예비를 찾아내어 건설에 보탬이 되도록 하는 헌신적인 일군의 모습이 자주 등장한다.[330] 그런데 이는 1980년

---

327 『조선녀성』 1998 3호, p.26.

328 『조선녀성』 1998 5호, p.34.

329 이러한 군중로선의 대표적인 사례는 '청산리방법(교시)'로서 김일성이 1960년 2월 평남 강서군 청산리 협동농장을 방문하여 현지 지도하는 과정에서 내려진 교시이다. 그 내용은 "상급기관은 하급기관을 돕고, 상급자는 하급자를 도우면서 항상 하부에 내려가 실정을 전면적으로 파악 연구한 후 그에 근거하여 문제해결의 정확한 방법을 강구한다"는 것이다. 이는 중국의 모택동의 '군중노선'(Mass Line Movement)을 모방한 것으로 보인다. 이온죽, 앞의 책, 1988, pp.161-162.

330 "장강고등중학교를 최우등으로 졸업하고 장강자동차수리공장에 자원진출한 류춘선동무 … 언제나 계획초과수행의 자랑찬 수자가 온 공장앞에 그의 모습

대 후반부터 북한 사회가 직면한 에너지와 원자재의 부족, 1990년대 중반 이후 식량난 및 공장 가동의 중지로 인한 필수품의 부족 등의 문제를 적극적으로 타개하는 동맹일군의 모습이기도 하다.

다. '인간미' 있는 일군의 '믿음, 사랑'을 강조하는 교양 방식

고난의 행군이 종료된 이후인 2000년대에는 이러한 창의적이고 헌신적인 '사업가'로서의 일군의 모습보다는 '대중을 이해하고 사랑'하는 가운데 조직생활 가운데로 여맹원들을 흡수 포섭할 수 있는 '인간미'있는 일군이 강조된다는 것이 특징적이다. 김정일은 "사람과의 사업을 생나무 꺾듯 하면 안됩니다. 사업과 생활에서 부족점이 있다고 하여 불러 놓고 욕설하거나 추궁하는 것은 사람들을 진정으로 도와주고 고쳐 주기 위한 립장이 아닙니다."[331]라고 경계한 바 있다. 이에 따라 여맹일군들 역시 어려운 시기 동안 '일탈행위' 혹은 '부족점'이 드러난 맹원을 이해하는 가운데 개성을 존중하고 '믿음과 사랑'으로 '심금을 울리며' 교양하는 일군의 자세가 주로 등장한다.[332]

김정일은 "혁명가의 첫째가는 실력은 대중을 알고 대중의 힘과

과 함께 나붙군 하였다. 불꽃튀는 전투의 나날속에 그는 21살 꽃나이에 로동당원의 영예를 지니였다. … 그는 애기어머니이지만 자기희생성을 발휘하여 자재보장사업에 헌신하였다." 『조선녀성』 1998 5호, p.35.

331 『조선녀성』 2003 4호, p.37.

332 『조선녀성』 2007 4호, p.50.

지혜를 발동하는 능력이다."라면서 "군중이 신임하고 군중이 곱다고 하는 일군이라야 당에 충실한 일군이라고 말할수 있다."[333]라고 한다. 이에 따라 모범 사례로 등장하는 일군들은 하나같이 단순한 교양 차원의 접근을 넘어서서 인간적인 접근을 시도한다.[334] 예컨대 맹원들을 일일이 찾아가 대화하며 그들의 가정 생활을 따뜻하게 보살피면서 식량을 보태주거나 가정 문제를 풀어 주는 등 적극적으로 '개입'한다. 또한 김정일은 "선군시대의 일꾼은 실력자형의 일군"이여야 한다면서 전통적인 '강요나 통제'방식을 벗어나 여성들 스스로 깨닫도록 교양해야 한다고 강조하기도 했다.[335] 이에 따라 여맹일군들 역시 여맹원들의 개성이나 취향, 타고난 소질들을 주의 깊게 살피는 가운데[336] 음악, 문학 등의 다양한 교양법과 분공(分工)을 준비하는 모습들이 등장한다.

> **어느 해인가 조임숙동무는 조동무에게 세대주와 하루에 100번 이상 말하기하는 분공을 준적이 있었다. … 사실 조동무네 가정이 화목하지 못했다. … 그의 가정을 두고 늘 마음을 써오는 그는 별식이 생겨도 들고 왔고 세대주 생일날에는 옷도 한 벌 들고 와서 축하해주었다. 낳아 준 부모와 혈육들도 손을 떼고 나앉었더랬는데 조임숙동무는 걸음도 많이 하고 속도 많이 쓰면서 깨질뻔한 조동무네 가정을 바로잡아 나갔던것이다.**[337]

---

333 『조선녀성』 2003 6호, p.42.

334 『조선녀성』 2007 1호, pp.3-5.

335 『조선녀성』 2003 7호, p.39.

336 『조선녀성』 2007 4호, p.52.

김정일은 '사람들은 혁명적조직생활을 통하여 단련되며 정치적 생명을 유지하고 빛내여나갑니다.'[338]고 강조하였는데, 여맹 조직의 경우에는 소속된 가두여성들의 특성상 여타 근로단체에 비하여 조직 관념이 다소 낮게 형성되기 쉬운 특징이 있다. 특별히 광산 등의 도시에 망라된 여맹원들의 경우 혼인 전의 출신 지역과 그들이 지닌 지적, 경제적 수준이 매우 각이하기 때문에 사상교양이나 당 정치사업을 진행하는 데 애로가 발생할 수 있다고 지적된다. 이에 따라 여맹 조직은 이러한 여맹원들의 개별적 특성, 예컨대 음악, 설계, 책읽기 등의 재능을 고려하여 분공을 주는 방식으로 조직 생활에 '맛을 들이고' 적극적인 참여를 유도할 것을 강조한다. 자료에서는 가정불화나 모난 성격 등으로 손가락질 받던 여성이 여맹 조직의 지속적인 믿음과 방조 가운데 자신의 재능을 찾아내어 예술선동대활동을 지도하는 책임을 맡기도 하고[339] 가정 생활의 어려움 때문에 조직을 멀리하던 여성이 조직의 도움으로 문답식 학습 경연에서 우승까지 하게 되기도 한다.[340]

---

337 『조선녀성』 2003 8호, pp.41-42.

338 『조선녀성』 1993 4호, p.32.

339 "이곳 녀맹조직에 망라된 녀맹원들은 여러곳에서 모여온 녀성들이였고 수준과 성격도 서로 달랐으며 처음 녀맹조직생활에서는 이러저러한 결함이 제기되였다. … 김동무는 일정한 수준도 있는 동무이지만 성격상 결함으로 해서 사람들의 말밥에 자주 오르는가 하면 가정불화도 이따금씩 일으켰다. … 이때 부문위원회에서는 김동무에게 결함은 있지만 수준도 있고 특히는 음악적 재능이 높은 점을 찾아 그것을 내세우는 방법으로 이 동무와의 사업을 심화시켜나갔다. … 조직에서는 그의 분공수행정형을 총화해주고 이번에는 새 노래를 배워줄 데 대한 분공과 기동예술선동대활동분공을 새로 주었다." 『조선녀성』 1993 4호, p.32.

『조선녀성』 등에서 발견되는 여맹일군들의 적극적인 교양 노력은 매우 다양한데 특별히 2000년대 이후에는 종교적 색채를 띠는 '믿음'과 '사랑' 등의 용어가 자주 발견된다. 즉 당과 수령, 지도자동지에 대한 은덕에 감복되어 있는 혁명적인 여맹일군들은 하나같이 그 '사랑'을 받들어 여맹원들에게 헌신하며 일탈 행위 또는 조직 이탈 등을 범했던 여맹원들에 대한 지속적인 '믿음'은 결국 여맹원들을 감복시켜 조직의 품 안으로 되돌아온다는 식이다. 이처럼 2000년대 이후 '모범녀맹일군'들에서 발견되는 '믿음과 사랑' 및 '헌신성'과 '포용'은 1990년대 후반 이후 자주 등장한 김정일의 청년 포용책과도 관련지어 생각해 볼 수 있겠다.

여타 수기들에 비해 두세 배나 되는 많은 지면을 할애하고 있는 한 장문의 '모범녀맹일군 실화수기'에서는 여맹원들에 대한 사랑, 믿음, 헌신, 포용이 특히 강조된다. 여기서 여맹일군은 비사회주의적 현상에 대한 투쟁에 있어서 때로는 모성의 본분인 모성애를 이겨 내야 할 때도 있다고 하면서, 주인공 여맹일군이 개인적인 모성애를 극복하고 당과 수령을 위한 '더 큰 사랑'을 실행한다. 주인공인 여맹일군의 아들은 공부를 잘했음에도 불구하고 대학이 아

340 "알고보니 가정생활에서 남모르는 고충이 있었다. 그러다나니 동맹조직생활에도 게을리 참가하고 동무들과 떨어져 우울하게 지내었다. … 책읽기를 좋아한다는것을 알게 된 … 그는 조직의 믿음과 꾸준한 방조속에 군에서 진행한 문답식학습경연에서 1등의 영예를 … 녀맹조직을 떠나서는 당과 혈연적으로 련결될수 없고 영생하는 사회정치적생명을 지닐 수 없다." 『조선녀성』 1993 6호, p.35.

니라 농장에 자원하여 혁신자로 활동하는데, 아들이 동네에서 손가락질 받는 유명한 불량 처녀를 교양하던 중 결국 그녀와 혼인하겠다고 폭탄선언하는 장면이 나온다. 일반적인 사람들이 희망하는 '착하고 달덩이 같은 며느리'를 얻으려 소망했던 주인공 일군은 한참을 고심한 뒤, 결국 "교양에는 계선이 없다"면서 혼인을 허락하게 되며 책임지고 며느리를 변화시켜 훌륭한 초급일군으로 키워낸다.

> **나 같은 걸 누가 사람으로 쳐주려고나 해요? 누가 나를 책임져 주겠어요. 그래 동무 같으면 나 같은 처녀를 책임지겠어요 … 하필이면 평원읍일판에 소문이 짜자한 불량한 처녀와 맞다들다니 하는 생각으로 마음을 종잡을수 없었다. … 어머니가 늘 말씀하셨지요. 비사회주의적현상과의 투쟁은 현 시기 계급투쟁과 맞먹는 총포성 없는 싸움이라고. 저는 마음속 대답을 찾았습니다. 그 처녀를 책임져야겠다고 말입니다. … 네 말이 틀리지 않는다. 그런데 네가 꼭 그래야만 되겠냐. 내 아들아 … 품행이 바르고 착한 며느리, 달덩이 같은 맏며느리를 얻으려던 소박한 그 꿈이 삽시에 와르르 무너져 내리는듯 했다. … 지어 어떤 사람들은 그 녀자와 살면 아들이 얼마 못 가서 잘못되고 그런 녀자는 아이낳기도 힘이 들다는 것이였다. … 교양의 계선은 어디인가? 그것은 교양으로 그치는것이 아니라 끝까지 책임지는것이다. 어서 날을 정해 결혼식을 하자꾸나 … 불량처녀로 소문났던 그 처녀는 그후 일 잘하는 실농군으로, 초급일군으로 자라났고 온 동네가 부러워하는 도덕**

있고 례절 바른 며느리로 되였으며 떡돌 같은 아들을 낳아 단란한 가정에 기쁨과 웃음을 더해 주었다.[341]

라. "'우리' 녀맹위원장"에 대한 강조

한편 2000년대 이후 당일군의 풍모에서 가장 특징적인 것은 '우리'라는 용어가 매우 강조되고 있다는 점이다.[342] 즉 "혈육의 정이 철철 넘치는 친근하고도 유정한 부름 우리라는 말"은 선군시대의 하나의 '시대어'가 되었다는 것이다. "올해 우리 녀맹원들의 조직생활에서도 많은 전진이 이룩"되었으며, "특히 '우리'라고 불리우는 선군시대 모범녀맹일군대렬"이 늘어나고 '선군시대 모범녀맹일군등록장'에 등록되었다고 자랑한다. 그 사례로는 혁명사적지 건설장에 아낌없는 사상 정신적 지원을 하고 933만여 그루의 나무를 심는 행위, 마을과 거리를 사회주의선경으로 꾸리는 행위, 탄광 지구의 출근길 환영과 동발나무 마련 및 광석을 수집하는 전투, 철도 정리, 농장포전을 맡아 당의 두벌농사 방침을 철저히 관철하기, 누에고치 성과 등이 제시되고 있기도 하다.[343]

이민위천, 인민을 위하여 복무함!이라는 인민사랑의 구호 아래 내 조국에서는 혈육의 정이 철철 넘치는 친근하고도 유정

---

341 『조선녀성』 2003 4호, pp.37-38.

342 『조선녀성』 2003 8호, pp.41-42.

343 『조선녀성』 2003 12호, p.42.

한 부름 우리라는 말이 선군시대의 하나의 시대어가 되여 우리 인민의 심장속에 뿌리깊이 자리 잡았다. … 아직은 애젊은 녀성, 갓난애기를 키우는 옥순동무였지만 종업원들로부터 우리 당비서라고 친근하게 불리우며 패기 있게 일해 나가는 그를 두고 책임일군들도 늘 우리 비서라고 불러 왔던 것이다.[344]

이러한 "'우리' 녀맹위원장"들의 특성은 '인간미'와 함께 '실천가'로서의 자질을 지녔다는 공통점이 있다. 김정일은 "오늘과 같이 어려운 때일수록 우리에게는 혁명화된 일군, 실천가형의 일군이 요구됩니다. 일군들은 말공부나 조건타발이나 하는 사람이 아니라 부닥친 난관을 용감하게 맞받아 뚫고 나갈줄 아는 혁명가가 되여야 합니다."[345]라고 한 바 있다. "'우리' 녀맹위원장"의 칭호를 받는 일군들은 하나같이 뒤떨어진 여맹원들에 대해서도 포기하지 않고 그들의 삶 속에 적극적으로 '몇 걸음이고' 찾아 들어가며 함께 일하고 노래하는 가운데 결국은 여맹원들을 감화 설복시키는 '인간미'의 전형이다. 또한 '실천가'형의 일군답게 여맹원들의 연령대와 지적 수준, 경제적 상태, 개인의 흥미와 개성에 맞추어 '바가지장단'을 만들거나 '예술선동'의 형식을 취하게 하거나 혹은 '느리게 설명'하는 등 교양법을 달리하며 혁명교양을 시도하는 모범을 제시한다.[346]

이상과 같은 '실천가'형의 일군들은 대중을 지도하는 데 있어

344 『조선녀성』 2003 3호, p.38.

345 『조선녀성』 2003 10호, p.50.

346 『조선녀성』 2003 8호, p.41.

서 탁월한 '실력'을 지니고 있다고 강조된다. "고상한 품성과 뜨거운 인정미를 지니고 사람들의 마음을 움직이고 집단을 움직일줄 아는, 실력가형의 재능있는 녀맹일군"은 2000년대 이후에 당국이 강조하는 '선군시대의 참된 일군'의 또 하나의 특징이 된다. 모범 사례들에서는 "일군들이 높은 실력, 사업수준, 방법론을 가지고 충실성 교양에 힘을 넣을 때 모든 사업이 잘되여간다"는 것이다. 가장 자주 등장하는 교양방법론으로는 초급단체들마다에 '백두산 3대장군 및 교시 등의 위대성자료카드'들을 준비하여 발표하게 해서 소화시키는 방법[347]과 예술 선동을 배합하여 모든 맹원들이 반드시 참가하게 유도하는 가운데 '승벽(勝癖)내기'를 시키는 방법 등이 있다.

실력가형의 여맹위원장들에게 있어서 교양 학습을 시도할 때 경계되는 태도로 가장 자주 등장하는 부정적인 표현은 '선수본위주의'이다. 일부 여성들이 아무리 교양 자료를 잘 준비하고 뛰어난 화술로 강연한다 할지라도 여맹원들 전체가 준비하고 참가하게 하는 것이 더욱 효과적이고 중요하다는 것이다. 이에 따라 초급단체별로 나누어 각자 자기의 발표할 몫을 배분하게 하고 발표한 여맹원들 중 긍정적 모범을 찾아 적극 내세워주는 사례들이 자주 등장

347 "그는 위대성자료와 카드를 깜빠니야방식으로서가 아니라 매달사업계획에 몇건의 카드를 마련한다는것을 밝히고 그대로 실행하도록 하였다. … 덤비거나 형식에 치우치는 현상이 없이 자료를 충분히 연구한 기초우에서 카드 하나하나를 실속있게 만드는것은 물론 그 내용을 자기의 것으로 만들어나가게 되였다. … 녀맹원들이 학습한 내용을 내용을 발표하게 하여 짧은 시간에 많은 위대성자료를 학습하도록 하였다." 『조선녀성』 2003 12호, p.44.

한다.[348] 초급단체 단위로 경연을 조직하여 경쟁을 시키는 방식이 많은데 이 경우 한 사람이라도 빠짐으로 인해 집단이 피해가 가지 않도록 유도하면서 집단의 단합력을 높이는 방식을 취한다. 초급단체들의 경쟁을 평가하는 기준 역시 내용 자체보다는 초급단체맹원 '대다수'가 참가해야 하고 "절대로 다른 선수를 바꿔넣는 현상이 없도록" 하는 등의 요건을 강조한다.

> **시녀맹위원회는 경애하는 장군님의 선군사상의 체계를 정연하게 세운 다음 시와 노래형식으로 대본을 만들도록 구역, 군녀맹위원회들에 과업을 주었다. 경연은 선수본위가 아니라 … 참가단위는 초급단체인데 초급단체맹원 90% 이상이 참가해야 하고 절대로 다른 선수를 바꿔넣는 현상이 없도록 하였다. 이미 장악되여 있는 초급단체맹원명단을 놓고 그 정확성여부를 판단하였다. … 이렇게 하니 어느 한사람이 빠져도 공연을 할수 없게 되고 내용련결도 되지 않아 모두가 참가하게 되였다. … 다양한 예술형식을 배합하니 저절로 흥이 나고 재미도 있어 모두 빠짐없이 참가하게 되였다. … 조직력과 집단력, 투쟁력이 강화된 그 위력으로 양어장건설을 비롯한 모든 일에서 집단주의를 높이 발양하게 되였다.**[349]

---

348 "매번 연습뒤끝엔 긍정적모범을 내세워주고 녀맹원들앞에서 그들이 담당한 몫을 시켜보기도 하였다. 이렇게 되니 다른 사람들이 다 잘하는데 나라고 왜 그렇게 못하겠는가 하는 생각과 함께 승벽내기로 참가하게 되였다." 『조선녀성』 2003 11호, p.48.

349 『조선녀성』 2003 11호, p.44.

2) 경제적 측면

가. 고난의 행군 대비교양과 선군의 꽃

경제적 측면에 있어서 여맹이 여맹원들에게 미치는 영향력을 살펴보면, 특별히 북한 여성들에게 크나큰 고통을 가져다주었던 1990년대 중반의 고난의 행군 시기에 적합하도록 교양 사업에 있어서 부분적인 변화를 보이면서 여맹원들의 결속에 집중하게 된다. 그런데 주목할 만한 사실은 『조선녀성』 기사들 중 1990년대 후반과 2000년대 초반, 2000년대 후반 기사에서 강조하는 사항이 조금씩 다르다는 점이다.

1990년대 후반에는 김일성의 혁명투쟁 경험과의 대비교양이 위주가 되며 낙관주의적이고 신심어린 충실성을 다하는 인민들의 모습이 자주 등장하고 있다. 반면 2000년대 초반의 경우에는 수령님을 잃은 고통과 연관시키는 가운데 엄혹한 상황 변화를 묘사하는 데 집중한다. 한편 2000년대 후반의 기사에서는 1990년대 중반 이후의 '참혹한 현실'을 솔직하게 드러내면서 여성들이 겪었던 고통을 구체적으로 묘사하고 있다. 즉 강행군 당시에는 오히려 현실을 '은폐'하는 가운데 낙관주의와 대비교양에 힘썼다면, 고난의 행군 종료 이후 최근으로 올수록 '과거'가 되어 버린 여성들의 고통을 숨김없이 묘사하는 가운데 이를 극복한 '혁명의 꽃'이자 '선군의 꽃' 다운 강인한 여성들의 모습을 부각하게 된다.

구체적으로 살펴보자면 1990년대 후반의 『조선녀성』에서는 1938년 말부터 1939년 초까지 있었던 항일혁명기 고난의 행군 및 혁명의 제1, 2세대의 강행군 관련 기사, 그리고 '낙관주의'를 강조하는 기사를 자주 싣고 있는데, 이는 상대적으로 덜 간고한 '현재'의 어려움과 대비교양시키고자 하는 시도로 보인다. 예컨대 "력사적인 고난의 행군이 있은때로부터 많은 세월이 흘렀으나 위대한 수령님께 끝없이 충직한 항일혁명투사들이 지녔던 혁명적 신념과 의지는 오늘의 '고난의 행군'을 승리적으로 결속하는 최후돌격전에로 우리 인민들을 불러일으키고 있다."면서 '승리와 락관의 상징'인 김정일 장군이 계시기에 "오늘의 준엄한 강행군도 웃으며 가는 락원의 행군"이 되고 있다고 강조한다.[350]

북한 당국은 "50년대의 강행군과 90년대의 강행군, 이 두 행군의 력사적시대는 서로 다르다. 전쟁시기와 평화시기라는 너무나 대조적인 환경에서 우리 인민은 꼭같은 강행군을 하고 있다."[351]면서 두 시기 모두에서 수령에 대한 충실성을 잃지 않고 희생적으로 혁명한 여성들을 내세운다. 또한 "초년고생은 금을 주고도 사지 못한다고 한 우리 조상들의 명언은 얼마나 심오하고도 박력있는 생활의 진리를 귀띔해주고 있는가. 고난과 시련은 만복의 어머니이다"[352]라는 김일성 회고록을 언급하면서 미래에 다가올 '만복'을 위하여 현재의 고통을 극복할 것을 촉구한다. 나아가 김정일

350 『조선녀성』 1998 6호, p.6.; p.15.

351 『조선녀성』 1998 4호, p.27.

352 『조선녀성』 1998 6호, p.4.

은 한술 더 떠서 "고난의 행군을 하는 과정에 우리 일군들과 인민들 속에서 국가에 대한 의존심이 없어지고 자체로 살아가려는 생활력이 강해졌습니다."[353]라고까지 주장하고 있기도 하다. 이는 '위'에서부터 발생한 문제를 '아래'의 노력으로 극복할 것을 강조하는 셈이며 이 과정에서 희생되는 가정들의 경우에는 제도 탓이 아닌 '자체로 살아가려는 생활력'이 약한 가정이자 '의존적'인 가정이 되어 버린다. 결국 배급제 붕괴 등 제도의 한계와 같은 근본적인 원인을 분석하기보다는 '자체적 해결'을 촉구하는 북한 당국의 위기 극복 방식을 엿보게 한다.

나. 고난의 행군기 여성들의 고통

2000년대 초반의 『조선녀성』에서는 자체로 김을 매고 땅을 가꾸면서도 당과 수령에 대한 충실성과 낙관주의를 잃지 않는 '신심어린' 여성들이 소개된다.[354] 경제적 어려움의 원인을 외부적 원인으로 돌리고 있다는 점은 과거 시기와 동일하지만 1990년대에 비해서 경제적 고난을 묘사하는 장면이 상대적으로 증가하고 있으며 그 표현의 강도도 비교적 높은 편이다. 예컨대 "위대한 수령님을 잃은 이 나라 땅에 인민이 쏟고 또 쏟는 피눈물, 사면팔방에서 우리에 대한 목조르기를 하고 있는 제국주의반동세력들, 파국적인 자연재해와 경제적난관"[355]으로 대표되는 이러한 강행군

353 『조선녀성』 1998 4호, p.33.

354 『조선녀성』 2003 8호, pp.41-42.

에는 "피어린 자욱자욱이 찍혀 지기 시작했고 지금껏 겪어 보지 못한 엄혹한 생활이 이 땅에 드리웠"[356]다는 식이다. 구체적으로는 '풀죽'[357]이나 '나물밥'[358] 등이 묘사되고 있으며 불도 켜지 못하고 땔감도 떨어져 있는 가운데 남몰래 눈물을 흘리는 여성들이 묘사되기도 한다.[359]

한편 2000년대 후반에는 신심이나 낙관주의 등의 계몽적 단어가 급격히 줄어드는 가운데 경제적 난관을 묘사하는 데 있어서 보다 직접적이고 강한 단어들을 사용하면서 간고했던 기간의 여성들의 고통을 숨김없이 드러낸다는 특징을 지닌다. 『조선녀성』은 '당장 끓여 먹을 식량'이 부족하고 "있는 것보다 없는 것이 더 많은 속"[360]에서 수단 방법을 가리지 않으면서 한 가정의 살림살이를 도맡아 책임져야 하는 여성들이 가장 큰 고통을 경험했다고 인정하고 있기도 하다.[361] 또한 "우리 인민이 천길나락에 떨어져 다시는 솟아나지 못할 역경이 그대로 비껴" 있었고 "이 나날들에는 눈물겨운 사연도, 가슴아픈 희생도 없지 않았다."[362]는 표현까지 등

355 『조선녀성』 2003 1호, p.10.

356 "불도 켜지 않은 방에는 몇달째 앓고 있는 남편이 누워 있었고 어린 딸 은정이가 부엌에서 눈물을 흘리고 있었다. 앓는 아버지에게 흰쌀밥 한그릇 대접할 쌀 한되박도 없는데다 죽을 쑤자 해도 땔감까지 떨어 졌다는 것이다." 『조선녀성』 2003 4호, p.37.

357 『조선녀성』 2003 3호, p.47.

358 『조선녀성』 2003 7호, p.48.

359 『조선녀성』 2003 12호, p.40.

360 『조선녀성』 2007 1호, p.48.

361 『조선녀성』 2007 1호, p.23.

장한다. 이는 식량을 구하기 위한 가족간의 생이별, 경제난으로 인한 자녀 양육의 포기 등으로 인한 꽃제비의 증가, 나아가 기아로 인한 사별의 문제를 의미하는 듯하다.

3) 사회적 측면

가. 비사회주의적 행위

이상과 같은 경제적 위기는 앞서 제시한 청년들의 일탈 뿐 아니라 여성들마저도 조직 이탈, 비사회주의적인 행위, 물질주의적 관심이 증대되도록 유도한 것으로 보인다. 특별히 고난의 행군 이전인 1990년대 초까지의 기사들에서는 여성들의 물질주의 가치관을 비판하는 글이나 여성들의 적극적인 일탈 행위는 크게 지적되지 않는다. 즉 1990년대 초까지의 부정적 사례 기사들로는 시련을 겪어보지 못한 '새세대' 여성들의 혁명 의식 약화 문제[363] 혹은 생활총화에 빠지거나 지각하는 여성들을 지적하는 기사들이 고작이다.[364]

그러나 1990년대 후반부터는 여성들 사이에서 발생하는 부정적 행위나 현상들에 대한 묘사가 보다 직접적이고 강해진다. 예컨대 '일시적인 곤난' 앞에서 주저앉아 자신의 '생활형편'과 '개인의

362 『조선녀성』 2007 5호, p.37.

363 『조선녀성』 1993 5호, p.34.

364 『조선녀성』 1993 5호, p.35.

리익'만을 앞세우고, '자유주의'를 부리거나 '집단생활에 빠지는 경향'을 보인다는 것이다.[365] 나아가 '녀맹위원장에 대한 뒤소리'까지 하면서 조직에서 이탈하며[366] 결국은 '사회주의적 영상을 흐리게 하는' 그릇된 행동을 하는 여맹원들이 오늘까지 없어지지 않고 있다는 표현까지 등장한다.[367]

이에 따라 1990년대 후반 이후에는 여맹 조직들이 예술 영화 '밀림이 설레인다' 감상 토론을 통해 혁명적 신념 문제가 중요함을 인식시키고자 시도한다.[368] 또한 예술 영화 '줄기는 뿌리에서 자란다' 제1, 2부 감상 토론 등을 진행하면서 사회주의 강행군 시기의 혁명 의식 강화를 고취하고자 시도하기도 한다. 이 영화에서는 한때 헛되게 살았던 주인공들이 자기들을 믿어주고 품어주는 어머니당의 그 사랑 속에서 참다운 인간의 궤도를 들어서게 되었다고 해설한다.[369] 여기서 특기할 만한 것은 '어머니를 잃고 아버지의 눈먼 사랑 속에서' 집단에 죄를 지었다는 표현이 등장하는데 같은 영화 해설이더라도 청년 대상인 「청년전위」에서와 어머니를 대상으로 하는 『조선녀성』의 해설 강조점이 다소 차이가 있다는 점을 주목할 만하다.

---

365 『조선녀성』 1998 1호, p.29.

366 "일부 동무들과 그의 가족들이 녀맹위원장이 사서 고생을 시킨다고 몰리해하며 뒤소리를 하는 말을 들을 때면 가슴이 아팠습니다." 『조선녀성』 1998 1호, p.32.

367 『조선녀성』 1998 1호, p.27.

368 『조선녀성』 1998 2호, p.24.

369 『조선녀성』 1998 6호, p.38.

나. 조직 관념 약화

경제적 위기가 다소 해소되어 안정을 찾은 2000년대 이후에는 경제적인 이유로 조직을 이탈하는 경향과 관련된 기사들은 다소 줄어든다. 2000년대 이후의 여맹원들에게서 지적되는 부정적 사례는 주로 모범적인 여맹위원장의 교양 수기에서 간접적으로 등장하는 과거의 '말썽꾼' 인물 차원에서 이루어진다. 그러나 간혹 과거 고난의 행군, 강행군 시기에 "여기저기 뛰여 다니며 제 살 궁리만을 하던 녀성"[370]들에게서는 아직도 과거의 '버릇'이 남아 있다고 지적되기도 한다.[371] 그들은 계속하여 조직 생활을 게을리하거나 유리되여 생활[372]하기도 하며, 참가하더라도 초보적인 모임 시간을 지키지 않거나 수동적으로 참여한다고도 지적된다.[373]

이러한 문제는 여맹원들 뿐 아니라 여맹일군들 사이에서도 발

370 『조선녀성』 2003 2호, p.30.

371 『조선녀성』 2003 4호, p.32.

372 『조선녀성』 2003 7호, p.39.

373 "사실 녀맹원들의 조직생활에서는 초보적인 모임시간조차 지키지 못하는 현상이 나타나군 하였다." 『조선녀성』 2007 4호, p.48.; "제 살 궁리를 하느라 조직생활에 빠지는 녀맹원들이 날이 감에 따라 하나, 둘 늘어 났다." 『조선녀성』 2003 4호, p.37.; "예술선동활동을 한다는 '특수성'을 운운하면서 다른 초급단체들보다 모임이나 학습회 등에 참가하지 않는 것을 별로 크게 생각하지 않고 지어는 응당한것으로까지 생각하는 경우도 없지 않았다." 『조선녀성』 2003 1호, p.39.

견되는 것으로 지적된다. 초급단체들 중에서는 아예 위원장 등이 공석인 경우도 있으며 초급단체위원장이나 부위원장들 역시 경제적 어려움 가운데 낙담하여 조직 사업을 등한시하고[374] 소극적인 태도를 보인다[375]는 것이다. 또한 여맹 내에서 조직 사업이 제대로 진행되지 못하고 있는 문제에 대해서도 일군들끼리 서로를 탓하며 책임을 미루는 경우도 발견된다.[376] 나아가 고난의 행군 시기에 발생한 생계 유지 차원의 비사회주의적 행위들은 초급단체위원장들에게서도 마찬가지로 발견되었다.[377] 이러한 행위들은 결국 여맹원들로 하여금 초급단체위원장들에 대한 존경심을 감소하게 한 듯하다. 기사들에서는 위원장들의 교양에 대하여 감사하게 받아들이기보다는 뒤에서 '수군거리는 말'[378]을 하거나 때로는 '모욕적인 말'[379] 등을 한다는 내용도 발견된다.

이에 따라 상급 여맹 조직들에서는 "근로단체조직들이 동맹조직생활에 대한 지도를 강화하는데서 중요한 것은 동맹원들속에서

374 『조선녀성』 2007 3호, p.43.

375 『조선녀성』 1998 2호, p.31.

376 "그는 자신에게서 결함을 찾은 것이 아니라 해당 단위 녀맹 초급일군들이 조직사업을 잘하지 못한탓인것처럼 생각하였고 녀맹원들이 강의에 잘 참가하지 않아도 대수롭지 않게 여기며 강의회수만 채우고 돌아오군 하였다." 『조선녀성』 2007 4호, p.50.

377 "일부 초급단체위원장들은 자신부터 우는 소리를 하며 동맹조직을 옳게 틀어쥐지 못하고 있었는가 하면 … 이러한 시련앞에서 나타난 불건전한 현상은 동맹사업에 영향을 주고있었다. … 특히 여기서 어려움을 이기지 못하여 주저앉으려는 초급단체위원장들" 『조선녀성』 1998 1호, p.29.

378 『조선녀성』 2003 9호, p.42.

379 『조선녀성』 2003 7호, p.30.

자각적이며 혁명적인 조직생활기풍을 세우도록 하는 것입니다."[380], "일단 목표를 내건 다음에는 오물쪼물하지 말고 그것을 대담하고 패기있게 내밀어 끝까지 해제껴야 합니다."[381], "혁명가들은 일단 시작한 일은 어떤 난관과 애로가 가로놓여도 10년이건 20년이건 끝장을 볼 때까지 근기있게 밀고나가야 합니다"[382] 등의 김정일의 교시를 바탕으로 보다 적극적으로 교양에 나설 것을 강조한다.

한편 경제난 이후 집중적으로 발견되었던 조직 관념의 약화는 고난의 행군 종료 이후에 다소 줄어들었으나 연령대 및 출신 지역이 다양한 가두여성들로 형성된 여맹의 특성상 여타 근로단체에 비해 여전히 소식성이 약한 것으로 보인나.[383] 너욱이 혁명을 경험하지 못한 새로운 세대들이 증가하면서 개성이 강해진 '일부' 여맹원들의 조직 관념 강화를 위한 새로운 교양 방법론의 시도가 요청되었다. 이에 따라 "모든 일군들은 매사에서 구체적인 방법론을 가지고 일하는 것을 하나의 원칙으로 삼아야 합니다"[384]는 김정일의 언급을 바탕으로 여맹원들의 구체적인 개성과 심리, 취미에 따라 다양한 형식과 방법론을 중시하게 된다.[385]

---

380 『조선녀성』 1998 3호, p.25.

381 『조선녀성』 1998 2호, p.31.

382 『조선녀성』 1998 1호, p.29.

383 『조선녀성』 2003 11호, p.45.

384 『조선녀성』 2007 1호, p.45.

385 "가두녀성들이 이러저러한 자기 개인사정을 앞세우는 조건에서 강한 조직규률을 세우지 않고서는 아무일도 할수 없다는것을 포착한 초급단체는 우선 녀맹원들속에 조직관념을 바로세우기 위한 사업을 잘해나갔다. … 이런 실정

2000년대 이후의 여맹위원장들 중 모범적인 일군에 대한 기사들에서는 특별히 비사회주의적 현상에 물젖어 결함으로 가득했던 여맹원들 수백 명을 자신의 혈육과 같이 '믿음과 사랑'으로 교양하여 초급일군으로 키우는 여맹일군에 대한 기사들이 등장한다. 즉 조직 규율의 강화나 강도높은 호상비판을 통해서 불량 행위를 지도하기보다는 광폭정치와 인덕정치로 대표되는 '장군님'의 가르치심대로 혈육의 정으로 포용하는 방식의 교양 방법이 중시된다는 것이다. 심지어는 남자들과 '불건전한 교제'를 하고 사람들과 자주 다투며 '시장출입'이나 하는 '녀자망나니'와 같은 처녀를 자신의 며느리로 받아들인 여맹일군의 사례도 등장한다.

> 작업반에는 출근도 제대로 하지 않고 평성으로 오가며 시장출입을 하면서 하루하루를 흘러 보내는 처녀가 있었다. 일찍 어머니를 여의고 아버지, 동생과 함께 살아가는 처녀였다. 그는 남자들과 불건전한 교제를 하고 사람들과 쩍하면 다투고 아버지에게도 대드는 '녀자망나니'로 뭇사람들의 비난을 받는 처녀였다. 처녀가 어쩌다 작업반에 나와도 반원들은 수군수군하며 그에게 곁도 주지 않았다. … 서정심동무는 이렇게 비사회주의에 물젖었던 녀맹원들을 비롯하여 100여명의 뒤떨어진 녀맹원들을 교양하여 초급일군으로 키웠고 핵심대렬에 세웠다. … 경애하는 장군님의 가르치심대로 하기 위해 애썼을뿐입니다. 교양이란 뭐겠습니까. 믿음과 사랑이지요. 아무리 결함

에서 초급단체에서는 녀맹원들의 성격과 심리, 취미를 잘 알고 개별교양을 강화하면서 적극적으로 이끌었다." 『조선녀성』 1998 3호, p.25.

이 많은 사람이라도 믿음과 사랑을 주고 혈육의 정을 주어 보세요. 그러면 그들은 마음을 주고심장을 줍니다.[386]

다. 노력 동원

상기한 바와 같이 여성들의 조직 관념 약화와 조직 이탈이 고난의 행군, 강행군 시기의 경제적 곤란으로 말미암아 촉발된 것이었다면 당 교양 사업과 여맹 조직의 주된 관심사 역시 주민들의 '경제적 곤란'의 해결 측면에 맞추어진다. 1990년대 이후의 『조선녀성』 기사들에는 '현재의 경제적 곤란과 부족'에 비할 바 없이 더욱 간고했던 항일혁명기와 한국 전쟁기의 인민들의 간고분투의 삶을 대비하여 자주 싣고 있다. 김정일은 "전쟁시기에 후방인민들도 잘 투쟁하였습니다. 후방인민들은 녀성들과 늙은이들, 어린이들 할 것없이 다 떨쳐나서 전선을 원호하고 자기의 공장과 마을을 지키면서 전시생산을 보장하여 전쟁승리에 적극 이바지하였습니다."[387]라고 지적한다. 이에 따라 "적기의 폭격으로 씨앗이 파헤쳐지고 새싹이 짓뭉개지면 열 번이고 스무번이고 다시 씨를 뿌렸고 아들애를 논머리에 앉혀놓고 김을 매고 또 맸다"는 농촌 여성이나 "20대를 넘어선듯한 한 녀성이 얼굴 한가득 웃음을 담고 소를 끌고" 나와서 달구지에 쌀가마니를 가득 싣고 원호한 사례 등을 싣고 있다. 또한 "그전 같으면 얌전하게 남자들의 뒤시중이나 들어 주던

386 『조선녀성』 2003 4호, pp.37-38.

387 『조선녀성』 1993 2호, p.29.

녀성들이 농사의 주인이 되여 농촌을 지켜 싸웠다"[388]면서 '녀성보잡이운동'이 번져 서로 밭갈이에 나섰다고도 한다.

여맹은 '해설'을 통한 혁명 사상교양과 더불어 '설복'을 통해 이러한 혁명 의식이 구체적인 행동과 실천으로 연결되도록 촉구한하는 교양 방식을 지닌다. 즉 여맹은 전시 여성들의 혁명적 투쟁에 대한 교양에 그치지 않고 '좋은일하기운동' 등을 통해 구체적으로 나라살림살이와 사회주의 건설에 이바지하도록 지도한다.[389] 이에 따라 여맹은 초급단체별로 '갓 서른'을 넘긴 여성에서부터 '일흔이 훨씬 지난' 여성에 이르기까지 다양한 연령대의 가정부인들을 총동원한다.[390] 이들은 '우에 손을 내밀지' 않고 자체의 힘으로 나섰으며 노력에 대한 '공수'도 받지 않고 농장포전의 '주인'이 되어 헌신했다고 소개된다.[391]

한편 고난의 행군 시기에 외신 뉴스와 사진 등을 통해 보도된 바와 같이 북한 내의 탁아소, 유치원의 아동들의 영양 상태는 매우 열악한 상태였던 것으로 보인다. 이와 관련하여 1990년대에는 탁

---

388 『조선녀성』 2003 2호, p.29.

389 『조선녀성』 2007 1호, p.47.

390 "녀맹원들은 이제 서른살을 갓 넘긴 가정부인들로서 처음 해보는 농사일이라 힘에 부치고 손에 설었지만 모두가 나라의 쌀독을 가득 채우는 주인이라는 자각을 안고있기에 이악스레 일해나갔다." 『조선녀성』 1998 6호, p.37.; "그는 초급단체의 녀맹원들을 불러일으켜 1인당 300평 이상의 강냉이밭을 공수를 받지 않고 맡아 매기로 하였다. … 일흔이 훨씬 지난 홍도화어머니는 호미소리를 들어야 강냉이가 큰다고 하면서 누구보다 앞장에서 김을 매였다." 『조선녀성』 1998 5호, p.32.

391 『조선녀성』 1998 3호, p.33.

아소, 유치원 등에서 해당 가정부인들을 동원하여 자체의 힘으로 '물자공급소'를 더 잘 꾸려나가도록 강조하게 된다. 『조선녀성』에서 가장 자주 제시되는 모범 사례는 청단군탁아소유치원물자공급소로서 이들은 "나라에서 주는것만을 가지고 어린이들의 뒤바라지나 할것이 아니라"[392] 더 나아가 나라의 쌀독을 채우는데 이바지하고자 간석지를 개간함으로써 '애국미'를 바치기도 한다.[393] 또한 자체의 원료 작물 뿐 아니라 내부 예비 탐구 동원을 통해 물 문제, 설비 문제, 운수 문제마저도 풀어낸 곳으로 해마다 소개된다.

> **청단군탁아소유치원물자공급소는 대다수가 가정부인들로 이루어진 크지 않은 기업소이다. 하지만 이들은 지난 10여년동안 수백 평방미터의 기본건물과 수천 평방메터의 보조건물을 자체의 힘으로 건설하여 식료가공기지를 꾸리였으며 37정보의 원료기지를 조성하여 거기에서 해마다 100톤이 넘는 알곡과 콩, 깨, 사탕무우, 사탕갈, 도마도, 참외, 수박 등을 생산하고 왕골, 누에고치, 목화를 생산하여 '고난의 행군' 시기부터 읍내 탁아소, 유치원들에 자기들이 지은 흰쌀을 공급해주었으며 180여톤의 낟알을 나라에 바치는 참으로 큰 일을 하였다. 뿐만아니라 오늘 이들은 군안의 탁아소, 유치원어린이들에게 매일 콩우유, 당과류, 고기와 수산물을 공급해주고 있다.**[394]

---

392 『조선녀성』 1998 4호, p.33.

393 『조선녀성』 1998 4호, p.32.

394 『조선녀성』 2003 1호, p.38.

여맹 조직을 통한 가정부인들의 노력 동원은 농장포전이나 간석지, 비경지를 맡아 농사일에 나서는 데 그치지 않았다. 1980년대 말부터 북한은 에너지와 원자재의 부족으로 인해 공장이 충분히 가동되지 못하였다. 이에 여맹 조직은 가두여성의 노동력을 활용하여 부족해진 '인민소비품'을 생산하는 일에 집중적인 관심을 표명하게 된다. 이에 따라 '인민의 참된 봉사자'들로 칭송되는 여맹일군들을 "그 어떤 타산"도 하지 않고 "유휴자재를 적극 탐구동원리용하여 소비품생산을 부쩍 늘리"는 데에 활용하게 된다. 또한 북한 당국은 이러한 실천 활동들이 "군중적운동으로 내부예비를 적극 탐구동원하고 대중의 창발성에 의거하여 인민소비품생산을 늘일데 대한 당의 방침"의 정당성과 생활력을 잘 보여주고 있다고 평가한다.[395]

이와 같은 여맹 조직을 통한 가두여성 노력 동원의 성과가 눈에 띄게 증가하게 되면서 북한 당국은 여성들이 자체 노력을 통해 건설돌격대나 군대 등에 위문품이나 자금, 노력공수를 바치도록 독려하기도 한다. 『조선녀성』에는 전쟁 시기 여성들이 "내부예비를 남김없이 동원리용"하였다는 사례를 들면서 "아들딸 시집장가들 때 쓰려고 간수하였던 많은 량의 솜을 내놓았으며 어떤 녀성은

---

395 "평성 시안의 8월 3일 인민소비품 생산자들은 유휴자재를 적극 탐구동원리용하여 소비품생산을 부쩍 늘리고 있다. … 이 가내작업반에서는 옷을 가공하고 남는 자투리천들을 하나도 버리지 않고 재질과 색깔을 맞추어 어린이들의 모자며 바지, 조끼, 달린옷 등 다양한 제품을 만들고 있다.", "수수천년 물속에 잠겨 갈대만이 무성하던 처녀지를 개간한다는것은 간단한 일이 아니였다. 점장 최성혜동무는 그 어떤 타산을 하기에 앞서 강기슭에 무작정 천막을 쳤다." 『조선녀성』 1993 4호, pp.33-34.

가구를 만드려고 보관하였던 나무를 직기와 물레를 만드는데 쓰라고 내놓았다."[396]거나 "아버지의 목숨이 어려 있는 시집올 때 해온 장농과 같은 가보"까지 바쳤다고 소개한다. 뿐만 아니라 1986년부터 "인민군 건설자들에게 수십마리의 돼지와 각종 부식물들을 지원하였다는 지원증서를 모두 스물 네 개나 지니고 있는 여성"[397]도 등장한다.

여맹 조직을 통한 가정부인 노력 동원은 점점 그 범위가 확대되고 다양해지면서 주변의 농장, 가내작업반, 물품 지원 뿐 아니라 심지어는 남편들이 근무하는 직장 등에서 육체노동에 나서도록 조직 지도한다. 자료들에 등장하는 여성 노력 동원 대상 공장들은 주로 석탄, 철도, 비료공장인데 이러한 직종의 특성은 비교적 노동 강도가 높다는 특성이 있다. 따라서 1990년대 초까지만 하더라도 '수천 명'의 여성들이 남편들을 위해 "꽃다발과 꽃목걸이를 준비해가지고 나가 출근길환영모임"[398]을 하거나 자재를 수집해 지원하는 정도로 진행되었다. 그러나 1990년대 후반 이후에는 '초급녀맹위원회'별로 경제 선동과 물품 지원 뿐 아니라 '강도높은 육체노동'에까지도 나설 것을 독려하면서 남자들과 '함께' 육체노동에 나서는 여성들의 사례들을 자주 소개한다.[399]

---

396 『조선녀성』 1993 3호, p.28.

397 『조선녀성』 1993 2호, p.37.

398 『조선녀성』 1993 2호, p.35.

399 "용접봉만들기, 문짝조립, 도색작업, 소선작업 등 그들이 하는 작업은 여러 가지였고 모두 헐치 않은 일들이였다. 게다가 가정부인들이다보니 가정일도 도맡아 하고 남편과 아이들의 뒤바라지도 해야 했다. 더우기 살림도 넉넉지

1990년대 후반부터는 이전까지처럼 남편의 직장일을 돕는 차원을 넘어서 아예 가정을 떠나 건설돌격대 등과 함께 육체노동에 나서는 여성들의 사례까지 발견된다.[400] 이 시기에는 "조국의 번영과 인민의 행복을 위해 성실한 땀과 로력을 바쳐야 한다는 공민적 의무감"[401]이라는 용어를 특히 강조한다는 것도 특징이다. 김정일은 "당과 수령에 대한 충실성은 의무이기 전에 영예이고 량심이여야 하며 의리이고 실천이여야 한다"[402]면서 "우리인민은 당과 수령의 인덕정치의 고마움을 깊이 느끼고 있으며 그 은덕에 충성으로 보답하기 위하여"[403] 이러한 투쟁에 나서고 있다고 주장한다.

『조선녀성』에는 어린 자녀들까지도 남편이나 시어머니, 혹은 이웃에게 맡기고 건설대로 자원해 온 여성들이 등장하는데 이들은 건설자들과 숙식을 함께 하며 노동하여 '건설장의 꽃'이 되었다고 칭송된다. 기사에서는 건설대 로동자들조차도 이러한 여성들에 대해 "혹시 가정에 애착이 없거나 가정이 없는 녀성들이 아닌가고

못해 허리띠를 조이지 않으면 안되였다." 『조선녀성』 2003 8호, p.48.; 우리도 석탄생산의 주인들이다, … 장갑을 비롯한 여러가지 지원물자를 가지고 찾아가 그들의 일손도 도와주고 노래도 불러주며 함께 생산전투를 진행하였다. 『조선녀성』 2007 1호, p.47.

400 "송림시 녀맹위원회 … 그들은 돌격대를 뭇고 안변청년발전소 군인건설자들이 무에서 유를 창조하고 사경에 처한 마지막순간에도 당의 명령을 먼저 생각하며 착암기와 메를 들고 육탄이 되여 암벽을 밀고나간것처럼 낮에 밤을 이어 땅을 파헤치며 벽돌을 묻고 슬라크를 뒤지며 파철을 찾아냈다." 『조선녀성』 1998 5호, p.33.

401 『조선녀성』 2003 2호, p.47.

402 『조선녀성』 2003 2호, p.30.

403 『조선녀성』 1998 6호, p.26.

생각"하기도 한다는 표현도 등장한다. 그런데 이러한 미풍 사례들에서는 그들의 남편이나 시어머니 등도 여성들이 노동에 자원하는 것을 적극적으로 독려하는 것으로 묘사된다.[404]

> 백두산지구혁명전적지, 혁명사적지를 꾸리기 위하여 달려 온 돌격대원들속에는 건설장에 오직 하나밖에 없는 원산시안의 가정부인들로 무이 진 '녀맹소대'도 있다 … 철 없는 어린 것을 이웃에 맡기기도 하고 넉넉지 못한 살림을 시어머니나 세대주, 아이들에게 맡겨두고 주저없이 나섰던 것이다. … 가정부인들이라 처음엔 별로 달가와 하지 않았다. 얼마 못 가서 되돌아 갈것이라고 수군거리는 축도 있었고 혹시 가정에 애착이 없거나 가정이 없는 녀성들이 아닌가고 생각하는 사람들도 더러 있었다. … 건설장의 짐이 되지 말자, 건설장의 기수가 되고 꽃이 되자. … 온 건설장의 다심한 '어머니, 누이'가 되여 건설자들을 돌봐 주고 … 리발 미용 4500여명, 옷수리 2300여벌, 6마리의 돼지를 길러 고기생산 1000평의 빈 땅을 가꾸어 18톤의 남새생산 …[405]

상기한 사례들에서 등장하는 직종들은 하나같이 노동 강도가

---

404 "'효현이아버지, 지금 온 나라의 관심속에 일떠서고있는 당창건기념탑 건설장에도 자주 찾아가 돕겠어요. 그리고 원호물자도 힘껏 마련하고', '나도 그 생각이요.' … 아이들에게 악기를 마련해주는것은 뒤로 미루더라도 당창건기념탑 건설장에 안고갈 원호물자를 마련하기로 하였다." 『조선녀성』 1998 6호, p.26.

405 『조선녀성』 2003 2호, p.30.

높은데 이처럼 남성들의 '육체로동'을 함께 하는 사례에 등장하는 여성들의 연령대는 '어린 것'을 두고 있는 비교적 젊은 가정부인들이다. 반면 연령대가 비교적 높아서 직접적인 육체노동에 나서기 곤란한 경우에는 '물품'이나 '예술선동대'를 준비하여 지원하는 경우가 많다. 여성 제대 로병 실화선전대라고 소개되는 이들 여성들은 칠순이 훨씬 넘은 고령으로 나오지만 "나라가 '고난의 행군'을 하고 있는 오늘에도 변심없이 위대한 장군님을 결사옹위하는 수령결사옹위정신, 총폭탄정신, 자폭정신을 발휘"하고자 한다고 칭송된다. 이들은 "이 위대한 사변의 시기에 가정에 들어있는것이 죄스러운것만 같아 집에서 짐승도 기르고 부업도 하여 들끓는 사회주의 대건설장들에 지원도 하고 인민군군인들을 원호하는데 전심"하고 있다는 것이다. 이들은 선동 활동을 하는 동안 자신의 가정이 경제적 곤란에 처하거나 혹은 선동 활동 중 사고로 두 팔을 잃는 부상 등을 입더라도 이에 굴하지 않고 전국을 돌면서 선전대 활동을 계속하고 있다고 소개된다.[406]

라. 참군과 원군 미풍

참전 경험이 있는 제대로병들의 경우에는 예술선동대를 조직하거나 자신의 아들딸과 손녀들을 군대에 참군시키는 사례들이 자주 등장한다.[407] 구체적인 표현들로는 "어제날 보위색군복차림으

---

406 『조선녀성』 1998 6호, p.27.

407 『조선녀성』 1998 5호, p.30.

로 항일전에 나섰던 혁명의 1세대 녀성들, 지난 조국해방전쟁시기 조선옷을 군복으로 바꿔입고 전선으로 달려나간 2세대 녀성들"과 같이 혁명적인 삶을 살아야 하며 "이 세상에 아무리 값진 옷이 많다 해도 대를 이어 우리 녀성들이 입고있는 혁명의 군복"이 가장 아름답다고 선전한다.[408]

김정일은 "우리의 미더운 녀성군인들은 지금 나라의 혁명무력 강화발전에 적극 기여하고 있으며 이런 훌륭한 녀성혁명가대군을 가지고있는 것은 우리 당과 인민의 커다란 자랑으로 됩니다. 우리의 기특한 녀성군인들을 위해서는 그 무엇도 아까울것이 없습니다. 군부대지휘관들은 녀성군인들의 생활조건보장에 최선을 다하여 이들이 건강한 몸으로 조국보위초소에서 처녀시절을 값높이 꽃피우도록 하여야 합니다."[409]라고 주장한다. 대표적인 참군 미풍 기사는 군인이었던 부모의 대를 이어 자녀들 '모두'를 군대에 입대시키는 모범가정들이 자주 등장한다. 예컨대 "위대한 수령님께서 찾아주신 이 땅을 총대로 지켜내는 것은 백성의 첫째가는 도리이고 의무"라면서 남편과 의논하여 자녀에게 '철봉, 기계체조, 달리기' 등으로 체력단련을 시킨 뒤 8자녀 모두를 군입대시키는 '철봉대집' 가정[410]이나 아들이 없는 대신에 딸 여섯을 모두 군대

408 "녀성이라면 누구나 경쾌하고 우아한 옷차림새를 생각하게 되는 것이 아마 녀성일반의 취미라고 해야 할 것이다. 하지만 조선녀성들은 그 어떤 옷차림새보다 군복차림을 좋아한다." 『조선녀성』 1993 4호, p.14.; "옛 병사동지 어떻습니까? 막내딸의 군복 입은 모습이 …. 오냐 너에겐 군복이 제격이다. 아무렴, 선군시대에 군복 입은 처녀이상 더 있을라구" 『조선녀성』 2003 5호, p.31.

409 『조선녀성』 1998 4호, p.11.

410 『조선녀성』 1993 2호, p.31.

에 보낸 '어머니의 보람'이라는 기사도 존재한다. 이들은 "자식들을 훌륭히 키워 위대한 장군님 앞에 내세우는 것이 부모들의 의무"라면서 "조국앞에 자기의 본분을 다한 애국자" 가정들로 칭송된다.[411]

이상과 같이 군대에 보낼 만한 자녀들을 둔 여성들에게 있어서 참군미풍이 강조된다면 '원군미풍'은 다양한 전체 연령대의 여성들에게 있어서 중시된다. 김정일은 "군민일치는 인민군대의 힘의 원천이며 그 어떤 적과도 싸워 이길수 있게 하는 중요한 담보입니다."[412]라면서 "인민군대를 사랑하고 잘 도와 주어야 합니다. 우리는 군인들이 눈보라와 찬비를 맞으며 조국의 방선을 굳건히 지켜서 있기 때문에 마음 놓고 사회주의건설을 하고 행복한 생활을 누리고 있다는것을 언제나 잊지 말고 군인들을 친자식처럼 아끼고 사랑하며 진심으로 도와 주어야 합니다."[413]라고 요청한다.

이에 따라 '원군미풍열성자 대회'가 개최되고 '선군시대 원군영웅'이 등장하여 "원군은 최대의 애국이며 원군의 미풍속에 선군시대가 빛난다"고 강조한다.[414] 예를 들면 대대로 군민일치의 가풍 가운데 며느리와 사위마저도 원군에 나서도록 이끄는 애국 가정 등이 소개된다. 이러한 가정에서는 자녀가 그토록 소망하던 '대학추천'마저도 포기하도록 한 뒤 군 복무를 우선할 것을 종용하는 어머니가 등장한다.[415] 또한 본인 스스로 대학 진학의 기회를 미룬

---

411 『조선녀성』 1998 5호, p.30.; 『조선녀성』 1998 5호, p.28.

412 『조선녀성』 2003 2호, p.26.

413 『조선녀성』 2003 8호, p.38.

414 『조선녀성』 2007 4호, p.43.

뒤 군 복무를 우선 지원하였던 여의사이자 당원인 여주인공이 좋은 조건의 남성들을 마다하고 원군의 가풍을 지녀 온 군관 집안으로 시집가서 원군의 한길을 걷는다는 미풍들도 발견된다.[416]

이러한 인민군대 원호는 전쟁 시기인 '1950년대 투쟁정신'으로 비유되면서 쌀이나 물품 원호 및 예술선동대 활동으로 이어지기도 한다. "1950년대 조국결사수호전의 나날 인민군전사들은 가렬한 전투를 벌리는 속에서도 불타다 남은 나무와 탄피로 화선악기를 만들어 연주함으로써 원쑤놈들을 전률케 했다"면서, 건설장에 동원된 인민군대를 원호 선동하는 모습은 "탄약상자, 밥함지들을 이고 지고 불타는 고지에로 오르던 전화의 나날의 녀성들을 방불케" 한다고 비유한다.[417] 또한 전시가요 '샘물터에서'는 군민일치의 진실한 생활 감정을 불러오는 노래로 보천보전자악단에서 새롭게 훌륭히 형상한 노래로 각광받고 있다고 소개되기도 한다.[418]

---

415 『조선녀성』 2003 8호, p.29.

416 『조선녀성』 2003 7호, p.30.

417 『조선녀성』 2007 3호, p.48.

418 "전시가요 '샘물터에서' … 처녀의 몸으로 전쟁의 불구름 몰아치는 엄혹한 때 혁명의 군복을 입고 낮과 밤이 따로없이 인민군부상병들을 위해 뜨거운 정성을 쏟아가는 애어린 간호원의 가슴속에 넘치게 차오른것이 무엇이였기에 … 우물가와 샘물터에서 마을처녀들과 군인들, 간호원들이 한데 어울려 서로 웃고 떠들며 환자옷들이며 군복들을 잽싸게 빨아가는 모습들, 빨래하러 나온 군인들의 옷을 저저마다 빨아주겠다고 수집어 얼굴붉히면서도 꾹 그러당기는 마을처녀들, 그것을 빼앗기지 않으려고 내의바람에 부둥켜안고 달아나는 군인들… 샘물터에서 마을처녀들이 인민군전사들의 빨래를 해주고 쌀을 씻어주는 생활적인 이야기를 통하여 인민군대를 혈육처럼 아끼고 사랑하는 우리 인민의 아름다운 마음을 펼쳐보이고 있다." 『조선녀성』 2007 3호, p.51.

이상과 같은 참군, 원군의 군민일치의 전통은 제대로병이나 영예군인, 후방가족을 돌보는 미풍으로 이어지며, 이러한 기능은 여맹조직이 나서서 조직적이고 적극적으로 지도하는 것으로 알려진다. 김정일은 "우리의 사회주의사회에서는 사람들속에서 자주적인 인간으로서 지녀야 할 공산주의도덕기풍이 확립됨으로써 우리 인민들은 혁명적 동지애와 의리, 혁명적 량심을 가지고 서로 돕고 이끌면서 화목하게 살고 있습니다."[419]고 하면서 영예군인들을 아끼고 사랑하며 한생의 길동무가 되는 '공산주의적소행'이 새세대 여성들 속에서 높이 발휘되고 있다고 자랑한다. 또한 "우리는 영예군인들을 존경하고 사랑하며 그들의 생활에서 자그마한 불편이나 애로도 없도록 세심히 보살펴주고 잘 도와주어야 합니다"[420]라면서 당과 수령, 조국과 인민을 위하여 청춘도 생명도 아낌없이 바쳐 싸운 영예군인들은 꽃방석에 앉혀 우대해야 할 사람들이라고 내세운다. 더 나아가 "우리는 영예군인들과 일생을 같이할 결심을 가지고 그들의 안해가 되고 남편이 되여 자기의 모든 것을 다 바치고 있는 사람들의 아름다운 소행을 널리 소개선전하여야 합니다"[421]라고 강조한다.

이러한 영예군인과의 결혼 미풍 관련 기사들은 매우 다양하다. 한 군인 청년과 젊은 시절 결혼 약속을 하였던 주인공 여성이, '임무를 수행하던 중 영웅적으로 희생'된 남자에 대해서 '고결한 혁

---

419 『조선녀성』 1993 4호, p.27.

420 『조선녀성』 2003 10호, p.43.

421 『조선녀성』 2007 1호, p.48.

명적의리'를 지켜가는 기사도 나온다. 이 여성은 청년이 죽은 뒤 결혼식도 하지 못한 상태에서도 10여 년의 오랜 세월을 변함없이 의리를 지켜가고 있으며 "이런 좋은 동무를 당에서 길러야 하겠기에 학교에 보내여 공부시켰다"고 소개된다.[422]

한편 2000년대 이후로 갈수록 부상 정도가 더욱 극심한 '특류영예군인'과 결혼하거나 원호하는 기사가 자주 발견된다는 점도 특징적이다. 평생을 미음밖에 들지 못하고 부인도 알아볼 수 없는 심각한 상태의 영예군인과 결혼하고 간병인의 삶을 평생 지속하고 있는 여성의 수기도 나온다.[423] 소개되는 기사들에서는 영예군인과의 결혼을 결심하였다는 자녀들의 고백에 대해서 그 부모들 역시도 하나같이 자녀의 혁명적인 의리를 칭찬하면서 적극 찬성하는 것으로 등장한다.[424] 또한 젊은 시절부터 이웃에 사는 특류영예군인을 돌보던 청년이 갓 결혼한 뒤에도 부부가 합심하여 찾아와 자신의 집보다도 영예군인의 집에 더 많은 물품과 음식, 쌀과 석탄을 원호하며 이웃 주민들 역시 자녀들까지 동원하여 명절 음식과 춤과 노래를 준비하여 찾아오는 장면들도 묘사된다.[425]

이러한 영예군인들은 하나같이 스스로 당과 국가 혹은 주변의 도움을 받으려고 하기보다는 오히려 원군과 공산주의 미풍을 적극 구현하는 모범으로 등장한다. 큰 부상을 당한 상태에서도 적극적으로 인민군대 원호 사업을 잘하여 '소문'이 난 영예군인 청년의 소

---

422 『조선녀성』 1993 1호, p.15.

423 『조선녀성』 2007 5호, p.36.

424 『조선녀성』 1993 4호, p.28.

425 『조선녀성』 2003 10호, p.43.

행에 감동되어 그와 결혼을 결심한다는 여성의 기사도 있으며[426] 고아들 중에서도 더 좋지 못한 상태의 아이들을 택하여 입양한 뒤 잘 키워 군에 입대시키는 영예군인 여성도 등장한다.[427] 또한 그 아내들 역시 '호강'이나 하려고 영예군인과 결혼한 것이 아니라면서 배급마저도 더 어려운 사람들에게 양보하려 하거나 고아 입양 등을 적극적으로 행하는 것으로 묘사된다.[428]

마. 좋은일하기운동의 강조

한편 1990년대 이후의 『조선녀성』 기사에서 매우 빈번하게 등장하는 공산주의적 미풍들 중 하나는 '부모 없는 아이들'을 데려다 기르는 '우리 시대의 아름다운 녀성들'에 관한 이야기들이다. 기사들에 따르면 우선 시기적으로는 고아들을 데려다 '1990년대 초부터 10여년간' 키워 모두 군대에 입대시켰다거나 혹은 '1995년부터' 부모 없는 아이들을 데려왔다라는 식의 표현이 등장한다. 시기를 유추해 보자면 이러한 고아 입양이 집중적으로 이루어지기 시작한 것은 북한이 경제적으로 어려움을 겪기 시작한 것으로 알려진 1990년대 초에서 중반 정도로 보인다. 기사들 중에는 자신의 자녀 외에도 10여 명 이상 많게는 30여 명이나 데려다 기른 여성들도 있다. 또한 결혼하지 않은 처녀임에도 불구하고 '학원'에서

426 『조선녀성』 2003 3호, p.28.

427 『조선녀성』 1993 4호, p.28.

428 『조선녀성』 1993 5호, p.26.

데려온 아이들을 양육하는 사례나, 혹은 반대로 '연로보장나이'가 되어서도 편히 쉬기보다는 일부러 '너무도 어리고 영양상태가 좋지 못한 아이들'을 데려다 키우고 나아가 평생 저금한 돈을 국가에 헌납하고 원군 활동에 나서기도 한다.[429]

이상과 같이 영예군인과의 결혼 및 고아 양육의 미풍 이외에도 '사회주의적 대가정'을 이루기 위해 "뜨거운 인간애를 지니고 전쟁로병들과 전사자가족, 공로자들을 친혈육처럼" 도와주는 미풍들도 자주 등장한다.[430] 『조선녀성』에는 "출근길에 동안의 전사자, 인민군후방가족들의 집에 들렸다가 오는 것"이 습관이 되었다는 모범적인 여맹위원장의 일화도 등장한다.[431] 이러한 원군 미풍들은 여맹 초급난체 난위로 조직적으로 진행되는 경우가 많다. 예컨대 남편 없이 세 아이를 키우며 살아가던 동무가 병으로 떠나자, "동지가 남기고 간 자식들을 다른데 보낼것이 아니라 우리가 키우

---

429 "리일화, 조광문부부는 10여년간 성격과 취미가 서로 다른 수십명의 부모없는 아이들을 맡아 친부모의 심정으로 따뜻이 돌봐 주면서 그들이 모두다 선군시대의 위대한 장군님의 총 쥔 병사로 억세게 자라나도록 훌륭히 교육교양하고 있다." 『조선녀성』 2003 4호, p.20.; "1995년 11월 안정복동무는 부모 없는 어린애 3명을 데려왔다. 너무도 어리고 영양상태가 좋지 못한 아이들을 보며 사람들은 그를 만류하였다. … 1997년부터 매일, 매끼마다 100그람의 식량을 덜어 내여 절약함에 넣었다. 그리고 저금통을 만들고 매일 10원씩의 돈을 저금통에 넣기 시작하였다. … 정복동무는 부모 없는 아이 일곱을 키우면서도 언제 한번 우는 소리를 하거나 나라에 손을 내밀지 않고 나라를 위한 좋은 일을 더 많이 하였다." 『조선녀성』 2003 11호, p.46.; 『조선녀성』 1993 3호, p.37.

430 『조선녀성』 2003 2호, p.26.

431 『조선녀성』 2003 1호, p.42.

는것이 도덕의리"라면서 초급단체 단위로 생활을 돌봐주는 사례도 나온다.[432] 여맹조직 단위로 진행되는 미풍들은 마을의 후방가족이나 영예군인을 '음식' 등을 준비하여 자주 찾아가거나 집수리를 도와주는 식으로 '친어머니와 친누나처럼 따뜻이' 보살피는 행위가 일반적이다.

그런데 1990년대 후반으로 갈수록 원군미풍의 내용들이 다양화되어 '값진 천으로 만든 옷'이나 '두툼한 현금봉투', '쌀' 등으로까지 확대된다. 또한 개별적으로 '고아'들을 입양하여 친자식처럼 양육하는 것을 넘어서서 여맹 조직 차원에서 '육아원'을 지원하는 형태로 조직 정치 사업을 변형하여 추진한다고 한다.[433] 나아가 2000년대 이후에는 녀성동맹이 집중적으로 조직지도하고 독려해오던 원호미풍의 내용이 보다 확장된다. 즉 이전 시기에서처럼 '음식', '연료', '물품'이나 '쌀'을 모아 보내는 형태에 그치지 않고, '인민생활공채구매사업'과 같이 개인들이 한푼두푼 모아온 현금을 여맹 조직을 통하여 국가에 헌납하는 애국공채 운동으로 집중된다.[434]

이는 1990년대 중반의 배급제의 붕괴와 고난의 행군, 강행군

---

432 『조선녀성』 1998 3호, p.36.

433 "시녀맹위원회에서는 녀맹조직들과 녀맹원들 속에서 육아원어린이보양조건을 더 잘 지어주기 위한 조직정치사업을 여러가지 형식과 방법으로 힘있게 벌리였다. 녀맹원들은 모든것이 어려운 조건에서 부모없는 아이들을 자신들이 직접 맡아 키우는 심정으로 지원사업에 한사람같이 떨쳐나섰다. … 어린이 보육조건에 필요한 여러가지 그릇들과 놀이감들 … 2천여벌의 옷과 850여개의 꽃포단, 1천여점의 화식기제 등" 『조선녀성』 1998 6호, p.34.

434 『조선녀성』 2003 8호, p.37.

시기 이후 각 가정의 여성들이 생계 유지를 위해 시작한 사적인 경제 생활을 통하여 보유하게 된 '현금'이 증가하게 된 것과 관련되는 것으로 보인다. 이러한 애국공채 행위들에 대해서 여맹 조직은 "조국은 모든 사람들의 진정한 어머니이며 삶과 행복의 요람이다"[435]라거나 "애국은 조국과 인민에 대한 헌신이고 투신이다."[436]라는 식으로 적극적으로 독려한다. 또한 기사들에서 빈번하게 등장하는 장면들로는 우선 가족 단위로 아내가 먼저 애국공채 등에 돈을 헌납하기로 결정하게 되면 남편이 '시원시원한 성미' 그대로 흔쾌히 동의하거나 시어머니 혹은 자녀들 역시 적극적인 '호응'을 하는 가운데 이루어지는 경우가 많다.

이러한 공채 헌납의 배경에는 2003년 7월 선승 기념일에 '선군시대'의 상징으로서의 '녀맹호 포'를 증정하기 위한 자금 마련의 필요성이 존재했다는 것과 관련된다. 이에 따라 여맹 조직들의 주관하에 유휴자재 등을 모으거나 가축을 기르는 등의 '좋은일하기 운동'을 통하여 모금이 진행되었다. 여맹 조직들은 이를 위한 적극적인 호소와 함께 짜임새 있는 조직사업을 빈틈없이 진행하였으며 속보를 붙이고 초급단체별, 개인별 경쟁 도표까지 작성하는 식으로 조직적으로 활동했다고 한다. 이러한 조직의 지도하에 원군 가풍으로 무장된 가족들이 앞다투어 거액을 바쳤다는 기사[437]나 생일상이나 자녀들의 혼사를 위해 준비하였던 자금을 아낌없이 내놓

---

435 『조선녀성』 2003 11호, p.37.

436 『조선녀성』 2003 11호, p.39. ; 『조선녀성』 2003 12호, p.49.

437 『조선녀성』 2003 10호, p.33.

고 대대로 물려 오던 귀중한 가보까지도 바치는 노인[438] 등의 미풍 사례도 발견된다.

> 우리 아들딸들이 소년호 땅크, 기차도 마련하는데 어머니들이 왜 못하겠습니까. 나라 지키는데 우리 어머니들의 이름도 우리 몫도 있어야 하지 않겠습니까. … 시녀맹위원회는 좋은일하기운동으로 포자금을 마련할데 대하여 호소하고 그 조직사업을 빈틈없이 짜고 들었다. … 시간이 다르게 속보가 나붙고 초급녀맹위원회별, 초급단체별, 개인별 경쟁도표가 시간을 다투며 쭉쭉 뻗어 올라 갔다. … 우리 녀성들이 결코 유족한 생활의 여유로 떠받들어 올린것이 아니다. … 배고픈것은 참으면 된다. 우리 아이들에게 사탕을 쥐여주지 못한다 해도 총알만 있으면 된다. 총대가 강해야 자주적인간으로 될수 있다. 총대가 약하면 노예가 된다. 우리는 다시 노예가 될수 없다. 우리는 경애하는 장군님의 선군령도를 높이 받들어 총대를 앞세우고 자주적인간으로 살겠다. 이런 신념이 녀성들의 심장마다에 고패쳐 그들은 오늘 선군포 녀맹호 를 받들어 올린것이다.[439]

4) 문화적 측면

438 『조선녀성』 2003 10호, p.34.

439 『조선녀성』 2003 10호, p.30.

가. 공민적 의무와 사회주의적 애국주의, '공산주의적 례절'

2000년대 이후의 공산주의적 도덕 관련 교양에 있어서는 '공민적 의무'와 '사회주의적 애국주의'라는 표현이 특징적이다. 김정일은 "모든 당원들과 근로자들이 공민적의무를 깊이 자각하고 공민의 본분을 다해 나가도록 하여야 합니다."고 강조하면서 "공민적 의무를 자각하지 못하면 나라와 민족보다 개인을 먼저 생각하는 인간으로 변질될수 있으며 나중에는 조국과 인민을 배반하는 역적으로 굴러떨어지게 된다."고 경계한다. 이러한 공민적 의무에는 선군정치를 받들어 자녀를 군에 입대시키는 것, 강성대국 건설을 위해 희생하는 것, 법과 사회주의 생활양식을 지키는 것 등이 포함된다.[440]

또한 자력갱생, 간고분투의 혁명 정신이 강력하게 요청되었던 1990년대 중반을 거쳐 1990년대 말 이후가 되면 '민족적인 것'과 '전통도덕'에 대한 재조명 가운데 '인륜도덕'과 공산주의 도덕미풍이 함께 강조되기도 한다. 김정일은 "사회주의적 애국주의교양을 인륜도덕에 대한 교양과 잘 결부하여 진행하도록 하여야 합니다." 라고 했는데, 사회주의적 애국주의는 당과 수령에 대한 충실성과 국가와 사회의 공동 재산을 아끼며, 자기 언어와 민족 문화를 사랑하고 나라 살림살이를 알뜰히 꾸리는 데에서 대표적으로 나타난다

440 북한에서 말하는 공민적 의무란 "공민으로서 반드시 지켜야 할 법적 및 도덕적행동규범과 활동준칙의 총체"를 뜻한다. 『조선녀성』 2003 11호, p.34.

고 강조한다. 사회주의적 애국주의교양을 인륜도덕에 대한 교양과 결합하는 것은 구체적으로 첫째, 사회주의 조국에 대한 사랑과 가정에 대한 사랑을 결합시키고, 둘째, 조국에 대한 사랑과 향토에 대한 사랑을 결합시키며, 셋째, 조국에 대한 사랑과 자기 일터에 대한 사랑을 결합시키는 것을 요청한다고 한다.[441]

이와 같은 '민족적인 것'과 '전통도덕'에 대한 관심은 '공산주의적례절'이라는 개념으로도 확대된다. 김일성은 "예로부터 조선녀성들은 례절이 바르고 자기의 절개와 지조를 굳게 지켜왔습니다."라면서, '바른 례절'이 '조선녀성들의 겉모습'이라면 '깨끗한 량심과 두터운 의리'는 '조선녀성들의 안모습'이라고 강조했다. 또한 '지난날에는 사람의 인격을 존중하는데 머물러있던 조선녀성들의 례절'이 '사람의 자주성과 창조성을 최대한으로 존중하는 공산주의적례절로 근본적전환'을 가져왔다고 평가한다. 이들은 '례절과 의리' 뿐 아니라 '진리와 정의'에 대한 수호를 특징으로 하며, 이를 수호하기 위한 제국주의와의 투쟁에 여성들이 떨쳐나설 것을 촉구한다. 이처럼 '공산주의적례절' 가운데 "당과 수령에 대한 끝없는 충성심과 효성을 근본핵으로 하는 조선녀성들의 도덕적풍모는 영예군인의 안해, 부모없는 어린이들을 키워가는 각계각층의 녀성들, 자식없는 로인들의 친딸이 되여주는 새세대 녀성들, 자랑스러운 녀성군인들, 어렵고 힘든 일터의 미더운 녀성들과 같은 공산주의적미풍으로 피어났다"고 강조한다.[442]

---

441 『조선녀성』 2007 1호, p.36.

442 『조선녀성』 1998 5호, p.37.

나. 민족 전통에 대한 강조

상기한 바와 같이 사회주의적 애국주의, 공민적 도덕, 공산주의적 례절, 공산주의적 미풍이라는 단어에서 유추할 수 있듯이 북한 당국은 2000년대 이후 '민족적인 것'을 되새기면서 '민족전통을 빛내일 것'을 강조하게 된다.[443] 민족 전통은 민족성을 구체적으로 섬세하고 다양하게 구현하고 있기 때문에 모든 사람들이 민족의 한 성원으로서의 자각을 높임으로써 민족성을 고수하는 데 이바지한다는 것이다. 이에 따라 북한은 2000년대 이후 민족 옷, 민족 음악, 민속 명절 등을 되살리고 강조하는 경향을 보인다.

북한 당국은 "혁명과 건설은 나라와 민족을 단위로 하여 진행되며 국가건설도 나라와 민족을 단위로 하여 실현해 나간다."면서 '우리것'을 사랑하고 귀중히 여길 것을 강조한다. "자기것을 사랑하지 않고 귀중히 여기지 않는 사람에게는 있는것도 보이지 않으며 더우기 그것을 써먹을줄도 리용할줄도 모르고 다른데 헛눈을 팔다가 주저앉고만다."고 비판한다. 반면 "자기것을 사랑하고 귀중히 여기는 사람만이 우리 인민의 힘과 지혜를 보게 되고 자기 힘을 믿게 되며 혁신적 안목을 가지고 내부예비를 적극적으로 동원하면서 대담하고 통이 크게 일판을 벌려"나갈 수 있기에 사회주의

443 민족전통을 빛내인다는 것은 "력사적으로 창조되여 대를 두고 전해내려오는 우수하고 아름다운 풍습과 생활방식, 행동규범 등을 적극 찾아내고 살려나가며 사회생활의 모든 분야에 구현해나간다는것"을 말한다. 『조선녀성』 2003 12호, p.36.

강성대국 건설과 자력갱생의 원천으로서의 역할을 할 수 있다고 강조한다.[444]

'우리 것'을 중시하는 이러한 경향은 문화와 생활의 전 부문에 걸쳐서 강조되고 있는데 2000년대 이후의 『조선녀성』 기사에서는 이전 시기에 비해 월등히 많은 지면을 할애하여 전통 명절과 전통 음식 등을 다루고 있다. 구체적으로는 "고상하고 문화적이며 민족적인 조선치마저고리에 쌍태머리, 외태머리를 곱게 한 처녀들의 모습"[445]에 관한 기사나 "언어와 례절, 옷차림과 식생활을 비롯한 모든 면에서 민족적인 것을 옳게 살리고 적극 장려하여야 한다."[446]는 언급, "악수례법보다 단정하고 위생적이며 례절 바른 조선절을 하는것을 습관화"할 것과 민족 음식과 민족 옷을 적극 장려하면서 "사람들의 기호와 새 세기의 요구에 맞게 하고 머리단장과 외모를 현대적미감이 나면서도 계절에 맞게 아름답고 위생문화적으로 해야 한다."[447]는 식으로 매우 다양하게 제시된다.

특별히 과거에는 부정하였던 민족 명절들에 대한 재조명이 이루어진다는 점도 2000년대 이후의 가장 특징적인 사항이라고 볼 수 있다. 대표적으로 '음력설'의 경우, 북한 당국은 과거에는 낡은 것으로 치부하고 비판하면서 김일성의 신년사가 발표되는 양력설

444 '자기것'을 사랑하고 귀중히 여긴다는 것은 "우리 인민이 이룩한 사상정신적 재부와 물질문화적, 도덕적 재부를 사랑하고 귀중히 여긴다는것"을 뜻한다고 설명한다. 『조선녀성』 2007 2호, p.45.

445 『조선녀성』 2003 6호, p.41.

446 『조선녀성』 2003 1호, pp.3-5.

447 『조선녀성』 2003 1호, p.36.

만을 강조해 왔다. 그러나 "음력설을 비롯한 민속명절을 잘 쇠도록 하여야 합니다"[448]라는 김정일의 언급처럼 '우리것'을 중시하는 과정에서 음력설이 다시 중시되고 있다.[449] 추석의 경우 과거에는 부정적으로 바라보았던 명절이지만 1990년대 이후 사회주의적 대가정, 가부장적 사회주의 등으로 지칭되는 일련의 정치적 이유와 연결되면서 다시 부상된 바 있다.

또 하나 특징적인 것은 여맹 기관지인 『조선녀성』을 통하여 전통 명절의 유래나 행사, 음식 등을 설명하는 과정에 있어서 미신이나 기복적인 것을 비판하던 과거의 경향과는 달리 길흉화복과 관련된 비교적 세밀한 설명을 제공하고 있다는 것이다. 예컨대 설 명절에 장식하는 십장생 세화에 대한 설명에서 '장수와 길한 것을 반영한 것들'이라고 설명하며, 친구들 사이의 '덕담'에 대한 설명에서도 '잘되기를 축복하는 말'이라고 표현한다. 또한 설날 새벽에는 음식을 차려놓고 돌아간 조상들에게 '제사의 이름'인 '차례'를 지냈다고 설명하고, 이후 이른 아침에 행하는 '세배' 풍습은 우리 인민이 웃사람을 존경하고 례의를 귀중히 여겨온 데서 생겨난 풍습이라고 설명한다.[450]

---

448 『조선녀성』 2007 1호, p.53.

449 "올해 음력설때만 해도 우리 초급위원회안의 녀성들은 민족옷을 떨쳐 입고 웃어른들을 찾아 세배도 하고 갖가지 민족음식을 떨쳐 입고 웃어른들을 찾아 세배도 하고 갖가지 민족음식을 해먹으며 설을 즐기였습니다. … 민족의 얼이 넘쳐 흐르는 민족옷을 입은 녀성들, 색동옷차림의 어린이들, 윷놀이, 장기놀이, 연띄우기, 썰매타기 등 민속놀이와 민속체육으로 음력설을 즐기는 근로자들과 어린이들을 보며 우리는 생각이 깊어졌습니다." 『조선녀성』 2003 4호, p.49.

정월 대보름 명절에 대한 설명에서는 "달을 먼저 본 사람에게 그해 행운이 차례진다"는 표현도 나오며 "달의 모양에 따라 농사에서 흉풍이 예언"된다는 설명도 등장한다. 정월 대보름의 민속놀이인 '연날리기'를 설명하면서도 역시 "그해의 불행으로 되는 모든 나쁜것"을 연과 함께 날려보내려는 것이라는 표현도 특징적이다.[451] 한편 '립춘'에 대한 설명에서도 "새해의 소원과 새봄을 축복하는 글"을 붙였다는 설명이 나온다.[452] 한가위 명절의 경우 "햇곡식으로 음식을 만들어 가지고 조상들의 무덤을 돌아보는 것을 응당한

---

450 "우리 인민은 설을 앞두고 집안팎을 깨끗이 청소하고 벽장이나 미닫이문같은 데 설그림(세화)을 붙여 장식하였는데 설그림에는 십장생 또는 범과 닭을 그리였다. 이것들은 모두 장수와 길한 것을 반영한것들이였다. … 떡국과 술은 설음식으로서 없어서는 안되는것이였다. … 설날 새벽에 음식을 차려놓고 돌아간 조상들에게 차례(제사이름)를 지내였고, 설날 이른아침에는 웃어른들에게 세배를 하였다. 세배풍습은 우리 인민이 웃사람을 존경하고 례의를 귀중히 여겨온 데서 생겨난 풍습이였다. … 친구들사이에서는 새해를 축하하는 의미에서 덕담(잘되기를 축복하는 말)을 주고받았다." 『조선녀성』 2007 2호, p.49.

451 "정월대보름 … 이때 달을 먼저 본 사람에게 그해 행운이 차례진다고도 하였으며, 달의 모양에 따라 농사에서 흉풍이 예언된다고도 하였다. 지난날의 정월대보름의 달맞이는 새해의 신수를 예언하는 등 봉건사회의 비과학적이고 뒤떨어진 미신행위와 결부된 명절행사였으나 거기에는 풍년들기를 바라는것과 같은 인민들의 소박한 념원과 풍부한 정서가 깃들어있었다. … 민속놀이에는 그해의 불행으로 되는 모든 나쁜것을 연과 함께 멀리 날려보내고싶은 어린이들의 소박한 동심세계가 반영되여있다." 『조선녀성』 2007 1호, p.53.

452 "새해에 드는 첫 절기라는데로부터 립춘맞이명절을 쇠였다. 전국의 모든 지방에서 이날에 집안팎을 깨끗이 손질하고 '춘축'이라고 하여 새해의 소원과 새봄을 축복하는 글을 써서 대무이나 문설주, 벽장같은데 붙이였고 음식으로는 움파, 산겨자, 신검초 등을 먹었다." 『조선녀성』 2007 2호, p.48.

도리로, 풍습으로 지켜"왔으며, "무덤앞의 상석우에 제물을 차려 놓고 술을 부으며 엎드려 큰절을 하였다."고 설명한다.[453] 동지날의 팥죽에 대해서는 "많이 나누어 먹어야 '복'이 있다"고 설명하고 있으며, "이로부터 동지날에는 옆집의 팥죽을 맛본다는 말도 생겨난것"이라고 밝히고 있다.

민속 명절에 대한 재조명에 따라 민속놀이 등도 강조되는데 이러한 민속놀이들이 신문이나 잡지 등에 구체적으로 소개된다는 점도 특징적이다. 김정일은 "민속놀이를 장려하여야 합니다."라면서 "한가락의 민속춤, 하나의 민족옷이라고 할지라도 그것은 우리 장군님께 있어서 나라의 중대사와도 같은 실로 중요한 문제"라고 강조하면서, "이것을 홀시하면 점차 민족의 전통이 허물어 지게 되며 나아가서 나라와 민족의 자주성도 지켜낼수 없기에 경애하는 장군님께서는 지난 고난의 행군, 강행군시기에도 이 문제를 무엇보다 중시하시였다."고 한다. 대표적인 민속놀이로는 수리날 그네뛰기와 정월 대보름의 널뛰기 등과[454] 봉선화꽃으로 손톱을 물들이는 민속

---

453 "우리 인민들은 예로부터 한해 농사를 다 짓고 가을걷이를 앞둔 8월한가위날에 햇곡식으로 음식을 만들어 가지고 조상들의 무덤을 돌아보는것을 응당한 도리로, 풍습으로 지켜 왔다. … 벌초를 끝낸 다음에는 무덤보기를 하였다. 무덤보기는 조상들의 항렬별, 년령별 순위에 다라 진행하였다. 사람들은 무덤앞의 상석우에 제물을 차려 놓고 술을 부으며 엎드려 큰절을 하였다. 절은 무덤조상의 장손, 직계, 근친의 순서로 하였다. … 사람들은 햇곡식을 먼저 조상들에게 '맛보이'는 천신을 한다면서 올벼를 골라 가을하여 낟알을 털어 말려서 쌀을 냈다." 『조선녀성』 2003 9호, p.53.

454 "수리날 그네뛰기는 씨름과 함께 씨붙임때 쌓인 피로를 풀어 주는 즐거운 민속놀이, 신바람나는 민속오락으로 유명하였다. … 14세기 말엽부터 우리 나라 녀성들이 즐겨 온 널뛰기는 주로 음력 정월대보름날과 5월 수리날놀이에 많이 리

이나 동지날에 팥죽을 쑤어 먹고 국수를 눌러 먹는 풍습도 "새세대들에게 널리 알려 주고 적극 장려해야 한다."고 촉구하기도 한다.[455]

이처럼 '우리 것'에 대한 강조는 민속 명절과 민속놀이에 이어 민족음식에 대한 강조로 이어진다.[456] 김정일은 "민족료리를 발전시키는것은 민족성을 옹호고수하기 위한 중요한 사업입니다"[457]라면서 명절 때 다양한 민속음식을 해 먹을 것을 촉구한다. 김정일은 '생활문화, 례절문화'와 함께 음식 문화를 우리식으로 발전시키는 문제가 중요하며 여기에서 우리 녀성들의 몫이 '참말

용되였다. 이 놀이가 음력 정월대보름날에 많이 리용된것은 추운 겨울철의 바깥운동에 적합한것으로서 온 마을사람들이 고운 옷을 차려 입고 한곡에 모여 화목을 도모하기 위한 하나의 좋은 수단으로 되였다는 사정과 관련된다. … 1983년 11월 영국의 런던에서 진행된 제 8차 세계교예선수권대회에서 교예선수권을 보유하고 금메달을 쟁취한 우리의 민족교예 널뛰기는 세계적인 명작으로서 세상에 널리 알려져 있다." 『조선녀성』 2003 6호, p.48.

455 "아이들이 봉선화꽃으로 손톱을 빨갛게 물들이는것도 하나의 민속이라고 하시면서 적극 장려하도록 하신 사연과 우리 민족의 고유한 민속명절인 동지날에 팥죽을 쑤어 먹는 풍속을 적극 살려 나가야 한다 … 찰떡을 쳐먹고 분틀우에 올라 앉아 국수를 눌러 먹는 독특한 풍습도 새세대들에게 널리 알려 주고 적극 장려해야 한다." 『조선녀성』 2003 6호, p.10.

456 "위대한 장군님께서는 지금 일부 사람들은 김치나 고추장 같은것을 다른 나라 사람들에게 대접하면 나라의 체면이 깎이는것처럼 여기고 있으며 지어 된장냄새나 마늘냄새가 빠다냄새보다 못하다고 여기는 한심한 사람들도 있다고, 자기의 것을 귀중히 볼줄 모르고 남의것이라면 덮어 놓고 숭상하는것은 눈뜬 소경과 같다고 말씀하시였다. 그러시면서 남에게 없는것은 작은것도 크게 자랑할줄 아는 사람이 바로 애국자라고 뜨겁게 말씀하시였다." 『조선녀성』 2003 11호, p.10.

457 『조선녀성』 2003 11호, p.41.

로 크다'고 한다. 그런데 이 글에서는 "지난날 낟알위주의 식생활"에만 매달리고 "명절이면 고기국을 끓이고 떡을" 해먹었던 것을 반성하고 '낡은 식생활방식'을 극복하겠다는 표현이 주목할 만하다.[458] 즉 전통적인 민속 음식을 강조하는 이면에는 '선군시대의 요구에 맞게' 북한 내에서 부족한 '알곡' 소비를 줄이고 다양한 '남새' 등을 활용한 전통 음식을 장려할 것에 대한 의미가 숨어 있는 것으로 보인다.

우리식을 강조하는 이러한 경향은 민족 명절과 음식 이외에 '새세대'를 겨냥한 조선식의 인사법의 강조로도 나타난다. 김정일은 '인사를 조선식으로 하도록 하여야 하겠습니다.'라면서, "민족의 우수성을 귀중히 여기고 민족적인 것을 적극 살려나가는 데서 우리 민족의 고유하고 훌륭한 인사례법을 계승발전시키는 것은 매우 중요한 문제의 하나이다."[459]라고 강조한다. 반면 '손만 흔드는' 젊은이들의 손인사는 '아는 체'이지 인사가 아니며 또한 세계적으로 유행하는 '악수'법은 유래부터나 위생학적으로 좋지 못한 것이므로 '극력' 피할 것을 강조하기도 한다.[460]

---

458 "저의 경우만 봐도 밥을 많이 해먹어야 한다는 그릇된 인식에 사로잡혀 지난 기간 낟알위주의 식생활에만 매달려왔습니다. 그러다나니 식량을 많이 소비하였고 편식하는 버릇도 붙게 되였습니다. … 저는 덮어놓고 명절이면 고기국을 끓이고 떡을 해먹으면 그만이던 낡은 식생활방식을 버리고 우리 민족의 전통적인 민족음식과 남새음식, 산나물음식 등 갖가지 음식을 만들어 먹음으로써 주식물의 량을 줄이도록 하였습니다. … 모두가 선군시대의 요구에 맞게 식생활을 개선하기 위해 노력할 때 우리의 생활은 더욱 윤택해진다." 『조선녀성』 2007 2호, p.34.

459 『조선녀성』 2007 4호, p.46.

다. 일상적인 예의 도덕에 대한 강조

상기한 민족 전통에 대한 강조는 비단 명절때뿐 아니라 '일상적인 례의도덕'으로도 이어져야 한다고 강조된다. 김정일은 "례의도덕은 사회생활, 인간생활에서 사람들이 자각적으로 지켜야 할 행동규범과 준칙으로서 혁명적동지애와 집단주의를 높이 발양시키는데서 중요한 작용을 합니다."[461]라고 강조한다. 또한 "예로부터 동방예의지국으로 불리워온 우리 나라의 도덕기풍은 조선로동당시대에 와서 더욱 아름답게 꽃펴나 우리 시대 인간들의 인격을 높여 주고 있다."[462]면서 어린 시절부터 일상 생활에서 예의바른 행동을 하도록 교양해야 할 것을 촉구한다.

이와 같은 '고상한 례의도덕'은 혁명적인 사업기풍과 건전한 생활 기풍을 세우며 사람의 인품과 문화 수준을 평가할 수 있게 하는 것이므로, 가족이나 친족 간 뿐 아니라 친구, 이웃, 인민반 등

460 "지금 세계적으로 많이 하는 인사법은 서로 한손을 마주잡는 악수이다. … 남을 해칠 마음이 없는 사람은 자기의 손은 깨끗하다는 뜻에서 빈손을 펴보였다고 한다. … 실로 서양식인사법으로 알려진 악수는 세상에 생겨난 유래부터가 아름답지 못하다. 위생학적견지에서 보아도 악수로 인사하는 방법은 그리 좋은 인사방법이 아니다. 아무리 손을 깨끗이 씻는다 해도 거기에는 병균들이 묻어있기 마련이다. 우리 인민들과 녀성들은 이런 악수인사법을 극력 피하고 우리 민족의 고유한 인사례법을 적극 장려하며 아름답고 고상한 민족성을 빛나게 계승발전시키는데 적극 이바지하여야 할것이다." 『조선녀성』 1998 3호, p.37.

461 『조선녀성』 2007 5호, p.46.

462 『조선녀성』 2003 10호, p.50.

다양한 인간 관계에서 각기 적절한 '례의도덕'을 잘 알고 지켜야 한다고 강조한다.[463] 특히 기층 조직인 인민반의 경우에는 정치 조직 생활단위와 직업, 연령대 등이 복잡하게 구성되어 있다는 점에서 더욱 주의를 요망할 것에 대한 기사를 싣고 있기도 하다.

인민반에서 지켜야 할 례의도덕 : 김일성동지께서는 인민반은 우리 인민정권의 말단세포로서 인민들자신이 스스로 지기 생활을 꾸리며 다스려 나가는 기층조직이라고 교시하시였다. 직장과는 달리 인민반을 이룬 성원들은 정치조직생활단위도 다르고 직업도 각이하며 늙은이, 젊은이, 어린이 그리고 가정부인, 세대주 등 그 구성이 복잡하기때문에 사람들사이의 관계도 그만큼 복잡하게 이루어진다. … 위생문화사업, 사회주의건설지원사업, 노는 자재 수매사업 등 문제를 집체적으로 토의하기 위한 모임들을 가지게 된다… 반원들은 우선 인민반모임에 제 시간에 빠짐없이 참가하여야 한다. … 말 한마디 없이 덤덤히 앉아 있다가 가거나 한편 제 말만 말이라고 옆에 웃사람이 있건없건 우겨 대는 것도 례의를 지킬줄 모르는 행동이다. 인민반원들은 아침청소를 비롯하여 인민반의 위생문화사업에도 열성적으로 참가하여야 한다. 특히 세대주들이 이 사업에 모범적으로 참가하여야 한다. … 혁명가유가족, 전사자가족,

---

463 "스스럼 없는 가까운 사이에서도 사람들은 응당 지켜야 할 례절과 도덕규범을 잘 지켜야 한다. … 가져다 쓴 물건이 있다면 잊지 말고 제때에 깨끗이 손질해서 돌려 주어야 한다. … 어려서부터 례절 바르게 교양된 어린이는 자라서 학교에 다닐 때나 사회에 나가서도 동무들과 친구들을 따뜻하고 예절 바르게 대하게 된다." 『조선녀성』 2003 6호, p.42.

피살자가족, 후방가족, 영예군인들을 존경하며 이들에게 생활상 불편이 없도록 인민반원들이 모두 마음을 합쳐 도와주어야 한다. 인민반안의 웃사람들을 존경하며 그들에게 례절을 잘 지켜야 한다. … 인민반안의 학생들과 어린이들을 서로 잘 돌보고 교양하여야 한다. … 청소년들속에서 결함이 나타나면 반원들모두가 합심하여 교양하며 고쳐 주어야 한다.[464]

한편 2000년대 이후에는 전화 예절이나 언어 예절 등도 자주 언급된다. 김정일은 "례의범절과 공중도덕은 사람들의 품격과 문명정도를 평가하는 중요한 척도의 하나"[465]라면서 "사람은 례절이 밝고 겸손하여야 합니다"[466]라고 강조한다. 또한 아무리 혁명성이 강하고 풍부한 지식을 가졌다 하더라도 "의리가 없고 말과 행동이 거칠며 례의도덕을 지킬줄 모르는 사람은 참다운 혁명가로 될수 없고 사회와 집단의 사랑을 받을수 없으며 사상적으로도 변질되여 자기의 정치적생명을 빛내여 나갈수 없게 된다."는 것이다.[467] 따

464 『조선녀성』 2003 7호, p.50.

465 『조선녀성』 2007 3호, p.41.

466 『조선녀성』 2003 2호, p.38.

467 "사람들의 사상의식수준이 낮고 언어생활과 정서생활에서 비문화적이며 례의도덕이 없는 사회에서는 혼란과 무질서가 항시적으로 조성되고 건전한 생활기풍이란 찾아볼수 없으며 그런 사회는 앞날이 없는 사회이다. 언어문화, 생활문화수준이 낮으면 사람들이 사회적행동규범과 질서를 망탕 어기며 동지와 집단을 귀중히 여기지 않고 대중을 깔보면서 자기 처신도 제대로 할수 없게 되며 생활을 망탕 해나가게 된다. … 높은 언어문화, 생활문화수준은 위대한 수령, 위대한 령도자에 의해서만 마련되게 된다. … 말은 곧 사람이다. … 아무리 옷을 잘 입고 잘 생긴 사람이라도 언어례절을 잘 지키지 않는 사람은 버릇이 없고 언

라서 "언어생활에서 문화성을 높여야 합니다. 문화성 있게 말을 하고 글을 써야 사람의 인품도 높아지고 사회에 고상한 도덕적기풍을 세워 나갈수 있습니다."[468]라고 촉구한다.

이러한 '언어례절'과 관련된 기사들은 '탁아소 보육원과 어머니들 사이에 지켜야 할 언어례절', '집을 방문한 손님에 대한 언어례절', '이웃간 언어례절', '가족에 대한 언어례절', '전화례절'[469] 등 매우 구체적이고 다양한 상황을 배경으로 등장한다는 것도 특징적이다. 탁아소의 경우에는 "어린이들의 본보기가 될수 있게" 예절을 잘 지켜야 하기에 갓난어린이들을 맡은 보육원은 그 누구보다도 자신의 언어례절에 주의해야 하며, '애기어머니들' 역시 보육원에게 지나치게 무례한 요구나 언행을 삼가히어야 한다고 지적한다.[470]

또한 '그림이야기' 형태로 『조선녀성』에 등장하고 있는 '사회주의도덕과 생활' 중 〈그림 이야기〉 "남편자랑도 말씨에 따라" 편에서는, 거친 단어를 사용하면서 '남편'에 대한 설명을 하는 바람에 이웃 주민들은 '아들'에 대한 이야기를 하는 줄로 오해하는 장면이 나온다.[471] 또 다른 〈그림 이야기〉 "마지막 한글자에도, '요'는 언제나 자신을 돋보이게 해줍니다. 비록 끝에 붙는 한글자 이지

어문화수준이 낮은 사람이다." 『조선녀성』 2003 1호, p.36.

468 『조선녀성』 2003 10호, p.47.

469 "전화례절은 곧 자기의 얼굴 … 하나의 동지로, 화목한 대가정으로 이루어진 우리 사회에서 전화도덕 문제는 매우 절실한 문제라는것을 명심하게 되였으며 동방례의지국에서 사는 녀성답게 자신을 더욱 준비해나갈 결의를 굳게 다지게 되였습니다." 『조선녀성』 2007 3호, p.41.

470 『조선녀성』 2003 10호, p.47.

471 『조선녀성』 2007 3호, p.42.

만….”편에서는 방문객에게 반말조로 답변하는 여성이 반말을 한 마디 할 때마다 곁에서 지나가던 꼬마가 ‘요’ 자를 붙여 주는 장면이 등장한다.[472]

이상과 같은 전통 도덕과 예의범절은 직접적으로 상호 작용하는 가까운 개인들을 넘어서서 불특정 다수를 향한 경로사상과 공중도덕으로 확장되게 된다. 출근길 버스 정류소의 질서있는 모습이나, 버스나 지하철에서 노약자에게 자리를 양보하는 ‘고상한 도덕품성’ 관련 기사들이 해마다 등장하며, 부분적인 구절 차이를 제외하고는 해가 바뀜에도 불구하고 큰 변동 없이 비슷한 내용을 싣고 있다.[473] 그런데 기사 내용 중 ‘자리양보’ 미덕을 행한 주인공들에 대해 “차안의 모든 사람들의 존경과 선망의 눈길”이라는 표현이 존재한다. 이러한 미사여구들은 역으로 북한 사회 내에서 새세대 혹은 여성들이 버스 등에서 기초적인 공중도덕을 충분히 지키지 못하고 있음을 반영하는 것일 수 있으며, 이를 계도하고 교정하고자 하는 시도일 수 있다.

라. 허례허식에 대한 비판과 만경대가풍

한편 북한은 ‘민족적인 것’과 ‘례의도덕’을 강조하면서도 항상 동시에 전통적인 것 중 ‘낡은 양식’에 대해서는 벗어버려야 한다고

472 『조선녀성』 2007 4호, p.45.

473 『조선녀성』 1993 5호, p.39.; 『조선녀성』 1998 4호, p.37.; 『조선녀성』 2007 1호, p.42.

경계한다. 이러한 측면은 "허례허식을 반대하여 적극 투쟁하여야 하겠습니다. 허례허식은 낡은 사회의 유습이며 그것을 철저히 뿌리빼지 않고서는 혁명적인 생활기풍을 세울 수 없습니다."[474]라는 김정일의 비판에서 찾아볼 수 있다. 이는 설날 별식으로 강냉이국수를 권하는 김정일의 언급[475]이나 "결혼식을 반드시 항일유격대식으로 하여야 하겠습니다."라면서 '콩나물과 두부'를 이용한 검소한 결혼식을 강조한 바 있는 김정숙의 언급에서도 확인할 수 있다.[476] 북한 당국은 관혼상제에 대해 '선군시대'에 맞게 간소하고 검소하게 진행하며 미신적이고 이색적인 것을 없애야 한다는 데 집중한다.[477]

허례허식의 비판은 간소하고 검소한 생활 및 '청렴결백성'의 강조와도 관련된다. 우리 민족은 "일찍부터 재물이나 권력보다도 '진리와 도덕'을 더 존중히 여기는 높은 도덕관념"과 "성실한 '로동'으로 물질적 및 문화적재부를 창조하는 건전한 인간관계를 맺어" 왔기에, 우리 민족이 지닌 높은 도덕 관념과 기풍에서 기본은 청렴

---

474 『조선녀성』 2007 4호, p.54.

475 『조선녀성』 1998 1호, p.20.

476 『조선녀성』 2003 4호, p.7.

477 "관혼상제를 간소하게 하는 문제는 사실 한가정에 한한 문제인것 같지만 개별적사람들의 사업과 생활에는 물론 나아가서 나라와 혁명에 영향을 주는 중요한 문제이다. 다음으로 관혼상제의 판을 크게 벌리지 말아야 한다. … 제사도 복잡한 절차를 그대로 답습하면서 자주 벌려놓을것이 아니라 청명날이나 추석날에 산소를 찾아 묘앞에 꽃을 놓고 고인을 추모하는것이 좋다. 또한 관혼상제에서 미신적이며 이색적인 풍습을 철저히 없애야 한다." 『조선녀성』 2007 4호, p.54.

결백성이라고 강조한다. 즉 "건전한 도덕품성, 다시 말하여 겸손성과 소박성, 정직성과 소탈성, 검박성은 우리 인민의 높은 도덕관념과 기풍에서 중요한 내용을 이룬다."[478]고 밝히고 있다.

특별히 최근호 『조선녀성』 기사들에서는 북한 내에서 선군시대 모든 가정들에서 따라배워야 할 사회주의 도덕의 귀감으로서 '만경대가문의 도덕가풍'이 강조된다는 것도 특징적이다. 만경대가문의 가풍은 '애국애족'과 '숭고한 인덕', '조선민족의 미풍량속'이라는 세 가지 중요한 가치를 구현하는 것으로 대표된다. 특별히 '동지적인 가풍'은 만경대가문 일가가 모두 혁명의 길에 나선 혁명가정에만 있을 수 있는 도덕 가풍으로서 "인륜도덕적발전에서 볼 때 만경대가문에서 맨 처음으로 형성되였다"고 강조한다. 또한 가정에서 "녀성들은 안해로서, 어머니로서 도덕적 영향력"이 크기에, 여성들은 만경대가문의 도덕가풍을 잘 알고 그를 따라 배우는 데에서 앞장서고 가족성원들의 모범이 되어야 한다고 주장한다.

> **만경대가문의 애국애족의 가풍은 나라가 있어야 가정도 있다는 륜리도덕으로부터 출발한 가풍이다. … 만경대가문의 인덕은 인간을 가장 귀중히 여기고 인간에게 베푸는 뜨거운 사랑이며 혈육이나 이웃에만 아니라 전민족에게 베풀어진 사심없고 순결한 인덕이다. … 지난날 도덕가풍이라면 주로 도덕가풍이라면 주로 부모와 자식, 부부간, 형제자매간에 혈연에 기초한 가정도덕규범과 준칙을 지키는 생활기풍으로서 여**

478 『조선녀성』 2003 8호, p.39.

기에는 웃사람과 아래사람의 엄격한 구별이 있고 남녀간에 호상질서가 있으며 이것은 어디까지나 인정세태적인 것이였다. 동지적인 가풍은 만경대가문일가가 모두 혁명의 길에 나선 혁명가정에만 있을수 있는 도덕가풍으로서 인류도적발전에서 볼 때 만경대가문에서 처음으로 형성되였다. … 만경대가문의 도덕가풍은 애국애족의 가풍, 덕망이 높은 도덕가풍일뿐아니라 조선민족의 미풍량속을 완벽하게 구현한 가풍이다.479

479 『조선녀성』 2007 2호, p.33.

V. 북한 사회 변동의 특징과 전망: 청소년과 여성을 중심으로

지금까지 북한 사회의 체제 유지에 초점을 맞추고 주로 청소년과 여성의 조직과 운영에서 어떤 모습으로 통제와 정신 교육이 이루어지고 있는지를 살펴보았다. 이제는 사회 변동으로 시점을 옮겨서 우선 청소년과 여성들 사이에서 어떤 변화의 조짐이 나타나고 있는지를 검토하기로 한다. 아울러 이러한 변화 과정에서 청소년과 여성의 조직체에서는 어떤 식으로 이에 대응하면서 스스로 어떻게 변해가는지를 추정해보고 앞으로 기대할 만한 변화에 대한 전망도 곁들여 보기로 한다.

1. 청소년 세대의 변화

1) 정치·사상적 이완과 무규범적 성향

먼저 북한 사회에서 핵을 이루고 있는 정치와 사상이라는 측면에서 변화가 일어난다면 이는 상당히 주목해야 할 현상으로 보아도 좋을 것이므로 이 부문부터 검토하도록 하겠다. 이와 관련된 논문에 따르면 1990년대 초 경부터 「청년전위」 등에서는 청년들의 정치·사상적 이완과 함께 조직 관념 약화로 인한 무규율적 태도들이 자주 지적되어 왔다.[480] 북한 당국은 청년들 속의 '무규율적이고 자유주의적인 현상'은 조직의 통제가 약화되면서 발생한다고 지적하면서 이를 철저히 극복해야 한다고 주장한다. 조직성과 규율성이 이완될 경우 사회 내부에 '부르죠아 자유화바람'이 들어와 청년들이 '날라리풍'에 물들게 된다는 것이다. 이러한 지적 등을 바탕으로 할 때, 북한 사회의 대내외적 상황 변화와 더불어 조직 통제가 약화되면서 청년들의 정치·사상적 이완과 함께 무규율적 성향이 증가하고 있음을 간접적으로 유추할 수 있다.

조직세의 통제력이 약화되게 된 배경은 여러 가지가 있을 수 있겠지만 다음과 같은 것이 가장 두드러진다고 할 수 있다.

첫째, 우선 무엇보다도 경제적인 곤란으로 인한 청년 세대의 비관적인 태도나 불투명한 미래 등으로 인해 조직을 통한 사상교양 학습에 관심을 덜 보이게 되었을 수 있다.

둘째, 당국에 대한 불만이 있다 할지라도 섣불리 표출하였다가 자칫하면 '정치적 모자'를 쓰고 사상범으로 몰릴 수 있기 때문에 이러한 내적 불만을 간접적으로 우회시켜 당일군이나 동맹조직일군 등에 책임을 전가하게 될 수 있으며, 이 과정에서 결국 동맹조직 생활에서 유리되게 되는 경우들도 찾을 수 있겠다.

셋째, 경제적 어려움으로 인한 물질주의적 관심사가 증가하게 될 경우 당원이 되어 이루어지는 정치적인 보상이나 혜택 자체에

---

480 이인정, 앞의 글, 2004 참조.

대한 관심이 감소하게 될 수 있다. 이에 따라 청년들에게 경제적 이익을 가져다주거나 사회적 지위를 향상시킬 수 있을 가능성이 높은 '졸업장'이나 '기술자격증' 자체에 대한 관심이 증가되면서 상대적으로 조직 자체에 대한 흥미와 의존도가 약화되었을 수 있다.

넷째, 북한 내에서 경제적인 곤란이 심해지면서 유류 및 쌀, 원자재 등을 당국으로부터 받기 어려워지게 되자 많은 직장들이 자력갱생을 위한 자체조달 차원에서 직장 청년들을 임시적으로 외부로 돌려 사업하도록 하는 경우가 늘어났다. 이에 따라 이러한 직종에 속하여 조직에서 떠나 있게 되는 기간이 많은 직업적 특수성을 지닌 직장 청년들의 경우에는 자연스럽게 조직의 통제력에서 이탈하는 것이 보다 쉬웠을 것으로 추측된다.

한편 이처럼 조직 관념이 약화되고 조직 이탈을 행하는 청년들에 대한 기사의 빈도가 1990년대 초 이후부터 매우 높을 뿐 아니라 청년들의 조직체에 대한 부정적인 태도의 정도 역시 차츰 강도가 높아지는 것으로 보인다. 예컨대 청년들에 대한 지적들 중에는 생활총화를 망각하거나 혹은 의도적으로 빠진 뒤 이를 조직에 보고하지 않고 숨기거나, 참가하더라도 권태를 느끼면서 수동적으로만 참여하는 등 낮은 수준의 일탈도 있다. 반면 연령이 높아져가면서 출근과 직장 업무 자체도 불충실하게 변하는 청년들이나 총화 등에서 받은 조직의 비판에 대해서 뉘우치기보다는 '반문'하고 '엇서나가기'도 한다는 기사에서 청년들이 동맹 조직에 대해 지니는 부정적 태도의 수위가 조금씩 높아지는 것으로 보인다.

이 같은 당국의 지적과 우려대로 청년들 사이에서는 비사회주의적인 현상들이 자주 발생한다는 비판이 일어난다. 구체적으로 직장 청년들 사이에서는 당사업을 '말로만 접수하고 집행을 태공하는 현상', 무책임성, 주인의식 부족, 소극성과 보수주의, 기술신비주의와 요령주의, 형식주의, 패배주의 등의 불건전한 현상이 지적된다. 또한 학생청년들 사이에서 발견되는 조직 통제의 약화 사례로는 '외국상품에 환상을 가지고 들떠' 다니거나 '색다른 물건에 눈을 파는 현상' 등 '우리식 사회주의와 인연이 없는 현상들'이 지적된다. 또한 조직을 이탈하여 청년들끼리 패거리를 지어 몰려다니면서 버스 정류소나 차 안을 비롯한 공중 장소 등에서 질서 문란 등 집단주의 생활 규범과 어긋나는 행동들이 나타나고 있다고도 지적된다.

2) 개인의 흥미와 개성 중시

1990년대 이후의 청년 관련 기사들에서 특징적으로 발견되는 것 중 하나는 청년들의 '흥미, 개성'에 대한 언급들이다. 이러한 표현들은 주로 청년절 제정 관련 기사들이나 새세대들에 대한 새로운 교양 방법론 측면에서 자주 발견된다. 앞서 살펴본 바와 같이 조직에 대한 흥미가 약화되고 유리되어 가는 청년들을 적극적으로 교양하기 위해서는 '우리식 청년교양체계'를 실속있게 운영하기 위한 새로운 시도가 필요하다는 식이다. 당국은 기존에 진행해 왔던 전통적인 조직 교양 방식으로는 청년들의 약화된 조직 관념을 되살리고 '사상정신적량식'을 공급하는 데 있어서 한계가 따를 것으로 파악하고 청년들 개인의 개성을 존중하는 가운데 '개별적인 교양' 및 '개별 담화 방법'을 시도하여 문제의 원인을 규명해야 한다고 주장한다.

한편 청년들의 '고유한 심리적 특성'을 파악하여 그에 맞춘 교양을 시도하라는 표현도 빈번하게 발견된다. 당국에서 바라보는 청년의 특성은 "새것에 민감하고 감수성이 빠르며 정의와 진리를 사랑하고 미적정서가 강한 것" 등이며 '랑만과 락천'적인 것을 좋아한다는 것이다. 이에 따라 당국은 "청년들의 심금을 울리고 흥미있게 진행"해야 하며 공산주의미풍 등 긍정적 모범에 의한 감화교양 방법론이나 혁명가요 보급 등으로 흥미를 채워 줄 것을 요청하기도 한다. 또한 딱딱한 정치적 강연 일색으로 교양을 시도하지 말고 청년들이 좋아할 수 있는 과학이나 사회문화 강연을 배합하여 진행할 것을 강조하기도 한다. 결국 과거 세대 청년들에 비해 북한 새세대 청년들은 구태의연한 방식으로 진행되는 교양보다는 흥미롭고 '매혹력있는' 방식을 선호한다는 것을 간접적으로 유추할 수 있다.

한편 1991년 8월 28일에 제정된 청년절 행사의 설립 배경이나 청년절 행사의 내용들을 살펴보더라도 이러한 새세대 청년들의 흥미와 개성에 대한 관심을 엿볼 수 있다. 청년절은 청년들이 '혁명과 건설의 어렵고 힘든 초소에서 계속 위훈을 세우도록' 하기 위해서 김일성의 교시에 따라 제정된 것으로 '흥미롭고 신바람'나는 방식으로 그들을 고무해 주어야 한다고 지적되어 왔다. 이에 따라 청년절 행사들로는 과거와 같은 단순한 정치 행사들과 강연

뿐 아니라 노래 보급, 예술 소품 경연, 체육 경기, 등산, 견학, 야유회 등 다양한 사업을 '매혹력있게 조직진행'할 것을 강조하였다. 이에 따른 행사 역시 청년들이 당과 정부 간부들과 함께 '신바람'나게 '축구, 배구, 롱구, 바줄당기기, 공안고달리기, 장기' 등 체육 오락 경기를 하며, 다양한 유희 오락 시설들을 즐기는 사례 등이 소개된다.

3) 물질적 관심의 증대

앞서 본 바와 같이 청년들의 조직 관념의 약화는 청년들의 '개인주의, 이기주의'적 경향을 증가시킬 가능성이 있다. 더구나 1980년대 후반부터 심화되기 시작한 에너지 부족과 이로 인한 경제 발전의 정체, 배급제의 와해 등은 과거에 비해 물질에 대한 관심을 상대적으로 증가하게 만들었을 수 있다. 이에 따라 1990년대 초 이후부터는 북한 청년들의 물질주의적 관심을 유추하게 해주는 기사들이 자주 등장하며 물질주의를 교양하기 위한 영화와 소설 등도 증가한다.

예컨대 자신이 혁명적으로 투쟁하지 않고도 노력영웅인 아버지의 덕을 보면서 청춘 시절을 향유하려고만 하는 주인공 청년의 모습을 그려낸 영화 '먼 훗날의 나의 모습'에서는 이러한 물질주의적 가치관이 구체적으로 잘 나타난다. 영화의 주인공은 허영심에 들떠 대외 사업 일군을 희망하며, 흥청거리는 '먹자판', '놀음판'을 좋아하고 '농민시장가격이나 외국제 물건 이름과 값'에 환하며 돈벌이 등에만 적극적인 존재로 묘사된다. 영화 감상평 모임 관련 신문 기사들에서도 북한 내에서 주인공처럼 자신의 이익에만 관심을 갖고 제 호주머니 불굴 생각 가운데 딴 짓을 하는 청년들이 더러 있다고 지적한다.

신문 기사들에서는 '돈과 물건에 유혹'되어 맛을 들이면 저속하고 방탕한 생활에 물젖어 혁명을 할 수 없다면서 강도높은 비판을 가한다. 이러한 지적은 특히 청년 대학생들 중 "량심이 없고 순박하지 못하며 기만과 허례허식, 사치와 부화방탕으로 세월을 보내는 사람"들을 비판하는 경우가 많다. 무엇보다도 대학생들이 '순박성'을 지녀야 하며 "안일해이해지거나 돈과 재물에 유혹되지도 않고 직심스럽게 공부에 열중"할 것과 "일상생활에서도 호의호식을 바람이 없이 검박하고 건전하게" 살아나갈 것을 촉구한다. 또한 '요행'을 바라며 농민 시장에 나가서 물건들을 구경하거나 '남의 물건'을 탐내는 청년들이 나온다. 이들은 남녀 사이의 사랑에 있어서도 혁명 의식 등 사상정신적 측면을 보기보다는 "재물이나 인물, 직업"을 중시한다. 또한 '마후라로 겉치레를 화려하게' 하는 것을 부러워하는 청년들의 태도를 비판하는 구절에서도 새세대 청년들의 변화된 관심사를 간접적으로 엿볼 수 있다.

이러한 물질주의적 경향은 1990년대 초 이후 청년들의 '양심'이나 '청렴결백성'을 더욱 빈번하게 강조하는 것에서도 유추할 수 있는데 1980년대 후반 이전의 신문 기사 등에서는 이러한 지적이 거의 발견되지 않았다는 것에서도 비교해 볼 수 있다. 예컨대 1990년대 초의 신문 기사들에서는 집단을 위하는 '순결한 량심'을 저버리고 "리기와 공명, 안일과 출세에 물젖어 개인적 향락"을 일삼는 행위를 비판하면서 '돈지갑, 카메라, 돈가방' 등을 주워 주인에게 돌려주는 미담 기사 등이 신문 지면을 가득 메우기도 한다. 1993년의 「로동청년」에서는 단 하루 동안 한 페이지에서만도 자그마치 여섯 개나 되는 돈지갑 관련 미풍 기사가 소개되기도 할 정도로 주요한 기사거리로 취급되지만 이러한 돈가방 관련 기사들은 전 시대에는 거의 등장하지 않았다. 이를 통하여 1990년대 이후의 새세대 청년들은 과거 세대에 비해 보다 많은 물질주의적 관심을 지니고 있을 수 있다고 간접적으로 추측할 수 있다.

이러한 변화는 공동 재산에 대한 사적 절취 혹은 사적 이용 행위로도 이어질 가능성이 있다. 청년들의 부정적 행위들을 소개하고 있는 기사들에서는 개인적인 재산을 늘리기 위해 '이리저리 뛰어'다니면서 '국가물건'을 탐오 낭비하고 '낮내기'를 하는 등의 현상이 자주 지적되는데 이는 구소련이나 동구 사회주의 사회에서도 자주 발견된 바 있는 사항이다. 또한 자신이 사용하거나 판매하려는 물품을 만들기 위하여 직장의 기계를 이용하여 가공하는 사례도 비판되고 있다. 관련된 새터민 인터뷰에 따르면 이러한 행위는 그들이 북한에 거주할 동안 주요한 소득 원천이었으며 이로 인해 경제적인 여유를 충분히 지닐 수 있었다고 지적된다.[481]

481 김일성종합대학 출신의 30대 남성인 새터민 L씨에 따르면, 북한에 있을 때 야간에 공장의 기계와 전기를 활용하여 직접 제작한 기계들을 팔아서 매우 큰 소득이 발생하여 윤택한 생활을 했다고 한다.

4) 직업관의 이기주의화

사상적 이완과 물질에 대한 관심은 새세대 청년들로 하여금 집단의 이익을 위하여 헌신하기보다는 도시의 인기 좋은 직업으로의 배치에 대해 관심을 집중하게 만든 것으로 보인다. 북한 당국에 따르면 새세대들의 직업관에 있어서 이기주의, 물질주의 경향은 시대 변화로 인해 "그때는 그랬지만 지금도 그렇게 살아야 하는가"라는 반문을 하듯이 혁명 의식의 약화로 연결된다고 지적된다. 이에 따라 새세대 청년들은 자신이 지닌 최대한의 연줄과 물리력을 동원한 '뒤공작'을 통하여 상대적으로 제한된 사람들만이 진입할 수 있는 보다 지위가 높고 경제적으로 이익이 큰 직업들로 진출하기를 희망하는 것으로 보인다.

구체적으로 청년들이 선호하는 직종은 해외 부문과 금융 부문, 상업 봉사 부문처럼 '먹을알있는' 직업이라고 소개된다.[482] 반면 청년들이 회피하려 드는 직업군은 '어렵고 힘든 일'로 불리는 조국보위탄원과 사회주의 건설장 등이나 '밥사발이나 국사발을 만드는' 도자기 공장이나 농촌 등 도시에서 멀리 떨어진 곳, 구두 수리나 리발 등 비교적 북한 내에서 천시되는 일 등이다. 비판 기사들

482 김일성종합대학 출신 50대 남성인 새터민 H씨에 따르면 1980년대까지는 간부들의 자녀들은 대부분 정치 부문으로 진출했다고 한다. 그러던 것이 1990년대 이후에는 주로 외화벌이가 용이한 부문으로 진출하였으며 2000년대 이후에는 외국어와 기술 부문으로 집중되었다고 한다. 이를 보고받은 김정일은 관련자를 모두 불러 "이것은 체제 전망에 대한 전형적인 패배주의다."라면서 비판을 가하고 이후 무자격자들을 선별하여 외교부에서 다 쫓아냈다고 한다.

에 따르면 이러한 청년들의 행위는 근본적으로 직업의 귀천을 따지는 낡은 사상이며 보다 편안한 곳에서 쉽게 일하고 보수를 많이 받자는 것이거나 개인의 명예를 떨쳐보자는 태도 등이 대표적이다. 결국 이러한 당국의 시각을 통해서도 청년들에게는 경제적 보수나 개인주의적인 출세와 명예 등이 상당 정도로 존재한다고 파악할 수 있다. 반면 비선호 직종에 속한 청년들은 자신의 직업에 대한 비관적 인식에 빠져 있으며 직업에 애착을 갖지 못하여 불성실한 노동을 한다고도 지적된다. 그들은 지도하러 내려온 교양 지도원들에게 "당신들도 오라면 오겠는가"라는 식으로 반문하며 교양 지도원들 역시 이러한 반문에 제대로 답변하지 못한다는 데에서도 이러한 직업의 귀천 의식이 상당히 뿌리 깊을 가능성이 있다고 여겨진다.

지역적으로는 직종에 상관없이 평양 등과 같은 도시를 선호하는데 특히 대학생들에게서 두드러지게 드러난다고 한다. 이러한 대학생들은 당의 은덕과 우리 시대 대학생의 책임감마저도 잊은 배은망덕한 사람으로 비판된다. 대학생 관련 기사들에서는 이러한 직종 선택의 이기주의적 측면 이외에도 조직 생활과 학과 학습을 게을리 하며 휴식날과 명절날을 기다리는 등의 태도도 발견된다. 이들은 당의 은혜가 아니라 자신이 잘나고 부모들의 배경이 튼튼해서 대학생이 된 것으로 착각하면서 색다른 물건에 관심을 갖고 '호부자'처럼 방탕한 삶을 산다고도 한다.

5) 일탈 행동의 증가

여타 세대에 비해 청년 시기는 기성세대나 제도에 대한 반항적이고 일탈적인 행위가 드러나기 쉬운 시기이다. 1980년대 경까지는 신문 기사 등에서 지적되어 온 대표적인 청년 일탈의 종류가 '나태, 안일, 형식주의' 등으로 비교적 소극적인 형태였으나 1990년대 초반부터는 보다 적극적이고 공격적인 형태로 일탈의 수위가 높아지는 특징을 보인다. 소극적인 일탈의 사례들로는 직장 내의 청년학교 내에서 고난의 행군 동안 낙담하여 '시무룩'해 있으면서 작업에 분발하지 않는 태도들이 지적되며 "안일해이하거나 개인리기주의와 날라리풍에 물젖어 일하기도 투쟁하기도 싫어하는 무맥한 청년" 등을 들 수 있다. 한편 1990년대 이후의 보다 적극적인 일탈로는 '당에 짐'이 되는 청년이나 '뒤골방에서 나쁜 짓'을 하는 청년, '개인의 리속만을 차리며 비사회주의를 하는 사람', 패거리를 지어 몰려다니거나 버스 정류소나 식당 등에서 "싸움질을 하며 사회질서를 문란"시키는 일, 생활이 자유주의적이고 지각을 하거나 출근을 하지 않는 일, 조직에서 유리되어 떠돌아다니는 일, 노동시간을 지키지 않거나 법을 어기는 행위, 저속한 생활 풍조 등을 지적할 수 있다. 이러한 청년들에 대해서는 '독버섯'이나 '길가의 막돌'과 같다는 표현도 사용된다.

특별히 북한 청년들에게서는 폭력적이고 강한 언어 사용이 많은 것으로 알려지고 있는데 기사들에서도 역시 언어 예절과 관련된 지적이 매우 자주 나타난다. "웃어른들에게 이따금 반말질"을 하는 청년이나 "청소년들 속에서 부분적으로 나타나는 비문화적인 언어

행위"라는 표현 등에서 이를 유추할 수 있다. 또한 가족 내에서 지켜야 할 언어 예절도 간혹 등장하는데 "동생의 결함에 대하여 야비하고 조폭한 언사로 욕질을 한다"는 표현이라든지 '거치른 말본새'는 타고난 것이 아니라 "대부분은 부모와 형 언니들에게서 배운 것"이라는 지적 등이다. 또한 "동생들 앞에서 담배를 피우거나 술을 마시는 것과 같은 일이 자주 반복"되지 않도록 청년들이 우선 가정 내에서부터 기초 예절과 모범적인 행동을 할 것을 강조하기도 한다.

6) 결혼 풍습에서의 허례허식

북한 새세대 사이에 증대되고 있는 물질주의적 측면은 결혼관에도 영향을 미치는 것으로 보인다. 신문 기사에서는 '지금 일부 청년들'이 가정을 이룰 때 서로 교환하는 옷가지라든가 살림살이 도구들을 지참품의 일부로 생각하고 있다면서 "물론 부모들이 마련해주는 이런 것들이 다 지참품인 것만은 사실이다."라고 직접적으로 밝히고 있기도 한다. 영화 '먼훗날의 나의 모습'에서도 주인공이 사랑을 고백하는 과정에서 "행복하게 해 줄 모든 조건"이 다 구비되어 있으며 이 모든 것을 외아들인 자신이 모두 물려받게 된다면서 풍족한 살림 형편을 자랑하는 대목이 나온다. 영화평에서는 이러한 태도들과 관련하여 "일부 청년들이 선대들이 물려준 고귀한 재부를 자기들의 행복을 담보해주는 조건"으로 향유하려 한다고 비판한다. 또한 농촌에서 일하는 일부 청년들 속에서는 고향을 떠나 도시로 시집가는 것을 희망하고 부러워한다면서 이로 인해 농촌의 처녀 총각들은 자신의 일에 대한 긍지를 잃고 조직 생활에도 잘 참가하지 않는 현상이 발로되게 된다고 지적된다.

결혼관에 있어서 물질주의적 측면을 중시하는 것은 '남부럽지 않게' 하는 요란한 결혼식 등 허례허식으로 연결되기도 한다. 1990년대 이후에는 새세대들의 결혼식 등에서 '낡은 풍습'과 관련되는 허례허식을 극복할 것을 촉구하는 기사들이 매우 빈번하다. 예컨대 "가정의 막내아들의 결혼식을 남부럽지 않게 해주겠다던 부모들의 모습"이라거나 "결혼식장에 요란한 음식그릇과 술병들이 오르지 않았다고 섭섭하게 생각하지 않을 너희들이란 걸린 알면서두 한마디 하고싶구나"는 표현 등이다. 또한 승용차를 타고 결혼식을 하는 것이 오늘날에 이어져 사람들 속에서 '상례'가 되었으며 특히 승용차를 '줄레줄레' 끌고 와 시내를 '빙빙 도는 것' 등이 "지난날 평양사람들의 관습"이었다는 표현도 나온다. 이를 통해 북한의 새세대의 결혼 풍습은 특히 평양을 중심으로 다소 남의 눈을 의식하면서 요란하고 풍족하게 행하는 것을 선호했던 것으로 보인다.

7) 비사회주의적인 생활양식의 증가

청년들이 비판받는 불건전하고 비사회주의적인 취미나 생활양식들은 '술놀이'나 '도박놀이' 등을 좋아하며 '퇴폐적인 노래와 춤을 즐기는 것과 같은 나쁜 버릇'으로 대표된다. 일부 청년들은 다른 나라 청년들의 머리 단장을 그 어떤 '추세'나 '류행'으로 생각하면서 그 본을 따르려 한다면서 비판한다. 영화 '먼훗날의 나의 모습' 토론 기사에서도 '역스러울 정도로 징소리가 요란하게 울리는 구두'나 우리식이 아닌 옷과 화장을 하고 요란스럽게 차리고 거들먹거리는 처녀들을 비판한다. 더 나아가 이러한 처녀들은 실지 생활에서도 사소한 난관에서 가정 불화를 일으키고 소란스러워지며 "혁명적 량심과 의리를 헌신짝 줴버리듯" 저버린다고 한다. 이를 해석하면 이러한 '박색'들은 경제난 등의 난관이 발생할 경우 불화 또는 이별을 하기 쉽다는 내용으로 추측된다. 『조선녀성』에서 1990년대 후반 이후부터 '부부' 관련 글들이 집중적으로 증가하며 특히 '리혼'에 대한 언급이 매우 많다는 것도 참고할 만하다.

새세대 청년들의 외모 단장을 비판하는 신문 기사들에 따르면 단정치 못하거나 우리식이 아닌 옷차림, 처녀들이 양장을 할 때 치마를 짧게 해 입는 것, 와이샤쯔 자락을 바지 밖으로 내어 입는 행위, 남녀 분간이 힘들 정도의 더부룩한 긴머리, 신발을 잘 닦지 않는 등 위생적이지 못한 불결한 차림 등이 지적된다. 북한 당국이 가장 엄중하게 경계하는 옷차림은 "색깔도 너절하고 보기에도 흉측스러운 진바지"로서 마약과도 같은 해독성을 지녔다고 비판된다. 진바지는 '자유화' 바람 가운데 "날라리를 부리면서 사회질서를 문란시키고 불량행위를 하며 장사질과 미신행위까지도 하고 술풍에 빠지는 등 온갖 비사회주의적 현상"을 발생시킨다고 한다. 이와 같은 비사회주의적인 불건전한 현상이 실제로 주변에서 나타나는데도 불구하고 동맹 일군들이 '본체만체'하는 것은 '사로청일군의 자격'이 없다면서 지나치지 말고 반드시 적극적으로 교양할 것을 강조하기도 한다.

2. 청년동맹의 기능과 향후 전망

북한 당국은 1990년대 중반 이후 청년동맹을 '혁명위업의 계승자'로 중시하고 있는데 향후 청년동맹이 지니는 기능의 변화 전망을 간략히 예상하면 다음과 같다.

첫째, 사상교양단체 기능으로서는 북한 청년의 전형인 "당과 수령에 대한 끝없는 충실성, 조국과 인민에 대한 헌신적 복무정신, 혁명선배들과 동지들에 대한 고상한 도덕 의리심, 강한 조직과 규율성, 근면성과 순박성"을 지닐 것을 강조한다. 현재 청년들에게 실시하는 사상교양에는 당과 수령에 대한 충실성교양, 혁명교양, 계급교양, 사회주의애국주의교양, 공산주의도덕교양이 있다. 특별히 구 사회주의 붕괴 이후에는 '황색바람'으로 대표되는 제국주의적 사상 침투에 대비하여 청년들의 혁명 사상교양에 초점을 맞추게 되며, 김일성 사망과 고난의 행군을 거치면서 최근에는 김일성 유일사상교양과 김정일의 선군사상으로 무장시키는 기능을 강조하게 된다. 이러한 교양단체로서의 기능은 향후로도 그 중요성을 더할 것으로 예상되며 특별히 김정일 이후의 후계 체제 준비에 있어서 청년동맹의 적극적인 역할이 기대된다는 점에서 주목해 볼 필요가 있다.

둘째, 당국은 청년동맹에 대해 "혁명의 대를 이어나갈 청년들의 전투적 조직으로서 당의 믿음직한 후비대, 방조자로서의 청년

조직의 역할은 필연적으로 청년 조직으로 하여금 청년들에 대한 사상교양과 조직 생활을 강화하기 위한 사업을 주선으로 틀어쥐고 힘 있게 벌여나갈 것"을 강조한다. 나아가 청년동맹은 "당의 핵심인 간부들을 키워내는 간부 양성 기지이며 당 대열을 보충해주는 저수지"로서 강조되어 왔다. 그러나 새터민들의 증언과 같이 고난의 행군을 겪는 과정에서 '당원'으로서의 정치적 지위가 상대적으로 약화되는 경향이 존재한다. 이에 따라 청년들이 군입대를 통해 당원의 지위를 획득한 뒤 대학 추천을 받아 간부가 되고자 하는 욕구가 상대적으로 줄어들 수 있다. 그럼에도 불구하고 상기한 바와 같은 청년동맹 고유의 예비간부양성의 기능은 청년동맹 이외에는 그 역할을 대신할 단체가 존재하기 어렵다는 점에서 청년동맹의 중요성은 향후로도 지속될 것으로 보인다. 또한 김일성과 김정일에게서 자주 등장했던 '청년중시, 청년신뢰' 언급들은 당 대열을 정비하고 핵심을 충원하기 위한 후비대로서의 청년 사업이 김정일의 선군시대에 있어서도 계속하여 중시될 것으로 보인다.

셋째, 청년들을 경제건설 등에 동원하는 기능은 특별히 김일성 사후에 더욱 강조되고 있는 것으로 보인다. 여타 공산주의 국가와 달리 북한에서는 단순히 '배우는 것'을 넘어서 '생산의 전위대, 돌격대'로서 역할을 강조하여 왔다. 나아가 최근 김정일의 선군사상이 등장한 이후에는 군대를 국가와 정치의 '부속물'에 그치는 것이 아니라 혁명과 건설의 '주력군'으로 중시하게 되는데 김정일은 1998년 위원장 취임 이후 '사회주의건설의 주력군'인 청년들이 '제2의 천리마대진군'에서 돌격대, 선봉대의 역할을 할 것을 요구한 바 있다. 이러한 군대에 소속되게 되는 대부분의 계층 역시 청년이라는 점에서 청년동맹은 사상교양학습 및 당 후비대로서의 역할뿐 아니라 '생산돌격대' 활동 및 "조국의 부강발전과 사회주의건설에 이바지하는 여러 가지 혁신운동과 좋은일하기운동"에 조직 역량을 집중해 왔다.

북한 당국은 변화된 정보화 사회에 있어서 향후 '강성대국' 건설을 위한 과학 기술 측면을 강조하고 있다. 북한은 노후화된 발전소 및 산업 시설, 에너지와 원자재 부족, 사회 간접 자본의 부족 등의 '산업사회'에서의 한계를 지니고 있다. 이에 따라 이러한 시설 등을 복구하여 산업 사회 단계를 완성하기보다는 통제 장악이 용이한 소수의 엘리트 청년을 통하여 상대적으로 적은 비용을 들여 고부가 가치를 얻을 수 있는 '정보화 사회'로 곧바로 진입함으로써 북한 당국이 직면해 있는 문제를 타개하고자 하게 된다. 이러한 과학 기술 측면의 강조는 새로운 변화에 적응이 빠른 청년 세대를 통하여 북한 사회의 부강 발전이 달려 있다고 강조하는 데로 이어지며 이 과정에서 청년동맹 조직 사업의 중요성이 새로이 부각될 것으로 예상된다.

한편 청년동맹 조직은 주변 환경과 세대의 변화로 말미암아 구체적인 사업 지도 측면에서도 변화가 존재할 가능성이 있다. 앞 장에서 살펴본 바와 같이 새세대 청년들에게는 정치·사상적 이완과 무규율적 성향, 개인의 흥미와 개성 중시, 물질적 관심의 증대, 직업관의 이기주의화, 일탈의 증가, 결혼관의 변화, 비사회주의적인 생활양식의 증가 등의 변화가 존재했다. 이러한 경향에 따라 청년동맹 사업의 강조점이 이동하거나 조직 사업의 부분적 변화가 존재할 수 있을 것으로 보인다.

1) 정치적 측면

우선 청년동맹 조직은 청년들에게 발견되는 정치・사상적 이완 및 조직 관념 약화로 인한 무규율적 태도들을 적극적으로 교양하고자 역량을 집중하게 될 것으로 보인다. 북한 당국은 이러한 사상적 약화와 조직 관념의 약화를 방치할 경우 사회주의를 포기하였던 여타 국가들의 청년들에서처럼 심대한 사상적 변질로 발전할 가능성이 있다고 보고 보다 적극적인 소식시도를 시도하였다. 당국은 청년들의 무규율적이고 자유주의적인 현상의 가장 근본적인 원인을 조직의 통제가 약화된 것에서 찾고 있는데 이에 따라 동맹 조직의 최우선 과제 역시 청년들의 조직 규율 강화에 두게 된다. 가장 기초적으로는 동맹 조직의 초급단체별로 생활총화를 강화하고 모임의 규율을 강화하는 것에서 시작하게 되며, 비사회주의적 현상과 관련된 영화나 강연 모임 등을 시도하기도 하고 다양한 '전국 청년학생들의 성토대회'나 충성결의모임, 김일성 추모행사[483]

483 "김일성 주석의 사망 13주기를 맞은 8일을 전후해 북한에선 김 주석 추모 행사가 잇따르고, 김 주석의 '유훈'을 받들고 김정일 국방위원장의 '선군정치'를 따르자는 충성보도가 홍수를 이뤘다. … 조선로동당 기관지 「로동신문」은 '위대한 수령님의 부강조국 건설 위업을 빛나게 실현해나가자'는 사설과 '온 누리에 굽이치는 흠모의 대하', '조국통일 운동의 앞길을 밝히는 등대' 등의 글을 실었고, 조선중앙통신은 '인류의 마음속에 영생하시는 김일성 주석'을, 인터넷매체 우리민족끼리는 '몸소 울리신 역사의 총성' 등의 추모 기사를 내

등을 통한 청년 조직 사업을 시도하고 있는 것으로 보인다.

예컨대 조선중앙방송에 따르면 북한 조선로동당 중앙위원회는 김일성사회주의청년동맹 창립 60주년 중앙보고대회에 보낸 축하문에서 "청년들은 혁명의 전 세대처럼 사회주의 제도와 조국을 빛내이기 위해 헌신적으로 투쟁해야 한다."고 강조한 바 있다. 축하문은 청년동맹에 대해 "당의 유일적 영도체계를 철저히 세우고 정치사상교양단체로서 임무에 맞게 청년들에 대한 사상교양사업과 조직생활 지도를 강화해야 한다."며 "동맹조직을 수령결사옹위의 전투력이 강한 혁명적 청년조직으로 만들어야 한다."고 주장했다.[484] 또한 조선중앙통신에서는 북한의 조선기록과학영화촬영소에서 기록영화 '선군청년전위들'을 제작했다고 보도했는데, "영화는 엄혹했던 '고난의 행군', '강행군' 시기부터 오늘까지 혁명의 수뇌부를 결사옹위하고 사회주의 강성대국 건설의 어렵고 힘든 초소에서 위훈을 세워가는 선군청년전위들의 불굴의 투쟁모습을 생동한 화폭으로 감명 깊게 보여주고 있다."고 소개했다.

또한 1991년에 처음 제정된 청년절은 매해 서한이나 대규모 행사를 진행하고 있다. 이는 청년동맹에 걸고 있는 당의 기대와 관심을 표명하는 동시에 높아진 위상으로 인한 청년들의 자부심을 고취시키고 있는 것으로 보인다. 예컨대 과거의 선행 이론들은 고작 청년 학생들의 역할을 대중계몽과 관련한 보조적 역량으로만

놓았다. 또한 김정일 위원장이 김 주석의 시신을 금수산기념궁전에 안치하고 기념하는 사업을 주도했다면서 이를 '민족사적 공적'으로 부각시키기도 했다." 「연합뉴스」 2007. 07. 08.

484 「민중의 소리」 2006. 1. 18.

취급했던 반면 김일성이 세운 '주체의 청년운동에 관한 사상과 리론'은 적극적인 혁명 투쟁의 주역으로 내세우고 있다고 하는 식이다. 이에 따라 향후 청년절 전후의 담화문이나 서한, 신문사설 등을 검토하고 참고함으로써 청년동맹 조직의 특성이나 변화 등을 유추할 수도 있을 것으로 보인다.

한편 북한 당국은 청년들의 높은 조직성과 규율성을 담보하기 위해서는 동맹조직이 청년들의 사회주의 정치 사상적 보루를 튼튼히 다지는 데 앞장서야 하는데 이를 위해서는 무엇보다도 청년동맹일군의 자질과 역량이 고양되어야 한다고 강조한다. 그런데 청년들의 조직 이탈 및 사상적 이완은 구 사회주의 붕괴 이후 유입된 외래 사조의 탓도 있으나 실제로는 김일성에 비해 상대적으로 카리스마가 적은 김정일의 지도력 및 북한 사회의 경제적 어려움 등과도 관련성이 크다. 또한 배급제 붕괴 이후 식량 조달을 위한 중국 등으로의 이동과 교류 증가로 인한 정보의 유입은 이러한 사상적 이완을 더욱 심화시켰을 수 있다. 결국 청소년들은 고난의 행군 이후 물질적 측면이 중요함을 절실하게 깨닫게 되면서 학습과 조직 생활에 불충실하게 되었을 수 있다. 그럼에도 불구하고 북한 당국은 이러한 제도적 한계와 총체적인 문제점들의 원인을 김정일의 리더쉽이나 제도의 문제점에서 찾는 것이 아니라 일선 일군들의 조직 운영의 문제점에서만 찾고자 한다. 예컨대 군대 부문에 비해 당 일군들이 형식주의에 빠져 일을 제대로 하지 않고 있으며 당과 사회 전체가 혁명적 군인 정신을 지녀야 할 것임에도 불구하고 청년 교양에 나서야 할 동맹일군들

속에서도 비사회주의적 현상이나 구태의연한 사업 진행이 이루어지고 있다면서 일군들의 책임성과 규율성, 주인 의식을 촉구하고 있기도 하다.

동맹일군들에게 새로이 요청되는 또 하나의 요구 사항은 1990년대 이후의 특징적인 사항이기도 한 '흥미, 개성'을 존중하는 다양한 교양 방법론을 추구한다는 것이다. 조직에 권태를 느끼거나 유리되어 가는 청년들을 적극적으로 교양하기 위해서 전통적인 방식을 벗어나 청년들의 개성과 취미, 자질, 흥미 등을 존중하면서 '개별적인 교양' 및 '개별 담화 방법'을 시도할 것을 권고한다. '감수성과 미적정서'가 강하며 '랑만과 락천'적인 것을 좋아하는 청년들의 심리적 특성을 감안하여 노래, 영화 모임, 체육 오락 경기 등을 활용하여 "심금을 울리고 흥미있게 진행"하라는 데에서도 새로운 교양 방법론을 추구하고자 하는 당국의 시도를 엿볼 수 있다.

김일성사회주의청년동맹으로의 개칭 이후에는 각급 교육 기관들이 청년 교양에 있어서 지니는 역할을 더욱 높일 것을 촉구한다. 여기서는 특별히 대학과 같은 고등 교육 기관이 혁명교양과 과학 기술 교육에 더욱 집중할 것을 강조하고 있다. 나아가 "당조직의 지도 밑에 국가기관과 사회 기관, 학교와 가정"이 협력하여 가정과 사회 전반에서 혁명적인 환경과 기풍을 조성할 것을 강조한다. 예컨대 인민반 관련 기사에서도 웃어른들이 주변의 청년들의 비사회주의적 현상을 눈감아주지 말고 적극적으로 교양하라고 강조하기도 한다. 사회단체나 국가 기관을 통한 집단주의적인 조직 교양에 그치는 것이 아니라, 비교적 미시적 차원에서 직접적인 상호 작용을 하는 가운데 개인의 특성을 파악하기 용이한 가정과 지역 사회 등에서의 교양을 강조하는 기사들이 증가하고 있다.

2) 경제적 측면

한편 1990년대 이후에 집중적으로 증가하는 것으로 지적되고 있는 물질주의적 성향과 관련된 교양 시도로는 동맹 조직이 다양한 강연회, 대비교양, 회상기교양, 영화 모임 등을 통해 돈과 색다른 물건을 좋아하는 청년들의 엄중한 후과 등을 경계하는 방식이 대표적이다. 그런데 국가적 차원의 강행군을 거쳐 오는 동안에도 북한이 붕괴하지 않았던 배경으로는 군대나 보안원 등의 '사회통제' 능력 뿐 아니라 생계 유지를 위한 각 개별 가정들의 '사적 경제활동'이 주요했다고 볼 수 있다. 개별적인 가구 단위의 자구적 소득 확보 노력은 그 자체로 북한 당국에 있어서 일정 부분 긍정적 측면을 지닐 수 있다. 김정일은 "초년 고생은 금을 주고도 사지 못한다."면서 배급 붕괴 이후 오히려 인민들이 스스로 살아가려는 정신이 강하게 자라나게 되었다고 평가하기까지 했다. 결국 사적 경제 활동을 덮어놓고 제재하거나 과거와 같은 상황으로 되돌리기가 어려워지게 되면서 사유 재산이나 사적 경제활동 자체를 금지하기보다는 절충적인 차원에서 부분적으로 교양 내용을 변화시키게 되었다. 예컨대 이러한 재물이 개인의 사치, 방탕, 향락 등으로 활용되는 것을 저지하려는 쪽에 교양의 초점을 맞추고 있으며 뒤에서 살펴볼 여맹의 변화에서 드러나는 것처럼 이러한 재물을 오히려 '애국미'나 '애국공채' 등의 명목으로 국가적으로 흡수하고자 조직력을 활용하기도 한다.

청년동맹은 여타 근로단체들과 달리 학생 청년, 직장 청년, 군인 청년들로 구성되어 있기 때문에 소득 창출에 전업하고 있는 구성원이 아니다. 따라서 물질 자체에 대한 부정적 시각을 심어주기보다는 맡은 바 학과공부를 게을리하거나 업무에 전심하지 못하면서 물질적 관심을 보이는 청년들을 주로 경계하고 있다. 예를 들면 '호부자' 의식을 지니고 있는 대학생들이나 경제적으로 풍요한 가정에서 자라나 사치와 향락으로 향유하려 드는 부정적 청년들 위주로 비판을 가하는 식이다. 당국은 각 청년 세대가 조직 관념을 강화하여 조직 생활에 충실하게 되면 소속된 집단에서 자신의 본분인 학습이나 업무에 보다 충실하게 될 것으로 파악하고, 조직 생활에 충실할 수 있도록 유도하여 '돈벌이'나 '먹자판', '색다른 물건'에 자연스럽게 관심을 갖지 않도록 하는 데에 교양의 방향을 맞추고 있다.

특별히 대학생들에 대한 교양 기사에서 이러한 경향을 엿볼 수 있는데 대학생 관련 비판 기사는 1990년대 이후 직접적으로 증가하고 있다. 구체적으로는 청년 대학생들 중 "량심이 없고 순박하지 못하며 기만과 허례허식, 사치와 부화방탕으로 세월을 보내는 사람"을 비판하면서 청년 대학생들이 유혹을 떨치고 공부에 열중하는 가운데 검박하게 생활할 것을 촉구한다. 이러한 지적은 대학생 개인에 대한 경계 뿐 아니라 대학사로청위원회 등 교양 기관에 대해서도 이루어지고 있다. 예컨대 "민족 간부들의 양성소이자 현대

과학기술지식의 기초를 쌓는 대학들"에서 "대학생들이 높은 조직성을 가지고 규율있게 행동하며 순박하고 근면하게 생활"할 수 있도록 "대학사로청위원회는 사상사업을 하여도 멋을 부리지 않고 실속있게" 하여야 하며, "현실에 발을 붙이고 걸린 문제를 푸는 사상교양사업을 하여 대학생들속에서 불건전한 생활과 사상요소가 절대로 나타나지 않게" 해야 한다는 식이다.

한편 중학교나 대학생 청년들과 관련하여 당국이 가장 긴급하게 생각하는 부분은 직업관에 있어서의 이기주의적 태도라고 여겨진다. 사회적 역할과 책임을 중시하는 '전체주의적 직업관'을 지니는 북한으로서는 청년들의 '이기주의적 직업관'을 묵과하기 어려울 것으로 보인다. 이는 "그때는 그랬지만 지금도 그렇게 살아야 하는가"라고 반문하면서 '도시의 인기 좋은 직업'으로 배치받고자 하는 젊은이들의 욕구와 '어렵고 힘든 일'이나 도시에서 멀리 떨어진 농촌, 천시되는 직업군들에도 노동력을 투입해야만 하는 당국의 필요성이 결정적으로 충돌하는 부분이기도 하다. 직업에 귀천을 따지지 말 것에 대해서는 김일성과 김정일이 지속적으로 언급해왔지만 청년들 중 가족의 사회 경제적 지위가 높거나 인테리, 대학생들일수록 이러한 태도가 더욱 강하다는 것이 문제라 할 수 있다. 따라서 당국은 동맹 조직이 졸업반 학생들과의 사업에 계속하여 큰 힘을 넣도록 촉구하고 있으며 1993년에는 고등중학교 졸업생들의 조국보위탄원과 사회주의 건설장에로의 진출선구자환영대회가 개최되기도 했다.

그런데 직업 천시의 낡은 사상에 대한 당국의 비판에서 사용되는 표현들 중에는 "보다 편안한 곳에서 쉽게 일하고 보수를 많이 받자는 것이거나 개인의 '명예'를 떨쳐보자는 태도" 등이 있다. 이는 역으로 생각하면 능력이 되는 청년이라면 누구나 당연히 희망하게 되는 부분으로 사회적 인식이 이루어지고 있을 수 있다는 점에서 당국의 노력만으로 쉽사리 해결되기는 어려울 것으로 보인다. 결국 '그 누구의 힘'을 빌어 '뒤공작'을 한 능력 있는 청년은 도시와 '먹을알있는' 직업으로 진출하게 되며 반대로 희소성을 지니는 인기 직업군에서 탈락한 청년들의 경우에는 하는 수 없이 기피 직업군으로 진출할 수밖에 없게 된다. 신문 기사들에서는 기피 직업군인 탄광 등에 배치된 청년들은 이로 인해 미래의 희망을 잃고 낙담하여 업무에 열심을 내지 않았으며 지도하러 내려온 동맹 일군들에게도 냉소적인 태도를 보이면서 반발하기도 한다고 드러낸 바 있다.

3) 사회적 측면

신문 기사들에 등장하는 청년들의 일탈 관련 기사의 빈도는 1990년대 초부터 중반경까지가 가장 높았으며 그 종류도 패싸움이나 범법 행위 등 '독버섯'이나 '길가의 막돌'만도 못하다는 식으로 과거 시기보다 일탈의 수위가 높거나 공격적인 형태로 변화한다. 신문 기사에 등장한 기사의 빈도가 높다는 것이 반드시 북한 현실 내에서도 똑같이 그러할 것이라고 결론짓는 것은 무리가 있는 것은 사실이다. 그러나 수동적이고 보수적인 일탈 기사 위주였던 과거 시대와는 다른 종류의 공격적인 일탈 행동들이 지적되며 그 빈도가 극도로 높다는 것을 감안하면 상대적으로 청년들의 일탈 문제가 1990년대 초중반의 주요한 관심사였던 것으로 여겨진다. 또한 길에서 웃어른에게 반말질을 하거나 가족과 친구, 형제 등에게 욕질하는 것을 비판하는 언어 예절 관련 구절도 함께 증가한 바 있다.

한편 비사회주의적 현상과 일탈 행위들이 점점 증가하는 가운데 북한 당국은 제재 일변도로 대응하기보다는 '뒤떨어진 청년들'에 대해서 보다 유화적인 포용책을 시도하게 된다. 다른 예로 1990년대 중반 고난의 행군기에 중국 등지로 식량을 구하러 탈북했던 주민들의 경우 초창기에는 엄중한 처벌을 가했으나 이러한 탈북이 급격하게 증가하게 되자 '엄중한 정치적 과오'를 범한 것이 아닌 한에서는 한 번 정도의 탈북에 대해서는 용인하기도 했다는 새터민들의 증언이 있다. 마찬가지로 청년들의 조직 이탈 및 사회질서 문란 행위도 엄중한 사상적 과오가 아닐 경우에는 강력한 처벌보다는 관용 가운데 청년동맹 조직 내에 복귀시키는 것이 체제 유지에 더욱 도움이 되는 것으로 파악했을 수 있다.

이는 김일성과 김정일의 '청년 중시', '청년 신뢰'에 대한 표현들이 1990년대 이후에 증가하는 것과도 관련된다. 이러한 가운데 김정일은 "청년시절에 과오를 저질렀다고 하더라도 지난날의 과오를 뉘우치고 개진의 길에 들어섰을 때에는 그것을 조금도 문제시하지 말고 다른 사람들과 꼭같이 평가해주어야 한다"는 식으로 포용을 시도하며, 이러한 장군님과 당의 '은혜로운 품' 가운데 지난날의 과오를 반성하고 개진하였다는 수기들도 자주 발견된다. 교양 방식에 있어서도 김정일은 "과오를 저지른 동무들에게 따지며 욕설만 하면 그들이 위축될 수 있으며 결함을 빨리 고칠 수 없습니다."라면서 "짜고들어 꾸준히 교양"할 것을 강조한다. 이러한 적극적이고 체계적이며 지속적인 교양에 있어서는 단지 청년동맹 일군만이 아니라 대학생을 포함한 각계각층이 나설 것을 시대적인 사명으로 강조하기도 한다.

경미한 청년 일탈에 있어서는 이처럼 자발적인 뉘우침을 강조하는 당국의 포용적인 태도가 두드러지지만 엄중한 사회 질서 문란을 벌인 청년들의 경우에는 교도를 위해 '단련대' 등에 보내기도 하면서 청년 교양 시도가 다양해진다. 특별히 1990년대 이후 혁명적 군인 정신과 '참군' 미풍이 집중적으로 강조되고 있다는 점과도 연관지어 생각해 볼 수 있다. 과거 시기에는 당원이 되기 위한 가장 기본적인 통로로서 군 입대가 선호되었으나 고난의 행군, 강행군 시기 전후의 군 입대 배경에는 군대가 다른 집단에 비해서는 식량 사정이 상대적으로 나았다는 점을 들 수 있다. 그런데 배급의 우선 순위를 정하는 주체는 바로 북한 당국이라는 점에서 군 식량 사정이 상대적으로 좋다는 점 역시 북한 당국이 군을 우대하는 가운데 청년들을 군대에로 유도하는 주요 배경으로 작용했을 수 있다.

이는 우선 군인 집단이 여타 집단에 비해 보다 혁명적인 규율 가운데 생활하며 규율 위반시 통제하기가 용이하다는 점을 들 수 있다. 작게는 사회 질서 유지부터 크게는 계엄이나 전쟁 등까지도 감안하여 군대식 통치와 군대식 교양이 보다 강력하고 안정적인 사회 통제 및 질서 유지에 기여한다는 이유도 있다고 여겨진다. 나아가 '농사는 군인이 다 짓는다'는 새터민들의 주장처럼 농사일에 군대를 동원하거나 생존을 위한 식량 절도를 막기 위해 군인들이 총을 들고 지키기도 하듯이 식량 문제에 있어서도 군을 활용할 수 있다. 마지막으로 북한 사회가 당면한 문제 중 가장 근본적이고 가장 시급한 문제 중 하나인 에너지 및 전기 문제를 해결하기 위해 에너지와 농업 용수 등을 위한 수력 발전소 건설 사업 및 물길 공사, 도로, 혁명 사적지와 다양한 기념비적 건축물 등의 건설장에 동원하기에는 청년 군인들이 매우 용이하다는 측면도 있다.

그런데 북한 사회에서의 참군의 강조는 일탈 행위 또는 사회 범죄를 저지를 가능성이 높은 빈항적인 연령대의 청년들을 자연스럽게 규제하는 기능 또한 지니는 것으로 보인다. 일반적으로 병역 제도는 높은 범죄성을 가진 연령층을 대량으로 통제하는 사회 제도로 기능한다.[485] 코호트 이론[486]에 따르면 범죄는 연령별로 큰 차이가 있는데 일반적으로 20대 초반의 인구 집단에서 가장 높은

---

485 박순진에 따르면 징집은 사회 내의 '잠재적 범죄자'들을 사회로부터 격리시킴으로서 직접적인 범죄 예방 효과를 가진다. 이와 함께 군대 복무는 사회 생활의 연속성을 차단함으로써 이들이 군 입대 이전에 행하였던 사소한 비행이 발전되어 심각한 비행으로의 진행되는 것을 막는다는 점에서 간접적인 범죄 예방 효과도 가지고 있다. 박순진, 코호트의 크기와 범죄율의 변화, 『형사정책』, 제13권 제2호, 2001. pp.196-198.

486 공통의 생애 경험들 중 특정한 기간 내에 태어난 사람을 출생 코호트(birth cohort)라 한다. 인구학에서 사용하는 '코호트'는 일정한 지리적 공간에 존재하는 인구 가운데 특정한 기간 동안 유의미한 생애 경험을 공유하는 사람들을 지칭한다. Glenn, Norval D. *Cohort Analysis*, Sage Publications. 1977, p.8.

발생률을 나타내는 특징을 보인다.[487] 따라서 북한 내에서의 군대는 건설 사업 등의 사회적 유용성 뿐 아니라 10대 후반 이후 직접적, 간접적인 사회 통제력 강화 및 범죄 발생의 빈도, 강도, 조직화를 차단하게 되는 효과를 기대할 수 있을 것으로 보인다. 실제로 1993년의 「로동청년」지와 1998년의 「청년전위」 기사 분석을 시도한 논문[488] 에 따르면 1993년에 매우 높은 빈도를 보였던 청년들의 '패싸움'과 같은 일탈 행위는 1998년의 기사에서는 그 빈도가 오히려 약해진다.

한편 앞서 살펴본 물질주의적 경향은 청년들의 결혼관에도 영향을 미치는 것으로 보인다. 물질을 중시하는 결혼 세태에 대한 비판 기사들은 1980년대에는 거의 발견되지 않았으나 1990년대 초부터 갑자기 빈도가 증가하였다. 그 표현의 정도도 직접적인 편으로 가정을 이룰 때 서로 교환하는 옷가지나 살림살이 도구 등의 '지참품'에 대한 지적이 많으며 "물론 부모들이 마련해주는 이런 것

487 박순진의 분석에 따르면 연령별 범죄 그래프는 대체로 왼쪽으로 치우친 종 모양의 분포를 나타낸다. 한국의 연령별 범죄율 역시 대체로 이와 유사한 분포 모양을 나타내지만 한국은 피크를 이루는 연령층이 20대 후반 이후로 나타난다는 것이 특징이다. 즉 우리나라의 연령별 범죄율 곡선을 살펴보면 대체로 19~20세에 이르기까지 지속적으로 증가하다가 20~21세에 이르러 크게 감소하며 20대 초반부터 다시 증가하는 특이한 현상을 발견할 수 있는데, 이러한 감소가 나타나는 20세 전후의 시기는 군 입대라는 한국 사회의 특수한 상황과 관련하여 살펴볼 수 있을 것으로 보인다. 즉 군 입대가 없었더라면 다른 나라들에서와 마찬가지로 10대 후반 이후부터 지속적으로 증가할 가능성이 높았던 범죄율이 군 입대로 인하여 단절되었다는 것이다. 박순진, 앞의 글, p.196.

488 이인정, 앞의 글, 2004. 참조.

들이 다 지참품인 것만은 사실이다."라고 드러내놓고 인정하기도 한다. 사회주의 체제임에도 불구하고 북한 사회 내에서 부모 세대들이 자녀들을 위하여 물건 혹은 지참금을 마련해주는 경우가 상당 정도로 일반화되어 있을 가능성이 높다는 것이다. 예컨대 최근의 『조선녀성』 등에서는 '지참금'에 대한 경구속담도 증가하고 있으며 신문 및 소설 등에서 "자녀 혼사에 쓰려고 준비해 둔" 물건과 돈을 원호사업 등에 내놓았다는 식의 표현이 매우 흔하고 자연스럽게 등장한다.

그런데 청년동맹의 「청년전위」와 여맹의 『조선녀성』에서 이러한 물질주의 등의 지적이나 비판이 등장하는 시기를 살펴보면 청년 계층과 여성계층 사이에 약간의 차이가 발견된다. 예컨대 『조선녀성』의 경우에는 결혼을 사치스럽고 요란하게 하는 것, 결혼과 부부 생활에 있어서 물질적인 것 보다는 사상 정신적인 것을 중시해야만 한다는 경계, 자녀가 희망하는 것을 다 해 줄 경우 자녀 교양이 잘못될 수 있다는 경구속담이나 사례 등의 기사 빈도가 증가하게 되는 시기가 「청년전위」에 비해 대략 5년 이상 늦게 나타난다. 이는 앞서 제시한 바 있는 '코호트' 이론에서처럼 '연령'의 성숙 혹은 '세대'의 변화로 말미암아 그 특성이 전이되어 가는 것과도 부분적으로 관련될 가능성이 있다.

가령 1990년대 초에 청년동맹에 소속되었던 젊은이들이 성장하여 1990년대 후반 이후에 결혼하게 되는데, 「로동청년」에서 1990년대 초에 비판되었던 청년들의 물질주의 경향이 전이되어 『조선녀성』에서는 2000년대 이후에 자주 발견되는 것일 수 있다는 것이다. 물론 청년동맹의 연령이 30세까지여서 남성의 경우에는 혼인과 상관없이 30세까지는 청년동맹 소속이지만 여성들은 연령과 상관없이 혼인하게 되면 여맹 소속이 되기 때문에 이러한 연관이 정확하게 이루어지기는 한계가 있을 수 있다. 그러나 결혼을 앞둔 젊은이들과 결혼한 전업주부들 간에 존재하는 관심사가 매우 다를 수 있다는 점에서, 상기한 차이가 전적으로 '세대'에 의거한 것으로 파악하기에는 한계가 존재한다.

이 외에도 다소 진취적이고 변화 지향적이며 미래 지향적일 뿐 아니라 때로는 반항적인 특성을 지니는 것으로 지적되는 '청년'(특히 남성)시기의 특성, 반대로 가정을 이루면서 비교적 변화보다는 안정적인 것을 선호하면서 '보수적' 성향을 지니게 되기 쉬운 '여성'들의 특성으로 비교하여 살펴볼 수도 있다. 이 경우에는 공산권 붕괴, 고난의 행군, 배급제 와해, 제국주의적 문화 침투 등으로 인한 대내외적 변동 요인에 대한 수용과 자극 및 이로 인한 불만의 표출이 남성 청년들에 비해 여성들에게서는 상대적으로 다소 늦게 이루어질 수 있다는 것이다. 따라서 1990년대 초에 청년들에게서 집중적으로 등장했던 변화된 특성 혹은 일탈 행위들이 여성들의 경우에는 대략 5~10년 정도 뒤늦은 시기의 기사들에서 특징적으로 나타나는 것으로 이해할 수도 있다.

4) 문화적 측면

결혼이라는 인륜지대사를 경험하게 되는 시기가 다름 아닌 청년 시기라는 점에서 결혼관이나 배우자관, 가정관 등에 대한 이해는 청년들의 가치 지향에 대한 이해에 도움이 될 수 있다. 북한에서 허례허식으로 비판되는 가장 대표적인 행위는 결혼할 때 승용차를 '줄레줄레' 끌고 와 시내를 '빙빙 도는 것'인데 기사들에서는 이러한 행위가 "지난날 평양사람들의 관습"이었다고 직접적으로 인정한다는 점이 주목할 만하다. 그런데 이러한 결혼관련 표현은 「청년전위」 기사들에서는 매우 자주 등장하는 반면 『조선녀성』 기사에서는 별로 등장하지 않는다.

이를 추론하자면 앞날이 '열려' 있는 청년들과 가정 내에 '안주'하게 되어버린 여성들의 특성 차이일 수도 있고 행동과 판단의 기준이나 근기로 삼게 되는 '준거집단'의 차이로도 볼 수 있겠다. 구체적으로는 앞서 제시한 바와 같이 청년들은 '새것, 변화'를 좋아한다는 점에서 새로운 가치관이나 유행을 보다 민감하게 수용하고자 할 수 있으며 이에 따라 외래 사조 혹은 평양의 문화에 보다 높은 관심을 기울일 가능성이 있다. 또한 학생 청년들의 경우에는 졸업 후 직업 배치가 가장 큰 관심사가 될 터인데 다른 어떤 지역보다도 특별히 평양을 비롯한 도시민들이 청년 세대들의 준거집단으로 작용할 수 있다. 이에 따라 청년 계층은 다른 세대나 계층들에 비해 평양 청년들의 혼례 관습이나 옷차림이나 자동차 및 유희 문화 등에 더욱 예민하게 반응할 수 있다. 반면 여맹 조직의 구성원은 이미 결혼식을 하여 가정을 이루면서 조직에 편입된 가두여성들이며 연령대도 청년 세대에 비해 다양하여 보수적인 어머니 세대 및 할머니 등 고연령층에까지 퍼져 있다. 이에 따라 화려한 결혼식에 대한 기사 지적이 상대적으로 적거나 뒤늦은 시기에 드러나게 되며, 보수적인 고연령층의 여맹원들은 이러한 혼례 및 옷차림 등으로 인한 경제적 부담을 직접적으로 책임져야 하는 계층이라는 점에서 이러한 심적, 물적 부담을 회피하기 위해서라도 의도적으로 간과했을 수도 있다.

북한 당국의 표현대로 '새로운 것'을 좋아하는 청년들에게서 가장 집중되고 있는 문화적 측면의 교양 대상 사례로는 불건전하고 비사회주의적인 취미나 생활양식들이다. 이러한 기사는 1990년대에 집중적으로 등장하고 있으며 그 비판의 강도나 용어 사용의 수위도 다른 일탈들에 비하여 매우 높은 편이다. 그런데 이러한 문화적 측면의 지적은 특별히 대학생들을 대상으로 집중적으로 이루어지고 있다는 점이 주목할 만하다. 대학생들의 일탈 사례들로는 당의 은덕을 잊어버리고 학과공부를 게을리하는 측면과 비사회주의적인 생활 풍조를 지니고 있는 것 등이 대표적이다.

그런데 북한 사회에서 대학 추천을 받을 수 있는 계층은 학과성적이 월등히 뛰어나거나 혹은 고위 간부의 자제 등 뒷배경이 좋은 계층, 그리고 기본적으로 정치 사상적 소양이 탁월하여 충성심을 인정받을 수 있는 학생 혹은 당원들이다. 그럼에도 불구하고 대학생들에 대한 일탈 지적이 증가하고 있다는 것은 실제로 대학생들 사이에서 이러한 행위들이 상당 부분 실재할 가능성이 높다. 북한 사회 내에서 가장 성분이나 충성심이 높고 두뇌가 좋고 부모의 사회 경제적 지위가 높은 계층인 대학생들에게서 이러한 일탈이 증가한다는 것은 향후 북한 당국에 있어서 매우 심대한 위험 요소로 작용할 수 있으며 향후 청년동맹을 통한 대학생 교양은 더욱 강조될 것으로 보인다.

대학생 청년들에 대한 직접적 비판 사항으로는 '술놀이'나 '도박놀이', '퇴폐적인 노래와 춤', '다른 나라 청년들의 머리단장'이나 요란한 차림과 화장 등이 있다. 특별히 마약과 같은 해독성을 지닌 '진바지'는 사회 질서 문란, 불량 행위, 장사질, 미신 행위, 술풍 등을 초래하게 한다고까지 강력하게 경계하면서 동맹 일군들이 절대로 묵과하거나 '본체만체'하지 말 것을 촉구한다. 이는 결국 북한 사회 내에 이러한 행위들이 실제로 상당 정도로 존재하거나 일군들이 이를 묵과하기도 하는 경우들이 존재했을 수 있다. 묵과한 배경들로는 청년들의 일탈 빈도가 워낙 높아서 교양이 무의미해서일 수도 있고 일군들 자체의 사상적 경각심이 약화되어 당국과 달리 큰 문제로 여기지 않고 있어서일 가능성도 있다.

또한 이러한 옷차림의 '후과'에 대한 설명에 있어서 남녀 청년들에 대해 다른 표현을 사용한다는 점도 특징적인데 그 내용을 살펴보면 북한 사회의 남성 우월주의와 성 편견을 발견할 수 있다. 예컨대 남성 청년들이 색다른 것을 좋아하거나 옷차림 등에서 비사회주의적 현상을 행하게 되면 결국 사회 질서를 문란하게 하고 장사질에 나서게 되므로 사상적 약화와 사회 불안을 초래하게 된다면서 당과 민족을 위하여 '스스로' 주의하라고 경계한다. 그러나 여성들의 경우에는 우리식이 아닌 화려한 옷차림을 한 여성들을 흠모하는 남성들 혹은 그러한 옷차림을 부러워하는 주변 여성들에게 강력한 경고 메시지를 전달하고 있다. 심지어 이러한 여성들은

(남편에 대한) '의리'를 저버리고 '경제적인 측면'에만 관심을 기울이게 된다고 경계한다. 이는 가령 고난의 행군기에 경제적 난관을 이기지 못하고 부부 간에 헤어지는 것을 의미하는 것으로 보이는데, 2000년대 이후의 『조선녀성』에서 '리혼' 관련 기사가 급격히 증가하고 있는 점과도 관련지어 살펴볼 수 있다.

3. 여성들의 변화

1) 정치·사상적 이완과 조직 이탈

여맹은 그 구성원인 가두여성들의 특성상 사상교양의 수준이나 조직관념이 다른 외곽단체에 비하여 상대적으로 약하다는 특징이 있다. 북한에서는 소년단을 거쳐 14세 이후에는 청년동맹에 소속되게 되며 이후 당원이 되거나 직맹, 농근맹에 소속되지 않은 여성들 혹은 결혼한 여성들은 자동적으로 여맹에 소속되어 평생 여맹 생활을 하게 된다. 그런데 시대가 변하면서 혁명의 간고함을 경험해보지 못한 새세대 여맹원들의 비율이 증가하고 특별히 새로 형성된 기업소나 탄광 등 지역적 특수성 등에 따라 일부 초급단체의 경우에는 소속된 대부분의 여맹원들이 '혁명의 시련을 겪어보지 못하고 행복만을 알고 자라온 3세대, 4세대 녀성들'로 구성되기도 한다. 이에 따라 새세대 여맹원들의 교양과 관련하여 "우리 조국과 인민의 과거와 오늘의 생활을 대비"하는 '대비교양'을 통해 위대한 수령님과 친애하는 지도자동지의 크나큰 은덕을 인식하라고 촉구하기도 한다.

청년동맹 등 여타 외곽단체에 비해 여맹은 훨씬 다양한 연령대를 모두 망라하고 있는데 그 구성의 복잡성으로 말미암아 조직의 결속력이 다소 약할 가능성이 있다. 또한 광산 등과 같이 새로 구성된 여맹 초급단체들의 경우에는 여맹원들간에 시집오기 전의 출신지역과 그들이 지닌 지적, 경제적 수준이 매우 다양해지기도 한다. 이러한 경우에는 사상교양이나 당 정치 사업을 진행하거나 체계적인 조직 생활을 위해 분공을 부여하는 데 있어서 애로가 발생하기도 한다. 또한 고향을 떠나 시집오면서 적응상의 문제가 발생하기도 하며 경제생활 등의 애로가 발생할 경우 쉽사리 조직활동을 게을리하게 되는 등의 다양한 결함들이 지적된다.

『조선녀성』 등의 일차 자료에 따르면 이러한 여성들의 혁명 의식 강화를 위해 시도하는 정치사상교양의 특징은 1990년대에는 충실성교양, 혁명전통교양, 조선민족제일주의정신, 반제계급의식 등에 집중된다. 이와 관련하여 동맹 조직에서는 "본신혁명과업수행에서 성실하지 못한 현상들"을 반대하여 "비타협적인 투쟁을 벌리도록 조직생활을 강화"해야 하며, "한순간도 조직생활을 중단하지 말고 계속되게 할 것"을 가장 우선시한다. 한편 김일성 사망과 '고난의 행군' 및 그 종료를 모두 경험하고 난 시기인 2000년대 이후에는 새로운 '선군'이나 '강성대국' 등의 개념이 가미된다. 예컨대 '수령결사옹위'에 대해 강조할 때도 '선군시대 녀성'으로서의 본분을 다할 것을 강조하는 식이다. 구체적인 실천 사례로는 동상이나 사적지 등을 찾아가 꽃을 놓거나 청소하는 미풍 사례로서 이는 김일성 사망 이전에도 존재해 왔으나 2000년대 이후 더욱 빈번하게 소개된다. "최대의 국상을 잃고 몸부림치던 1994년부터" 부부가 합심하여 가정에 온실을 꾸린 뒤 꽃다발을 마련하는 등 보다 지속적이고 체계적으로 수령에 대한 충실성을 표현한다.

한편 1990년대 중반의 경제적 위기는 가정의 살림을 도맡아 하는 여성들에게 가장 큰 고통을 초래했다고 지적된다. 이에 따라 여성들 역시 물질주의적 관심이 증대되고 '생활상의 리유'로 조직 이탈이나 비사회주의적인 행위가 발생했을 것으로 추측된다. 일탈의 종류와 강도를 시기별로 살펴보면 고난의 행군 이전인 1990년대 초까지는 물질에 대한 애착이나 여성들의 적극적인 일탈 행위가 크게 부각되지 않았다. 구체적으로는 시련을 겪어보지 못한 새세대 여성들의 혁명 의식 약화 문제, '구실'을 달아 10일생활총화에 빠지는 문제, 학습회와 강연회 등에 지각하는 여성들을 지적하는 기사들이 고작이다.

그러나 1990년대 후반부터는 여성들 사이에서 발생하는 부정적 행위나 현상들에 대한 묘사가 보다 직접적이고 강해진다. 예컨대 "조직생활에서 개인의 리익만을 앞세우면서 자유주의를 부리던 결함을 오늘까지도 완전히 버리지 못하고 이따금 집단생활에 빠지는 경향이 나타나고있다"거나 남편 없이 두 아이를 데리고 사는 여성이 '일시적인 곤난앞에서 맥을 놓고' 조직에서 벗어나 제 살궁리를 한다는 식이다. 동맹원들이 '자신의 생활형편, 자기 리기'만을 생각하면서 동맹 조직 사상 생활에서 이러저러한 편향을 발로시키고 있으며 사회주의 영상을 흐리게 하는 그릇된 현상, 불건전한 현상이 동맹 사업에 영향을 주고 있다고까지 표현된다. "적지 않은 동맹원들"이 조직에서 보이지 않는다거나 "조직생활에 빠지는 녀맹원들이 날이 감에 따라 하나, 둘 늘어 났다"는 표현도 존재한다. 결국 이러한 행위들이 '일부' 여맹원들만의 조직 이탈에 그치기보다는 "비사회주의적 현상이 집중적으로 발로되고 있는 동맹원들"이 상당한 수에 이르렀을 것으로 보인다.

한편 고난의 행군이 종료되고 조직 생활을 다시금 강조하기 시작했던 2000년대 이후에는 "생활에 필요한 것을 구한다는 구실"로 조직을 이탈하였다는 식의 기사들은 다소 줄어든다. 그러나 간혹 과거 고난의 행군, 강행군 시기에 "여기저기 뛰여 다니며 제 살 궁리만을 하던 녀성"들에게서는 아직도 과거의 '버릇이 적지 않게 남아' 있다고 지적된다. 이들은 계속하여 조직 생활을 게을리 하거나 유리되여 생활하며 초보적인 모임 시간도 지키지 않거나 앉아 졸기도 하고 잡담을 한다고 한다.

이처럼 취약한 조직 관념의 문제는 가정부인들 위주로 구성된 여맹 조직 특유의 문제로도 파악할 수 있으나 다른 각도에서 보자면 구성원들의 '세대'의 변화의 차원에서도 살펴볼 수 있을 듯하다. 앞서 「청년전위」분석에 기초하여 청년들의 일탈행동을 제시한 장에서 가장 극심한 비판 기사들이 등장하는 세대는 1990년대 초의 청년동맹 세대로 파악된다. 즉 '나태, 안일, 형식주의, 소극성, 보수주의' 및 '낡은 사상' 등으로 지적되었던 1980년대의 청년들의 일탈에 비해 1990년대 초 이후의 청년들은 '패싸움, 조직이탈, 물질주의, 사적절취, 이기주의' 및 '황색풍조'로 과거보다 더욱 수위가 높아진 일탈을 보인다. 따라서 만일 1990년대에 청년 세대를 보냈던 여성들이 2000년대 이후 결혼하여 여맹에 소속될 경우 이들은 1990년대 청년들의 일탈적 성격을 부분적으로라도 보유하고 있을 가능성이 있다.

북한 사회는 가부장적 특성으로 인하여 가정 내 여성의 지위가 비교적 낮으며 가정 살림과 자녀 양육 등을 전적으로 책임지게 된다. 더욱이 고난의 행군, 강행군 시기에 여성들은 직장 또는 가내수공업 혹은 사적 경작 활동 등을 통하여 가족을 부양할 책임까지 지게 되면서 이중, 삼중의 고통을 경험하였다. 그런데 여맹 조직의 초급단체 위원장들 역시 여성이라는 점에서 이들 역시 생계 유지 과정에서 조직 관념 약화 등 조직 사업의 한계를 드러내게 된다. 예컨대 '일부 초급단체위원장들'이 '우는 소리'를 하며 "어려움을 이기지 못하여 주저앉으려는 초급단체위원장들"이 "가정생활에 포로"되어 있다는 것이다.

식량을 구하기 위해 중국 등지로의 이탈이 증가하거나 타 지역으로의 이동이 증가하면서 여맹원들의 결원이 늘어났는데 초급단체 위원장이나 부위원장들 역시도 결원이 존재했다고 지적된다. 이처럼 조직 사업이 차질을 빚게 되고 비사회주의적 현상이 증가하면서 여맹원들의 조직 관념의 약화 및 조직일군들에 대한 권위 실추가 발생한 것으로 보인다. 결국 위원장들의 교양에 대하여 여맹원들이 뒤에서 '수군거리는 말'이나 '모욕적인 말', '빈정거리는 말'을 한다고 지적된다. 나아가 다양한 연령대를 망라하고 있다는 조직 특성상 연령대가 다른 여맹원들과의 세대 갈등의 측면도 부분적으로 발견된다.

2) 개인의 흥미와 개성 중시

여성이라는 성별적인 공통점과 일정 지역의 가두여성이라는 점을 제외하면 여맹 조직은 다른 외곽단체에 비해 구성원들의 이질성이 상당히 크다고 볼 수 있다. 구성원들 중에는 강의에 집중하지 않으려 하는 젊은 새세대 여맹원으로부터 군대에 보낼 연령대의 자녀를 둔 주부를 거쳐 아직까지 글을 제대로 깨우치지 못하여 상독에 어려움을 겪거나 깅연회의 강시의 말이 빠를 경우 알아듣지도 못하는 노인들에까지 그 구성이 매우 다양하게 분포된다는 점에서 연령대의 차이로 인한 세대 차이나 갈등이 존재하기 쉽다. 또한 같은 초급단체에 소속되어 지역적 유사성을 지니고 있다 할지라도 세대주들의 직업에 따라 여맹원들 사이에는 다양한 사회경제적 지위의 격차가 존재하기도 한다는 점에서 다양한 방법론이 요청되게 된다.

내부적 이질성 뿐 아니라 경제 상황의 악화 역시 다양한 여맹원 교양의 다양성을 요청하게 된다. 생계유지 차원에서 조직 이탈을 감행했던 여성들은 고난의 행군 종료 후에도 '자유주의'가 남아있다고 비판된다. 이에 따라 과거와는 다른 사상교양 방법론이 요청되었다. 이러한 요인들은 '사람과의 사업을 생나무 꺾듯' 해서는 안 되며 '한 가지 잣대'로만 교양해서도 안 된다는 생각을 가져오게

했다. 이에 따라 각급 여맹위원장들은 여맹원들의 성격과 심리, 취미, 타고난 소질들을 살펴 개별교양을 강화하는 것으로 변화를 시도하게 되었다고 지적한다.

한편 청년동맹에서처럼 여맹 역시 과거의 어려운 시기 동안 일탈 행위를 저지르거나 결함을 드러낸 맹원들에 대한 포용책과 유화책을 시도하게 된다. 이에 따라 여맹일군들이 여맹원들을 이해하고 '믿음과 사랑'으로 '심금을 울리며' 교양하는 것을 강조하게 된다. 또한 단순한 정치 교양 차원이 아니라 의식주 등의 가정 문제를 풀어 주는 등 적극적으로 개입하게 된다. 이러한 '선군시대 모범녀맹일군대렬'은 여맹원들로부터 "'우리' 녀맹위원장"으로 칭송된다고 한다. 하나의 '시대어'로 자리잡았다는 '우리' 칭호를 받은 여맹일군들은 "혈육의 정" 가운데 여성들을 조직하여 혁명 사적지 건설장이나 군대 등에 원호 물자를 보내거나 공장 로동이나 농사일에 나서기도 하는 것으로 소개된다.

3) 경제난과 자력갱생의 강조

『조선녀성』 기사들에는 '당장 끓여 먹을 식량'이 부족한 상황에서 한 가정의 살림살이를 도맡아 책임져야 하는 여성들의 고통이 가장 극심했다고 표현한다. 이 시기에는 강행군을 따라 "피어린 자욱자욱이 찍혀"진 "지금껏 겪어 보지 못한 엄혹한 생활"을 했다고 표현되며 경제적 어려움으로 인한 가족 간의 사별이나 이별 등을 상징하는 듯한 표현도 등장한다. 이러한 상황에서도 여성들은 남편과 자녀들에게 나물밥마저도 양보했으며 자신은 풀죽으로 끼니를 에우거나 칡뿌리를 씹으며 김을 맸다고 묘사된다.

그러나 이러한 여성들의 고통은 "초년고생은 금을 주고도 사지 못한다고 한 우리 조상들의 명언은 얼마나 심오하고도 박력있는 생활의 진리를 귀띔해주고 있는가. 고난과 시련은 만복의 어머니이다"라는 식의 정치적 미사여구로 포장되기도 했다. 결국 "고난의 행군을 하는 과정에 우리 일군들과 인민들 속에서 국가에 대한 의존심이 없어지고 자체로 살아가려는 생활력이 강해졌습니다."라는 김정일의 언급처럼 여성들은 자체로 살아가기 위한 방안을 모색해야 하게 되었다. 우선 여성들은 여맹 초급단체별로 빠르게는 1980년대 후반부터 농장포전을 맡아 농촌 노력 동원에 나서야 했으며 비료와 장비도 자체적으로 해결해야 하는 과제를 떠안게 되었다. 1990년대 중반 여성들은 산이나 저수지 등의 비경지를 일구어 사적인 경작에도 나서게 되는데 거의 대부분의 기사들에서는 개인 경작에서 나온 소출물이 자신들만 사용하는 것이 아니라 '애국'적으로 나라에 바쳐치는 것으로 마무리된다.

고난의 행군 시기에는 에너지 부족으로 많은 산업 시설들이 멈추게 됨으로써 상당수의 남성 근로자들은 직장에 출근하여서도 정상적인 생산 활동을 하지 못했다. 반면 가두여성들의 경우에는 가정 살림 뿐 아니라 농장일, 간석지개간, 수공업 등을 통해 생계를 유지했으며, 나아가 직장에 묶인 남성들을 대신하여 필요 물품 및 식량을 구해오기 위해 여타 지역으로 이동하는 등 남성들보다도 몇 배의 부담을 지녀야 했다. 이러한 상황은 어린아이들을 둔 여성들에게서도 마찬가지여서 여성들이 경제 활동을 하기 위해서라도 육아 시설 등이 더욱 요청되었다고 볼 수 있다. 따라서 강행군 시기 북한 내의 탁아소, 유치원의 상태가 특히 열악하였다는 것은 어머니들에게나 국가적으로나 매우 심각한 문제로 받아들여졌을 것으로 보인다. 이에 따라 1990년대 기사들에서는 탁아소, 유치원 등에서 해당 가정부인들이 자체의 힘으로 '물자공급소'를 꾸리는 사례들이 자주 소개된다. 그리고 여성들의 이러한 노력동원의 결과로, 알곡, 콩, 깨, 사탕무우, 도마도, 참외, 수박, 왕골, 누에고치, 목화 등을 생산하여 지속적으로 읍내 탁아소와 유치원들에 공급하였으며, 더 나아가 애국미로까지 바치는 것으로 소개된다.

한편 고난의 행군 시기 공장 생산이 멈추게 되면서 가정부인들의 노력동원은 식량 조달을 위한 농사에 그치지 않고 수공업 등으로도 확대된다. 이에 따라 유휴 자재와 예비를 탐구 동원하여 국가에 바치거나 혹은 찾아낸 원료와 여성 노동력을 활용하여 자체 가공에 나서게 된다. 이처럼 여성들의 창발성에 의거하여 생산된 가공품들은 주로 옷이나 모자, 돗자리 등으로 소개되는데, "지역별, 계절별, 계층별 특성과 수요"에 맞게 공급하도록 권장되었다.

4) 좋은일하기운동의 강조

한편 이러한 여성 노력들은 자체적인 생계 유지에 그치지 않고 동맹 조직의 조직적이고 체계적인 지도하에 '좋은일하기운동'을 진행하는 데에 이른다. 이는 건설돌격대, 군대, 후방가족, 영예군인 들을 위한 원민, 원군미풍 등으로 대표되는데, 기사에서는 개천-태성호물길공사 전투장에 떡, 국수, 동지죽, 수수떡 등의 음식 및 방석, 장갑, 마스크, 남새와 돼지고기 등의 부식물을 바치는 사례들이 등장한다.

한편 1990년대 초까지만 하더라도 석탄, 철도, 비료 공장 등에서 일하는 남편을 둔 가정부인들은 출근길 환영 모임이나 자재 수집을 통해 도와나섰다. 그러나 1990년대 후반 이후에는 '초급녀맹위원회'의 조직 지도하에 예술 선동 및 다양한 지원 물자들을 준비하여 제공하고, 더 나아가 남자들과 똑같이 용접봉 만들기, 문짝 조립, 도색 작업, 소선 작업 등 힘든 육체노동에 나서도록 권장되기도 한다. 이처럼 가정일뿐 아니라 고난의 행군 시기 남편과 아이들의 부양 책임까지 도맡았던 여성들은 2000년대 이후에는 또 다른 노력동원에 나서게 된다. '당의 은덕'과 '공민적의무감' 가운데 아예 가정을 떠나 돌격대와 함께 생활하면서 노동하는 '건설대의 꽃'이 그것이다. 오히려 건설대에서조차 "혹시 가정에 애착이 없거나 가정이 없는 녀성들이 아닌가고 생각"할 정도로 일상적인 상식을 넘어선 여성 노력 동원에도 불구하고 기사들에서는 그들의 남편과 시어머니들도 적극적으로 찬성하는 것으로 묘사된다.

결국 강행군 시기 동안 여성들은 생계 유지 차원에서 사적인 경제 활동을 벌이면서 각 가정에서 일정량의 잉여 현금을 보유하게 되었는데, 2000년대 이후에는 이러한 개인의 돈을 국가에서 '인민생활공채구매사업'의 형태로 흡수하게 된다. 이 과정에서 여맹 조직은 '조국은 모든 사람들의 진정한 어머니이며 삶과 행복의 요람'

이라고 강조하면서 적극적인 조직 지도에 나선다. 이러한 미풍에서도 앞선 건설대 자원 여성 노동자들에서처럼 가족단위로 적극적인 헌납에 나서는 기사들이 많이 나타난다. 이는 이러한 가족들의 태도가 북한이 현실을 100% 반영하는 것이라기보다는 헌납을 주저하고 있는 여성이나 식구들을 위한 계몽과 지향점의 차원에서 진행되는 것으로 파악할 수 있다. 한편 이러한 '애국공채'는 특별히 2003년 7월 전승 기념일에 선군시대의 상징인 '녀맹호 포' 모금에 집중되었다. 여맹 조직들은 유휴자재 수집과 가축 기르기 등의 '좋은일하기운동'을 조직적으로 진행하고 초급단체별, 개인별 경쟁까지 유발하면서 상당한 자금을 모금한 것으로 소개된다.

5) 공산주의적 미풍

김정일 시대의 선군사상 강조는 참군과 원군미풍의 강조로 이어지는데, 『조선녀성』 등에는 최대의 애국은 '참군'이라면서 군복 차림의 여성 제대로병과 젊은 군인 녀성들이 자주 등장한다. "여성이라면 누구나 경쾌하고 우아한 옷차림새를 생각하게 되는 것이 아마 녀성 일반의 취미"라면서도 "선군시대에 군복 입은 처녀이상" 있겠느냐고 반문하기도 한다. 또한 '아름다움'에 대한 표현에 있어서도 '군인녀성의 바알간 뺨' 또는 '군복을 입고 쑥 빠진 흰 목'과 같은 식으로 묘사하며 이 세상에 아름다운 '안해'가 많지만 군인의 '안해'가 가장 아름답다고 칭송한다.

반면 군 입대를 할 만한 연령대의 자녀를 두지 않은 전체 여성들에게는 직접적인 참군 미풍 이외에 원군미풍이 전폭적으로 촉구된다. '원군미풍열성자 대회'나 '선군시대 원군영웅'으로 칭송받는 사례들에서는 군민일치의 가풍을 지닌 가정들이 자주 소개된다. 정작 자신이 낳은 자녀들이 군에 입대하여 부상을 입은 상황에서도 인민군대를 친자식처럼 원호하는 어머니나 자녀의 결혼식에 사용하려고 모은 자금을 전부 군대에 보내고 자신의 딸에게는 새 이불 한 채 해주지 못했다는 어머니의 기사도 등장한다. 일반적으로 북한에서는 대학생을 부러워하고 대학 추천을 소망한다고 알려지고 있음에도 불구하고 기사들에서는 이미 획득한 '대학추천'을 포기하거나 미루면서까지 군 복무를 우선하는 사례도 종종 등장한다.

한편 1990년대 이후의 『조선녀성』 기사에서는 '부모 없는 아이들'을 많게는 수십 명씩 데려다 기르는 '우리 시대의 아름다운 녀성들'에 관한 묘사가 자주 등장한다. 시기적으로는 "1990년대 초부터 10여년간" 키웠다거나 혹은 "1995년부터" 데려왔다라고 제시된다. 이는 고난의 행군기 동안 가족 해체로 버려져 유랑하는 꽃제비들이 증가했던 기간과 시기적으로 대략 일치하는 것으로 보인다. 입양미풍에 나서는 여성들은 매우 다양한데 결혼하지 않은 처녀, 자신의 자녀 이외에도 수십 명을 키운 가정부인, '연로보장나이'가 된 할머니 등 각계각층에서 이루어지고 있다고 소개된다. 한편 이와 같은 미풍은 여성 개인이 행하는 미담 차원에서 소개되어 왔으나 1990년대 후반을 지나면서부터는 여맹 조직 자체가 나서서 체계적으로 진행하기도 한다. 즉 개별 가구 단위로 고아를 입양하는 미풍에 그치지 않고 여맹 조직 차원에서 자금 및 물품을 모아 '육아원'에

값진 천으로 만든 꽃포단, 옷, 기자재, 쌀, 거액의 현금 봉투 등을 지원하는 등의 형태로 변화한다.

'사회주의적 대가정'에 대한 강조 가운데 전쟁 로병들과 전사자 가족, 공로자들을 친혈육처럼 보살피는 일에 있어서도 여맹 조직이 발동되어 적극적이고 체계적으로 지도 방조하기도 한다. 그 예로 이웃에 살던 여성이 병으로 사망한 뒤 남겨진 자녀를 '다른데' 보내지 않고 초급단체에서 나서서 보살펴주기도 하며, 조직을 발동하여 후방 가족들의 집수리를 해주거나 경조사가 있을 경우 조직 차원에서 나서 준비해주고, 명절 등에는 조직 단위로 예술 선동을 준비한 뒤 음식을 마련하여 찾아가는 식이다.

6) 일탈 행동의 증가와 도덕의 강조

앞서 살펴본 바와 같이 경제적 어려움과 조직 관념의 약화는 조직 내에서의 이탈을 초래할 수 있으며 사회 내에서 공중도덕이나 예의 도덕의 질 저하를 초래할 수 있다. 여맹 조직은 가두여성으로 구성되어 사회적 상호 작용 범위가 비교적 제한적인 편이다. 이에 따라 여성들의 도덕의 질 저하 역시 주로 직접적으로 상호 작용하는 가족이나 이웃 주민들 사이에서 발견되는 경우가 많다. 이러한 '가까운 사이'들은 매일 얼굴을 마주해야 하는 관계이기 때문에 『조선녀성』 등에서는 일상적인 도덕 생활에 대한 기사들을 자주 싣고 있다. 예컨대 "스스럼 없는 가까운 사이"에서도 사람들은 응당 지켜야 할 례절과 도덕 규범을 잘 지켜야 하며 만일 가져다

쓴 물건이 있다면 잊지 말고 제때에 깨끗이 손질해서 돌려 주어야 한다는 식이다.

여성들은 가장 기초적인 자녀교양의 책임을 지닌 존재로서, 북한 당국은 가정에서 어머니들이 보여주는 도덕적 모습은 후세대의 도덕성을 형성하는 데 직결된다고 강조한다. 가정 내에서 어머니를 통해 어려서부터 예절 바르게 교양된 어린이는 자라서 학교에 다닐 때나 사회에 나가서도 동무들과 친구들을 따뜻하고 예절 바르게 대하게 된다고 한다. 이에 따라 여성들은 가정에서 '고상한 례의도덕'의 모범을 보여야 하며 이를 통해 자녀들로 하여금 어린 시절부터 일상 생활에서 예의바른 행동을 할 수 있도록 교양해야 한다는 것이다. 이러한 자녀 교양자로서의 어머니 관련 기사들은 2000년대 이후 더욱 증가하고 있다.

한편 직장을 다니면서 더 많은 사람들을 접하게 되는 남편들이나 여러 곳으로 배치되기도 하는 군인들과 달리 여성들이 활동하는 범위는 가족, 친족, 이웃, 학교 등 비교적 좁은 편이라 볼 수 있다. 따라서 여성들의 경우에 상호 작용의 형태는 주로 '언어적 상호작용'이 중심이 되게 된다. 이에 따라 『조선녀성』에서는 특별히 언어 예절 문제를 집중적으로 소개하고 있기도 하다. 구체적으로는 탁아소 보육원과 어머니들 사이에 지켜야 할 '언어례절', 집을 방문한 손님에 대한 '언어례절', 이웃간 '언어례절', 가족에 대한 '언어례절', '전화례절' 등 매우 구체적이고 다양한 상황을 배경으로 자주 등장한다는 것도 특징적이다.

탁아소의 경우에는 가장 처음 소속되는 집단으로서 "어린이들의 본보기가 될수 있게" 예절을 잘 지켜야 하는 곳이다. 따라서 갓난어린이들을 맡은 보육원은 어머니들과 어린이들 앞에서 그 누구보다도 자신의 '언어례절'에 주의해야 한다고 한다. 기사에서는 보육원이 자신의 일에 대한 주인의식이 없이 자신의 아이의 특징이나 아픈 점을 알려주려는 어머니들에 대해서 "됐어요. 경희는 늘쌍 우는걸요." 하는 식으로 함부로 말하지 말아야 할 것을 경계하고 있기도 하다. 또한 '애기어머니'들 역시 보육원에게 지나치게 무례한 요구나 언행을 삼가하여야 한다고 지적하며 보육원 뿐 아니라 학교 교원들에게도 언어 예절을 지켜야 할 것을 강조하기도 한다. 이처럼 어머니들이 보육원과 교원들에 대해서 예의와 언어 예절을 지켜야 할 것과 관련된 기사의 분량은 여타 어머니 교양 기사들에 비해 많은 편이다. 이와 같은 장문의 사례들이 제시된다는 것은 언어적 상호 작용들을 통한 인간관계에서의 마찰이나 갈등, 오해 등을 포함한 북한 여성들의 언어생활과 관련한 문제들이 다소 증가하고 있을 가능성도 간접적으로 유추할 수 있을 듯하다.

한편 최근의 『조선녀성』에서는 과거와 같은 수기나 기사글 형태로서가 아니라 만화, 그림, 시 등 다양한 형태와, 요리, 육아, 옷차림, 건강 상식 등 다양화된 내용 구성을 통해 여성들을 계몽하고자 하는 특성을 보여 왔다. '그림이야기' 형태로 『조선녀성』에 등장하고 있는 '사회주의도덕과 생활' 중 "남편자랑도 말씨에 따라" 편에서는 남편과 관련해 거친 언사를 보이는 주부가 등장한다. 주인공 여성이 길가다 만난 이웃 여성에게 "이것 저것 안끼는데 없어요. 참 사람 웃기지, 축구에서 문지기라나요"라는 식으로 설명하자 이웃 여성은 남편이 아니라 '아들'에 대한 이야기를 하는 줄로 오해하는 장면이 나온다. 마지막 장면에서 (아이의) 나이가 몇살이냐는 이웃의 질문에 주인공 여성이 '마흔'이라고 대답하자 이웃 여성은 "아니 그럼 그게 세대주 이야기나요?"하면서 놀란다.

또 다른 그림 이야기인 "마지막 한글자에도, '요'는 언제나 자신을 돋보이게 해줍니다. 비록 끝에 붙는 한글자 이지만…."편에서는 남편을 찾아온 초면의 방문객에게 계속하여 반말조로 답변하는 여성이 등장한다. "집에 없는데"라는 식으로 여성이 반말을 한마디 할 때마다 문 뒤에 숨어 있던 어린 꼬마가 '요' 자를 계속하여 붙여 준다. 이 외에도 "전화례절은 곧 자기의 얼굴"이라면서, 화목한 대가정으로 이루어진 우리 사회에서 전화 도덕 문제가 '매우 절실한 문제'라고 표현하기도 한다.

이상과 같은 전통 도덕과 예의범절의 중시는 직접적으로 상호작용하는 가까운 개인들을 넘어서서 불특정 다수를 향한 경로사상과 공중도덕으로 확장되게 된다. 출근길 버스 정류소의 질서있는 모습이나 버스나 지하철에서 노약자에게 자리를 양보하는 '고상한 도덕품성' 관련 기사들이 해마다 등장하며, 부분적인 구절 차이를 제외하고는 시대가 달라짐에도 불구하고 큰 변동 없이 비슷한 내용을 싣고 있다. 특별히 이러한 자리 양보 예절에서 등장하는 미담의 주인공들은 대부분 여성이거나 그 자녀이며 정류소에서 질서를 지키며 줄을 서 책을 보는 주인공도 여성으로 묘사된다. '서른살안팎의 젊은 녀성'이 다정히 자리를 권하는 모습에서 "뛰어나게 아름답지는 않았어도 고상한 인품과 어울리는 아름다운 언행은 한결 그

모습을 돋구어"준다고도 한다. 또한 '한 방울의 물'에도 '우주'가 비끼는 것 같이 어머니의 훌륭한 모범과 그 교양을 받으며 자라는 어린이는 유치원에서는 동무들과 화목하고 집에서는 부모님들을 존경할 것이며 더 자라서는 조직과 집단, 사회와 인민을 위하여 헌신적으로 일하는 조국의 참된 아들로 될 것이라면서 칭찬한다.

그런데 기사 내용 중 자리양보 미덕을 행한 대학생 처녀들이나 어린아이들을 바라보는 시선이 "차안의 모든 사람들의 존경과 선망의 눈길"이라는 식으로 묘사되고 있다. 어찌보면 한국 사회에서는 자리양보 관행이 굳이 '존경과 선망'이라는 표현까지 사용할 필요성을 느끼지 못할 정도로 흔히 발견할 수 있다는 것을 감안하면 역으로 북한 사회 내에서 새세대 혹은 여성들이 버스 등에서 공중도덕을 충분히 지키지 못하고 있는 것일 수도 있다는 예측도 가능할 수 있는 것으로 보인다. 즉 앞 단원에서 제시했던 것처럼 '앉을 자리 설 자리를 모르는 청년' 혹은 '물덤벙 불덤벙하면서 정류소에서 사회적 물의'를 일으켰다는 「청년전위」 기사 내용들을 참고해 볼 때, '공중도덕'의 미덕이 현재 북한 여성들의 '현실'을 반영한다기보다는 부족한 점을 교정함으로써 '지향하고자 하는 상태'를 향한 계몽적 차원의 표현으로도 생각해 볼 수 있다.

7) 결혼, 가족, 자녀 교육

이상에서처럼 북한에서는 '예의도덕'을 강조하면서 특히 2000년대 이후 전통 도덕과 전통 명절에 대해서 재조명하고 있다. 반면 전통적인 것 중 '허례허식'과 같은 '낡은 생활양식'에 대해서는 적극적으로 투쟁해야 한다고 경계한다. 북한 당국은 일체의 관혼상제에 대하여 '선군시대'에 맞게 간소하고 검소하게 진행하며 미신적이고 이색적인 것을 없애야 한다고 강조된다. 앞서 제시한 청년들의 물질주의적 결혼관에서도 살펴본 바와 같이 여성들에게 있어서도 결혼식에 대한 허례허식의 측면이 상당 부분 존재할 가능성이 있는 것으로 보인다. '결혼식을 반드시 항일유격대식으로 하여야 하겠습니다'라면서 '콩나물과 두부'를 이용한 검소한 결혼식을 강조한 바 있는 김정숙의 모범을 제시하면서 특히 결혼의 측면에 있어서는 허례허식과 더욱 적극적으로 투쟁해야 한다고 강조한다.

한편 2000년대 이후의 경향 중 특징적인 것은 『조선녀성』 내에서 부부 관계와 관련된 글들이 매우 많으며 그 분량도 다른 글들에 비해 월등히 많은 지면을 할애하면서 싣고 있다는 점이 특징적이다. 이전 시기에서는 부부 관계나 남편에 관한 글들이 거의 발견되지 않았다는 점에서 특기할 만하다. 대표적으로 '세대주들에게 하고 싶은 말'이라는 제목의 글에서는 한 남편이 자신이 사랑하던 여성과 결혼한 이후에 "귀여운 딸애가 태여나고 안해의 살뜰하고 따뜻한 녀성고유의 향취가 생활의 구석구석에 넘치자 그 향기에 만취되여 저도 모르게 응당한것으로 여기면서 남편구실을 잘하지 못하였다."고 반성한다. 그는 자신이 나중에 "가정의 리익만을 생각하면서 안해에게 직장일을 그만두고 가정살림살이만을 잘할것을 권고"하면서, "녀자들이란 시집을 가면 가정일에 충실하면 그만이야."라는 생각을 품었다고 고백한다. 이 글에서는 상대방의 이상을 중시하면서 지배와 복종의 관계가 아니라 평등한 관계에서 서로 위해 주어야 한다는 메시지를 담고 있다. 또한 "눈먼 인정과 사랑으로 그를 비호하는것"도 "우리 시대 인간의 혁명적사랑"이 아니라고 경계하기도 한다.

2007년 『조선녀성』에서는 "가정생활과 참다운 부부애"라는 제목의 글이 실려 있다. 이 글에서는 남편과 부인이 서로를 탓하는 것, 자녀를 탓하는 것, 리혼, 정조, 언행, 남존여비의 문제 등 현실적인 다양한 주제들을 조목조목 들면서 문제 해결의 실마리를 제공하려는 노력이 엿보인다. "사람들은 흔히 가정생활에서 성공적인 사람들과 그렇지 못한 사람들을 대비해보면서 남편과 안해를 잘 만났다든가 못만났다든가 등, 자식복이 있다든가 없다든가 하는 등에서 원인을 찾으려 한다."면서 진정한 가정 화목의 기초는 서로를 아끼는 부부애에서 나오는 것이라고 설명한다. "부부애란 부부사이에 오고가는 련모의 정, 사랑의 감정정서"라면서 '진실성, 성실성, 헌신성' 세 가지를 부부애의 내용으로 들고 있다.

이러한 부부애의 지속성과 공고성을 규정하는 요인들로는 첫째로는 믿음, 둘째로는 서로의 '리해와 양보', 셋째로는 인격의 존중, 마지막으로는 가정적 의무에 대한 성실성과 헌신적 방조, 의리로 대표되는 도덕적 요구라고 한다. 이에 대한 설명들 중 특징적인 내용들로 부모와 자식간의 관계는 '혈연적 뉴대'인 데 반하여 부부 관계는 단지 정신 도덕적 공통성에 기초해 있으므로 믿음이 사라지면 실무적이고 형식적인 관계가 유지될 뿐이라고 한다. 한편 "남편과 안해의 정조가 변함이 없다는 믿음"이 중요한데 정조를 지키지 않는 결합은 형식상에 불과한 것으로서 종당에는 가정 파탄이라는 결과를 가져온다고 경계한다. 또한 '리성의 빈곤'은 부부사이의 관계에서 자제력을 잃어버리게 하고 무례한 언행을 초래하며 '리성'이 강해야 나쁜 성격도 고쳐갈 수 있다고 한다.

한편 이 글에서는 "녀성의 인격을 무시하는것, 녀성에게 무조건적인 복종을 요구하는것"과 같은 남존녀비의 사상을 비판한다. 서로에게 부름말을 골라 쓸 것과 야비한 언사를 쓰거나 몰상식한 언어 표현을 쓰지 말도록 권고한다. 또한 특징적인 구절로는 "가정을 운영하는데서 자기가 큰 몫을 담당한다고 하여 상대방을 우습게 보거나 깔보고 재세하는 것, 상대방의 의사를 무시하고 가정사를 자의대로 치리하는것"은 상대방의 인격을 무시하는 행위라고 비판한다. 이는 고난의 행군기에 여성이 주도적으로 경제 활동을 벌이면서 부부간에 지위 역전이 이루어졌으며, 이에 따라 여성이 남편을 무시하는 경향들이 발견되기도 한다는 새터민 인터뷰나 소설 내용들과 관련하여 유추해볼 수 있다. 또한 부부간에 상대방의 형제자매를 비롯한 친척들 및 상대방의 동무들에 대하여 도와주어야 할 것을 강조하기도 한다.

다른 글에서도 부부애 및 가정 파탄, 이혼에 대한 언급들이 종종 등장한다. "완성된 인간이 아닌 이상 생활과정에 결함이 나타날 수 있다. 부부사이에 서로 상대방의 부족점이나 불만족한 측면만을 끄집어내는 사람들은 나중에는 부부관계를 끊게 되고 가정도 잃어버리게 된다."면서 "백년가약을 맺던 그날처럼 부부사이에 서로 인격을 존중하고 호상 리해와 양보를 앞세우며 헌신적으로 도와주는것은 가정의 행복을 담보하는 중요한 문제"라고 한다. 또 다른 글에서는 백년가약의 미풍량속에 따라 "일단 정을 나누었으면 부부가 되였고 부부가 되면 리혼이란 몰랐으며 혹시 리혼하는 경우 그것을 매우 수치스러운 것으로 여겨 왔습니다. 그래서 리혼한 사람들은 바깥출입을 저어하고 혈육과 이웃들의 비난의 대상으로 되였습니다. 하여 대대로 살던 정든 고장을 남 몰래 떠나기까지 하였습니다."라는 표현도 등장한다. 또한 우리 인민은 "혼사를 론할 때나 부부사이에 재산이나 권력을 보기 전에 도덕과 의리를 더 소중히 여기며 한생을 화목하게 살아 오는 것을 미덕으로 여기고 꽃피워 왔습니다."라면서 부부 화목, 가정 화목에서 여성들의 역할이 크다고 강조한다. 이처럼 과거 시기에 비해 가정 내의 불화 관련 기사가 증가하고 있다는 것은 이후의 변화된 여맹 조직의 관심사를 반영하는 것이라 여겨진다.

4. 여맹의 기능과 향후 전망

앞서 살펴본 바와 같이 여성 계층에서 나타나는 변화는 정치・사상적 이완과 조직 이탈, 개인의 흥미와 개성 중시, 경제난과 자력갱생의 강조, 좋은일하기운동의 강조, 공산주의적 미풍, 일탈의 증가와 도덕의 강조, 결혼・가족・자녀 교육의 측면에서의 변화 등으로 특징지어진다. 이러한 경향에 따라 여맹 역시 기본적 기능으로서의 사상교양과 건설 사업 기능 뿐 아니라 변화된 여성들의 특징들과 관련하여 새로이 요청되는 측면에서 부분적인 변화를 보이는 가운데 조직 사업을 지도하게 될 것으로 보인다.

1) 사상교양적 측면

우선 가두여성 중심의 여맹 조직은 상대적으로 다른 외곽단체에 비하여 조직성이 약한 것으로 평가된다. 또한 조직력의 약화 배경에는 구성원의 다양성과 복잡성이 그 원인으로 작용하기도 한다. 예컨대 혁명의 간고한 시기를 경험해보지 못한 새세대 청년들이 결혼하여 여맹 조직에 소속되면서 청년동맹에서와 유사하게 조직 이탈이나 물질주의, 이기주의 등이 발견되기도 한다고 지적된다. 또한 다양한 출신 지역과 지적 수준, 경제적 수준을 달리하는 여성들이 결혼과 더불어 소속된 초급단체 내에서 부적응 및 향수병의 문제도 발생할 수 있다. 뿐만 아니라 일제 시기나 한국 전쟁을 경험한 고령의 여성들의 경우에는 학습 능력의 부족을 내세우면서 사상교양 학습을 게을리 한다고 지적되며 젊은 여맹원들과의 세대 차이로 인한 갈등의 가능성도 지니고 있다. 한편 고난의 행군, 강행군 시기 동안 생계 유지에 나섰던 가정부인들에게는 '이악함'의 특성이 더욱 강해질 수 있다. 사적 경작이나 장사 등을 통해 획득한 경제적인 능력에 바탕한 지위 향상이 이루어지면서 오랜 동안 누적되어 왔던 남존여비의 가부장적 가족내 관행에 긴장을 가져올 가능성이 있다.

이에 따라 여맹 조직에서는 '하나의 시대어'로 자리잡았다고 평가하는 '우리'라는 호칭을 지닌 모범 여맹위원장들의 사업 실례들을 강조하는 가운데 사상학습과 조직 사업을 진행하게 된다. 우선 여맹은 사상교양단체로서의 특성에 따라 정치사상교양에 최우선적으로 집중할 것을 촉구하게 된다. 청년동맹의 일군들의 경우에는 '건설대, 돌격대' 등의 건설 사업이나 직업 배치 문제에 집중하는 것으로 비판되는 반면 녀성동맹의 일군들에게는 상대적으로 기초적인 수령결사옹위와 충실한 조직 생활을 촉구하는 방향으로 사업이 진행된다. 특별히 김일성 사망 이후에는 '선군시대 녀성'으로서 '수령결사옹위'에 나설 것을 강조하면서 부부 및 가족 단위로 합심하여 사적지나 동상을 관리하는 사례들을 귀감으로 제시한다.

여맹이 가장 시급한 문제로 파악하고 집중하는 사업 대상은 조직 이탈이라 할 수 있다. 1990년대 초까지는 '새세대' 여성들이 10일생활총화, 학습회, 강연회에 빠지는 문제들에 집중하는데, 1990년대 후반부터는 '일시적인 곤난'으로 인해 '제 살 궁냥'을 하기 위한 조직 이탈이 "날이 감에 따라 하나, 둘 늘어 났다."는 것이다. 이러한 조직 이탈은 전 시대처럼 비단 '새세대' 여성만이 아니라 가정 살림을 책임지는 전 연령대의 여성에 해당될 수 있는 문제이며, 여맹원들과 동일하게 가정부인인 '녀맹초급단체' 위원장이나 부위원장들에게서도 동일하게 발견되었던 문제라는 점에서 향후 그 중요성이 더할 것으로 보인다.

앞서 제시한 바와 같이 「청년전위」 분석에 따르면 1980년대 청년들에 비해 1990년대 초의 청년들은 보다 강도높은 일탈 특성을 지닌다. 만일 1990년대에 청년 시기를 거쳐 2000년대에 결혼과 더불어 여맹에 소속된 젊은 여맹원들의 경우에는 1990년대 청년들의 일탈적 성격을 더욱 높게 보유하고 있을 가능성이 있다. 또한 일탈적 청년 세대의 자녀들을 키우는 연령대의 주부들 역시 자녀들로부터 이러한 영향을 받았을 수 있으며 결국 자녀 교양에 있어서도 엄격함 뿐 아니라 관용적이고 포용적인 태도를 동시에 요청받게 되었을 수도 있다. 실제로 2000년대 이후의 『조선녀성』 기사들에서는 비사회주의적인 행동을 하는 맹원들이나 여맹일군들에 대해 '빈정대는 말'로 대화를 이어가거나 아예 무시하거나 반항하는 말썽꾼들이 자주 등장한다.

이에 따라 여맹 소식에서는 사상교양과 더불어 이러한 조직 이탈 문제에 있어서 집중적인 대책을 세우고자 하게 된다. 대표적인 특징은 우선 '진심'을 주면서 '믿음과 사랑'으로 교양하는 "'우리' 녀맹위원장"들의 접근방식으로서 이는 상대방의 마음을 열고 심장을 열어주게 된다고 한다. 둘째로는 흥미와 개성을 존중하며 연령대의 장점을 살리고 긍정적 모범을 내세우는 등의 교양 방법론의 다양화이다. 구체적으로는 젊은 여성들의 예술 선동대 활동 등을 통해 맹원들의 참여도를 높이고자 하거나 예술 경연 대회를 열어 집단의식을 고취하는 것, 일제 시기와 한국전을 경험한 나이 많은 여성들을 통한 대비교양 및 혁명의식 고취, 각자의 소질을 살리게 한 뒤 조직에서 적극 칭찬함으로써 참여도를 높이는 것 등이 있다.

2000년대 이후의 여맹 조직 기능 강화 및 사상교양 노력에서 또 하나 특징적인 것은 '선군사상교양' 및 '화선식정치사업'이다.

우선 선군사상교양은 김정일 시대 이후의 북한 일차 자료들에서 흔히 발견되는 개념이다. 당국은 "녀맹원들속에서 주체사상교양, 선군사상교양을 여러가지 형식과 방법으로 끊임없이 벌려야 한다."[489]면서 "선군시대의 요구에 맞게 녀맹원들에 대한 사상교양사업을 참신하게 벌려 그들을 선군사상의 절대적인 신봉자, 철저한 옹호관철자로 키우는것은 우리 녀맹조직들이 틀어쥐고나가야 할 중요한 문제이다. 녀맹원들을 선군사상의 절대적인 신봉자, 철저한 옹호관철자로 키운다는것은 우리 당의 선군사상을 삶과 투쟁의 좌우명으로, 절대불변의 진리로 간직하고 견결히 옹호하며 철저히 관철하기 위하여 한목숨 서슴없이 바치는 선군시대의 참된 혁명가로 만든다는 것을 말한다."[490]고 강조한다.

한편 '화선식정치사업'은 '불붙은 전선'을 상징하는 인민 군대식의 사상교양 방법으로 『조선녀성』에서 1990년대에도 아주 드물게 등장한 적은 있었으나 주로 2000년대 이후 자주 발견되는 표현이다. "녀맹조직들은 녀맹원들에 대한 사상교양사업을 화선식으로, 인민군대식으로 실속있게 진행해나가야 한다. 인민군대에서 힘있게 벌어지고있는 화선식정치사업은 위대한 장군님의 선군혁명령도밑에 그 생활력과 위력이 남김없이 발휘되고있는 전투적이며 혁명적인 사상사업방법이다."고도 하며 "화선식선전선동과 예술활동을 사업에 철저히 구현하여 녀맹원들이 있는 곳에서는 언제나 힘있는 노래와 구호, 구두선동의 힘찬 메아리가 울려퍼지도

489 『조선녀성』 2007 4호, p.42.

490 『조선녀성』 2007 4호, p.47.

록 하여야 한다."[491]라고 중시한다.

2) 방법론적 측면

사상교양 사업의 강화는 여맹일군들로 하여금 무엇보다도 방법론의 변화를 강력하게 요청하게 하며 개성 및 흥미를 반영하는 교양 방법을 강조하게 된다. 앞서 제시한 바와 같이 '일정 지역의 가두녀성'이라는 점을 제외하면 여맹 조직의 구성원들은 상대적으로 이질적이다. 여맹 구성원들은 우선 자유주의적 성향을 보이고 조직에 흥미를 보이지 않는 젊은 새세대 여맹원도 있으며 자녀가 장성하여 대학 또는 군대에 보내서나 결혼을 시킬 만한 연령대라서 조직보다는 가정 문제에 가장 큰 관심을 지니고 있을 주부도 있다. 또한 한국 전쟁이나 항일혁명기 전후에 태어난 연로한 여성들의 경우에는 학습 능력이 상대적으로 열등하여 노작이나 강연 내용에 대한 이해가 느리거나 기억력이 떨어지는 경우들도 지적된다.

이러한 구성원의 이질성은 비단 연령대의 문제를 넘어 출신지와 사회 경제적 지위 및 개인적인 성격 등이 다양하다는 점에서도 기인한다. 여맹원들은 초급단체별로 같은 지역 사회 내에 살고 있다는 유사성에도 불구하고 시집오기 전의 출신 지역이 모두 다른 경우가 많다. 평양을 제외하고는 세대주들의 직업이나 성분에 따라 사회 경제적 지위의 격차가 상당하다고 볼 수 있다. 뿐만 아니

491 『조선녀성』 2007 4호, p.47.

라 근로단체 중 여맹 자체가 지니는 한계로 인한 특수성도 존재한다. 예컨대 직맹의 경우에는 직장 생활로 인한 '사회성'이라도 지니게 된다는 점에서 극단적인 갈등을 감소시킬만 한 유사성이 존재할 수 있다. 농근맹의 경우에는 동일한 직업군으로서의 공통 의식이 존재할 수 있다. 비교적 복잡한 청년동맹의 경우에도 학생 청년, 군인 청년, 직장 청년 등으로 크게 분류할 수 있으며 각각의 특성에 따른 교양 방법의 강조점을 둘 수 있다. 그러나 여맹의 경우에는 이러한 공통성이 부족하기 때문에 여맹원 개인의 성격이나 취향상의 차이가 더 많이 발생하여 여맹원 간 또는 여맹일군들 간의 갈등으로까지 이어지기도 한다.

고난의 행군 시기 이후 조직 이탈과 사적 경제 활동 등으로 발생한 자유주의적 경향과 사회 경제적 불평등성의 초래 등은 이후 시기의 사상교양을 진행하는 데 있어서 포용적인 유화책으로의 변화를 요청한다. 이에 따라 여맹일군들은 여맹원들의 성격과 심리, 취미, 타고난 소질들을 살펴 개별교양을 강화하는 것을 중시하는 방향으로 선회한다. 군중로선은 이전부터 강조되어 온 부분이지만 상급 단위가 아래 단위로 내려가 당 정책을 인민들에게 잘 전달하기 위한 방법론 자체에 그치려는 것이 아니라 아래 단위 자체의 특성과 능력을 이해하고 활용하려는 시도라 할 수 있다. 이에 따라 "당조직들과 당일군들은 군중속에 깊이 들어가 그들의 목소리에 귀를 기울이며 대중의 정치사상적준비정도와 성격, 사상감정과 심리에 맞게 사업하는것을 체질화하여야 한다. 인민을 위하여 일군들이 있다."[492]고 강조한다.

이러한 개성 존중의 방법론은 특별히 조직에서 이탈한 여맹원들을 교양하는 데 있어서 효과적인 것으로 묘사된다.[493] 예컨대 고난의 행군기 동안 사적 경제 활동을 통해 부를 축적한 여맹원들과 그렇지 못한 여맹원들 사이에는 식량이나 의복 또는 물품 등의 살림, 나아가 현금에 있어서 사회 경제적 차별성이 존재한다. 이는 조직 내에서의 상대적 박탈감의 문제로도 드러나 『조선녀성』 기사들에서는 사회 경제적으로 열등한 여맹원들의 경우에는 조직 생활에 '재미'를 느끼지 못하고 오히려 멀어지게 되고 있다는 사례들이 발견된다.

이처럼 동무들과 잘 어울리려 들지 않고 조직에서 유리되는 여성들에세 효과직인 방법론으로 제시되는 것은 '개별담화' 등을 통해 원인을 파악하고 조직이 나서서 문제를 해결하는 형태이다. 예컨대 경제적 어려움이나 가족내 불화 등이 그 원인이었음을 발견할 경우 초급단체 여맹위원장들이 조직원들을 발동하여 해당 여맹원의 식량 보조 및 집수리 등을 도와주면서 감복시킨다. 또한 '과오'를 범하여 조직에서 유리되는 여성들의 경우에는 '믿음과 사랑'으로 포용하는 가운데 '심금을 울리며' 교양하는 형식을 취한다. 특징적

492 『조선녀성』 2007 1호, pp.3-5.

493 "사상사업은 사람을 대상으로 진행하는 사업인것만큼 녀맹원들의 마음을 움직이고 발동하기 위해서는 그들속에 들어가 일도 함께 하고 사업과 생활에서 걸린 문제도 풀어주는 과정을 통하여 녀맹원들의 마음을 두드려 보아야 한다. 녀맹조직들과 녀맹일군들은 일상적으로 녀맹원들이 무엇을 생각하고 어떤것을 요구하며 애로되는것은 무엇이고 어떤 문제들을 풀어주어야 하는가 하는 것을 잘 알고 그들의 마음을 움직이기 위한 묘술을 찾아 그에 맞게 사상사업을 진행해나가는 기풍을 세워야 한다." 『조선녀성』 2007 4호, p.47.

인 것은 '혈육의 정'으로 접근하는 이러한 '우리'위원장의 노력으로 과거의 '말썽꾼' 여맹원들은 하나같이 감복하며 조직 생활에 점차 재미를 붙이게 되는 가운데 여맹 조직의 지도하에 원군과 생산 활동에 적극 헌신하는 것으로 묘사된다.

한편 2000년대 이후에 북한 당국이 강조하는 '선군시대의 참된 일군'은 "실력가형의 재능있는 녀맹일군"을 강조한다는 점으로 앞서 제시한 바와 같은 정서적인 접근과 함께 실무적인 능력도 더불어 갖출 것을 요구한다. "높은 충실성을 지니고있어도 실력이 안받침되지 않고 능란한 령도예술을 소유하지 못하고서는 천태만상의 사람들을 교양해나갈수 없다. 일군들이 생활의 론리에 따라 때로는 말로, 때로는 웃음과 노래로 사람들의 사상감정을 불러일으킬 줄 알아야 녀맹원 대중의 지지와 공감을 받으며 자기 사업을 능란하게 해나갈수 있다."[494]는 것이다. 이러한 실력가형 일군들의 특징 중 대표적인 것은 초급단체들마다 백두산 3대장군 및 교시 등의 위대성 자료카드들을 체계적으로 준비시키는 데 있어서 뛰어난 역량을 보이며, 예술 선동 등을 통해 학습 성과를 높이고 노력동원에 나서도록 이끄는 것 등이다. 여타 근로단체에 비해 맹원들의 이질성이 높은 여맹은 학습에 시나 음악 같은 예술 선동을 배합하여 흥미와 기억력을 높이는 방식을 취하는 경우가 많다. 또한 초급단체별로 예술 선동 경연대회를 열고 맹원들의 참여도를 최우선으로 평가함으로써 자연스럽게 조직 참여율과 단합력이 높아졌다고 평가한다.

494 『조선녀성』 2007 4호, p.47.

그런데 여맹의 사상교양 방식의 특성을 살펴보다 보면 '종교 단체' 등에서 사용하는 방식과 유사한 감을 느끼게 하는 측면이 많다. 예컨대 교회 등의 종교 단체 역시 이질적인 연령대, 지적 수준, 경제적 계급, 사회적 지위, 믿음(또는 사상적 충실성)의 정도, 성격과 취미 등을 지닌 매우 다양한 사람들이 모이는 곳이다. 또한 한국 사회의 경우 여성 종교인의 수가 월등히 많다. 교인들의 종교심 및 조직 결속을 높이기 위하여 각 종교 단체들이 시도하고 있는 효과적인 방법론들은 북한의 여맹 조직이 시도하는 교양 방법론과 유사성을 지닐 수 있다고 확대 해석해볼 수 있다. 우선 김일성의 가계가 기독교적인 성향이 강했다는 점을 염두에 둘 경우 사상 학습 및 조직 동원에 있어서 종교적 아이디어들을 취사 선택하여 활용했을 가능성도 높다. 또한 정권 수립 초기의 북한 내에서는 지주나 자본가들이 월남함으로써 경제적 여유 가운데 충분한 교육을 받은 지식인들이 비교적 적었다는 점에서 특히 문맹률이 높은 여성들을 교양할 '수준' 있는 일군이 부족하였다. 결국 여맹 조직 초기의 일군들을 충원하는 과정에서는 자신 혹은 가족들과 관련하여 종교적 배경을 지니고 있는 사람들도 일부 포함될 수밖에 없다.

또한 『조선녀성』에서 소개되고 있는 '화선식정치수첩'은 마치 종교 단체들에서 새로운 신자들을 교육하는 교재들과 유사한 형태를 띠고 있다. 예컨대 첫 페이지에는 3대장군의 핵심적인 구절이 등장하며 그 다음부터는 맨 위에 학습해야 할 주요 명제들이나 교시 말씀들이 있고 그 아래에는 계속하여 빈 칸을 만들어 놓는다.

작은 분조를 형성하여 분조장이 주요 교시들을 해설하면 분원들은 이를 학습한 뒤 빈 칸을 스스로 채워 놓고 분조장에게 검사받는 방식으로 진행된다. 또한 『조선녀성』 앞면 속표지에는 그 달의 정치 사회적 관심사와 관련이 많은 노래 한 곡을 악보 및 가사와 함께 올리고 있으며 학습 관련 분조 모임을 하게 될 때마다 학습 시작 전에 여맹원들이 함께 노래를 부르는 시간을 두도록 권유하고 있기도 하다. 또한 초급단체별로 예술 선동을 강조하고 다른 단체 앞에서 발표하거나 승벽내기를 시키며 인기가 있는 예술 선동대의 경우 다른 초급단체나 건설대 등에 순회공연을 나서기도 하는데 규모가 큰 것은 천여 명으로 조직되기도 한다.

나아가 초급단체별로 겨울철 등에 혁명 사적지 답사 겸 거름 모으기를 위해 '순례행군'을 행하기도 하며 조직의 지도하에 다양한 좋은일하기운동을 통한 '봉사활동'을 하는 것 역시도 종교 단체와 유사성을 지닌다. 또한 신문 기사 등에서 자주 소개되는 '수기글' 등에서 등장하는 내용들은 하나같이 수령님의 말씀을 바탕으로 자신의 과거의 실수를 고백하고 반성하는 형태로 이루어져 있는데 종교적 신앙 고백이나 간증과 유사성을 띠고 있다. 물론 여맹에서 행하는 이와 같은 교양방법론이나 사업 형태들은 조선로동당 및 여맹 조직 차원에서도 과거부터 강조되기도 해 온 것으로서 1990년대 후반 이후 '창발적'인 여맹일군에게서 더욱 심화 발전되는 것으로 보인다. 앞서 살펴본 청년 부분에서는 '군대가면 철든다'는 말처럼 군 입대와 같은 사회적 '격리'가 사회 통제 및 범죄 예방 효과에 매우 효과적일 수 있음을 지적한 바 있다. 즉 청년들의 다양한 일탈행위나 조직 관념 약화 문제를 군 입대 혹은 '군대식' 교양을 통해 해결하고자 했다면 여성들의 경우에는 여맹을 통한 '종교식' 교양을 통해 조직 관념의 회복을 시도하는 것으로도 조심스럽게 해석해 볼 수 있다.

3) 사회·경제적 측면

한편 고난의 행군기 동안 여맹원들의 조직 이탈이나 이기주의 발생은 북한 당국의 입장에서는 커다란 문제점이었으나 여성들의 노력동원이나 좋은일하기운동 등에서 여맹이 조직적이고 체계적인 사업을 하도록 만드는 계기가 되기도 했다. 새터민 인터뷰들에 의하면 1970년대 김정일 후계 구도 이후 1980년대를 거치면서 여맹은 여타 근로단체에 비해 월등히 약화되었으나 고난의 행군기 이후 여성에게 축적된 경제력과 여맹의 조직력을 바탕으로 조직의 위상이 급상승했다고 한다. 강행군 이전에도 여맹초급단체들은 농장포전을 맡아 농촌 노력 동원에 나섰으며 1990년대 중반 이후에는 비경지 개간에 여성 노동력을 집중시키게 된다. 『조선녀성』 기사들에서도 여기서 생산된 작물들은 자체적인 생계 유지를 넘어서 지역 사회 내의 보육원이나 후방가족, 건설대나 군대 혹은 나라에 '애국미'로 바쳐진다. 또한 산지 등 비경지가 많았던 강원도 지역의 경우 강행군 기간 동안 주로 여맹원들이 힘써 개간하여 산출물을 낼 수 있는 땅으로 바뀌었는데, 이는 결국 나중에 '국토관리'라는 명목 하에 국가적으로 흡수당하기도 한다.

여맹 조직의 적극적인 지도하에 이루어진 또 하나의 사업은 김일성 때부터도 강조되어 왔던 '좋은일하기운동'으로서 다양한 자구적 노력이나 원군이나 원민 미풍 등으로 대표된다. 1990년대 초까지는 수십 명부터 천여 명까지의 녀성들이 남편들의 출근길 환영 모임이나 자재 수집 등을 하였으며 1990년대 후반 이후에는 '초급녀맹위원회'의 조직 지도하에 예술 선동과 원호 및 고강도의 육체노동을 포함한 노력동원에 나서게 된다. 2000년대 이후에는 '공민적 의무감'을 강조하면서 여맹 조직의 방조하에 집단적으로 '녀맹소대'를 만들어 가정을 떠나 산이나 저수지, 발전소 건설 사업 등을 하는 돌격대에 진출하는 데에까지 확대된다. 건설대 노동자들조차 "혹시 가정에 애착이 없거나 가정이 없는 녀성들이 아닌가고 생각"하고 달가와하지 않았다고 묘사되는데, 기사에서는 이들을 '건설대의 꽃이자 어머니, 누이'라면서 극찬한다. 이러한 조직 사업은 쌀과 노동력을 넘어 각 가정이 보유한 현금들을 '인민생활공채구매사업'과 '녀맹호 포 증정사업'의 명목으로 국가적으로 흡수하는 데 집중한다. 여맹 조직들은 유휴 자재 수집과 가축 기르기 등의 '좋은일하기운동'을 조직적으로 진행하고 초급단체별, 개인별 경쟁 도표까지 만들어 모금을 독려하였다.

한편 북한 당국의 '선군사상' 강조와 함께 '녀맹중앙위원회'에서는 선군교양 자료를 만들어 내려보내기도 하며, 각급 여맹 조직들에서는 여성들에게 군사 부문 내용의 덕성실기, 구호문헌에 대한 연구 발표 모임을 조직하기도 한다. 나아가 여맹 조직은 선군시대의 '최대의 애국은 참군'이라는 명목하에 참군 및 원군 미풍을 강조하게 된다. 『조선녀성』 등에서는 '경쾌하고 우아한 옷차림새'가 아닌 '군복'이 제일이라면서 대를 이어 입대하는 할머니와 손녀딸의 모습이나 여성 군인이나 군관의 아내들을 가장 아름답다며 칭송한다. 또한 연령의 고하를 막론하고 원군가정과 군민일치의 가풍을 자랑하면서 '선군시대 원군영웅'이나 '원군미풍열성자 대회' 등을 소개하기도 한다. 이 모든 과정에서 여맹은 조직적이고 체계적인 지도 방조를 행하는데 전쟁로병들과 전사자 가족, 공로자들을 집단적으로 찾아가 후방가족들의 집수리와 경조사 준비, 명절음식 등을 보살피도록 유도한다.

한편 1990년대 이후의 『조선녀성』 기사에서는 고아 입양에 대한 미담이 매우 자주 발견된다. 시기적으로는 "1990년대 초부터 10여년간" 키웠다거나 혹은 "1995년부터" 데려왔다라고 제시되는데, 이는 고난의 행군기 동안 가족 해체로 버려져 유랑하는 꽃제비들이 증가했던 기간과 시기적으로 일치한다. 입양 미풍에 나서는 여성들은 매우 다양한데 결혼하지 않은 처녀, 자신의 자녀를 둔 가정부인, '연로보장나이'가 된 할머니, 영예군인 여성 등 각계각층에서 이루어지고 있다고 소개된다. 한편 1990년대 후반 이후에는 여맹 조직이 자체적으로 육아 사업에 나서기도 하며 그 원호의 종류도 과거와 같은 가족 단위의 고아 입양을 넘어서서 이불, 옷, 기자재, 쌀, 현금 봉투 등을 조직적이고 대규모로 지원하는 형태로 변화한다.[495]

---

495 50대 여성인 새터민 M씨에 따르면 여맹 조직에서 진행하는 모임은 정서적인

4) 사회 · 문화적 측면

여맹 조직은 가두여성으로 구성되어 있기 때문에 사회적 상호 작용의 범위가 다른 계층들에 비해 좁은 편이다. 따라서 여맹 조직의 도덕교양은 직접적인 언어적 상호 작용의 관계가 주를 이루는 가족이나 친구, 인민반 사이의 예의 도덕 및 언어예절 등에 초점을 두게 된다. 특별히 가족 내에서 어머니의 '고상한 도덕품성'으로 자녀를 교양할 것과 배우자에 대한 부름말, 자녀, 이웃, 탁아소 보육원, 학교 교원, 방문객 등에 대한 '언어례절', '전화례절' 및 명절 인사 등의 전통 인사법, 경조사 인사 등 상당히 구체적이고 자세하게 도덕교양을 시도한다. 또한 이웃끼리도 복장 예의를 갖추고 빌린 물건들은 잘 손질하여 돌려주는 것, 각계각층이 모여 있는 인민반에서의 예절, 길에서 마주친 웃어른들에 대한 인사성 혹은 버스 등에서의 자리 양보 예절 등을 강조하는 형태 등 다양하다. 또한 『조선녀성』에서는 그 표현 방식도 다양화되어 수기나 기사뿐 아니라 만화, 그림, 시 등 다양한 형태와, 요리, 육아, 옷차림, 건강 상식 등 다양화된 내용 구성을 통해 여성들의 흥미를

모임이 아니라 사상교양과 경제적 측면이 위주가 되는 것으로 보인다. 그녀는 북에 있을 때 여맹 단위로 계모임을 조직하여 '모임쌀'을 걷어 '일 있으면 돌아가면서' 사용했으며, 탄이 날라오면 함께 '탄찍기'를 하거나, 배추와 무 등의 재료를 받은 뒤 김치를 담는 '우마니(움안이)'를 했다고 밝혔다. 또한 여맹 조직 차원에서 야간에는 가스 중독을 조심하기 위해 '탄순회'를 돌기도 한다고 하며, 탁아소를 조직해놓고 "오늘은 ○○가 탁아소 봅니다" 하는 식으로 '품앗이'하면서 강연회에 참가한다고 했다.

유발하기도 한다.

이와 같은 예의 도덕의 강조는 전통 규범에 대한 관심을 증대시키며 2000년대 이후의 『조선녀성』에서는 전통적인 여성의 미덕이나 전통적인 예의범절, 더 나아가 김정일이 중시하는 전통 명절과 전통 음식, 민속 놀이, 전통 옷차림 등을 자주 소개한다. 반면 전통적인 것 중 '허례허식'과 같은 '낡은 생활양식'에 대해서는 적극적으로 경계하는데 제사나 혼례 등에 있어서 '선군시대'에 맞게 간소하고 검소하게 진행하며 미신적이고 이색적인 것을 없앨 것을 촉구한다. 특별히 김일성 사후에는 김정숙동지를 여성 교양 전 부문에 있어서의 모범으로 강조하게 되는데 '항일유격대식 결혼식'에 내한 언급을 바탕으로 간소한 결혼식을 촉구하는 기사들이 자주 등장한다.

한편 2000년대 이후의 경향 중 특징적인 것은 과거 시기와는 달리 『조선녀성』 내에서 부부 관계와 관련된 글들이 발견되며 그 빈도와 분량이 매우 크다. 특별히 아내들에 대한 세대주들의 태도에 대한 교양이나, 부부애 및 가정 파탄, 이혼에 대한 언급, 자녀와의 불화, 정조 등 민감한 현실적 주제들도 자주 다루고 있다. 특기할 만한 것은 여전히 가정 내에서 지배 복종 관계와 같은 남존여비 사상이 남아있을 수 있으며 평등주의를 표방하는 새세대 여성들과의 갈등 요소가 되고 있다는 지적이다. "가정을 운영하는데서 자기가 큰 몫을 담당한다고 하여 상대방을 우습게 보거나 깔보고 제세하는 것, 상대방의 의사를 무시하고 가정사를 자의대로 처리하는것"과 같은 구절들에서는 고난의 행군기에 여성의 경제력으로 인한 지위 향상과 전통적인 사고방식을 지닌 남성 간에 마찰이 존재할 수 있음을 짐작하게 한다.

Ⅵ. 북한 사회의 변화 가능성과 정책적 시사점

1. 청년동맹과 여맹 변화의 함의

1) 조직 체계

당과 대중을 연결하는 인전대이자 당의 외곽단체로서의 김일성사회주의청년동맹과 조선민주녀성동맹의 변화를 살펴보는 것은 현재의 북한 체제 유지와 대중 통제의 거시적인 변화를 파악하는 데 기여할 수 있다. 북한은 1980년대 말 이후 한 차례의 대내외적 변동을 경험하였고 1990년대 중반 이후의 거듭되는 악재들로 인하여 전체적인 사회 통제력의 이완을 보였다. 이에 따라 청년동맹과 여맹 역시 전반적인 통제 이완과 조직 이탈을 보이게 되며, 앞서 살펴본 바와 같이 이를 추측하거나 확인할 수 있도록 하는 많은 자료들을 발견할 수 있다.

특히 청년 세대는 변화에 더욱 민감한 세대이자 북한의 미래상을 반영하는 인구 집단으로서 청년 세대의 조직 이탈과 사상 이완은 다른 사회적 범주에 비해 더욱 극심했던 것으로 보인다. 이에 따른 당국의 대응은 우선 1996년 1월 사로청 대표자회 이후 청년동맹으로 개칭을 시도하고, 기관지의 제호 역시 「로동청년」에서 「청년전위」로 변경하였다. 또한 기존의 위원장, 부위원장 직제에서 1비서와 비서 직제로 조직 체계의 개편을 시도하면서 여타 외곽단체에 비하여 더 큰 외양적 변화를 보인다. 그러나 이런 조처는 청년동맹 고유 기능에 대한 변화 시도라기보다는 '사회주의 건설의 주력군'으로 내세우면서 청년들의 사기를 진작하려는 의도라고 여겨진다.

한편 청년과 마찬가지로 여성 역시 변화, 특히 경제적 측면의 변화에 민감한 인구 범주라 할 수 있다. 여맹은 외곽단체의 중복 가입을 불허한 1983년 5차대회 이후 급격한 위상 약화를 보였으나 1990년대 중반의 경제적 위기를 극복하는 과정에서 상대적으로나마 지위의 향상을 경험하게 되는 것으로 보인다. 우선 구성원에 있어서 가두여성뿐 아니라 직장과 공장 기업소 혹은 협동 농장에 소속된 여성도 포함하기 시작하면서 수적으로 증가한다. 또한 기관지인 『조선녀성』의 부수와 발간 횟수가 증가하며 새터민들의 인터뷰 등에서도 여맹 조직의 지역적 영향력이 확대되었다는 증언이 있다. 그러나 이러한 지위 향상은 미미한 수준이며 오히려 경제 위기 극복을 위한 생산 지원 활동을 조직적으로 동원하면서 여성들의 가족 부양 의무를 더욱 강조하는 듯하다. 나아가 김정일 체제 이후 '선군교양'의 강조가 여맹 교양 내용에서도 강화되는데 특별히 '전시정신' 등 군사 정신의 함양과 같은 교양 내용을 강조하는 것은 여성에게 더욱 부담을 가중하는 것으로 보인다.

2) 체제 유지 기능

북한 체제 유지의 핵심은 조선로동당이며 우수한 새로운 당원들의 충원은 가장 중요한 과제라 할 수 있다. 과거 북한 청년들은 조선로동당 입당을 선망하면서 그 전단계로서 관련 전공을 선택하거나 군 입대를 하는 것이 보편적이었다. 그러나 새터민들의 증언에서처럼 경제난 시기를 거치면서 정치적 권력보다는 경제적 여유를 선호하게 되는 과정에서 군인 및 당원에 대한 선호가 상당 정도 약화된 것으로 보인다. 그럼에도 불구하고 청년동맹은 여타 외곽단체에 비하여 '당의 믿음직한 후비대, 방조자'이며 '간부양성기지', '당 대열의 보충 저수지'로서 중차대한 역할을 맡아 있는 조직이다. 따라서 북한 당국은 체제유지와 당원 충원을 위한 관심 가운데 상대적으로 포용적이고 완화된 태도로 새로운 청년 세대에 대한 교양과 체제 결속을 시도한다.

1990년대 이후의 청년 세대에게 가장 많이 발견되는 문제점으로는 경제적 이유로 인한 조직 이탈과 사상적 이완이 대표적이며 절도나 폭력 등 사회범죄도 급격히 증가하였다. 따라서 청년동맹 조직은 청년들에게 발견되는 정치·사상적 이완 및 조직 관념 약화로 인한 무규율적 태도들을 적극적으로 교양하고자 한다. 특별히 구 사회주의 붕괴 사례를 염두에 두면서 대학생을 비롯한 청년 세대들의 변질이 체제에 대한 심대한 위협이 될 것으로 판단한다. 따라서 생활총화와 조직 규율 재강화를 통하여 청년 세대의 자유주의 및 비사회주의적 현상을 막는 데 총력을 기울인다. 또한 김정일 시대 이후 선군청년전위들을 양성하여 사회주의 강성대국 건설에 혁명적으로 나서도록 강조한다는 것이 특징이다.

1990년대 후반 이후 김정일 체제 유지와 청년 교양을 시도하는 데 있어서 또 하나의 특징은 '군대식 교양'을 강화한다는 것이다. 청년들의 일탈 행위는 1980년대에는 '나태와 안일'과 같은 소극적 측면에 그쳤으나 배급 등을 비롯한 사회 통제가 이완되기 시작한 1990년대 초에는 패싸움이나 절도 등 적극적 범법 행위의 빈도가 늘어났다. 이에 따라 1990년대 후반 이후에는 '청년 중시'와 '청년 신뢰'를 강조하면서 개진하도록 하는 유화책과 더불어 단련대 등의 적극적 교도 행위를 병행한다. 특별히 1990년대 중반 이후 혁명적 군인정신과 '참군' 미풍을 집중적으로 강조하고 있는데, 이는 상대적으로 식량 사정이 나아졌다는 점과 김정일의 선군정치로 인한 군 우대 정책과도 관련이 있다.

일탈적인 청년 세대를 사회 내에 방치할 경우 이러한 성향이 또래를 통하여 학습되거나 범죄가 조직화하여 체제 유지에 위험요소가 될 수 있다. 따라서 당국은 규율 위반시 통제가 용이한 군내로 청년들을 유인함으로써 사회 범죄를 저지를 가능성이 높은 반항적인 연령대의 청년들을 규제하고자 시도한다. 또한 북한의 군대는 1990년대 중반 경제 위기시 농작물을 생산하거나 발전소나 수로 등의 건설 공사에 동원하기에도 유리한 측면이 있다는 점에서 북한의 체제 유지에 긍정적인 역할을 한 것으로 보인다.

한편 여맹의 경우 조직 이탈의 측면이 가장 두드러진다는 것은 청년동맹과 유사하나, 당원의 충원과 같은 고도의 학습 능력이 필요한 측면보다는 경제 동원 기능에 더욱 초점을 두고 있다는 점이 특징적이라 하겠다. 1983년 이후 가두여성 중심으로 위상이 약화된 이후 여맹은 구성원의 특성상 조직성이 약한 편이며 1990년대 중반의 경제난을 거치면서 자구적 경제 활동을 위한 조직 이탈이 더욱 심각했던 것으로 보인다. 이러한 이탈은 여맹원 뿐 아니라 이들을 교양해야 할 초급단체 위원장들에게서도 광범위하게 나타남으로써 당 정책의 효과적인 전달을 통한 체제 유지 기능에 있어서도 어려움을 겪었다.

이에 따라 당국은 "'우리' 녀맹위원장"이라는 호칭을 부여할 만한 모범 위원장들의 사례를 집중적으로 교양하는 가운데 조직 이탈의 과오를 지닌 여맹원의 개진을 중심으로 긍정적 감화의 방식을 적극적으로 시도하게 된다. 이들은 하나같이 여맹원들에게 진심으로 다가가 개성과 흥미를 존중하는 가운데 교양하며 예술 선동을 능숙하게 진행하는 가운데 경제 건설 등 당 정책 관철에 나서는 것으로 묘사된다. 또한 김일성 사망 이후에는 동상 추모 등의 수령결사옹위에 집중하는 가운데 '선군시대 녀성'들로서 참군과 원군 미풍에도 적극적인 교양을 시도한다.

3) 사상교양 기능

북한 당국이 강조하는 사상교양에는 당과 수령에 대한 충실성 교양, 혁명교양, 계급교양, 사회주의애국주의교양, 공산주의도덕교양이 있으며 구 사회주의 붕괴 이후에는 '황색바람'에 대비하는 청년 교양과 김정일의 선군사상교양이 새로이 강조되고 있다. 그러나 외래 사조의 유입과 김정일의 부족한 카리스마, 그리고 경제 위기 등으로 인하여 전반적인 사상적 이완이 발생하였다. 당국은 그 원인을 리더십이나 제도가 아닌 당일군과 동맹일군의 문제로 돌리면서 혁명적 군인 정신 가운데 사상교양에 집중할 것을 촉구한다.

구체적으로는 청년들과 여성들의 사상적 이완을 막고 조직 생활에 재미를 붙일 수 있도록 맹원 개인의 흥미와 개성이 반영된 방법론의 다양화를 촉구하는 지적이 매우 많다. 청년들의 경우에는 새로운 것을 좋아하고 감수성이 강하다는 것을 특징으로 삼아 영화와 체육 오락 등을 적극 진행할 것을 제시한다. 특별히 최근 들어 대학과 같은 고등 교육 기관에서는 혁명교양과 더불어 과학 기술 교육에 집중할 것을 강조하고 있다는 것도 특징적이다. 또한 공식적 교양 기관으로서 동맹일군을 통한 개별 담화의 방법과 더불어 보다 미시적인 상호 작용이 가능한 가정과 인민반 등 사회 전반의 혁명적 기풍을 세우고 적극적 교양에 나설 것을 촉구한다.

북한 당국이 가장 민감하게 교양하고자 하는 대상은 상대적으로 성분이 좋고 경제적으로 여유로운 계층인 대학생 청년들이라고 여겨진다. 1990년대 이후 이들에게서 자주 드러나는 물질주의와 쾌락주의 등과 관련하여 북한 당국은 주로 대학 청년동맹 조직 생활을 강화하고 본연의 학과 공부 및 업무에 충실하도록 유도할 것을 강조한다. 1990년대 후반 이후 집중적으로 드러나는 이기주의적 직업관 및 외국에 대한 환상의 문제와 관련하여 당국은 청년동맹 조직을 통하여 직업의 귀천 의식을 버리고 기존의 무리 배치에 순응하도록 유도하고자 한다.

한편 여성 역시 감수성이 강하고 낭만을 좋아하는 집단이라는 점에서는 청년들과 유사한 측면이 있으나 1990년대 후반 이후의 여성들의 사상적 이완은 주로 경제난으로 인한 측면이 강하다는 점이 특징적이다. 그럼에도 불구하고 청년동맹과 마찬가지로 제도적 측면에서가 아니라 일선 여맹일군들의 교양방법론을 변화시킴으로써 여성들의 사상적 이완을 막도록 촉구하는 방식을 취하고 있다. 구체적으로는 여맹일군들 역시 청년동맹처럼 개성과 흥미를 반영하는 개별 담화의 방식을 강조하며 비교적 이질적인 여맹원들이 연령에 무관하게 공감대 형성이 가능한 예술 교양의 방식을 적극 활용하도록 유도한다.

특별히 2000년대 이후 여맹일군에 있어서 특징적인 것은 맹원들에게 '혈육의 정'으로 접근하는 소위 '우리 초급단체위원장'의 방식이라고 할 수 있다. 이러한 교양방법론은 구역 예배 등의 종교적 교양 방식과 유사한 측면이 상당히 높게 발견된다는 점에서 군대식 교화를 시도한 청년동맹의 경우와 차이점을 지닌다. 이들은 경제난 시기에 조직 이탈 등의 과오를 범한 맹원들도 '믿음과 사랑'으로 포용한다고 소개되며 가정의 문제까지도 함께 나서 풀어주면서 '심금을 울리며' 교양하는 형식을 취한다. 나아가 '선군시대의 참된 일군'은 마음과 더불어 실력가형이어야 한다면서 천태만상의 여맹원들을 교양할 능란한 영도 예술을 지니고 교시와 자료 등의 학습 성과를 높여야 한다고 촉구한다.

4) 경제 건설 기능

청년들을 경제 건설에 동원하는 기능은 한국 전쟁 복구 시기에서부터도 중시되어 왔으나 특별히 김일성 사후 무너진 북한의 경제 재건을 위하여 청년 세대들에 대한 건설 독려가 더욱 강조되고 있는 것으로 보인다. 북한에서는 어린 학생 시절부터 다양한 외화벌이에 나서도록 과제를 부여받으며 학생 청년 역시 학습 자체를 넘어서 '생산의 전위대, 돌격대'로서의 역할을 지게 된다. 상대적으로 새로운 변화에 빠른 대학생 청년 역시 '강성대국' 건설을 위한 정보화와 과학 기술 발전을 위하여 국가의 부강 발전을 책임지도록 독려하고 있다. 나아가 김정일의 선군사상 이후 군대를 혁명과 건설의 주력군으로 중시하게 되면서 군인 청년들 역시 더욱 무거운 경제 건설의 짐을 지게 되었다. 이러한 다양한 경제 건설의 목표 가운데 청년동맹은 사상교양 학습 및 당 후비대의 역할 뿐 아니라 '생산돌격대' 활동 및 '조국의 부강발전과 사회주의건설에 이바지하는 여러 가지 혁신운동과 좋은일하기운동'에 조직 역량을 집중하게 된다.

한편 여성들은 고난의 행군, 강행군 시기 동안 배급의 붕괴에 대응하여 가정의 경제 살림을 책임져야 했다. 따라서 가두여성들은 가사의 부담 뿐 아니라 황무지를 개간하면서까지 부족한 식량을 마련하고 암시장을 통하여 부식물을 조달해야 했다. 경제난 시기 이전에서부터도 여맹에서는 초급단체별로 농장포전을 맡아 농촌 노력 동원에 나섰으며, 1990년대 중반 이후에는 조직적인 비경지 개간에 나서 '애국미'로 국가에 바치도록 종용하는 역할을 했다. 이외에도 여맹 조직은 예술 선동과 원호 및 고강도의 육체 노동을 포함한 노력 동원에 나서게 되며 '녀맹소대' 등을 통한 돌격대 진출까지 시도한다. 또한 가축 기르기 등의 자구적 경제 활동으로 발생한 여유 식량 및 현금들을 군대와 국가에 헌납하도록 경쟁적으로 독려하기도 했다.

또한 여맹 조직은 각종 좋은일하기운동을 벌임으로써 경제난 시기 집중적으로 발생한 고아들을 입양하거나 키우는 일, 나아가 보육 시설을 짓거나 물품과 현금 등을 지원하는 데에서도 중추적인 역할을 하게 되었다. 나아가 김정일의 선군시대에 부응하도록 침군을 최대의 애국으로 강조하고 '선군시대 원군영웅'이나 '원군미풍열성자 대회' 등을 개최하면서 원군 활동에 나서도록 독려하기도 한다. 아울러 원래는 국가가 책임져야 했던 전쟁로병들과 전사자 가족, 공로자들에 대한 생활 보조 역시 여맹 조직이 나서 담당하도록 유도하기도 한다. 북한 당국은 여맹 지역 초급단체별로 조직이 각종 여성 영웅들을 탄생시키고 있으며 경쟁 도표 등까지 동원하는 등 적극적으로 활동하고 있다고 선전하기도 한다.

2. 통일 과정에 있어서 외곽단체의 역할

통일 과정에 있어서 외곽단체가 기여할 수 있는 측면은 통일 진행 과정의 특수한 상황에 영향을 받을 수 있다. 예컨대 기능주의적 측면에서 통일 준비가 이루어지는 과도기에는 북한의 외곽단체 및 기타 단체들이 남한 사회단체들과 적극적인 교류를 통한 긍정적 역할을 담당할 가능성도 있다. 그러나 갈등주의적 측면에서 남북한의 통일이 비교적 급격하게 진행되거나 혹은 북한 내의 정치적 혹은 경제적 돌발 상황이 발생할 경우 이상과 같은 남북한 사회단체들의 역할은 매우 축소될 수도 있다. 이는 예컨대 북한 내의 정치 상황에 있어서 지도자의 위상을 비롯한 현 당국 또는 군부 등의 예상치 못한 변수가 나타날 경우나 북한의 경제 상황이 고난의 행군 이후 연착륙을 바탕으로 북한 사회가 감당할 수 있는 적절하고 충분한 수준의 개방이 이루어지지 못해 또다시 경제적 곤란에 부딪힐 경우 등이다. 그러나 이 모든 경우에 있어서 정치적, 제도적 남북 통합 이후의 내적인 사회적, 문화적 통합을 진행하는 과정에 있어서만큼은 북한의 주민 전 범주에 일평생 영향력을 지녀 온 외곽단체들에 대한 연구가 나름의 기여를 할 수 있을 것으로 생각된다.

현재까지 남북한 교류는 정치적 측면이나 군사적 측면에서 진행되어 왔으며 최근 들어서 경제적 측면 등에 제한적으로 초점이 맞추어져 온 경향이 있다. 간혹 이산가족 상봉 등의 형태나 체육 교류, 문화 예술 교류 등이 존재해 왔으나 이 역시도 남북한 당국 간의 정치적 교류의 연장선상으로 진행된 경우가 많다는 한계가 있다. 한편 지난 10여 년간은 민간 대중예술 교류로 1999년과 2003년에 진행되었던 한국 가수들의 방북 공연, 2005년의 조용

필의 공연 등을 통해 북한 주민들이 남한의 대중음악을 경험할 수 있었다. 그러나 이 또한 공연의 관람이 평양 등의 일부 계층에 국한되고 입장할 때 표와 신분증을 함께 제시하고 입장하는 등의 모습이 TV에서 드러난 바 있듯이 북한 주민들이 자발적인 선택 가운데 표를 구입해 관람한 것으로 보기에는 다소 어려움이 있다. 그럼에도 불구하고 정치적 교류의 연장선상에서 진행되는 사회 문화적 교류라 할지라도 이러한 교류가 장기적으로 반복되면 남북한 주민들 사이의 정서적・심정적 거리감이 줄어들 수 있는 가능성을 조심스럽게 상상해본다.

이러한 가능성과 관련하여 생각할 수 있는 효과는 다음과 같이 정리할 수 있을 것이다.

첫째로, 예술 교류 등 비정치적인 사회 문화적 교류가 진행되는 과정에서 남북한 간의 긴장이 어느 정도 이완될 수 있다. 이를 통하여 단기적 혹은 장기적으로 남북한 상호에 대한 인식과 태도가 긍정적으로 변화하기를 기대한다. 실지로 1999년의 공연과 2003년에 있었던 남한 가수들의 북한 공연을 비교해 볼 때, 최근으로 올수록 북한 당국 및 관람객들의 태도에서 긍정적인 측면의 변화가 보인다. 구체적으로 살펴보면 1999년의 공연에서는 진행자의 멘트, 출연자의 곡 선정, 공연 복장의 노출 제한 등에 대한 북한 당국의 엄격하고 구체적인 제한이 따랐다. 이에 따라 핑클 등의 가수는 복장에 있어서 남한에서와 달리 아무런 무늬 없는 발목까지 오는 긴 청회색 치마를 입었으며 곡 선정에 있어서도 예정된 댄스곡 대신 발라드곡을 부르기도 했다.

그러나 4년 뒤인 2003년의 공연에서는 출연자들의 복장 제한이나 곡 선정의 제한이 거의 존재하지 않았다. 이에 따라 여성 백댄서들의 치어리더 복장에 가까운 심한 노출 의상이 그대로 선보였으며, 가수 베이비복스나 신화 등의 파격적인 노출 복장과 스킨십을 포함한 안무가 여과 없이 진행되기도 했다. 결국 정치적 교류의 연장선상에서 시작된 사회 문화적 교류라 할지라도 이러한 교류가 반복되는 동안 상호 존중 및 이해의 폭이 넓어지고 이질성이 감소할 수 있는 가능성이 존재한다는 것을 알 수 있다. 가령 북한 예술 공연단의 남한 방문시 폭발적인 인기를 끌었던 북한 무용수 조명애는 댄스가수 이효리와 함께 자본주의의 꽃인 광고 촬영을 하기도 했으며 이어 남북한이 공동 제작하는 사극 사육신 등에 출연하기도 했다.

두 번째 특징은 남한과 북한은 체육 및 문화 예술 교류에 있어서 상호간에 균형을 맞추는 형태로 진행하고 있다는 것이다. 예컨대 1984년의 수해 물자교류 이후 1985년에는 남북한 이산가족 상봉 및 남북한 예술 공연단의 방문이 있었다. 또한 1990년에는 황병기 서울전통음악연주단 대표 등 17명이 판문점을 경유해 범민족통일음악회 방북이 진행된 직후, 같은 해에 북한 평양민족음악단 성동춘 단장 등 33명이 판문점을 통해 서울을 답방했다. 또한 1999년의 태진아, 설운도, 최진희, 패티김, 젝스키스, 핑클 등의 평화친선음악회와, 같은 해의 안치환, 코리아나 등의 민족통일음악회 등이 진행된 직후, 2000년에는 북한 교예단의 서울 방문 공연 및 북한 미술품의 예술의 전당 전시가 이루어졌다.

이는 결국 남북한 어느 쪽에서 물꼬를 트건 남북한 당국은 상호간에 화답하는 방식으로 교류를 진행한다는 것이다. 물론 북한의 춤과 교예는 남한의 대중가요와 유사성이 높다고 보기는 어려운 감이 있으나 그럼에도 불구하고 가급적 유사한 형태를 찾아 상호간에 방문 규모를 맞추어 가면서 진행하는 경향이 있다. 이러한 상호성은 본 논문의 관심사인 '외곽단체' 등의 사회단체 간의 교류 가능성으로도 이어질 수 있을 것으로 보인다. 즉 통일을 준비하는 과정에서 진행될 상호 교류에 있어서 외곽단체나 사회단체 역시 남북한 상호간에 유사한 형태와 규모로 진행될 가능성이 있다.

또한 이미 진행되었던 대중문화 교류의 경우와 마찬가지로 상호간에 점차 교류의 횟수가 증가하거나 지속성을 띠게 될 때는 점진적으로 상호간에 이해와 관용의 폭이 넓어지게 될 수 있다. 이러한 과정에서 남북한은 우선 남북한 상호간에 유사성을 띠는 기존의 단체들이 존재한다면 그 교류가 일관성을 띠고 오랜 동안 지속될 수 있을 것이다. 반면 유사성을 발견하지 못하고 남북한 중 어느 한 쪽에만 존재하고 다른 쪽에는 미처 존재하지 않는 다양한 단체들이 있을 때도 역시 이러한 상대방의 단체들에 대한 관심이 증가할 수 있다. 이 경우 남북한은 상호 교류를 위한 맥락에서라도 상대방에 존재하는 단체들을 연구하게 될 가능성이 있으며 기존 단체들 중 비교적 유사한 단체들을 정비하여 교류를 시도하거나 혹은 필요에 따라 아예 새로운 단체들을 형성하게 될 수도 있다. 따라서 이러한 교류의 시도는 남북한 내의 새로운 사회단체들의 형성을 촉진하고 이러한 과정에서 특별히 현재로서는 미숙한 북한 사회 내의 시민 사회의 성숙을 도울 가능성도 존재한다. 결국 이러한 과정은 남북한 상호간의 교류 증가로 인한 이질성의 극복 및 공감대의 확대를 기대할 수 있게 될 것이다.

그러나 남북한 사회 체제 자체의 특성 차이로 말미암아 현재까지는 북한의 외곽단체와 남한의 다양한 자발적 결사체들은 상호간에 결정적인 유사성을 지니지 못하고 있는 것이 엄연한 현실이다. 예컨대 북한의 4대 근로단체인 청년동맹, 직맹, 농근맹, 여맹 중에서 남한 측에서 직접적으로 대응할 수 있는 대규모 단체를 찾기가 쉽지 않다. 특히 직맹이나 농근맹에 대응할 수 있는 남한의 민노총이나 전농 등을 제외한다면 본 논문에서 주된 관심사라 할 수 있는 여성 단체나 청년 단체의 경우에는 남한 내에서는 아직까지 대표성을 지닌 단체를 발견하기 어렵다는 한계가 있다.

이러한 문제점은 사회단체의 기능과 역할에 대한 남북한의 인식 차이에 기인하는 것으로 중앙 집중적인 북한과 각 단체의 자율성과 권력 분산을 중시하는 남한 사회 내에서의 사회단체를 일률적으로 비교하기 어렵다는 점을 인식해야 할 것으로 보인다. 북한의 근로단체들은 당의 외곽단체로서 기능하고 있으며 수령에 대한 권력 집중과 맹원에 대한 교양을 위해 활동한다. 반면 남한의 다양한 자발적 결사체들은 근본적으로 시민들의 다양한 목표와 이해관계로 자유로운 가입과 탈퇴 가능성에 바탕을 둔 자발적 참여 하에 활동한다고 볼 수 있다. 또한 남한의 자발적 결사체들은 노조나 전문직 협회 등의 이익 단체로부터 각종 시민 단체, 취미 단체나 친목 단체 및 지역 단체 등으로 다양하게 나뉘어 있다. 또한 이러한 단체들이 단순히 정치적인 수단으로 활용되기보다는 자유롭게 가입한 개인들의 이익과 선호를 반영한다는 점을 주목할 때 남북한 교류를 위한 필요성이 커지더라도 남한 내의 사회단체들을 일률적으로 조직 동원하여 활용하는 것이 쉽지 않은 실정이다.[496]

요컨대 남북한 통일을 준비하기 위한 과도기에 있어서 다양한 단체들의 교류를 시도할 수 있으려면 무엇보다도 북한 최대의 외곽단체인 청년동맹이나 가장 다양한 연령대를 포괄하고 있는 여맹에 대응할 수 있을 만한 남한 내의 청년 단체나 여성 단체를 부분적으로 정비하는 시도가 필요하다고 보인다. 남한 내의 여성이나 청년 단체들로는 한국여성정치연맹, 청소년폭력예방재단 이외에 수백 개의 단체들이 존재하고 있으며 그 소속 역시 여성부, 교육과학기술부, 통일부, 문화체육관광부, 보건복지부뿐 아니라 각 지방자치 단체별로 다양하게 나뉘어 있다는 점이 특징이다. 그러나 다원적인 가치관이 공존하는 자유 민주주의 사회의 특성상 다양한 민간단체들을 섣불리 통합하려 들어서는 곤란하다는 점에서 현재로서는 남북한 통일의 과도기에 진행될 남북 민간단체 교류와 관련한 분과들을 이러한 민간단체들 내부에 설립할 수 있도록 유도하는 차원에서 접근하는 것이 바람직할 것으로 보인다. 따라서 남한 내에 현재 존재하고 있는 다양한 여성 단체와 청소년 관련 단체들 내에 북한 관련 분과들을 확대하고, 이러한 과정에서 사회단체들 구성원들이 상대방에 대한 이해의 폭이 증가되도록 유도하는

496 이러한 남한의 자발적 결사체와 같은 조직체의 성격에 관해서는 김경동, 『급변하는 시대의 시민사회와 자원봉사: 철학과 과제』, 서울, 아르케, 2007 참조.

가운데 교류 사업을 진행할 수 있도록 준비하는 것이 바람직할 것으로 보인다.

한편 이러한 단체들의 정비 뿐 아니라 구체적인 사업의 방향을 정립하고 시행착오를 거치는 가운데 최선의 방책들을 살피려는 시도가 필요할 것이다. 북한 내에서 흔히 발견되는 교양 방법으로는 조직의 단합 또는 사업의 목표를 달성하기 위하여 긍정적 차원의 '경쟁'을 유도하는 경우가 대표적이다. 따라서 청소년들을 비롯한 각계각층의 남북한 사회단체들 간에 다양한 만남의 기회들을 제공하거나 공동의 관심사와 관련된 사업을 진행하는 과정에서 이러한 방법론들을 활용하는 것도 좋을 것으로 보인다. 예컨대 남북한 청소년들을 대상으로 서예, 그림, 음악, 체육 등의 분야의 경연대회를 함께 개최하거나 혹은 남북한 학생들을 혼합하여 같은 팀으로 구성하는 가운데 다양한 예술, 문화적 교류를 진행하는 것도 바람직할 것으로 보인다. 이러한 행사들은 우선은 남한에서는 5월 5일의 어린이날을, 북한은 8월 28일의 청년절 등을 택하여 이러한 교류 행사를 진행하며, 향후 이를 정례화하고 수시로 진행할 수 있도록 확대하는 것이 바람직할 것으로 보인다.

또한 학생 청소년 계층을 대상으로 하는 교류 행사도 남북한 관계의 진행 상황을 따라 융통성 있게 그 범위와 내용을 조정하는 것도 필요할 것이다. 예컨대 초기에는 전체의 학생이 아니라 남북한 당국이 '신뢰 가능한' 일부분의 학생들을 선별하는 방식으로 상대방의 지역을 수학여행지로 택하는 등 상호 방문의 기회를 늘이는 것도 한 방안이다. 나아가 남북한 초중등학교에 있어서 자매결연 방식을 권장하는 가운데 학교 별로 민간적인 교류를 시도하는 것도 그 한 예가 될 수 있을 것이다.

이처럼 청소년을 대상으로 하는 교류 사업은 비교적 일사불란한 학교 조직을 통하여 진행할 수 있다는 점에서 용이한 점이 있다. 그러나 여성 단체들의 남북한 교류 문제는 청소년들에 비하여 다소 복잡한 문제들이 존재한다.

첫째, 북한의 여맹은 일사불란한 중앙 당조직의 영향 하에서 사상교양과 조직 동원이 진행될 수 있다. 반면 남한 내의 여성 단체들은 그 수가 매우 많고 목적과 성격이 다양하다는 점에서 그 조직성을 유지하고 활용하는 데는 한계가 있다.

둘째, 남한 내에서 비교적 조직성이 높은 여성 단체들은 '인권' 지향적이거나 '여성해방'의 문제 등에 집중되기 쉽다는 점이다. 이러한 특징은 교류 사업을 진행하는 과정에서 남한의 보수적인 단체들로부터 비판에 직면할 수 있다. 또한 북한 당국으로서도 이러한 교류가 진행될 때 장기적으로는 북한 체제 안정에 위협이 될 수 있다는 데서 진행 과정에서 어려움에 봉착할 수 있다.

셋째, 남한의 다양한 여성 단체들은 다양한 부처에 나뉘어 분류되어서 다각도의 '정치'적 영향력을 배경으로 한다. 따라서 남북한 교류 가운데 어느 한 두 여성 단체를 중심으로 교류 사업이 진행될 경우 남한의 다양한 단체들 간의 균형 감각이 상실될 수 있으며 결국 남한 사회 내의 갈등의 원인으로 작용할 수도 있다는 점에서 주의가 필요한 한계가 있다. 이러한 문제점을 고려한다면 당분간은 여성 단체들이 직접 나서서 맹원들을 이끄는 방식의 '위로부터의' 조직적인 교류를 진행하기보다 초기에는 우선 남북한 여성들의 공통된 관심사를 반영하면서도 정치적 색채가 비교적 적은 분야를 중심으로 '아래로부터의' 교류를 시도하는 것이 보다 바람직할 것으로 보인다.

최근 북한 내에서도 여성들의 흥미와 관심을 반영하는 '아래'로부터의 변화가 부분적으로 발견되고 있다. 예컨대 최근의 『조선녀성』 등에서는 문화 예술을 통한 교양에 대한 강조점이 높으며 과거에 비해 요리나 육아, 민족 명절의 음식이나 인사법, 생활 예절 등과 관련된 기사들이 급격히 증가하고 있다. 따라서 이러한 북한 사회의 부분적인 변화를 바탕으로 남한 내에 기존에 광범위하게 조직되어 있는 다양한 음악, 요리, 육아 동호회들이나 다양한 취미 단체들을 활용하는 것이 바람직할 것으로 보인다. 이 역시도 정부 주도로 새로운 단체를 형성하기보다는 기존의 대북 지원 및 교류를 위한 조직이나 단체들에서 여성 관련 분과들을 확대하거나 혹은 비교적 규모가 큰 여성 단체들에 북한 관련 분과들을 개설하도록 하는 가운데 적절하게 교류의 수위를 높여 가는 것이 필요할 것으로 보인다. 구체적인 예를 들자면 남한 내에서는 화학 비료나 농약을 사용하지 않은 유기농 혹은 저공해 농산물에 대한 관심이 증대되고 있는데 남북한 주부들 간에 농산물 직거래의 기회를 증대할 경우 이는 북한에 있어서 경제적인 실익으로도 이어질 수 있다는 점에서 긍정적일 것으로 보인다. 또한 남한 내에서도 유행한 바 있던 '아나바다 운동' 등을 통하여 물품의 지원 및 교류를 증대하는 방식도 함께 진행할 수 있을 것으로 보인다.

한편 향후 북한 사회 내에 정보화가 진전될 경우 이러한 맥락의 교류는 북한 내의 사이버 동호회 활동으로 이어질 가능성이 있다는 점을 염두에 두는 것도 필요할 것으로 보인다. 이 과정에서 남북한 당국 간의 이해와 협조 및 제도적 변화가 존재할 경우 남북한 동호회 등에서 사이버 게시물 자료들을 공유할 수 있도록 하는 등의 정책도 바람직해 보인다. 이러한 시도를 통해 육아, 요리, 민간 의학 등과 관련한 남북한의 다양한 상호 작용이 가능할 것으로 보이며 게시물을 통하여 상호 의사소통의 기회도 증대될 수 있을 것으로 보인다. 이를 위해서는 향후 관련 법규 및 내용들의 정비가 요청된다는 점에서 이러한 방식의 교류는 시일을 요하는 문제일 것이다. 그럼에도 불구하고 이러한 시도들에 의하여 여성들의 북한 지원 및 교류가 증가하게 되면 향후 '상호성'의 차원에서 북한 내에서 여성들을 주체로 한 상대 단체들이 새로 형성되거나 혹은 보강될 가능성도 있다. 즉 이러한 교류는 장기적으로 북한 사회 내에 다양한 시민단체들을 형성하도록 하는 밑거름이 될 수 있으며 나아가 남북한 사회의 점차적인 수렴에 기여할 수 있다는 점에서 그 중요성이 더하다고 여겨진다.

그러나 북한 당국은 1980년대 말 이후 최근까지도 황색바람 등의 자본주의적 영향력에 대한 극도의 경계와 강도 높은 교양을 시도하고 있다. 이러한 북한 당국의 불안감을 해소하고 정책적 융통성 및 신축성을 유도할 수 있는 남한 당국의 노력이 필요할 것으로 보인다. 또한 당분간은 체제 유지와 리더십의 정당성 유지 차원에서 김정일의 선군사상을 계속 강조하게 될 것이므로 우선 정치적으로 민감하지 않은 사안을 중심으로 시작하는 것이 필요할 것으로 보인다. 이러한 '비정치적 교류'에 있어서는 기존의 다양한 문화 예술 체육 교류 뿐 아니라 남북한 사회 내에서 각기 강점을 지니고 있는 새로운 분야들을 발굴 개척하여 교류를 시도하는 것도 좋을 것이다. 예컨대 드라마나 영화, 음악 등 아시아권 전체에서 그 영향력을 이미 입증 받은 바 있는 '한류열풍'을 활용하는 방안을 들 수 있다. 또한 세계적인 소프트웨어 강국이자 프로게이머의 산실로서의 강점을 살려 온라인 컴퓨터 게임 등 여가 오락 측면의 접근을 시도하는 것도 고려해 볼 수 있다.

구체적으로는 남북한 당국이 양해할 수 있는 선에서 드라마나 영화, 음악 등을 선별하여 상호 제공하고 방영함으로써 상호간에 문화적 이해의 폭을 넓히기 위한 시도들을 생각해 볼 수 있다. 이를 위해서는 특별히 북한에서 중요하게 생각하는 단군, 고구려, 발해와 관련된 한국의 사극들을 우선적으로 활용하는 가운데 사회문화적 교류와 '한류문화'의 영향력을 확대하는 것도 유용할 것으로 보인다. 예컨대 고구려의 시조를 다룬 사극 「주몽」이나 발해의 시조를 다룬 사극 「대조영」 등은 북한 내에서도 중요하게 생각하는 고구려와 발해 등의 역사적 사실을 흥미롭게 다루고 있으며 남한 사회 내에서도 그 작품의 완성도와 인기가 입증된 바 있다.

또한 최근에 방영되고 있는 '광개토태왕'을 다룬 드라마 「태왕사신기」의 경우 환웅 시대로부터 광개토태왕에 이르는 신화적 연결을 다루었다는 점에서 북한 당국이 충분히 환영할 만한 내용들이 중심이 되고 있다고 여겨진다. 이 드라마의 내용 중 특기할만한 점은 그 구체적인 전개 및 설정에 있어서 북한의 정치 사상교양의 내용과 유사한 감을 느끼게 하는 부분이 발견되기도 한다는 점이다. 그 내용의 예로는 환웅 시대로부터 예언되어 온 '별'이 뜨는 날에 태어난 아이가 '왕'이 되어 '남쪽 백성'을 다스리게 될 것이며 '적들이 에워싸고 있는' 중에서도 '사신'의 도움을 받아 대업을 이룬다는 표현 등이다. 이처럼 최근에 진행되는 사극들의 경우에는 흥미를 위한 역사 왜곡이 존재하기도 하고 때로는 SF적 요소를 가미하거나 역사적 주인공에 대한 개인 숭배적 경향이 다소 높다는 점에서 논란의 여지가 있다. 따라서 이러한 사극은 철저한 고증을 바탕으로 진행되지 못할 경우 남북한 청소년 뿐 아니라 주민 모두에게 잘못된 역사 인식을 소상할 수 있는 위험이 있음을 잊어서는 안될 것으로 보인다.

이러한 남한 드라마의 인기는 새터민들의 증언에서도 자주 발견되는 바이다. 가수 비와 송혜교가 주연한 드라마 '풀하우스'의 경우 연예계를 비롯한 자본주의적 내용과 화려한 실내 인테리어 등이 등장하고 있음에도 불구하고 평양 청년들에게 선풍적인 인기를 끌었다고 한다. 실제로 평양 여성들이 극중 송혜교의 한쪽 옆으로 묶은 헤어스타일을 따라하면서 당국의 집중적인 경고가 존재했지만 그 인기가 여전했다고 한다. 또한 북한 당국이 서울 말씨를 사용하는 북한 교원에 대한 징계를 가했다는 뉴스에서처럼, 이러한 남한 드라마의 인기는 평양 청년들의 '말씨'에도 영향을 미치고 있다. 새터민에 따르면 한 고위 관료가 아들에게 걸려온 아들의 여자 친구 전화를 받으면서 아들에게 "야, 서울에서 전화왔다."고 전

했다는 일화도 있다.[497]

또한 북한의 청년동맹은 청년들의 교양을 위한 영화 모임을 자주 조직하는 편인데 남북한 당국이 예술 교류 차원에서 남북한 모두가 공감이 가능하면서도 반감이 적을 수 있는 주제나 내용을 지닌 영화를 우선적으로 제공함으로써 상호 교류를 시도하는 것도 의미 있을 것으로 보인다. 「청년전위」나 『조선녀성』 등에 따르면 북한 청소년들은 '평양' 청년이나 '평양' 처녀 혹은 '평양'의 문화 생활 및 결혼식 등에 대한 관심이 지대한 것으로 보인다. 이는 '평양'의 문화가 북한 청년들이나 북한 여성들에 있어서 판단과 행동의 기준이자 근거로 활동하며 선호하는 대상을 뜻하는 '준거집단'으로 기능하고 있음을 알 수 있다. 따라서 문화예술 교류를 통하여 결과적으로 남한 문화에 대한 북한 청년들의 선호와 관심이 증가할 수 있으며, 나아가 북한 청년과 여성들의 '준거집단'으로서의 영향력을 발휘할 수 있을 가능성도 있다.

한편 드라마나 영화, 음악 등은 비교적 성장한 청년이나 성인 남녀에 커다란 영향을 미친다면 그보다 더 낮은 연령대에서도 흡입력을 지니는 수 있는 문화 영역으로는 애니메이션과 컴퓨터 게임 등을 꼽을 수 있다. 선행 연구들이나 새터민들 인터뷰에 따르면

---

497 북한에서 유명한 여류 시인으로 활동했던 40대 여성인 새터민 C씨에 따르면 남한에서 유명한 드라마는 북한에서 거의 다 입수하여 볼 수 있다고 한다. 당국은 남한 드라마를 볼 것으로 의심되는 가정을 단속할 때 일단 '전기를 끊고' 들어와서 작동이 멈춰 있는 DVD를 열어 증거를 확보한다고 한다. 단속을 받게 되면 대부분 뇌물을 고여 빠져나오며, 반복되는 단속에 일부 고위층 자제들은 '이렇게 당할수는 없다'고 하면서 전기가 나가더라도 DVD를 꺼낼 수 있도록 고안된 기계를 중국에 특별주문하기도 한다고 전했다.

북한 내에서 저연령층에게 인기를 끌고 있는 것은 만화 영화 등의 TV 프로그램이지만, 제작의 비용이나 수입해오는 비용 및 전파 문제 등으로 인해 유소년층에게 제공되는 이러한 프로그램의 종류와 수가 무척 부족하다는 문제점을 지니고 있다. 따라서 북한의 저연령층 유소년층을 대상으로 만화영화 및 컴퓨터 게임 등을 제공하거나 보급할 경우 이는 북한 당국 내에서도 일정 정도 필요성을 인정받을 수 있을 것으로 보인다. 나아가 이러한 컴퓨터 게임 관련 교류를 통하여 북한 사회 내에서도 자체의 취미 단체가 활성화될 가능성도 있다. 혹은 한국에서 인기가 있는 프로게이머 등에 대한 관심이 북한 내에서 증대될 수도 있으며 게임 관련 동호회 및 팬카페 등이 북한 사회 내에서도 형성될 수 있도록 하는 기회가 될 것으로 보인다. 이러한 유소년층은 장성하여 미래의 통일 세대의 주역이 될 수 있는 계층이라는 점에서 유소년층을 대상으로 한 문화적 상품의 제공은 통일 과정에 있어서 남북한 간 동질감을 증대하는 데 기여할 것으로 보인다.

요컨대 미래의 통일 과정 중에서는 현 유소년층 및 청년 세대가 장성하여 정치 경제 사회적 측면에서의 중심적인 세대가 될 것이다. 이에 따라 본 연구에서 살펴본 바 북한 청년들의 변화된 특성에 대한 고려가 중요한 고려 사항들을 제공할 수 있을 것으로 보인다. 특별히 과거 청년 세대에 비해 북한 당국은 사상교양 뿐 아니라 청년들의 '건설동원' 역할을 보다 강조하고 있는데 이러한 특징은 현재의 북한 청년 세대들의 공유된 경험이 될 것으로 보인다. 이에 따라 통일을 준비하기 위한 북한과의 과도기적 교류 역시 이러한 공유된 경험을 십분 활용하여 북한의 재건 및 건설 사업 등의 방식과 연계하여 교류를 진행하는 것도 의미 있을 것으로 보인다. 즉 순수한 사회 문화 예술적 교류 뿐 아니라 북한 사회에 실익을 제공할 수 있으면서 청년들의 소득 창출에도 기여할 수 있는 방식의 다각적인 교류 방안에 대한 연구가 요청된다고 볼 수 있다.

이러한 시도는 미래의 노동력 부족 및 통일 비용의 절감과도 관련이 있을 것으로 보인다. 예컨대 남한 사회는 노령화 및 소자녀관의 확산으로 저출산 경향이 심각하다. 반면 북한 사회는 고난의 행군기 과정에서 유소년층의 발육이 부진하거나 많은 수가 사망하였다는 점을 감안할 때 남북한 공히 미래 세대에는 노동력 부족 문제를 경험할 것으로 보인다. 이에 따라 통일 과정 및 통일 이후에 있어서 철도 건설 사업 현장이나 북방 수출 기지 등과 관련하여 북한 청년 세대들의 노동력을 다양한 각도에서 활용하는 것이 중요할 것이다. 이는 남북한 협력을 통한 동질감의 회복 뿐 아니라 통일 비용의 최소화를 통한 통일 한국의 번영에도 기여할 수 있을 것으로 보인다.

그러나 북한의 외곽단체들은 철저하게 조선로동당의 정책을 주민들에게 전달하고 사상교양, 미래의 당원의 충원, 경제 건설 사업에 주민들을 동원하는 기능을 한다. 따라서 북한의 여맹과 청년동맹 등의 외곽단체들이 남한 사회의 다양한 자발적 결사체들과 상호 교류를 진행하면서 통일 과정과 통일 이후의 통합 과정에 기여할 수 있으려면 무엇보다도 북한의 지도자와 당조직의 수용이 선행되어야 할 것이다. 만일 대외적 개방으로 인한 북한 내부의 동요 가능성이 명확하게 예상되는 상황 혹은 전 세계적인 경제 침체 혹은 북한 자체의 경제난이 재발하게 될 경우에는 이러한 교류 자체가 어려울 수 있다. 북한은 항시 정치 경제적 변수가 발생할 때마다 기존에 진행하여 왔던 남북 교류의 창구마저 봉쇄하고 원점으로 회귀하는 행태를 보여 왔다. 즉 교류 개시와 교류 확대, 대내외적 변수 발생시 교류 창구의 봉쇄, 시일이 흐른 뒤의 교류 재개가 계속하여 반복되고 있는 현실을 감안해야 할 것이다. 향후로도 남한 내의 정권의 변화나 통일 정책의 부분적인 방향 선회가 존재할 때마다 혹은 한미동맹 관련 군사 훈련 등이 이루어질 때마다 북한 측의 교류의 제한 혹은 봉쇄가 언제라도 발생할 수 있다는 점을 항시 유의해야 할 것이다.

따라서 이러한 돌발 변수들을 미리 예상하는 가운데 사회단체들의 교류가 원활할 시기에 미리 교류 관련 조항들을 정비하면서 제도화를 시도해 나가는 것이 좋을 것이다. 이러한 사회단체 관련 제도화가 확대되고 교류가 정례화 될 경우 이는 북한의 갑작스런 태도 변화가 향후 발생하게 되더라도 장기적으로는 그 변화의 폭을 축소해 나가는 데 기여할 수 있다.

또한 자유로운 교류가 증대되어 가는 과정에서 북한 주민들, 특히 여성이나 청소년 계층의 의식 변화가 민주적이고 자유로운 방향으로 변모되어 갈 수 있을 것이다. 문화는 전체성을 지닌 것이어서 물질적 측면의 변화는 정신적 측면의 변화를 요청하며 정신적 측면 중 가치적 측면과 제도적 측면도 상호 영향을 주고받는다. 물론 이러한 변화의 과정에는 지체가 발생할 수 있으나 결국에는 상호 적응하여 균형을 획득하는 방향으로 변화를 도모할 수 있다. 따라서 이 같은 교류가 여성과 청소년을 비롯한 주민 뿐 아니라 당국자들의 가치 형성에도 변화를 요구하면서 어느 일정한 순간에는 북한 당국이 막으려 해도 돌이키기 어려운 단계에 도달할 가능성이 있다. 따라서 이러한 주민들의 가치와 관념, 그리고 선호의 측면에 있어서의 변화는 '아래로부터의 요구'로 기능하면서 결국 북한 체제의 규범과 제도적 변화에도 영향을 미칠 수 있을 것으로 보인다.

그러나 여기서 반드시 짚어 두어야 할 것은 이런 각종 교류 가능성이 존재해도 북한에 대한 남한국민의 신뢰를 저해하는 핵무기 개발의 중단과 폐기를 전제하지 않고서는 꿈같은 일이 되고 말 것이라는 점이다.

3. 통일 이후 교육 및 복지 정책에 대한 시사점

북한의 외곽단체 등의 사회단체들과 남한의 다양한 자발적 결사체들의 교류 가능성은 통일의 과도기에서뿐만 아니라 통일 이후의 내적인 통합을 이루는 데 있어서도 시사점을 줄 수 있다. 그러나 통일 과정에 있어서도 대내외적 상황의 변화 및 개방에 대한 북한의 지도자의 의지와 당국의 관점이 이와 같은 단체들의 교류 가능성에 지대한 영향을 미칠 수 있음을 염두에 두어야 한다. 그런데 남북한의 통일 과정 및 통일의 방식, 그리고 통일 직후의 환경은 매우 다양한 시나리오가 존재할 수 있으며 예상할 수 있는 문제 뿐 아니라 예상치 못한 많은 애로가 발생할 수 있다는 점에서 어려움이 있다.

그럼에도 불구하고 본 연구에서 살펴본 바와 같이 청년동맹과 여맹 등의 외곽단체를 통한 북한 사회의 통합 기제에 대한 이해는 향후 요청되는 다양한 통일 시나리오들을 복합적으로 구성하는 데에 일조할 수 있다. 북한 사회와 같이 폐쇄적이고 강압적인 사회일수록 주민 계층의 의식 속에는 당국의 의도와 다른 가치관을 숨기고 있을 수 있으며, 오히려 허용되지 않는 대상이나 가치에 더 많은 내적 선호를 지니게 될 수도 있다. 또한 북한 주민들은 구한말의 봉건 시대에서 일제 치하의 천황 중심의 군국주의로 넘어가면서 김일성과 김정일 부자의 통치 하에 정치적으로나 사회적으로 억압되어 있었다. 이처럼 자유로운 판단과 행동을 하는 데 제약을 받아 왔다는 것은 북한 주민들이 향후 자유주의와 민주주의를 경험하게 되는 과정에서 심대한 인지적, 규범적 혼란을 겪을 가능성이 높다는 것 역시 염두에 두어야 한다. 따라서 통일 과정 및 통일 이후의 장기적인 내적 통합의 과정에서 북한 주민들의 기존의 통합 기제와 그 속에서 그들이 지녀 왔던 의식 구조의 특징을 파악하는 것 역시 통일 이후의 안정적인 통합과 통일 한국의 발전에 기여할 수 있을 것이다.

특별히 통일 직후의 거시적인 제도 및 미시적인 생활 세계 속에서의 변동은 북한 뿐 아니라 남한 주민들에게도 적응을 위한 기간과 노력이 요청될 것이다. 남한 사회의 경우에는 기본적으로 다원적이고 분권적인 특성을 지니고 있기 때문에 통일과 같이 비교적 급격한 사회 변동에 있어서도 개인들 나름의 적응력을 지닐 수 있을 것으로 여겨진다. 반면 북한 사회는 대외적으로 정보와 이동에 있어서 폐쇄적이었으며 60여 년 이상 동안 리더십의 교체를 단 두 번밖에 경험하지 않았다. 이처럼 여타 사회 체제에 비해 상대적으로 적은 사회 변동을 경험했으며 일상생활의 유지에 있어서도 자율적인 판단에 따르기보다는 외곽단체 등을 통한 교양에 순응하는 방식에 길들여져 있다. 이에 따라 통일 이후 변화된 정치・경제・사회 체제하에서 북한 거주 주민들은 급격한 아노미적 상태에 처할 위험이 있으며 이로 인한 가치 혼란에 봉착할 가능성이 있다. 이와 같은 변화는 특별히 자아 정체 의식의 형성기에 있는 민감한 청소년 세대와 사회적 약자인 여성들에게 더욱 집중될 수도 있다는 데 문제가 있다.

결국 통일 이후 체제의 통합이 이루어진다 해도 남북한 주민들의 다양한 일상적인 생활 세계에 있어서는 사회 변동에 대한 적응력의 차이로 인한 '문화지체'(cultural lag)와 '구조적 지체'(structural lag)가 발생할 수밖에 없을 것으로 보인다. 따라서 남한 사회와 달리 북한 사회의 경우에는 통일을 준비하는 과도기 뿐 아니라 통일 이후에도 역시 일정 기간 어느 정도로는 기존의 사회단체 등의 다양한 조직의 역할과 기능에 의존할 수밖에 없을 것이다. 혹은 제도의 통일 이후 기존의 북한의 외곽단체 및 사회단체들의 존립 자체가 변화될 수 있는데 이 경우에도 오랜 동안 주민들에게 익숙한 조직체로서 기존의 외곽단체의 조직 특성을 활용하는 것도 하나의 방안일 수 있다. 나아가 통일 이후 상황 변화에 걸맞게 변형되거나 신설 또는 통합될 다양한 사회단체들을 통하여 보다 체계적이고 일관되게 여성, 청소년 및 다양한 각계각층의 주민들의 안정, 통합, 재사회화를 시도하고자 할 수도 있다.

특별히 통일을 전후한 시기에는 접경지대 등에서 북한을 이탈하는 주민들이 급격하게 증가할 가능성도 있다. 따라서 당국은 다양한 사회단체들을 활용하여 이러한 주민들의 이탈을 적절한 수준에서 통제하거나 혹은 이탈의 욕구를 억제할 수 있도록 교양하는 역할을 요구하게 될 수 있다. 현행 북한 이탈 주민들에 대한 남한 사회의 다양한 지원 및 원소 활동은 당국을 통한 보호와 정착금 지급 이외에는 주로 종교 단체들에 한정되어 진행되고 있다. 그러나 1999년 이후 북한 이탈 주민의 규모가 급증하게 되면서 현재의 남한 정부 혹은 종교 단체 등의 지원 활동에 대한 많은 논란이 발생하였으며 보다 현실적이고 국민적 합의에 바탕을 둔 새로운 형태의 지원 체계가 요청되고 있기도 하다.

그런데 향후 남북통일이 진전되는 과정에서는 탈북 주민들의 규모가 현재보다도 더욱 급격하게 늘어날 수 있다는 점에서 당국과 종교 단체 이외에 다른 대안을 모색할 필요가 있다. 이에 따라 각급 교육 기관, 다양한 복지 단체, 나아가 지방 자치 단체별로 이러한 역할을 공유하도록 유도할 필요성도 있다. 나아가 통일 관련 단체들에 국한되지 않고 기존의 사회단체나 친목 단체, 취미 단체 등의 다양한 자발적 결사체들을 십분 활용할 수 있는 방안을 모색할 필요성도 있다. 그 사업의 내용도 과거와 같은 경제적 지원 및 종교 활동과 친목 모임 등에 그치지 않고 그들의 사회적 정착을 돕고 생산적 복지에 기여할 수 있는 방향의 다각적인 방안의 강구가 필요할 것이다. 예컨대 여성이나 청년 등 변화에 민감한 계층을 대상으로 한 심리 검사 및 성격 검사 등을 포함한 적응 교육의 노력, 그리고 전문적인 직업 교육과 구직 통로의 제공 등으로 확대될 수 있도록 관련 제도나 내용을 정비하는 것도 중요할 것으로 보인다.

특별히 통일과 같은 급격한 대내외적 사회 변동이 발생할 경우에는 청소년 세대에 대한 안정과 교육이 매우 중요해 질 것으로 보인다. 새터민들의 증언에 의하면 통일이 되면 기성세대들에 비해 청소년들이 훨씬 빠른 적응을 보일 것이라고 예상한다. 그러나 이러한 적응은 과도기 중에 청년들이 다양한 정신적 혼란과 충격을 '충분히' 겪은 이후에나 비로소 이루어질 수 있는 것이다. 1990년대 초 이후의 경제적 어려움과 배급제의 와해는 특별히 청년들에게 있어서 불투명한 미래상을 가져왔으며 이는 불법적인 경제 행위 및 패싸움이나 가출 등의 사회적 일탈로 이어진 바 있다. 독일 통일의 경우에서와 마찬가지로 남북한의 통일 이후에도 청년들 사이에 '이등국민'이라는 부정적인 정체성 형성이 이루어질 위험이 있다. 또한 구동독 지역의 청년들이 낙담하여 외국인 등에 대한 테러를 행한 바 있듯이 통일 한국에 있어서 취약 계층의 청소년들이 타인에 대한 폭력 행위로 나아갈 위험도 있다. 특별히 독일 사회의 경우에는 한국 전쟁과 같은 상호간의 유혈 전쟁이 없었으며 '종교

교육'을 통한 다각적인 통합 노력이 존재할 수 있었다. 반면 남북한은 한국 전쟁으로 인한 상호 적대감이 전후 세대에게조차도 무의식적으로라도 존재할 수 있고 상호 통합을 이룩할 수 있을 공통된 종교적 배경도 찾기 어렵다는 점에서 그 위험성이 더하다고 할 수 있다.

또한 북한 청소년들은 오랜 폐쇄 정책으로 인하여 문화 접변(acculturation)의 기회가 제한된 가운데 정보화 및 세계화 추세에 발맞추지 못하는 사상교육 중심의 교육 과정을 이수해 왔다. 이러한 교육 내용은 결국 직업을 선택하고 경제적인 안정을 영위하는 데 있어서 필수적인 자격 요건의 미비로 드러날 수밖에 없다. 에릭슨에 따르면 청소년 시기는 자아 정체성의 확립 대 역할 혼미의 양극 사이에 놓여 있는 시기이다. 이 시기를 통하여 정체성을 확립하지 못할 경우 다음 시기인 '청년기'에 있어서의 발달 특성인 '친밀감'을 달성할 수 없게 되고 결국 고립에 빠져 버린다. 이처럼 통일이라는 급격한 사회변동은 일부 북한 내의 청년들로 하여금 비관적인 미래상 가운데 부정적인 사회관을 지니고 일탈 행위를 자행하도록 만들 위험이 있다. 또한 이러한 문제점이 '미래상'으로 그치지 않고 실제적인 '한계'로 작용하면서 자신의 인생에 있어서의 제한점이 되고 있다는 인식이 늘어날 경우 이러한 청년들을 중심으로 체제에 대한 불만이 조직화되고 그 규모도 대규모화될 위험이 있다.

따라서 통일 이후에도 청년들에 대한 적응 및 재사회화를 위한 교양의 중요성은 더욱 강조될 것으로 보인다. 통일 직후에는 기존의 교양 방식을 최대한 활용하여 북한 지역 청년들의 혼란감을 최소화하는 방식이 바람직할 것으로 보인다. 관련 자료들이나 새터민들의 증언에 따르면 북한 내에서는 여학생에 비해 남학생들의 경우 폭력적이고 권위주의적인 '실력행사'가 많으며 권위주의에 대한 순복이 '생존방식'으로서 중요한 역할을 한다고 알려진다. 예컨대 학교 조직 내에서 공식적 권위를 인정받고 있는 북한 내의 청년동맹 '위원장'이나 '부위원장'들 뿐 아니라 비공식적인 '패거리두목' 역시 일선 학생들과 학교에 절대적인 영향력을 행사하고 있다.

따라서 이러한 북한 출신 청소년들의 의식과 생활에 대한 이해를 바탕으로 이러한 조직 및 인간 관계를 활용하는 것도 의미 있을 듯하다. 북한 내에는 학생 청년 또는 공장 청년들의 비공식적인 폭력 행위가 상당한 편인데 이러한 위계구조는 당이나 동맹 조직 체제 자체의 와해를 목적으로 진행되는 것이 아니다. 오히려 비공식적인 조직체에 소속하려는 청년들의 욕구와 서열 나눔을 통하여 그들의 불만이나 혈기가 상대적으로 해소되면서 적극적인 반체제 운동으로의 진화를 막는 역할을 하고 있다는 주장도 있다. 이러한 긍정적인 평가를 바탕으로 북한 청년들의 패거리 문화에 대한 이해와 후속 연구들을 통하여 통일의 과도기나 통일 직후의 청소년 안정과 통합을 시도하는 데 활용하는 것도 중요할 것이다.

그러나 이러한 청년들의 패거리 문화가 향후 통일 과정이나 통일 이후에 있어서 폭력 조직화하거나 혹은 기존의 폭력 조직과 연계 및 흡수될 가능성 역시 염두에 두고 이를 미연에 방지해야 할 것이다. 북한 내에서는 사회 통제의 강도가 높은 편으로 유지되어 왔지만 1990년대 이후에는 이들을 통제해야 할 군대와 보안원 등마저도 이러한 일탈에 가담하거나 혹은 부정부패를 통해 경제적 이익을 취하여 왔다. 따라서 북한 지역에서의 일탈 행위나 폭력이나 마약, 특별히 인신매매 등과 관련된 강도 높은 사회 범죄가 발생할 경우에 대비한 새로운 사회적, 법률적 대안도 필요할 것이다.

또한 북한에서는 청년들의 일탈과 폭력의 문제를 강력한 사회통제 능력 및 사상교양, 그리고 군 입대 기제를 통해 해결해왔다. 그런데 통일 이후에는 이러한 기제들이 전반적으로 약화될 수밖에 없으며 향후 이러한 문제들을 해결하고 사회 질서를 바로잡기 위한 학교 규율 및 직장 규율 관련 법규 등의 정비 역시 중요해 보인다. 더구나 통일 이후에는 군 입대 연령이 늦춰지거나 징병 의무가 축소될 가능성도 있다는 점에서 징집 제도를 대체할 수 있는 새로운 사회적 수용이 필요할 것이다. 따라서 범죄 성향이 높은 것으로 알려진 10대 후반에서 20대 초반의 연령대를 격리하는 징집 혹은 참군 제도를 넘어서 이 연령대의 북한 청년들에 대한 사회적 보호와 교육을 위한 제도적 대안이 필요할 것이다. 이를 위하여 통일 과도기와 통일 직후 직장이나 대학 및 다양한 사회단체 내에서 자격증, 교육원, 교육 프로그램을 구축하고 확대하는 것이 필요할 것으로 보인다.

또한 통일 직후 시기에는 연령대에 따라 다양한 교육 과정이 요청될 것으로 보인다. 예컨대 유소년층의 경우에는 기존의 사회주의적 교육이 비교적 적은 편이라서 향후 현대적이고 실용적인 새로운 교육 과정을 통해 미래에 대한 희망을 지닐 수 있다. 그러나 이미 청소년기를 지나고 어느 정도의 정규 교육 과정을 소화한 세대들의 경우에는 기존의 교육 내용과 향후 구직 과정에서 요구하는 교육내용이 차이를 보이게 되면서 커다란 혼란을 겪을 위험이 있다. 따라서 통일 직전의 과도기와 통일 직후에 있어서 청년들의 경우에는 무엇보다도 직업 관련 교양이 중요한 관심사가 될 것으로 보인다. 이에 따라 연령별, 세대별, 계층별로 나누어 지속적인 재사회화에 대한 제도 정비가 이루어져야 하며 그 초점은 안정적인 사회 통합을 이루고 모든 계층의 주민들에게 있어서 낙관적인 미래상 형성에 기여하는 방향으로 진행되어야 할 것으로 보인다.

우선 직업과 관련된 재교육의 내용을 선정하는 데 있어서 구체적인 예를 들자면 무엇보다도 북한 지역 및 통일 한국 사회에 있어서도 꼭 필요하고 긴요한 분야를 선택하여 집중해야 한다. 또한 사회적 필요성 뿐 아니라 개별적인 북한 청년들의 능력과 자질 및 선호를 반영할 수 있는 분야를 선택하는 것이 필요할 것으로 보인다. 예컨대 영어나 일본어, 중국어 등 외국어회화 관련 교육을 확대하고 이러한 교육 이수가 향후 구직에 있어서 실질적인 도움을 줄 수 있도록 제도를 구축해야 할 것이다. 또한 연령별, 단계별, 직종별 적절한 자격증 등을 다양하게 마련하여 체계적으로 급수를 나누어 부여하는 방식도 필요할 것으로 보인다. 특별히 남한 사회에서도 구인난을 겪을 만큼 인력의 수요가 높은 분야를 집중적으로 양성하는 것이 필요할 듯하다. 예컨대 IT 분야 교육을 적극적으로 확대하는 등 북한 주민들의 실질적인 취업에 도움이 될 수 있는 기술교육을 확장하는 것이 중요할 것이다. 이를 위해 우선 외국어와 컴퓨터 관련 공식적인 자격증 시험에 북한 주민들이 응시 도전할 수 있는 기회들을 늘여야 할 것이다. 또한 통일 이전에라도 북한 내의 교육 과정이 외국어와 컴퓨터 관련 강좌들이 증가할 수 있도록 유도하고, 남한 정부가 이를 위한 지원에 협력하는 것도 중요할 것으로 보인다. 물론 이것도 역시 어디까지나 북한이 이와 같은 우리의 도움을 선의로 사용할 것이라는 확실한 약속과 신의가 전제되어야 가능하다.

또한 유소년층이나 청소년 계층 뿐 아니라 이전부터 직업 활동을 유지해 왔던 20대 이후의 직장 청년들에 대한 재교육도 중요할 것으로 보인다. 이 과정에서는 단순한 남한 위주의 재교육에 그치지 않고 북한 내에서 지녀 왔던 다양한 능력과 사실 및 북한 내의 자격증 등을 활용할 수 있도록 하는 것이 중요할 듯하다. 예컨대 새터민들 가운데에는 북한에 살고 있을 당시 의학이나 한의학 등 의료 분야나 교원 등에 종사했던 전문직 계층들이 많은데 탈북한 이후 남한 내에서 북한의 전문적 자격증이 인정되지 않아 전공을 살리지 못하고 있는 문제가 상존해 왔다. 이에 따라 북한 내의 자격을 전부는 아니더라도 최대한 활용할 수 있도록 기존 제도를 융통성 있게 정비하거나 중간 수준 정도의 자격시험 등을 신설하는 것도 중요할 것으로 보인다.

한편 여성들의 경우 역시 통일 과정이나 통일 직후에 있어서 여성들의 안정과 교양을 위한 다양한 조직의 역할과 제도적 변화가 중요할 것으로 보인다. 청년 세대 같으면 각급 학교 및 군대, 직장 등에서 비교적 체계적인 통일 이후의 교육을 시도할 수 있다.

그러나 가정부인들은 체계적으로 재사회화 교육을 제공할 수 있는 단체를 형성하기 어렵다는 한계가 있다. 이질적인 사회 경제적 배경을 지니고 있는 많은 수의 주부들을 대상으로 독립적이고 일관된 재사회화 단체를 설립하거나 일선 학교 등에서 엄청난 수의 주부 대상 교육을 시도하는 것은 사실상 어렵다. 그럼에도 불구하고 북한 인구의 반수를 차지하고 있으며 가족 구성원들의 살림살이를 돌보고 정서적 안정을 도우며 자녀를 교양하는 중요한 역할을 하게 된다는 점에서 여성들에 대한 재사회화는 다른 어떤 경우보다도 더욱 중요할 것으로 보인다.

특별히 북한에서 여맹은 여타 근로단체들보다 훨씬 이질적인 구성원을 지니고 있으면서도 이들에 대한 당적 통제를 유지하여 왔다. 또한 고난의 행군 등과 같은 비교적 급격한 변동에도 불구하고 여맹 조직 체계의 붕괴를 초래할 만한 결정적인 변화를 경험하지 않았다. 이처럼 북한의 여맹 조직은 경제난 시기 동안 조직원 및 일군들의 부분적인 조직 이탈에도 불구하고 조직 구성원을 장악하고 통제, 교양하는 사업을 지속하여 왔다. 오히려 여맹 조직은 배급 중단 후 자구책으로 이루어졌던 여성들의 사적 경제 활동을 활용하여 이들의 현금이나 쌀 등의 경제적 잉여를 국가 건설 사업 등으로 흡수 활용하기까지 해 왔다. 따라서 통일의 과도기에 있어서 노정되는 급격한 정치 사회적 변동의 시기에 여성들에게 익숙한 기존의 여맹 단체나 인민반 등을 일시적으로라도 활용하는 것도 의미 있을 듯하다. 혹은 이러한 조직이 폐지되거나 대체되는 경우에도 그들에게 익숙할 수 있도록 최대한 유사한 방법론을 취함으로써 여성 계층의 안정을 유지하고 새로운 통일 사회에서 필요한 교양 내용을 전달하는 것도 바람직해 보인다.

비교적 폐쇄적인 북한 사회 내에서 그들이 정보를 획득하거나 교육 교양을 수행하는 주된 통로는 외곽단체라 할 수 있으며 그 외에는 입소문 등의 비공식적 방식을 취한다고 알려져 있다. 이러한 기제들에 익숙해져 있는 여성들을 이끌기 위해서는 섣불리 새로운 교양 방식을 시도하기보다는 기존의 초급단체 위원장이나 인민반장 등의 리더십을 활용하여 여성들이 새로운 정보를 획득하고 변화에 적응할 수 있도록 유도하는 것도 좋을 듯하다. 여맹의 운영원리 중 최근으로 올수록 그 유용성을 더욱 강조하고 있는 것은 초급단체 위원장들의 '인간적' 측면과 '실무능력'의 측면이다. 북한 당국에 따르면 이러한 리더십들에 대한 여성들의 의존심은 단순히 당과 수령에 대한 충성심이나 사상 이념적 박식함에 기인하는 것이 아니라 경제적 어려움을 극복해 나가면서 여성들을 조직 동원하는 실력가형의 면모를 지니고 있으면서도 인간미가 넘치는 '우리' 위원장들에 대한 존경심에 기반하고 있다고 선전한다. 이러한 표현은 어디까지나 북한 당국이 교양의 목적으로 내세우고 있는 것이지만 과거 시기에 비하여 더욱 강조되고 있는 측면이라는 점에서는 유의할 만하다.

통일 직후에는 중앙 당조직의 영향력에서 벗어나고 기존의 여맹 조직이 축소 해체되는 등의 정치적 변동이 존재할 수밖에 없다. 그럼에도 불구하고 북한의 주민들 중 특별히 일정 지역에 가정을 이루고 생활하는 여성들의 경우 기존의 지역 사회의 인간관계를 벗어나기 힘들다는 점을 감안해야 한다. 따라서 그들의 생활세계 내에서만큼은 기존의 지역 사회에 연고를 둔 말단 초급단체와 같은 기층 조직의 리더십들의 영향력이 상당 기간 지속될 수 있을 것으로 보인다. 결국 이 과정에서 특별히 '녀맹초급단체' 등의 위원장 및 부위원장들의 역할이 중요해진다. 여성들 전체에 대한 재사회화 시도에 앞서서 이러한 리더십들에 대한 이해와 교양이 선행되어야 할 것으로 보인다. 예컨대 이들을 남한에 초빙하거나 유학의 기회 등을 부여하는 것도 좋은 방법이며 혹은 남한과 북한의 지방 자치 단체별로 자매결연 등을 강화하여 자발적이고 융통성 있게 상호 교류할 수 있도록 제도를 정비하는 것도 필요할 것으로 보인다.

이러한 재사회화는 비단 시설이나 단체, 교육 프로그램 등에서만 진행되는 것이 아니라 대중 매체와 정보 매체 등을 최대한 활용하여 다각적으로 전달하는 것이 바람직해 보인다. 이러한 매체를 활용한 재사회화 시도는 그 특성상 개별적인 면접 교양 방식에 비하여 비용이 매우 저렴하다는 장점을 지닌다. 또한 시행착오를 거치는 가운데 교양 내용의 질을 지속적으로 높일 수 있도록 보장하고 개별적인 흥미 및 오락성을 충분히 가미할 수 있다는 장점도 지닌다. 북한 당국은 주민들의 조직 관념을 강화시키고 사상교양 내용을 효과적으로 전달하기 위한 수단적 차원에서 문화 예술적인 접근을 중시하여 왔다. 또한 북한 주민들은 이러한 문화 예술적 교양 방식에 잘 적응되어 있는 편으로 여겨지며 이는 특별히 청년들과 여성들에게 더 큰 영향력을 지녀 왔을 것으로 보인다. 따라서 청년들이나 여성들에게 흥미와 유용성을 제공할 수 있는 문화 예술적 교양 프로그램을 체계적으로 준비해 나가는 것이 필요하고, 그 안에 교육이나 단체 등을 통한 공식적인 재사회화 내용 체계와 병행할 수 있도록 관련지어야 할 것으로 보인다.

북한 사회 내에는 주민들의 흥미를 유발할 만한 오락 프로그램이 적은 편이다. 이러한 점은 향후 문화 예술적 측면이나 오락적인 요소가 가미된 사회화 방식이 더욱 빠르고 큰 효과성을 지니게 할 수 있다. 이러한 점을 고려할 때 우선 통일 이전의 과도기 시기에는 우선 남한의 영화, 노래, 드라마 등 중에서 북한 사회 내에 유입하여도 정치적 충격이 비교적 덜할 것으로 예상되는 것을 선별하여 교류하는 것이 바람직할 것으로 보인다. 남한 등 일반적으로 자본주의 사회 내에서는 드라마 등의 프로그램의 가장 주된 시청층이 주부로 알려져 있으며 이들의 정서적인 취향을 고려하여 제작된 경쟁력 있는 많은 텔레비전 프로그램들이 존재한다. 이러한 프로그램들을 분류하여 체계를 세우고 교육적 용도로 활용하는 것도 안정적인 사회 적응과 통합에 있어서 의미 있을 것이다.

통일 이전 시기에라도 남북한 당국이 영상물 등의 사회 문화적 교류를 수용하게 될 경우 통일 대비에 있어서 많은 파급 효과를 가져올 수 있을 것이다. 예컨대 남한의 다양한 영상물들이 문화적으로 단조로운 북한 사회에 유입될 경우, 이는 북한 당국으로 하여금 비용을 지불하지 않고도 주민들의 흥미를 충족시킬 수 있다. 또한 이와 같은 예술적, 문화적 공감대는 정서적 공감대와 도덕적 공감대로 이어지면서 통일 이후의 안정적인 사회 통합에 기여할 수 있을 것으로 보인다. 그러나 현대극의 경우에는 남북한 간의 이질적인 측면이 과도하게 부각될 수 있으며 사회 경제적 격차가 드러날 수 있는 단점이 있다. 따라서 우선적으로는 각 주민 계층을 주인공으로 하면서도 민족적 동질성을 강조할 수 있는 내용물들로 시작하는 것이 필요할 것이다. 예컨대 '대장금'이나 '여인천하', '황진이' 등은 여성을 주인공으로 하는 드라마라는 점에서 젊은 계층과 여성들에게 다가가기 쉽고 사극의 형태를 지니고 있다는 점에서 자본주의적 색채가 비교적 적게 가미된 드라마이기도 하다는 장점이 있다.

또한 현재 북한에서는 여성 노동력에 대한 적극적인 동원이 이루어지고 있다. 이러한 특징은 통일 과정과 통일 이후에도 이어질 것으로 보인다. 최근으로 올수록 북한 사회 내에서 여성의 노동력을 동원하는 데 있어서는 여맹 조직의 적극적인 역할을 내세우는 기사들이 자주 발견된다. 통일의 과도기 시기에도 이러한 역할들을 최대한 활용하거나 유사한 형태로 준비하여 진행할 수 있도록 방안을 모색하는 것이 좋을 것으로 보인다. 구체적으로 우선 농업의 경우에는 농업과 관련한 기술, 자본, 설비 등을 적당한 정도로 투입함으로써 북한 사회 내에서 농업 생산에 있어서 자급자족이 가능할 수 있도록 유도함으로써 통일 과정 및 통일 이후의 통일 비용 절감을 시도하는 것도 중요할 것이다. 또한 통일 이후에는 상생 차원에서 남한 내의 공장을 북한 지역으로 부분적으로 확장 또는 이전하여 투자하는 사업이 진행될 수 있다. 그러나 이러한 사업은 시일을 요하며 제도적 정비가 요청되는 문제이다. 이러한 과도기 동안 북한 내에서 생필품 공급이 원활하지 못할 수 있다. 따라서 북한 내에서 특별히 중요하게 생각하는 물품들의 목록을 미리 체계적으로 준비하고 우선적으로 교류하는 것도 중요할 것으로 보인다.

한편 통일 과도기나 통일 이후에 가두여성들의 재사회화를 시도하는 것은 비단 당국이나 단체들의 역할에만 의존할 것이 아니라 그들 자체가 실제로 체험하고 내면화하는 것이 중요함을 잊어서는 안될 것이다. 따라서 그들이 실제로 사회로 나와 사회 활동이나 취업을 하는 과정에서 보다 신속하고 충실한 적응이 이루어질 수 있다. 이 경우 일방적인 교육 교양을 통한 사회 적응이 아니라 각 개별적인 구성원들이 직장생활이나 사회생활을 통해 직접 문제를 파악하고 능동적으로 대처할 수 있게 될 것이다. 이를 위해서는 북한의 가두여성들이 지니고 있는 능력을 최대한 활용할 수 있도록 다양한 수준과 종류의 지역별 교육 프로그램을 자체적으로 준비할 수 있도록 해야 할 것이다. 통일 직후에는 여맹 조직의 형태 뿐 아니라 인민반의 형태도 긍정적으로 활용할 수 있을 것으로 보인다. 여성들이 속해 있는 지역 사회별로 여성 조직 혹은 인민반 조직 등을 통한 교육의 기회를 제공하는 방식이 좋을 것이다.

또한 이러한 교육이 구체적인 자격증이나 이수증, 수료증 형태로 이어질 수 있도록 진행함으로써 그들이 들인 시간과 노력이 구체적인 취업으로 연결될 수 있도록 유도하는 것도 바람직할 것이다. 예컨대 북한 내에서는 오랜 동안 여맹 조직의 방조하에 육아, 탁아 사업 및 농업과 수공업 등을 진행하여 왔으며 이러한 방식은 현재의 북한 여성들에게 상대적으로 익숙한 방식일 것이다. 따라서 이러한 사업 내용 중 향후 통일 사회에서도 기능적 유용성을 지닐 수 있는 내용을 선별하고 그들이 지닌 역량을 '자격증' 등으로 연계시킬 수 있도록 대비하는 것도 필요할 것이다. 자격증의 내용으로는 예컨대 보육, 간병, 요리 등이 의미 있을 것으로 보이며 정보화의 진척 이후 가정 내에서 컴퓨터와 외국어 등을 학습하여 능력의 폭을 증가시킬 수 있도록 하는 것도 바람직할 것으로 보인다.

뿐만 아니라 북한 사회 내에서 오랜 전통을 지녀 왔던 '좋은일하기운동'을 상황에 맞게 살려 통일 이후의 사회에 현실성이 있는 내용으로 구성하는 것도 필요할 듯하다. 예컨대 여맹 조직은 가두 여성들을 통하여 북한 내의 고아 양육, 노인 부양, 간병 사업이나 구호 및 복구 사업 등에 적극 조직 동원하여 왔다고 선전된다. 이러한 내용 중 현실성이 있는 활동들은 계속하여 진행함으로써 여성들의 자긍심을 진작시키고 나아가 해당 지역 사회에 대한 여성들의 영향력을 높이는 가운데 통일 비용을 절감하는 것으로 이어질 수 있도록 하여야 할 것이다.

한편 통일 이후에는 시간이 흘러감에 따라 기존의 여맹의 인간관계나 인민반 등이 무의미해지고 해체될 수 있으며 혹은 이를 대체하는 새로운 조직이 형성되면서 의식의 혼란을 가져올 수 있다. 그러한 변동에서 혼란을 겪지 않도록 최대한 유사성과 실용성을 지니는 가운데 여성들의 안정과 교양을 진행할 수 있도록 유의해야 할 것으로 보인다. 특별히 북한의 가두여성들은 남한 등의 자본주의 사회에 비해 가사 활동에 있어서 육체적 노동의 강도가 높은 편이고 그 외에 부업 등으로 충분한 시간적 여유가 부족한 편일 것으로 보인다. 따라서 통일 이후 정치 경제적 변동에 있어서도 가두여성들은 정치적 변동에 대한 관심보다는 가족의 경제적 안정과 자녀의 교육에 보다 일차적인 관심을 지니게 될 것이다. 그러므로 남한의 다양한 사회단체들이 북한의 여성이나 청소년 계층에 의식의 혼란을 갖지 않도록 유의하는 것이 필요할 것이며 이와 관련한 윤리적 지침 등도 마련해야 할 것으로 보인다. 예컨대 남한의 여성 혹은 청년 단체들이 북한 출신 여성이나 청년들의 사상교양이나 여성 인권 등의 이념적인 교양 시도에 집중하려 들거나 혹은 종교단체 등을 통하여 종교적 여성관이나 청년관의 전달에 집중하는 방식으로 치우지치 않도록 해야 할 것으로 보인다. 따라서 다양한 사회단체들의 활동의 가장 주된 목표는 남북한 여성과 청소년, 특히 북한 내의 주민 계층들의 생활 환경을 실질적으로 개선하고 삶의 질을 높이는 가운데 행복하고 안정된 생활을 영위할 수 있도록 하는 것이라는 사실을 잊어서는 안 될 것이다.

Ⅶ. 결론

본 연구에서는 북한의 대표적인 사회단체인 김일성사회주의청년동맹과 조선민주녀성동맹의 조직과 활동을 검토함으로써 북한 사회가 대내외의 어려운 환경 속에서도 유지될 수 있는 사회적 기제의 성격을 파악하고자 하였다. 뿐만 아니라 이들 단체에 소속하여 살아가는 개인들의 모습을 살펴봄으로써 북한 사회의 변화를 전망하고 나아가 이를 바탕으로 통일시의 부작용을 줄이고 교육과 복지 정책에 관한 시사점을 얻고자 하였다. 이를 위해 우선 청년동맹과 여맹의 형성과 전개, 지위와 활동, 역할 등을 알아보고, 이들이 맹원들을 실제로 어떻게 통제하고 교화시켜나가는지 그 과정과 방법을 연구함으로써 북한 사회의 체제 유지 기제를 이해하고 미래의 교육 정책에 시사점을 찾고자 하였다.

이제 결론 부분에서는 먼저 사회 체제의 유지와 변동에 관한 이론적인 틀을 원용하여 북한 사회의 체제 유지와 변동을 어떻게 이해할지를 간략하게 개관한 다음 청년동맹과 여맹의 위상과 기능을 이해하는 데도 적용하고자 한다. 북한의 다양한 특수성 때문에 일반 이론의 적용 범위는 한정될 수밖에 없지만 일단 이해를 돕기 위해서는 한 번 시도해볼 만한 일일 것이다.

일반 체계 이론을 사회 체계에 도입한 사회학의 기능론적 체계 이론에서는 체제 내부의 분화 정도와 외부 환경의 유동성이 체제 안정과 유지 또는 변화를 좌우하는 것으로 본다. 체계가 평형 상태를 유지하면 안정이고 균형이 교란되면 변화인데 안정을 유지하려면 내부 통합의 정도가 커야 하고 외부 환경의 변화 압력이 덜해야 한다. 이 때 자원과 정보가 외부에서 유입하는 정도에 따라 환경의 영향력이 달리진다. 대외적으로 폐쇄적인 체계는 자원과 정보 부족으로 엔트로피를 일으켜 체계 붕괴의 개연성이 커진다. 여기에 파슨즈의 네 가지 기능적 필수 요건을 적용해보면 대외적인 적응의 기능이 중요해진다. 엔트로피 상황에서는 내부적인 목표 달성이 어려워지므로 이에 대처하는 방법은 내부 통합과 유형 유지 쪽으로 집중하는 방식을 채택하지 않을 수 없게 된다.

이렇게 볼 때 북한은 거의 국가 형성 초기부터 대외 폐쇄의 길을 걸어오면서 외부의 영향력을 최소화함으로써 사실상 대환경 직응 기능에 한계를 드러낼 수밖에 없었다. 여기에서 발생할 수 있는 엔트로피 현상을 방지하여 체제 붕괴를 막는 방편으로 내부적인 통합과 유형 유지에 온갖 자원을 집중시킴으로써 목표 달성을 추구하게 된 것으로 해석할 수 있다. 북한이 국가 기능을 최대한으로 강화하여 당과 군이 모든 결정권을 행사하는 체제를 갖게 됨으로써 통합을 위해서는 한편으로는 강제와 통제를 또 한편으로는 이데올로기적 사회화를 채택하게 된 것이다. 거기에 청년동맹과 여맹 같은 당 외곽 사회단체의 조직을 하나의 수단으로 이용하게 된 셈이다.

이처럼 국가 기능이 비대칭적으로 강력한 체제의 작동 원리를 이해가는 데에는 그 중심 개념이 체계 역량인 이스튼의 정치 체계 모형을 원용할 수 있다. 투입에 비하여 산출이 더 큰 효율적 체계의 역량은 통합, 규제, 상징, 안전, 분배, 추출, 혁신, 관용, 반응의 아홉 가지로 접근하는데 북한의 정치 체계는 통합, 규제, 상징의 측면에서는 높은 역량을 행사하지만 안보, 분배, 추출, 혁신, 관용, 반응 등에서는 역량이 극도로 부족하므로 국민의 요구에 대한 대응과 효능 면에서 엔트로피 상태를 면하지 못함에도 불구하고 강제에 의한 통제와 이데올로기적 상징 조작으로 지탱하는 체제라고 할 수 있다. 여기에 다시 그러한 통합 및 규제와 상징 조작의 기제가 중요하게 되는 이론적 기초가 있는 것이다. 그것이 곧 청년동맹이나 여맹과 같은 외곽 사회단체이다.

아울러 듀크의 권력의 효과적인 활용과 유지에 적정한 조건을 중심으로 보는 모형에 의하면 북한의 정치 체계는 결국 기본적으로 상징 조작에 의한 정당성 확보와 동질적 공유가치, 사회 세력의 단합, 갈등의 억제에 의하여 안정적이고 효율적으로 권력을 행사하고 유지하는 체제라는 해석이 가능하다. 이때에도 역시 통제와 상징 조작의 기제인 주요 사회단체 혹은 근로단체가 부상할 수밖에 없는 것이다.

그러면 그와 같은 사회에서는 사회 변동이 일어나지 않는가? 물론 사회 변동은 항상 일어나는 것이 원칙이다. 이를 흔히 내재적 변동이라 하고 특히 세대가 바뀌는 과정에서 아무리 사회화를 한다 해도 새로운 세대는 거의 자동적으로 과거 세대의 문화를 그대로 답습하지 않고 새로운 것을 선호하는 성향으로 변화를 추구하게 된다. 바로 그 원리 때문에 북한 사회가 체제 유지를 위해서는 청소년에 대한 이데올로기 교육에 그만큼 공을 들여야 하는 것이고 사회화를 담당하는 여성 세대의 통제와 세뇌도 필수적임을 간파하여 청년동맹과 여맹의 중요성을 부각시키는 것으로 이해해야 한다.

여기에 더하여 변동의 내생적 요인과 외생적 요인을 고찰해보면, 우선 외부 요인 중에 문화 전파나 문화 접변은 폐쇄적인 북한에서는 지극히 제한적이고 전쟁과 같은 대외적 갈등 요인도 현실성이 없으므로 결국 생태환경적 재난이 가장 직접적인 충격을 주는 요인으로 작용한 것이 된다. 실제로 북한에서는 지난 10여 년에 걸친 재해가 경제 뿐 아니라 사회 정치 부문에서까지 변화를 가져오는 데 기여한 것을 쉽게 찾아 볼 수 있다. 이러한 폐쇄와 재해가 결국 내부적인 변화의 요인을 자극하여 기술직, 경제직 변화에 지장을 초래하여 빈곤이 만연해지면서 자칫하면 자원과 희소가치를 둘러싼 사회적 갈등에 의한 구조적 변동을 자극할 수도 있기 때문에 오히려 북한 당국은 강력한 정치적 선택과 결정에 의하여 한편으로는 통제를, 다른 한편으로는 문화적 요인인 종교(개인숭배), 가치관, 의식, 신념, 이데올로기 등의 무기로 체제 유지를 도모할 수밖에 없었다. 이런 맥락에서도 청년동맹이나 여맹과 같은 사회단체의 중요성을 강조할 수밖에 없이 된 것이다.

이 정도의 이론적 배경을 깔고 이제 우리가 분석한 사회단체의 기능과 변화 등이 북한 사회의 체제 유지 뿐 아니라 변화에 대처하는 점에서도 어떻게 작용하는가, 그리고 나아가 그러한 분석에 기초하여 통일 과정과 통일 후의 사회변동에 어떻게 대응하는 것이 현명한가에 대한 제안 등을 간략하게 개관하기로 한다.

먼저, 청년동맹이 지니는 기능은 사상교양, 당의 후비대, 경제건설에 동원 등으로서, 제국주의 황색바람과 고난의 행군 및 김정일 체제의 유지와 향후 후계구도와 관련된 측면에서 전반적으로 청년동맹의 기능은 더욱 강화될 것으로 보인다.

첫째, 사상교양단체 기능과 관련해서는 기존의 당과 수령에 대한 충실성교양, 혁명교양, 계급교양, 사회주의애국주의교양, 공산주의도덕교양 이외에 구 사회주의 붕괴 이후 '황색바람'을 경계하기 위한 청년들의 혁명 사상교양에 초점을 둔다. 김일성 사망과 고난의 행군을 거치면서는 김일성 유일사상교양과 김정일의 선군사상을 강조하게 된다.

둘째, 강행군기 이후 물질적 측면에 비해 정치의 위상이 상대적으로 저하되는 가운데 당의 믿음직한 후비대, 방조자로서 기능은 과거에 비해 다소 약화된 듯 보이지만 그럼에도 불구하고 김정일의 '청년중시, 청년신뢰' 언급들과 더불어 청년동맹 고유의 예비간부 양성 기능은 그 역할을 대신할 단체가 존재하기 어렵다는 점에서 향후로도 주목할 만하다.

셋째, 청년들을 경제 건설 등에 동원하는 '생산의 전위대, 돌격대'로서 기능은 특별히 김정일 시대 이후 더욱 강조하는 추세이다. 이는 선군사상과 더불어 혁명과 건설의 '주력군'으로 중시하는 군대의 구성원의 대부분이 청년들이라는 점에서 그 중요성을 더할 것으로 보인다.

또한 본 연구에서는 일차 자료를 통해 청년들의 변화 특징을 살펴보고 향후 청년동맹의 역할 변화 및 그 전망을 시도하였다.

첫째, 정치적 측면에서는 청년들에게 발견되는 정치 · 사상적 이완 및 조직관념 약화로 인한 무규율적 태도들을 적극적으로 교양하고자 청년동맹의 역량을 집중하게 될 것으로 보인다. 북한 당국은 이러한 문제점의 가장 근본적인 원인을 조직 통제의 약화로 파악하는 가운데 동맹 조직의 최우선 과제 역시 조직 규율 강화에 둔다. 이에 따라 청년동맹 조직의 각급 초급단체별로 총화를 강화하고 모임의 규율을 강화할 것과 비사회주의적 현상과 관련된 영화나 강연 모임 등을 시도하며 반미성토대회나 충성결의모임 등의 행사를 개최하고 있다. 한편 1991년의 청년절 제정과 김일성사회주의청년동맹으로의 개칭은 청년동맹의 높아진 위상을 반영하며 청년절 전후 시기의 담화문이나 서한, 신문 사설 등을 통해 당의 기대와 정책적 방향을 유추할 수 있다. 또한 최근에는 청년들의 높은 조직성과 규율성을 담보하기 위하여 청년동맹일군의 자질과 역량을 높일 것을 강조하고 일군들의 비사회주의적 현상이나 구태의연한 사업 진행, 형식주의 등을 강도 높게 비판하고 있다. 또한 1990년대 이후에는 청년들의 '흥미, 개성'을 존중하는 다양한 교양 방법론을 시도할 것을 촉구하며 대학과 같은 고등 교육 기관 및 지역 사회, 가정 전반에서 혁명적인 환경과 기풍을 조성할 것을 강조하였다.

둘째, 경제적 측면에서는 동맹 조직의 주관 하에 다양한 강연회, 대비교양, 회상기교양, 영화 모임 등을 통해 청년들의 '물질주의'적 태도를 엄중히 경계하면서 북한의 군대 및 보안 기관들의 '사회통제' 능력과 더불어 주민들의 '사적 경제활동'은 고난의 행군기 동안 북한 사회가 붕괴하지 않도록 유지시켜 준 두 가지 기제 중 하나라 볼 수 있다. 이에 따라 사유 재산 자체를 금지하기보다는 개인의 '사치, 방탕, 향락' 등을 비판하고 대학생들이나 직장 청년들의 '학과공부'나 '업무'에 전심하지 못하는 태도를 비판하는 방향으로 청년 교양에 변화를 두고 있다. 가족의 사회 경제적 지위가 높거나 인테리, 대학생 청년들의 경우에는 '뒤공작'을 통해 편하고 보수가 높은 직업을 선호하는 경향이 높으며, 지역적으로는 직종을 불문하고 평양 등의 대도시를 선호하기도 한다. 동맹 조직들은 이러한 태도들을 '이기주의'로 비판하면서 '직업의 귀천'을 비판하는 김일성과 김정일의 교시를 바탕으로 '고등중학교졸업생들의 조국보위탄원과 사회주의건설장에로의 진출선구자환영대회' 등을 개최하기도 한다.

셋째, 사회적 측면에서는 갈수록 공격성의 수위가 높아지고 있는 청년들의 일탈 행위들을 경계하고 기초적인 공중 도덕이나 사회 질서를 강조하는 데 동맹 조직의 관심이 집중되지만, 청년들 사이의 비사회주의적 현상과 일탈 행위들이 급증하면서 북한 당국은 제재 일변도로 대응하기보다는 유화적인 포용책을 시도하는 가운데 청년들을 동맹 조직 내에 복귀시키는 데에 중점을 둔다. 이러한 태도는 청년동맹 교양일군들의 방법론에 있어서도 변화를 요청하였는데 일군들이 '경제사업'만 벌일 것이 아니라 '동맹내부'에 관심을 돌려 뒤떨어진 청년들에 대한 적극적이고 체계적이며 지속적인 사상교양을 시도할 것을 강조한다. 범죄 발생률은 일반적으로 20대 초반의 인구 집단에서 가장 높은데 북한 역시 10대 후반 이후의 청년들을 군대에서 흡수하게 될 경우 직·간접적인 사회 통제 강화 및 범죄 발생의 빈도, 강도, 조직화를 통제할 수 있다. 김정일의 선군사상 이후에 특별히 강조되는 참군, 원군의 강조는 결국 청년들의 일탈 행위의 강도와 빈도를 감소하게 하는 데에도 기여할 것으로 보이며 군대가 혁명적인 규율 가운데 생활하며 통제가 용이한 집단이어서 조국 보위 이외에도 농사 및 다양한 건설 사업에 동원됨으로써 경제적인 측면의 기여도도 높다.

넷째, 문화적 측면에서 변화에 민감한 청년 계층은 다른 세대나 계층들에 비해 옷차림과 유희 문화 및 준거 집단으로서 평양 청년들의 혼례 관습 등에 더욱 빠르게 반응할 수 있다. 1990년대 이후에는 청년기의 인륜지대사인 결혼에 있어서 허례허식을 비판하며 '재물'이나 '지참금'보다는 사상 정신적 높이를 중시할 것에 동맹 조직의 교양을 집중시킨다. 구체적으로는 화려한 상차림이나 승용차로 시내를 도는 '옛 평양의 관습'을 비판하는 기사 등이 자주 발견된다. 일반적인 문화적 측면의 교양 대상 사례로는 불건전하고 비사회주의적인 취미나 옷차림 등이며, 특별히 '대학생' 등이 당의 은덕을 잊어버리고 '학과'공부를 게을리 하면서 '색다른 것'에 관심을 갖는 것을 비판한다. 대학생들은 일반적으로 성분이나 충성심 및 두뇌와 부모의 사회 경제적 지위가 높은 계층이자 미래의 예비간부라 할 수 있다. 결국 이들의 일탈이 증가한다는 것은 향후 북한 당국에 있어서 지대한 위험 요소로 작용할 수 있다는 점에서 동맹 조직을 통한 대학생 교양은 더욱 강조될 것으로 보인다.

다음으로 여맹의 형성과 전개, 지위와 활동, 역할 등을 살펴보고 여맹이 어떠한 방식으로 다양한 이질적인 구성원들로 이루어진 맹원에게 효과적인 사상교양을 행하고 당정책사업에 동원하는지를 알아보았다. 특별히 고난의 행군기 이후 변화된 사회 경제적 상황 가운데 사상교양 및 조직 사업에 있어서의 변화를 살피고 북한 사회의 유지 기제에 대한 이해 및 미래의 교육 및 복지 정책에 시사점을 찾고자 하였다. 여맹이 지니는 기본적 기능은 사상교양 사업과 조직 사업으로서 유일사상교양 및 선군사상으로의 사상 무장의 중요성은 지속될 것이며 특별히 여맹 조직의 지도 방조 아래 당건설 사업으로 여성들을 동원하는 기능은 향후 더욱 강조될 것으로 보인다.

첫째, 정치 사상 및 조직 관념의 측면에서 살펴보면 가두여성 중심의 여맹 조직은 다른 외곽단체에 비하여 조직성이 상대적으로 약하다. 특별히 경제난을 겪는 과정에서 여맹원들 뿐 아니라 초급위원장 등의 일군들에게서도 총체적인 사상 약화 및 조직 이탈이 발견되면서 당국은 수령결사옹위와 혁명 의식의 강화를 위해 조직 관념의 강화가 선행되어야 한다고 파악하였다. 김일성 사망 이후 최근의 특징으로는 가족 단위로 사적지나 동상을 관리하는 등의 수령결사옹위를 더욱 강조하는 것과 선군사상 가운데 군사 부문 교양을 추가하고 있는 것 등을 들 수 있다.

구체적인 사상교양 사업은 주로 초급단체별 위원장의 역량에 의존하는 형태가 많았다. 그 대표적인 모습은 '인간미'를 지니고 있는 '실력가'형의 당일군들이다. 구체적인 특징을 살펴보면 첫째,

당과 맹원들로 하여금 애정어린 '우리'라는 호칭을 부여받고 있는 모범 일군들로서 '진심'을 주면서 '믿음과 사랑'으로 교양한다. 둘째, 모범 위원장들은 '정치사상적 준비정도와 성격, 사상감정과 심리에 맞게 사업하는 것'의 모범이 되는데 이들은 개별 교양을 시도하는 가운데 흥미와 개성을 존중하며 긍정적 모범을 내세워준다. 셋째, 이들은 교양방법론의 다양화를 위하여 예술 선동대나 예술경연 대회, 걸그림이나 카드화 등의 방법적 다양화, 화선식 정치사업 등을 시도하고 있다.

앞서 살펴본 청년동맹에서는 청년들의 조직 이탈 및 일탈 행위들을 군 입대 혹은 '군대식' 교양을 통해 해결하고자 하는 측면이 두드러졌다. 반면 여맹에서는 조직 관념의 회복과 사상교양 사업을 위하여 '종교식' 교양을 시도하는 것으로 보인다. 이러한 교양 방식은 제국주의 및 고난의 행군과 같은 대내외적인 어려움 가운데서도 효과적으로 다양한 구성원들을 조직 동원할 수 있다는 장점이 있다. 구체적 방법론에 있어서도 암송카드, 걸그림, 화선식 정치수첩, 노래와 율동, 분조 활동, 예술 선동대의 순회공연, 초급 단체별 사적지 답사 및 봉사 활동 등 종교적 교양 방식과 유사성을 감지하게 하는 측면이 발견된다.

한편 사회 경제적 측면과 관련하여 살펴보자면 고난의 행군기와 여성들의 사적 경제 활동으로 인하여 1990년대 후반 이후부터는 여맹 조직의 위상이 높아진 것으로 보이며 이는 새터민들의 인터뷰에서도 지적되고 있다. 강행군 이전에는 여맹 초급단체별로 간혹 농장포전을 맡는 방식으로 노력동원에 나섰으나 1990년대 중반 이후에는 비경지 개간에 있어서 보잡이, 진거름만들기, 파종하고 수확하기 등의 구체적인 지도에까지 여맹 조직의 역량이 확대된다. 이는 자체적인 생계를 유지하는 가운데 국가적 부담을 덜어주게 될 뿐 아니라 주변의 탁아소 및 후방 사업, 그리고 나라에 애국적으로 바쳐지기도 한다. 나아가 여성들이 개간한 토지는 향후 '국토관리'라는 명목 하에 국가적으로 흡수되기도 한다는 점에서 여맹 조직이 북한 체제의 유지에 있어서 매우 긍정적인 역할을 한 것으로 평가할 수 있다.

여맹조직의 적극적인 지도하에 이루어진 또 하나의 사업은 김일성 치하에서부터도 강조해 왔던 '좋은일하기운동'으로서 다양한 자구적 노력이나 원군, 원민 미풍 등이 대표적인 사례다. 1990년대 초까지의 출근길 환영모임이나 자재 수집 등을 넘어 1990년대 후반 이후에는 '초급녀맹위원회'의 조직지도하에 예술 선동과 원호 및 고강도의 육체노동을 포함한 노력동원에 나서게 된다. 2000년대 이후에는 '공민적의무감'을 강조하면서 여맹 조직의 방조하에 집단적으로 '녀맹소대'나 여성돌격대를 조직한 뒤 가정을 떠나 산이나 저수지, 발전소 건설사업 등에까지 진출한다. 당국은 이들을 '건설대의 꽃이자 어머니, 누이'라고 극찬하며 여성들의 가족 구성원들은 이를 적극적으로 옹호 독려하는 것으로 묘사하기도 한다.

이러한 여맹조직사업은 쌀과 노동력을 넘어 각 가정이 보유한 현금들을 '인민생활공채구매사업'과 '녀맹호 포 증정사업'의 명목으로 국가적으로 흡수하는 데 집중한다. 여맹 조직들은 유휴 자재 수집과 가축 기르기 등의 '좋은일하기운동'을 조직적으로 진행하고 초급단체별, 개인별 경쟁 도표까지 만들어 모금을 독려하였다. 이러한 모금운동의 명목은 주로 '선군사상' 등과 관련된 원군활동으로서 여맹 조직은 '선군시대 원군영웅'이나 '원군미풍열성자 대회'를 통하여 '최대의 애국'은 '원군'이고 '참군'이라고 강조한다. 이 모든 과정에서 여맹은 조직적이고 체계적인 지도 방조를 행하는데 현역군인 뿐 아니라 전쟁로병들과 전사자 가족, 공로자들을 집단적으로 찾아가 집수리와 경조사 준비, 명절 음식 등을 보살피도록 유도한다. 이 외에도 1990년대 이후에 급격히 증가하고 있는 '고아입양'의 미풍은 1990년대 후반을 거치면서 여맹 조직이 자체적으로 육아 사업에 나서는 것으로 이어진다. 그 원호의 종류도 과거와 같은 가족 단위의 입양을 넘어서서 이불, 옷, 기자재, 쌀, 현금 봉투 등을 대규모로 지원하는 일을 여맹 조직이 적극적인 역량을 발휘했던 것으로 보인다.

다음으로 사회 문화적 측면을 살펴보면 사회적 상호 작용의 범위가 다른 계층들에 비해 좁은 편인 가두여성들을 교양하기 위하여 여맹 조직은 배우자와 자녀 및 형제자매, 친구, 이웃과 인민반, 탁아소와 보육원, 학교 교원들, 방문객에 대한 예의 도덕에 초점을 둔다. 그 내용도 공중 도덕 뿐 아니라 언어예절, 전화예절 및 명절 인사 등의 전통 인사법, 경조사 인사 등 상당히 구체적이고 자세하게 도덕 교양을 시도한다. 도덕 교양을 위한 표현방식도 다양화되어 수기나 기사글 뿐 아니라 만화, 그림, 시 등 다양한 형태와, 여성들의 흥미를 유발할 수 있도록 요리, 육아, 옷차림, 건강상식 등 다양화된 내용구성을 통해 교양을 시도한다.

특별히 2000년대 이후에는 '전통'에 대한 강조가 두드러진다. 여성의 전통적 미덕이나 예의범절, 전통 명절과 전통 음식, 민속놀이, 전통 옷차림 등이 자주 소개된다. 반면 제사나 혼례 등에 있어서 '허례허식'을 타파할 것과 '선군시대'에 맞게 간소하고 검소하게 진행하며 미신적이고 이색적인 것을 없앨 것을 촉구한다. 2000년대 이후의 또 다른 특징은 부부 관계와 관련된 글의 빈도와 분량이 급격하게 증가한다는 것으로 비단 여성들 뿐 아니라 세대주(家長)들이 유념할 내용도 등장하는 가운데 부부 및 자녀와의 불화, 이혼, 정조, 언행, 남존여비의 문제 등 가정 생활의 현실적 주제들이 직접적으로 제시되고 그 문제점과 각각의 해결책을 제시하기도 한다.

이상과 같은 북한의 2대 주요 외곽단체들의 특성과 변화를 바탕으로 본 연구에서는 향후 통일 과정과 통일 이후 사회 문화적 통합 과정에 대한 다양한 시사점들을 정리해 보았다. 비록 정치적 교류의 연장선상이라 할지라도 다양한 사회 문화적 교류가 반복되면 상호간에 적대감 해소와 공감대 형성에 도움이 될 것이며 나아가 남북한 내의 새로운 사회단체들의 형성을 촉진하고 상호간의 수렴을 기대할 수 있다. 이러한 교류가 용이할 수 있도록 기존의 청년단체나 여성단체를 정비하거나 북한과 관련한 다양하고 새로운 프로그램의 창출이 필요할 것으로 보인다.

우선 남북한 청소년과 여성들 사이의 공통된 관심사를 반영하면서도 정치적 색채가 비교적 적은 분야를 중심으로 '아래로부터의' 교류를 시도하는 것이 중요하다. 이를 위해 기존의 다양한 문화 예술 체육 교류 뿐 아니라 남북한 사회 내에서 각기 강점을 지니고 있는 새로운 분야들을 발굴 개척하여 교류를 시도하는 것이 중요하다. 예컨대 남한의 경우 드라마나 영화, 음악 등 이미 입증된 '한류열풍'의 경쟁력을 활용하거나 순수 예술적 교류 뿐 아니라 소득 창출 등에도 기여할 수 있는 다각적인 방안에 대한 연구가 요청되며, 이는 통일 비용의 최소화를 통한 미래 한국의 번영에도 기여할 수 있을 것으로 보인다. 다만 이 경우 북한이 워낙 특수성이 강한 사회인지라 무엇보다도 북한이 수용할 수 있는 것인지가 관건이다. 따라서 같은 내용의 것이라도 북한이 수용 가능한 형식이나 수단으로 적절하게 각색하는 등의 노력이 필요하다. 가령 만화와 같은 형식이면 거부감을 감소시킬 수 있는 수단이 될 것이다.

한편 통일 과정이나 통일 이후의 다양한 혼란의 가능성과 관련하여 당국과 종교 단체 이외에도 각급 교육 기관, 다양한 복지 단체, 나아가 지방 자치 단체별로 통일 이후 사회에 대한 이해와 재사회화의 역할을 공유하도록 준비하는 것이 필요할 것이다. 그 내용도 경제적 지원 및 종교 활동과 친목 모임 등에 그치지 않고 여성이나 청년 등 변화에 민감한 계층을 대상으로 한 심리 검사 및 성격 검사 등을 포함한 적응 교육의 노력, 나아가 구직 교육 등으로 확대될 수 있도록 관련 제도나 내용을 정비하는 것도 중요할 것으로 보인다. 재사회화에 있어서도 연령과 직업의 특성에 따라 다양한 교육 과정이 요청된다.

그러나 북한의 외곽단체들은 어디까지나 조선로동당의 지도 방조 아래 당 정책의 전달과 주민들의 사상교양을 위해 존재하는 단체들이어서 통일의 과정과 통일 한국에 대한 다양한 시나리오에 따라 그 위상과 기능이 달라질 수 있다. 따라서 이런 단체들이 통일에 기여하고 통일 이후 사회의 안정적 통합에 자율적으로 기능하는 데 대한 전망과 예측에는 근본적인 한계가 있다. 그럼에도 불구하고 본 연구에서 살펴본 바와 같이 김일성사회주의청년동맹과 조선민주녀성동맹과 같은 외곽단체를 통한 북한 사회의 통합 기제에 대한 이해는 향후 요청되는 다양한 통일 시나리오들을 복합적으로 구성하는 데에 일조할 수 있다고 하겠다. 북한 주민들의 일상생활을 지배하여 온 기존의 통합 기제에 대한 이해는 그 속에서 청소년과 여성을 비롯한 주민 각 계층들이 지녀 왔던 의식 구조의 특징을 파악하는 데에도 도움을 줄 수 있다. 이는 제도적인 통일 이후 오랜 시간을 요하는 안정적인 사회 문화 통합을 완성하고 통일 한국의 발전을 도모하는 데 기여할 수 있을 것으로 기대한다.

여기서 한 가지 제안할 사안은 이들 외곽단체의 이차적인 기능에 주목하여 통일 과정이나 통일 후 통합 과정에서 활용할 만한 요소와 관련이 있다. 예를 들어 이들 단체의 활동 중에는 정치 교양과 체제 유지를 위한 조직 활동 이외에도 이른바 좋은일하기운동의 강조와 같이 부모 없는 아이들을 입양하거나 돌보아 주는 등의 사회 복지적 측면의 기능도 수행하고 있음을 알 수 있다. 이런 체험은 곧 우리 사회의 자원봉사 운동과도 맥을 같이 하는 성격의 것이므로 북한 사회가 통일 과정 및 통일 후에 정상적인 시민사회로 전환해가는 도정에서 충분히 적용할 수 있는 운동의 원천으로서 고려해볼 만하다.

다만 이 보고서를 완성한 후 출판을 위한 준비 과정에 약간의 시간이 흘렀고 그 사이 한반도와 남북 관계에도 변화가 생겼다는 점을 상기할 필요가 있다. 북한은 핵무기를 소유하게 되었고 남한은 그러한 북측의 행위의 결과로 종전처럼 무조건 지원하거나 교류 협력하는 것이 무위임을 확인한 터에 이전과 같은 방식의 관계 유지는 어렵게 된 것이 현실이다. 그러므로 이제부터는 북한이 자세를 바꿀 차례가 되었다고 할 수 있다. 자기들의 이권과 체제 유지에 필요한 교류와 협력은 수용하고 남한이나 국제 사회가 정상적 국가로서 행동하기를 요구하는 것에 대해서는 묵살 아니면 비방을 일삼는 구태의연한 자세는 불식해야 한다. 북한이 우신 시급한 식량난과 경제적 어려움을 극복하기 위하여 국제 사회와 정상적인 교류를 하려면 내부적인 개혁과 아울러 대외적인 개방과 투명성 확보가 선행되어야 함을 인식할 필요가 있다. 이러한 변화를 추구하는 데 있어서도 청년동맹이나 여맹과 같은 외곽단체의 기능을 활용하는 것 역시 고려해볼 만하다고 생각한다.

참고문헌

국내 단행본

국토통일원, 『조선로동당 주요 외곽단체의 조직 및 활동』, 1982.

김광식 외, 『통일후유증 극복방안 연구: 민족사회적 가치체계의 융화』, 정신문화연구원, 1994.

김경동, 『한국사회변동론』, 나남, 1993.

_____, 『급변하는 시대의 시민사회와 자원봉사: 철학과 과제』, 아르케, 2007.

_____, 『현대의 사회학』, 박영사, 2008.

김경미, 『북한 여성들의 삶과 꿈』, 사회문화연구소, 2001.

김기석, 『교육역사사회학』, 교육과학사, 1999.

김귀옥, 『북한여성들은 어떻게 살고 있을까』, 대동, 1997.

김동한 외, 『북한의 사회문화』, 한울아카데미, 2006.

김병로, 『주체사상의 내면화 실태』, 민족통일연구원, 1994.

김성철, 『북한사회의 불평등구조와 정치사회적 함의』, 민족통일연구원, 1998.

김선욱, 『북한여성의 지위에 관한 연구』, 한국여성개발원, 1992.

김재용, 『북한문학의 역사적 이해』, 문학과 지성사, 1994.

김채윤·장경섭 편, 『변혁기 사회주의와 계급·계층』, 서울대학교출판부, 1996.

남인숙, 『남북한 여성 그들은 누구인가』, 서울신문사, 1992.

민족화해협력범국민협의회 정책위원회 편, 『북한 주민의 일상생활과 대중문화』, 오름, 2003.

박현선, 『현대 북한 사회와 가족』, 한울아카데미, 2003.

박형중, 『1990년대 북한체제의 위기와 변화』, 민족통일연구원, 1997.

서재진, 『또 하나의 북한사회』, 나남아카데미, 1995.

_____, 『북한 사회심리 연구』, 통일연구원, 1999.

숙명여대통일문제연구소, 『북한여성의 지위와 역할』, 숙명여대통일문제연구소,

1994.
여성한국사회연구소, 『북한여성들의 삶과 꿈』, 사회문화연구소, 2001.
오치선 외, 『청소년 조직행동론』, 솔과학, 2002.
윤미량, 『북한의 여성정책』, 한울, 1991.
이범준 외, 『21세기 정치와 여성』, 나남, 1998.
이상화, 『북한의 여성관1: 사회주의이념과 남녀평등』, 이화여자대교한국여성연구소, 1992.
이영선·전우택 편, 『탈북자의 삶: 문제와 대책』, 도서출판 오름, 1996.
이영숙·박성희, 『북한 청소년 연구』, 한국청소년연구원, 1991.
이온죽, 『북한사회연구』, 서울대학교출판부, 1988.
______ 외, 『북한의 여성생활』, 나남, 1991.
______, 『북한 사회의 체제와 생활』, 법문사, 1993.
______ 외, 『남북한사회 통합론』, 삶과 꿈, 1997.
______, 『여성, 가족, 사회』, 세영사, 1999.
______, 『북한이탈주민의 사회문화적 충격완화대책에 관한 연구』, BK21 아시아태평양교육발전연구단(iAPED) 연구보고서, 2003.
______, 『통일과정 및 통일 후에 있어서 북한주민의 적응과 통합에 효율적인 교육방법의 모색: 북한 사상교양 교육방법의 특성 연구』, 2004년도 서울대학교 통일학연구사업, 2005.
______ 외, 『북한의 사회와 문화, 그리고 통일』, 철학과 현실사, 2010.
이우영, 『남북한 문화정책 비교연구』, 민족통일연구보고서, 1994.
이인정, 『북한 새세대의 가치 변화』, 한국학술정보, 2004.
이종석 편, 『북한의 근로단체 연구』, 세종연구소, 1988.
______, 『현대 북한의 이해』, 역사비평사, 1995.
______, 『조선로동당연구』, 역사비평사, 1995.
이춘재 외, 『청년심리학』, 중앙적성출판사, 1993.
이태영, 『북한여성』, 실천문학사, 1988.

이화여대한국여성연구원, 『북한의 식량위기와 여성』, 한국여성연구원, 1999.
___________________, 『통일과 여성』, 이화여자대학교출판부, 2001.
임순희, 『조선녀성 분석』, 통일연구원, 2003.
_____, 『식량난과 북한여성의 역할 및 의식 변화』, 통일연구원, 2004.
장필화, 『북한의 여성관3: 북한사회의 성별분업』, 이화여대한국여성연구소, 1992.
장휘숙, 『청년심리학』, 학지사, 1999.
전병재, 『사회심리학』, 경문사, 1982.
전현준, 『북한체제의 정치적 특성과 변화 전망』, 통일연구원, 2000.
정성장 외, 『조선로동당의 외곽단체』, 한울아카데미, 2004.
조정아, 『북한의 노동인력 개발 체계: 형성과 변화』, 통일연구원, 2005.
최완규 역, 『북한 도시의 형성과 발전』, 한울아카데미, 2004.
_____ 역, 『북한 도시의 위기와 변화』, 한울아카데미, 2006.
통일부, 『북한의 기관 단체별 인명집』, 1991~2005년 각 연도별.
한국여성개발원, 『북한여성의 지위에 관한 연구』, 한국여성개발원, 1992.
____________, 『북한의 여성교육에 관한 연구』, 한국여성개발원, 2001.
한만길 외, 『북한교육현황 및 운영실태 분석 연구』, 한국교육개발원, 1998.
_____ 편, 『북한에서는 어떻게 교육할까』, 우리교육, 1999.
한승조 외, 『남북한의 인성사상교육』, 집문당, 1998.
마르크스 외(조금안 편역), 『마르크스·엥겔스·레닌·스탈린 여성해방론』, 동녘, 1988.
무라타 요이치(편집부 편역), 『코민테른 자료선집: 대중운동, 농민문제』, 동녘, 1989.
브라우닝 G. K.(손봉숙 역), 『소련의 여성과 정치』, 한국여성정치연구소 1992.
쉬바르츠 W. 외(엄명숙·강석란 역), 『사적 유물론과 여성해방』, 한길사, 1990.
하이디 하트만·린다 번햄 외(김혜경·김애령 편역), 『여성해방이론의 쟁점: 사회주의 여성 해방론과 마르크스주의 여성해방론』, 태암, 1990.

국내 논문

김근식, “북한식 민간단체의 현황과 변화 전망”, 『평화연구』 제11권 1호, 고려대학교 평화연구소, 2003.

김동배, “탈북자들의 적응을 위한 민간 차원의 대책”, 연세대학교 통일연구원 주최 탈북자대책을 위한 토론회 발표 논문, 1996.

김염자, “중국여성운동에 관한연구3”, 『아세아연구』 25(2), 고려대학교 아세아문제 연구소, 1982

______, “중국의 사회주의 초급단계 국가건설과 여성의 입장”, 이화여대한국문화연구원논총, 1992.

김영진, “중국의 경제개혁과 총공회의 역할: 코포라티즘의 시각에서”, 『한국정치학회보』 30집 4호, 1996년 겨울.

남영진, “사로청, 그 실체를 밝힌다”, 새물결, 1995년 1월.

남인숙, “남북한 여성정책 비교”, 『북한학보』 20호, 1996.

노귀남, “인민성의 문제로 읽은 북한문학의 변화와 전망”, 『경희어문학』 17집, 1997.

도종수·김미숙, “남북한 청소년의 사회화 과정 비교”, 『남북한 사회문화 역량 종합평가』 통일원, 1990.

민성길·전우택·윤덕룡, “북한청소년에 관한 연구”, 보건복지부 보건기술개발 연구보고서, 1998.

박순진, “코호트의 크기와 범죄율의 변화”, 『형사정책』 제13권 제2호, 2001.

박정란, “여성 새터민의 직업가치와 진로의사결정과정 연구: 북한에서 남한에 이르기까지의 맥락적 접근”, 이화여자대교박사학위논문, 2006.

서재진, “북한 학생의 가치관 변화와 교육적 시사”, 제2회 통일대비 교육포럼 서울 한국교육개발원, 1996.

신은영, “중국의 개혁개방정책과 도시여성의 지위”, 『한국여성학』 17권 1호, 2001.

이인정, “1980년대 이후 북한 ‘새세대’의 가치 변화 연구 – 청년전위 분석을 중심으로” 서울대학교 사범대학 국민윤리교육과 박사학위논문, 2004.

정경심·조애리, “러시아의 여성조직: 1850년대에서 1930년까지”, 한국여성연구회 편, 『여성과 사회』 Vol.1, 창작과 비평, 1990.

장달중, “김정일 체제와 주체비젼: 이데올로기, 당, 그리고 군중을 중심으로”, 『아세아연구』 Vol.42 No.1, 1999.

정영철, “북한 사회통제 메커니즘의 연구”, 『통일문제연구』 9권 2호, 1997.

정유진, “북한 근로단체의 성격과 구성”, 『북한조사연구』 제2권 2호, 통일정책연구소, 1999.

조수룡, “ ‘북조선직업총동맹’의 성립과 활동(1945-1950)”, 경남대학교 북한대학원 석사학위논문, 2005.

조정아, “북한 중등학교 규율과 반학교문화”, 『교육사회학연구』 14권 1호, 2004.

펑링, “사회변혁의 와중에 있는 중국여성”, 『여성연구』 10권 1호(봄), 1992.

한정숙, “혁명, 그리고 여성해방: 혁명기 러시아 여성운동에 대한 사적 조망”, 여성사회연구회 편, 『여성』 제2권, 1988.

함인희, “북한식 사회주의체제와 여성관”, 『민족과 문화』 9집, 2000.

외국 문헌

Bowen, J., *Soviet Education: Anton Makarenko & the Years of Experiment*, Madison: The University of Wisconsin Press, 1965.

Buckley, Walter, *Sociology and Modern Systems Theory*. Englewood Cliffs, NJ: Prentice-Hall, 1967.

Cornor, W. D. & Powell, D., (eds.), *Soviet Social Problems*, Boulder: Westview Press, 1991.

Coser, Lewis A., *The Functions of Social Conflict*, NY: Free Press of Glencoe, 1956.

Croll, E., *Feminism and Socialism in China*, London, Routledge, 1978,

Duke, James, *Conflict and Power in Social Life*. Provo, UT: Brigham Young University Press, 1976.

Easton, David, *A Systems Analysis of Political Life*. Chicago:

University of Chicago Press, 1965(이용필 역, 『정치생활의 체계분석』, 서울: 법문사, 1988)

Franz, Suhurmann., *Ideology and Organization in Communist China*, Berkeley: University of California Press, 1966.

Furtak, Robert K., *The Political Systems of the Socialist States*, Brington: Harvester Press, 1986.

Glenn, Norval D. *Cohort Analysis*, Sage Publications. 1977.

Kim Kyong-Dong, and Lee On-Jook, *The Two Koreas: Social Change and National Integration*, Seoul & Edison, NJ: Jimmoondang International, 2003.

　　　　　　　　, "Political Selectivity and Cultural Response in the Process of Modernization and Globalization: North and South Korea Compared", In G. Therborn and H. H. Khondker (eds.), *Asia and Europe in Glibalization: Continents, Regions and Nations*, Leiden, Boston: Brill, 2006.

Kim, Samuel S., "Research on Korean Communism: Promise vs Performance", *World Politics*, Jan, 1980.

Kornai, Janos., *The Socialist System: The Political Economy of Communism*, Princeton, N.J.: Princeton University Press, 1992.

Lenin, V. I., "The Tasks of the Youth Leagues"(1920. 10. 2), *LENIN Collected Works 32*, Moscow: Progress Publishers, 1986.

__________, "The Trade Unions, The Present Situation And Trotsky's Mistakes"(1920. 12. 30), *LENIN Collected Works 32*, Moscow: Progress Publishers, 1986.

Munch,Richard, "Parsonian Theory Today: In Search of a New Synthesis," pp. 115-155 in Anthony Giddens and Jonathan Turner (eds.) *Social Theory Today*. Stanford, CA: Stanford University Press, 1987.

Parsons, Talcott, *The Social System*. Glencoe, IL: Free Press, 1951.

Rust, V. D. & D. Rust, *The Unification of German Education*, New York & London: Garland Publishing Inc, 1995.

Schmitter, Philipper C., "Still the Century of Corporatism?", Philipper

C. Schmitter, & G. Lehmbrush (eds.), *Trends Toward Corporatist Intermediation*, London: SAGE Publications Ltd., 1979.

UNICEF, *Analysis of the Situation of Children and Women in DPRK*, 2003.

White, Gardner, Schöpflin, *Communist Political Systems: An Introduction*, New York: St. Martin's Press, 1987.

Wolf M., *Revolution Postponed : Women in Contemporary China*, Stanford : Stanford University Press. 1985.

북한 문헌

『경제사전』 2, 과학·백과사전출판사, 1985.

김일성, "북조선 민주청년동맹 제3차 대회에서 진술한 김일성수상의 연설"(1948년 11월 14일), 『조국의 통일독립과 민주화를 위하여』 2, 국립인민출판사, 1949.

_____, "민주주의 조선건국에 있어서의 청년들의 임무"(각도민주청년동맹위원장 회의에서 진술한 연설, 1946년, 5월 30일), 『조국의 통일독립과 민주화를 위하여』 1, 국립인민출판사, 1949.

_____, "학생 동맹을 유일한 청년 단체인 민주 청년 동맹에 합류시키는 문제에 대하여"(1945년 12월 30일), 『김일성선집』 1, 조선로동당출판사, 1954.

_____, "사상사업에서 교조주의와 형식주의를 퇴치하고 주체를 확립할데 대하여" (당선전선동일군들 앞에서 한 연설, 1955년 12월 28일), 『김일성저작선집』 1, 조선로동당출판사, 1967.

_____, "사회주의로동청년동맹의 과업에 대하여"(조선민주청년동맹 제5차대회에서 한 연설, 1964년 5월 15일), 『김일성저작선집』 4, 조선로동당출판사, 1968.

_____, "근로단체사업을 개선강화할데 대하여"(조선로동당 중앙위원회 제4기 제9차전원회의에서 한 결론, 1964년 6월 26일), 『김일성저작집』 4, 조선로동당출판사, 1968.

_____, "민청단체들 앞에 나서는 당면한 몇가지 과업에 대하여"(새로 선거된

민청 중앙위원회 위원들 앞에서 한 연설, 1956년 11월 9일), 『청소년사업과 사회주의로동청년동맹의 임무에 대하여』 1, 조선로동당출판사, 1969.

______, "조선민주청년동맹 북조선위원회 결성에 즈음하여"(북조선민주청년단체대표자회의에서 한 연설, 1946년 1월 17일), 『청소년사업과 사회주의로동청년동맹의 임무에 대하여』 1, 조선로동당출판사, 1969.

______, "민주력량을 확대강화하기 위한 민청단체들의 과업"(북조선민주청년동맹 제 2차대회에서 한 연설, 1946년 9월 29일), 『청소년사업과 사회주의로동청년동맹의 임무에 대하여』 1, 조선로동당출판사, 1969.

______, "현정세와 민청단체들의 당면과업에 대하여"(남북조선민주청년동맹 중앙위원회 련합회의에서 한 연설, 1951년 1월 18일), 『청소년사업과 사회주의로동청년동맹의 임무에 대하여』 1, 조선로동당출판사, 1969.

______, "청년들의 특성에 맞게 사로청 사업을 더우 저극하할데 대하여"(도, 시, 군, 공장, 기업소, 대학 당 위원회 청년사업부장 및 사로청위원장 협의회에서 한 연설, 1971년 2월 3일), 『김일성저작선집』, 6 조선로동당출판사, 1974.

______, "녀성들을 혁명화, 로동계급화할데 대하여"(조선민주녀성동맹 제4차대회에서 한 연설, 1971년 10월 7일), 『김일성저작선집』 26, 조선로동당출판사, 1974.

______, "녀성동맹의 금후과업에 대하여"(북조선민주녀성동맹 제1차대표자회에 참가할 공산당원인 녀맹일군들앞에서 한 연설, 1946년 5월 9일), 『김일성저작선집』 2, 조선로동당출판사, 1979.

______, "국제민주녀성령맹 집행위원회에 참가할 북조선민주녀성동맹대표와 한 담화"(1946년 9월 28일), 『김일성저작집』 2, 조선로동당출판사, 1979.

______, "유일당증수여사업을 바로하며 녀성동맹에 대한 당적지도를 강화할데 대하여"(북조선로동당 중앙위원회 상무위원회에서 한 결론, 1946년 12월 27일), 『김일성저작집』 2, 조선로동당출판사, 1979.

______, "녀성동맹사업에 대한 지도를 강화할데 대하여"(북조선로동당 중앙위원회 상무위원회에서 한 결론, 1947년 10월 20일), 『김일성저작집』 3, 조선로동당출판사, 1979.

______, "남조선민주녀성동맹 일군들과 한 담화"(1948년 4월 27일), 『김일성저작집』 4, 조선로동당출판사, 1979.

______, "민주청년동맹을 조직화할데 대하여"(민주청년열성자대회에서 한 결론, 1945년 10월 29일), 『김일성저작집』 1, 조선로동당출판사, 1979.

______, "국제녀맹조사단 접견석상에서 진술한 담화"(1951년 5월 27일), 『김일성저작집』 6, 조선로동당출판사, 1980.

______, "어머니다운 심정으로 인민생활을 책임적으로 돌봐야 한다"(조선로동당 중앙위원회 조직지도부 및 평양시 일군들과 한 담화, 1965년 2월 15일), 『김일성저작집』 19, 조선로동당출판사, 1982.

______, "녀맹조직들앞에 나서는 몇가지 과업에 대하여"(조선민주녀성동맹 제3차대회에서 한 연설, 1965년 9월 2일), 『김일성저작집』 19, 조선로동당출판사, 1982.

______, "근로단체들의 역할을 더욱 높일데 대하여"(직맹, 농근맹, 사로청, 녀맹 중앙위원회 일군들앞에서 한 연설, 1968년 10월 11일), 『김일성저작집』 23, 조선로동당출판사, 1983.

______, "어린이보육교양사업을 더욱 발전시킬데 대하여"(조선민주주의인민공화국 최고인민회의 제5기 제6차 회의에서 한 연설, 1979년 4월 29일), 『김일성저작집』 31, 조선로동당출판사, 1986.

______, "북과 남의 녀성들이 단결하여 조국통일을 앞당기자"(아세아의 평화와 녀성들의 역할에 관한 제3차 평양토론회에 참가한 남측대표단, 해외동포녀성들과 한 담화, 1992년 9월 6일), 『김일성저작집』 43, 조선로동당출판사, 1996.

김정일, "청년들과의 사업에 힘을 넣을데 대하여"(조선로동당 중앙위원회 책임일군들과 한 담화, 1993년 2월 26일), 『김정일선집』 13, 조선로동당출판사, 1998).

______, "김일성사회주의청년동맹의 사명과 임무에 대하여"(김일성사회주의청년동맹중앙위원회 책임일군과 한 담화, 1996년 1월 20일), 『김정일선집』 14, 조선로동당출판사, 2000.

______, "김일성동지의 청년운동사상과 령도업적을 빛내여 나가자"(청년 5돐에 즈음하여 김일성사회주의청년동맹 중앙위원회 기관지 〈청년전위〉에 준

담화, 1996년 8월 24일), 『김정일선집』 14, 조선로동당출판사, 2000.
김재호, 『김정일강성대국 건설전략』, 평양출판사, 2000.
김한길, 『현대조선력사』, 사회과학출판사, 1983.
『력사사전』 2, 과학·백과사전출판사, 1971.
「로동신문」, 로동신문사.
「로동청년」, 로동청년사, 1983년, 1988년, 1993년 1월~12월.
리경혜, 『녀성문제해결경험』, 사회과학출판사, 1990.
사회과학원, 『〈녀성들을 혁명화 로동계급화할데 대하여〉에 대하여』, 사회과학출판사, 1975.
사회과학출판사 편, 『령도체계』, 사회과학출판사, 1985.
사회과학출판사 편, 『주체사상의 사회역사원리』, 사회과학출판사, 1985.
『사회주의경제관리문제에대하여』 3, 조선로동당출판사, 1970.
『위대한 수령 김일성 동지의 불멸의 혁명업적 10: 주체형의 혁명적 근로단체건설』, 조선로동당출판사, 1998.
『정치사전』 1, 과학·백과사전출판사, 1985.
『조선녀성』, 문학예술출판사, 1979년 1월 ~ 2007년 5월.
조선로동당중앙위원회 당력사연구소, 『조선로동당략사』, 조선로동당출판사, 1989.
조선로동당출판사, 『위대한 수령 김일성동지의 불멸의 혁명업적10: 주체형의 혁명적근로단체건설』, 조선로동당출판사, 1998.
「청년전위」, 금성청년출판사, 1998년 1월~12월.

새터민 인터뷰

H씨(50대 남성), M씨(50대 여성), K씨(50대 남성), H씨(50대 여성), C씨(40대 여성), L씨(30대 남성), J씨(30대 남성), C씨(30대 여성), C씨(20대 남성), J씨(20대 남성) 이상 총 10명.

내용 색인

3대혁명 52, 83, 84, 172

가내작업반 159, 177, 178, 211

가두여(녀)성 53, 159, 162, 163, 169, 171, 173, 175, 177, 181, 190, 205, 210, 273, 276, 281, 283, 288, 297, 301, 310, 314, 316, 320, 353~355

강성대국 74, 83, 179, 181, 225, 227, 258, 260, 277, 315, 320

경제(관리) 개선 조치 5, 18, 64, 90

고난의 행군 1, 18, 58, 64, 105, 108, 160, 167, 188, 197~199, 201, 203~209, 214, 231, 252, 256, 257, 260, 261, 268, 272, 276~280, 283~287, 295, 297, 302, 303, 307, 309, 312, 320, 322, 336, 348, 360, 361, 364, 365

(고등)중학교 79, 85, 89, 139, 173, 187, 265, 362

공민적 의무 225, 285, 308, 366

공산주의(적) 도덕 72, 85, 98, 142, 143, 146, 152, 218, 225, 256, 317, 360

공산주의적 미풍 104, 121, 141, 143, 144, 169, 219, 220, 226, 246, 286, 296

공산주의청년단(공청단) 38~43, 87

공산주의청년동맹(공청) 33, 66, 98

국제부녀절 16

군민일치 179, 186, 216~218, 287, 309

군중로선 82, 187, 302

근로단체 2, 8, 28, 32~34, 46~53, 60, 65~70, 83, 84, 87, 88, 157~160, 164~169, 176, 179, 186, 190, 204, 205, 264, 302, 304, 307, 326, 348, 358

근린조직 45

금성정치대학 89

긍정(적) 모범 118, 121, 130, 195, 196, 246, 299

긍정감화교양 143, 167, 169

기능론적 체계 이론 22, 23

김일성사회주의청년동맹(청년동맹) 2, 5, 7, 8, 15, 16, 20, 39, 49, 51, 52, 59, 60, 65, 72~153, 186, 256~276, 277, 279, 282, 297, 298, 302, 313~321, 326, 327, 334, 336, 339, 356~363, 365, 370, 371

남녀평등권 법령 155

내재적 변동 29

노농정치학교 88

농민시장 126, 129, 130, 247

누적적 표집법 20

단련대 86, 268

대약진 운동 44, 46

돌격대 72, 74, 77, 80~83, 91~93, 113,

135, 210~213, 257, 258, 285, 298, 308, 320, 321, 360, 366
로동신문 15, 16, 59, 65, 72, 125, 156, 158, 161, 259
로동청년 15, 59, 65, 73, 101, 115, 249, 270, 271, 313
마르크스-레닌주의 35, 40, 57, 69, 84, 85
마르크스주의 40
문화대혁명 39, 42, 46
미사일 1, 5
민주청년 15
민주청년동맹(민청) 15, 65, 66~69, 76, 84, 88, 92
반일부녀회 154, 155
배급제 7, 17, 62, 63, 90, 128, 199, 222, 247, 261, 272, 342
보위부 87
부르죠아 94, 98, 99, 105, 106, 115, 123, 144~146
붉은기쟁취운동 52, 83
비사회주의적 현상 133~137, 147, 153, 191, 192, 206, 255, 262, 267, 279, 280, 315, 361, 362
사회단체 6, 7, 13, 28, 31, 32, 46~48, 58, 59, 65, 67, 68, 322, 325~328, 337, 338, 340, 341, 355~358, 368
(사회)정치적생명 191, 236
사회주의 강행군 1, 18
사회주의(적) 도덕 144~146, 237, 290
사회주의(적) 애국주의 62, 85, 225, 226, 256, 317, 360
사회주의로동청년동맹(사로청) 15, 59, 65, 69~72, 82, 86, 89, 92, 98, 100, 103, 106, 109~117, 121~124, 131~133, 139, 141, 142, 148, 152, 153, 158, 162, 264, 265, 313
사회주의적 사실주의 10
사회주의헌법 17, 47
상해사회주의청년단 39
새세대 10, 74, 86, 89, 93~98, 102, 104, 107, 110, 122~127, 133, 135, 138~141, 149, 150, 152, 201, 218, 226, 232, 233, 245~250, 253, 255, 258, 276, 278, 281, 292, 297, 298, 311
새터민 5, 10, 11, 14, 15, 86, 89, 90, 160~163, 249, 257, 267, 269, 295, 307, 310, 314, 315, 333, 334, 342, 365
생활총화 52, 79, 80, 85, 86, 111, 112, 132, 179, 201, 244, 259, 278, 315
선군 1, 61, 74, 83, 181, 182, 186, 189, 193, 194, 195, 196, 197, 215, 216, 221, 223, 224, 225, 233, 239, 257, 260, 277, 282, 286, 287, 293, 298, 300, 304, 308, 309, 311, 314, 315, 316, 317, 319, 320, 321, 331, 360, 363, 364, 367, 368
선전대 54
성인학교 156

소년단 50, 65, 89, 117, 276
소비에트 36, 37
속도전 77, 80, 92, 93
수령결사옹위 75, 168, 181, 182, 183, 185, 260, 277, 298, 317, 364
수정주의 40, 57, 102, 115, 151
식량난 1, 9, 10
애국공채 169, 222, 223, 264, 286
애국미 169, 175, 209, 264, 284, 307, 321
양풍 115, 151, 153
어머니학교 54, 160, 161, 172
엔트로피 22, 23, 27, 357, 358
영웅따라배우기 63
외곽단체 2, 3, 4, 9, 34, 49, 53, 55, 58, 59, 64, 84, 156, 170, 179, 276, 277, 281, 297, 313, 314, 315, 322, 325, 326, 327, 336, 338, 339, 340, 341, 348, 364, 368, 369, 370
우리민족제일주의 62
우리식 사회주의 62, 81, 133, 171, 179, 245
원군 182, 183, 214, 216, 217, 219, 221, 222, 223, 285, 286, 287, 308, 309, 317, 321, 363, 366, 367
인민군 2, 65, 76, 79, 89, 92, 93, 96, 157, 179, 186, 211, 214, 216, 217, 219, 221, 287, 300
인민반 54, 164, 171, 173, 234, 235, 236, 262, 310, 348, 349, 353, 354
인민소비품 177, 210
인전대 2, 6, 33, 56, 58, 64, 67, 68, 84, 88, 154, 157, 165, 168, 169, 313
인테리 54, 86, 164
일반 체계 이론 21, 23, 356
자력갱생 75, 225, 228, 244, 282, 296
작전요일 85
전국어머니대회 160, 172
정치적 선택성의 원리 31
조선녀성 15, 16, 61, 155, 158, 161, 180, 183, 184, 198, 199, 200, 202, 207, 209, 210, 212, 220, 221, 228, 229, 237, 240, 255, 271, 273, 276, 277, 282, 286, 287, 288, 289, 290, 294, 299, 300, 303, 305, 306, 309, 310, 311, 314, 330, 334
조선농업근로자동맹(농근맹) 2, 8, 49, 56, 57, 64, 76, 80, 158, 163, 176, 276, 302, 326
조선로동당 2, 4, 17, 47, 50, 51, 56, 65, 68, 69, 71, 76, 81, 82, 84, 88, 89, 154, 157, 164, 169, 188, 260, 315, 336, 369
조선문학예술총동맹 9, 51
조선민족제일주의 171, 277
조선민주녀성동맹(여맹) 2, 5, 7, 8, 16, 17, 20, 49, 51, 53, 60, 61, 62, 76, 83, 90, 154~241, 264, 272~310, 313~321, 326, 327, 329, 336, 339, 348, 349, 352~359, 364~367, 370, 371

조선사회민주당 47
조선사회민주당 9
조선아시아태평양평화위원회 51
조선직업총동맹(직업동맹) 2, 8, 49, 54, 55, 62, 76, 80, 90, 158, 162, 163, 276, 302, 326
조선천도교청우당 9
조직생활정형 89, 117
종단적 시각 4
종파사건 54, 70
좋은일하기운동 83, 91, 169, 175, 208, 220, 223, 224, 258, 284, 296, 306, 307, 308, 320, 321, 354, 366, 367, 370
주체사상 16, 17, 62, 81, 84, 85, 177, 182, 300
중국사회주의청년단 39
중국신민주주의청년단 39
지덕체 교양 85
진바지 153, 255, 275
집단주의 7
참군 182, 183, 214, 215, 268, 269, 286, 309, 316, 317, 321, 363, 367
천도교청우당 47
천리마대진군 63, 92, 257
천리마작업반운동 52, 57
천안문 민주화 운동 42
청년전위 15, 16, 59, 65, 73, 81, 92, 98, 102, 120, 125, 128, 136, 202, 243, 260, 270, 271, 273, 279, 292, 298, 313, 315, 334
청년절 16, 90, 93, 97, 102, 119, 245, 246, 260, 261, 361
청년하교 86, 108, 252
청산리방법 187
코호트 269
콤소몰 34, 35, 36, 37, 38, 40, 42, 66
탈북자 9, 11, 12, 13, 14, 19, 20, 73
펠레통 19
평양 축전 17
항일구국청년단 39
항일혁명 47, 96, 99, 147, 148, 154, 182, 198, 207, 301
핵 1, 5, 18, 58
허례허식 149, 150, 238, 239, 254, 264, 273, 293, 311, 363, 368
화선식 정치 300, 305, 365
황색 바람 106, 107, 116, 122, 123, 124, 128, 145, 256, 317, 330, 360
회상기 7, 85, 99
후비대 2, 48, 52, 73, 81, 84, 87, 90, 103, 110, 168, 257, 258, 315, 331, 360

인명 색인

강관선 157, 179

강반석 154, 157, 163, 168, 185

고르바초프(M. S. Gorbachev) 36

김경동 29, 31, 327

김경호 74, 75, 77

김동규 34, 35, 36

김성애 60, 157, 160, 161, 164, 176

김영남 75

김옥순 157, 164

김일성 1, 18, 19, 55, 58, 59, 66, 67, 70, 71, 72, 73, 74, 81, 83, 85, 89, 96, 97, 102, 103, 118, 141, 154, 156, 157, 161, 173, 174, 175, 177, 179, 181, 182, 184, 185, 197, 198, 226, 228, 235, 256, 257, 259, 260, 261, 265, 267, 277, 278, 298, 305, 308, 311, 317, 320, 339, 360, 362, 364

김일순 161

김일철 75

김정숙 66, 155, 157, 158, 161, 163, 168, 175, 185, 186, 239, 293, 311

김정일 1, 16, 17, 18, 49, 50, 58, 60, 61, 64, 65, 71, 72, 74, 83, 85, 91, 92, 95, 96, 97, 98, 102, 106, 108, 109, 110, 116, 118, 119, 133, 136, 141, 143, 147, 150, 152, 155, 156, 161, 165, 170, 171, 176, 177, 178, 179, 180, 181, 182, 184, 185, 187, 188, 189, 190, 191, 194, 198, 205, 207, 212, 215, 216, 218, 225, 229, 231, 232, 233, 234, 236, 239, 250, 256, 257, 259, 260, 261, 263, 265, 267, 268, 283, 286, 300, 307, 311, 314, 315, 316, 317, 320, 321, 331, 339, 360, 362, 363

김중린 75

듀크(J. Duke) 27, 358

등소평 41, 44, 46

레닌(V. I. Lenin) 33, 84, 91

리일환 77

마르크스(K. Marx) 35, 40, 43

모택동 40, 44, 46, 187

박순희 164

박정애 154, 164

박현선 9

서재진 12

스탈린(I. V. D. Stalin) 33

엥겔스(F. Engels) 43

원동구 179

이스튼(D. Easton) 25, 357

이교덕 10

이온죽 20, 23, 25, 187

이용필 25

이인정 128, 243, 270

이종석 8, 68, 71

이태영 158

임순희 9, 10

정성임 65, 161, 162, 163, 166, 170, 172

정성장 9, 52, 53, 60, 62, 70, 73, 80, 81, 85, 165

정춘실 167

천연옥 160, 164, 180

최룡해 77

최완규 12

최태복 75

파슨즈(T. Parsons) 23

한만길 11

홍순권 70

흐루시초프(N. S. Khrushchyov) 36

서울대학교 통일학 연구총서 10

김일성사회주의청년동맹과 조선민주녀성동맹

사회변동과 체제유지의 기제

펴낸곳 | 서울대학교 출판문화원
펴낸이 | 오연천
지은이 | 이온죽 · 이인정

초판 1쇄 인쇄 | 2010년 10월 25일
초판 1쇄 발행 | 2010년 10월 29일
출판등록 | 제15-3호

주소 | 151-742 서울특별시 관악구 관악로 599
대표전화 | 02-880-5252
팩스 | 02-888-4148
마케팅팀(주문상담) | 02-889-4424, 02-889-7995
이메일 | snubook@snu.ac.kr
홈페이지 | www.snupress.com
영문홈페이지 | eng.snupress.com

ISBN 978-89-521-1140-1 94340

값 17,000원